U0737886

华章文渊

管理学系列

第2版

人力资源管理

Human Resource Management

刘善仕 王雁飞 等编著

机械工业出版社
China Machine Press

图书在版编目（CIP）数据

人力资源管理 / 刘善仕等编著．——2 版 . —— 北京：机械工业出版社，2021.8（2025.6 重印）
（华章文渊·管理学系列）
ISBN 978-7-111-68654-5

I. ①人…　II. ①刘…　III. ①人力资源管理 - 高等学校 - 教材　IV. ① F243

中国版本图书馆 CIP 数据核字（2021）第 134983 号

本书从战略人力资源管理的角度梳理人力资源管理的职能，并从打造组织持续竞争优势的角度阐述人力资源管理的作用机制，不仅注重基本概念和理论，还穿插大量切合当今社会热点的案例，融入一些新的研究与实践成果。本书分为 9 章，主要内容包括人力资源管理导论、人力资源战略与规划、职位设计与职位分析、员工招聘与人才测评、绩效管理、薪酬管理、员工发展与培训管理、职业生涯管理和员工关系管理。

本书不仅可以作为高等院校管理类专业本科生、研究生（包括 MBA、EMBA、MPA 等）的人力资源管理教材，也可以作为企业管理人员的培训教材，还可供相关从业人员工作参考。

出版发行：机械工业出版社（北京市西城区百万庄大街 22 号　邮政编码：100037）
责任编辑：李晓敏　　　　　　　　　　　责任校对：马荣敏
印　　刷：涿州市京南印刷厂　　　　　　版　　次：2025 年 6 月第 2 版第 11 次印刷
开　　本：185mm×260mm　1/16　　　　印　　张：22.25　　　插　　页：2
书　　号：ISBN 978-7-111-68654-5　　　定　　价：55.00 元

客服电话：（010）88361066　68326294

华章文渊

管理学系列

师道文宗

笔墨渊海

文渊阁　位于故宫东华门内文华殿后，是故宫中贮藏图书的地方，中国古代最大的文化工程《四库全书》曾经藏在这里，阁内悬有乾隆御书"汇流澄鉴"四字匾。

华章文渊 管理学系列

作者简介

刘善仕 华南理工大学工商管理学院教授、博士生导师，博士。珠江学者特聘教授，广东省人才开发与管理研究会会长等。

长期从事战略人力资源管理、高绩效工作系统、人力资源大数据等问题的研究和教学工作，在高绩效组织与战略人力资源管理方面的研究成果显著。先后主持包括国家自然科学基金重点项目在内的数十项国家级和省部级课题。已出版著作4部，主编教材2部，译著1部，发表学术论文100余篇，其中在 *Human Resource Management*、*The International Journal of Human Resource Management*、*Human Resource Planning*、*Journal of Business Ethics* 和《管理世界》《管理工程学报》等国内外权威期刊或重要核心期刊上发表论文60余篇。曾获第二届国家教委人文社会科学研究成果三等奖、教育部优秀"两课"教育教材奖等。

王雁飞 华南理工大学工商管理学院教授、博士生导师，博士，曾到美国印第安纳州立大学、韩国KAIST大学等高校做访问学者。长期从事人力资源管理、组织行为学、组织创新与知识管理等领域的研究和教学工作，先后主持国家自然科学基金等课题和企业委托项目数十项。他还是广东省人才开发与管理研究会秘书长、国家外国专家局国际人力资源管理师（IPMA-HR）认证授权培训师等，并担任《管理世界》《系统工程理论与实践》《心理学报》《南开管理评论》等杂志评审专家。已经出版著作1部，主编教材5部，在《管理世界》等权威期刊和三大索引上发表学术论文80余篇。曾多次获教学优秀奖等。

提高自主创新能力，建设创新型国家，是党中央、国务院做出的重大战略决策，是包括科技界、教育界、企业界在内全社会的共同目标。高等学校是培养和造就数以千万计专门人才和一大批拔尖创新人才的重要基地，是综合国力的重要组成部分，在支撑经济社会发展、提高自主创新能力、推进创新型国家建设中具有不可替代的重要作用。教育部明确提出大力推进高校自主创新，进一步提高高等教育质量。

创新是新时代高等教育的本质属性。课程来源于学科，是由学科知识中"最有价值的知识"组成的教学内容，专业则是围绕一定的培养目标由若干门课程组成的课程群。课程是人才培养的核心要素，是教育的微观问题，解决的却是战略大问题。教材建设作为学科建设的重要内容和考核指标，势必要根据新时代高等教育的新要求进行创新与改革，以更加体现科学性、前沿性，并进一步增强针对性和实效性。

作为课程教学改革重要载体的教材，则在高校创新人才的培养中扮演着重要角色。"教材是体现教学内容和教学方法的知识载体，是进行教学的具体工具，也是深化教育教学改革、全面推进素质教育、培养创新人才的重要保证。"对高等教育来说，新时代不仅是经济上的转型与跨越，更重要的是教育思想、教育观念也随之发生了深刻的变革，而教材正从一个侧面折射出教育思想变革。为体现优秀教材的创新成果，机械工业出版社推出"华章文渊"教材系列（分经济学系列和管理学系列）。本系列重视教育思想和观念的改革，力求处理好知识、能力和素质三者辩证统一的关系，以素质教育为核心组织教材的内容，实现教材内容和体系的创新。"华章文渊"教材充分体现"授人以鱼不如授人以渔"的终身教育的思想。

奉献给广大读者的"华章文渊"教材系列重在培养学生的创新精神和能力，观点、体系有所创新，既与国际接轨，又具有理论性、实用性、可操作性和创新性等鲜明特色，具有各自的知识创新点和独到之处。同时，优秀教材是知识性和可读性的结合体，将深奥的知识融于浅显易懂的文字中，努力使读者的学习过程变得轻松愉快，也是"华章文渊"的目标。

秉承"国际视野、教育为本、专业出版"的理念，机械工业出版社始终坚持以内容为先的出版标准。集合优秀教材创新成果的"华章文渊"教材系列正是"深化教育教学改革，全面推进素质教育，培养创新人才"的直接体现，期待有志于此的广大教师加入。

机械工业出版社

前　言　

　　2020 年，注定会成为载入中国史册的重要一年，也会成为载入世界史册的一年。这一年中国摆脱贫困，全面建成小康社会，从此开启以现代化为目标的历史征程：到 2035 年基本实现社会主义现代化，到 2050 年建成富强民主文明和谐美丽的社会主义现代化强国。与此同时，一场突如其来的新冠疫情，打乱了全球经济的既有秩序，也带来了许多新的问题与挑战。面对虚弱的市场需求，为了提升绩效、生产率和盈利水平，很多企业将目光转向了人力资源管理，积极探索通过改善员工关系、士气，控制人工成本等途径以应对这场突如其来的经济危机。不少企业管理者也不再盲目相信西方的人力资源管理模式，而是尝试根据企业自身实际做出调整。很多中国学者也对人力资源管理进行了深入的本土化探索，甚至尝试构建中国文化背景下特有的人力资源管理模式。这些发展让我们振奋，但我们也需要时刻关注经营环境的深刻变化。面对"世界百年未有之大变局"，当前中国企业正面临着三大挑战。

　　逆全球化的挑战。近年来出现的各种形式的保护主义、控制移民、分离主义等"逆全球化"甚至是"去全球化"现象，不仅影响了经济全球化的深入发展，也导致全球贸易增长遇阻。就人类历史发展而言，"逆全球化"一旦开启，在短期内将很难被逆转，这对积极倡导全球化、主张构建人类命运共同体、践行"包容性"发展理念的中国而言，无疑是一次重大挑战。西方国家"逆全球化"使中国经济复苏的风险叠加，也使多边贸易体制和自由贸易原则遭遇严重威胁。对人力资源管理者而言，一种新的经济秩序和经济格局正逐步形成，未来需要准备好应对一个更多边界的商业世界。如何获取和维系人才竞争优势，对人才队伍实现智能化、数字化管理，以应对逆全球化所带来的高度不确定性环境，是当前许多企业面临的突出问题。

　　变革求新的挑战。谁也未曾想到，在科学技术日益发达的今天，人类社会会因一场全球性公共卫生事件而发生巨大变化，这不仅改变了人们的生活方式，也暴露了很多企业在人力资源管理方面存在的弊端。在后疫情时代，企业人力资源管理的主要挑战开始从"抗疫"维持生产，转变为"主动求变"革新促进企业发展。如何让中国企业"瘦身"

以灵活应对各种挑战？这需要企业在人力资源管理上进行变革和创新。面对疫情所暴露的企业组织管理问题，人力资源部门需要从企业战略全局角度，主动推动组织系统性变革，重塑人力资源管理价值。

员工关系的挑战。归根结底，企业竞争力的关键在于人。在过去20多年中，随着信息与通信技术的深入应用，工作性质发生了根本性变化，工作变得更为复杂、动态和相互依存化。在知识经济时代，人力资源管理将由以岗位为基础转变为以能力为基础。当前，"80后""90后"新生代员工已成为职场"主力军"，他们的思想观念、行为模式与"60后""70后"大不相同，新生代员工更希望组织承认并鼓励他们的"与众不同"，员工被尊重、被授权、被宽容的时代诉求也更强烈。后疫情时代的员工关系管理如何突出以人为本，既充分激活个体主动性、创造性，又引导员工行为主动与组织目标保持一致性，增强企业发展的凝聚力和战斗力，这是当今企业面临的重要挑战。

挑战往往与机遇并存，在这三大挑战背后，中国企业的人力资源管理呈现两个发展趋势：一是人力资源管理要与业务发展有机结合，二是人力资源管理要致力于提高企业核心竞争力。在三大挑战和两大发展趋势的背景下，本书以习近平新时代中国特色社会主义思想为指导，融入党的二十大精神，"坚持守正创新"，为经典的人力资源管理实践赋予了新的时代内涵，而且引入了大量反映当今社会热点的案例。本书力求突出内容的实践价值，希望通过本书使中国企业能在实践上应对压力与挑战，帮助企业在逆境中实现突围，为中国经济"增砖添瓦"。同时，本书通过对人力资源管理理论的梳理，增加了一些著名学者的新观点，希望能在理论上为研究者提供一定的借鉴和启发。

第2版教材的修订进一步加强了AMO框架对人力资源管理理论的统合。阿佩尔鲍姆（Appelbaum）教授的"AMO模型"对人力资源的作用机制做了很好的解析。阿佩尔鲍姆认为，人力资源实践是通过员工能力（ability）、员工动机（motivation）和员工机会（opportunity）三个维度的协同作用提升企业绩效的。我们认为，员工能力、员工动力、员工助力更准确地表达了"AMO模型"三个维度的内涵，故将"AMO模型"简称为"三力模型"。要使人的因素转化成公司效能，三个条件缺一不可。第一，员工具备实现公司业务战略所需的知识与技能；第二，员工执行业务战略的动力被充分激发；第三，员工拥有贡献其努力的平台和机会。

提升员工能力：面对公司目标，管理者首先要明确的问题是"组织需要什么样的能力，如何获得"。公司应该基于目标要求，使用素质模型等工具定义员工所需具备的能力，并通过招聘和培训等途径获得实现公司业务战略所需的能力。本书第4、7、8章主要讲述了如何提升员工能力这一问题。

激发员工动力：员工具备了完成目标的能力，还需要有完成目标的意愿，才能确保取得好的绩效。因此，公司应该通过一系列激励措施和企业文化来激发员工积极性，并确保员工行为与公司目标一致。本书第 5、6、8 章主要讲述了如何激发员工动力这一问题。

增进员工助力：公司目标的实现有赖于员工行为的协调一致。因此，公司需要打造一个既能发挥个人能动性又能使员工顺畅合作的平台。助力是一个由工作结构、参与水平和信息交流程度组成的系统，是组织中权责配置和信息沟通的机制。一方面，合理地配置权责包括组织授权、自主决策、员工参与等方面的要求，企业往往通过分散化决策、扁平化组织、项目团队等来增加员工权责。另一方面，信息沟通既包括公司业务信息的流动，也包括员工心声的交流和表达。本书第 3、9 章讲述了如何增进员工助力这一问题。

根据 AMO 模型整合的本书主体框架见图 0-1。

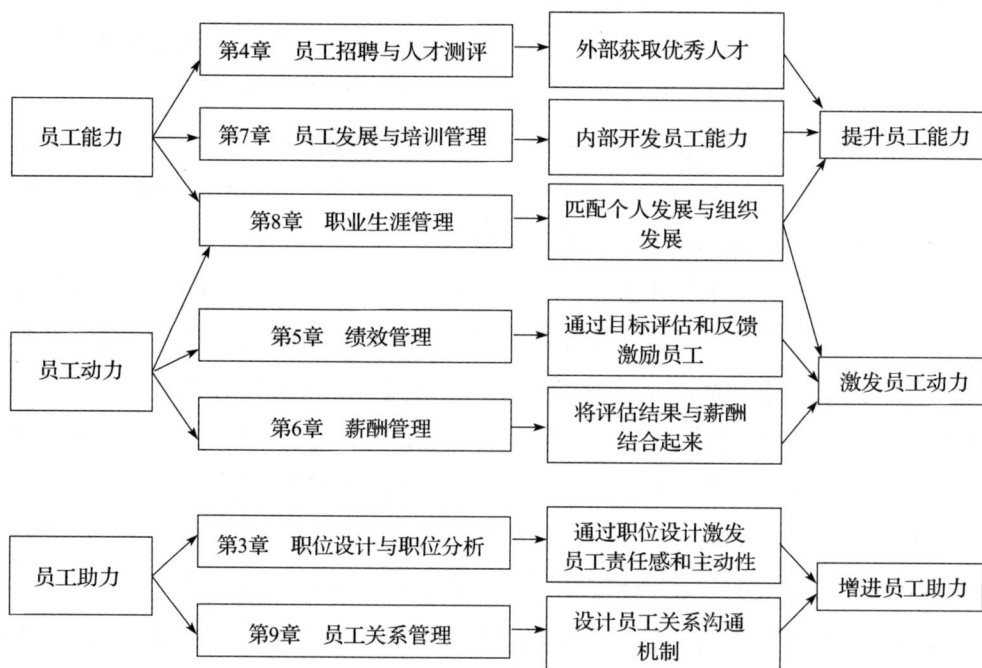

图 0-1　根据 AMO 模型整合的本书主体框架

本书在编写过程中，力图彰显人力资源管理发展的新特点，这些特点反映在以下几方面。

第一，从战略人力资源管理的角度，梳理人力资源管理的职能。这不仅能让读者了解人力资源管理职能之间的逻辑关系，还能把握人力资源管理职能与公司战略之间的关系。

第二，从持续竞争优势的角度，阐述人力资源管理的作用机制。这不仅能让读者了解人力资源职能的操作实务，还能明晰这些人力资源职能工作是如何对企业绩效发挥作用、如何促进企业核心竞争优势的。

第三，从合规与风险管理的角度，在本书中系统阐述了相关的法律问题。我们邀请知名劳动法律专家钟永棣总经理对人力资源管理领域常见的一些法律问题进行梳理，并插入了大量法律实务和案例。

本书是团队合作的结晶，由刘善仕和王雁飞主持编写，张光磊、刘小浪、吴海波、冯镜铭、郭子生、郑立勋、龚丽、兰骞仁、王楠熙、吴彩萍、林珊燕和范志灵等参与了编写工作。在本书的写作过程中，还得到了各大院校负责这门课程的教师们的帮助，他们给出了很多建设性的建议和意见并在本书中得以体现，在此我们表示衷心的感谢！这些教师是（排名不分先后）：

于春杰	临沂大学	江永众	成都理工大学
王玉良	广西财经学院	杜燕	福建师范大学
王岩玮	北京开放大学	李付彩	南阳理工学院
王健友	南开大学	李君	湖北工业大学
王智宁	中国矿业大学	李俊彦	新疆财经大学
元继学	齐鲁工业大学	李前兵	淮阴工学院
云绍辉	九江学院	李浩	东北财经大学
甘胜军	上海海事大学	李敏	华南理工大学
卢田锡	内蒙古财经大学	杨伟国	中国人民大学
卢福财	江西财经大学	杨军	重庆工商大学
叶超	上海开放大学	杨锦秀	四川农业大学
田斌	西南交通大学	杨鹏鹏	西安外国语大学
冉军	沈阳大学	杨睿娟	西安石油大学
冉斌	吉林大学	吴杲	南京理工大学
付维宁	兰州大学	吴金卓	东北林业大学
白光林	江苏大学	吴慈生	合肥工业大学
邢丽云	济南大学	邱建林	广西财经学院
成华	江苏大学	何淑明	重庆工商大学
吕江洪	南京邮电大学	佘高波	湖南工业大学
吕波	天津师范大学	张子源	南京大学
朱飞	中央财经大学	张龙	河海大学
朱永华	武汉工程大学	张永	兰州大学
刘存	广西财经学院	张有道	兰州交通大学
刘宝庵	长春理工大学	贾建锋	东北大学
刘爱军	江西财经大学	张丽楠	天津商业大学
刘容志	中南财经政法大学	张秋秋	沈阳大学
刘耀东	湖北工业大学	张颖昆	北京城市学院

张徽燕	电子科技大学	徐　佩	南京中医药大学
陆定波	贵州大学	徐碧琳	天津财经大学
陈　戈	汕头大学	容朝阳	集美大学
陈明淑	中南大学	黄文蜂	中山大学
陈学军	浙江大学	黄玉清	集美大学
陈建校	长安大学	黄　恩	河海大学
陈　禹	重庆工商大学	黄爱华	华南理工大学
陈恺宇	宁波大学	曹洲涛	华南理工大学
何一冰	中国传媒大学	龚洪林	三江学院
武辉芳	河南大学	康　丽	三江学院
范　丹	浙江农林大学	章守明	浙江理工大学
林銮珠	海南大学	阎海峰	华东理工大学
季红梅	安徽大学	董　燕	华侨大学
岳春华	吉林大学	韩雪亮	暨南大学
周文斌	中国社会科学院	焦永纪	南京邮电大学
周明建	哈尔滨工业大学	路美弄	河北衡水学院
周祖城	上海交通大学	蔡　翔	桂林电子科技大学
周鹏飞	重庆师范大学	蔡新蕾	华东政法大学
胡利利	西安理工大学	裴利芳	北京科技大学
郦巍铭	绍兴文理学院	谭建伟	重庆理工大学
袁红林	江西财经大学	潘杰义	西北工业大学
栗继祖	太原理工大学	潘静洲	天津大学
钱振波	中央财经大学	穆柱斌	河北大学
徐小飞	华侨大学		

为了方便教学，我们为教材提供了配套的 PPT 讲义、阅读材料和教学案例电子材料，有需要的授课教师可以和出版社联系。

最后，要感谢拿到这本书的所有读者，我们会认真对待大家对本书提出的批评或建议。请把反馈意见发至 bmssliu@scut.edu.cn。

第1章 人力资源管理导论

【本章导读】

☑ 人力资源管理的概念
☑ 人力资源管理的发展
☑ 人力资源管理的效能

AMO 框架　　　　　人力资源管理如何发挥作用

对于人力资源管理如何对企业发挥作用，阿佩尔鲍姆（Appelbaum）提出了著名的"AMO模型"，认为人力资源管理实践是通过影响员工能力、员工动机和员工机会这三个核心维度，来打造企业的核心竞争优势、驱动业绩增长的。企业要提升它的绩效，必须致力于这三个维度的改善：第一，企业通过招聘、培训和测评等措施，来获得实现公司业务战略所需的知识与技能；第二，企业通过绩效、薪酬和职业生涯管理等措施，激发员工执行业务战略的动力；第三，企业通过工作设计和员工关系管理等措施，为员工打造贡献才智和能力的机会和平台。

AMO 模型见图 1-1。

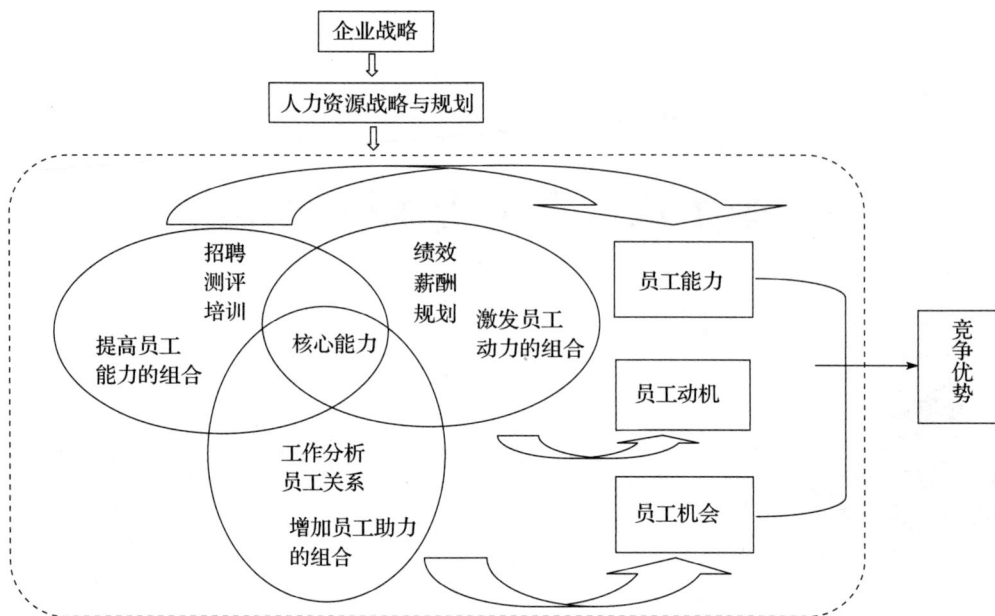

图 1-1　AMO 模型

💬 引例　　　　　　　　华为独特的人力资源管理模式

华为创始人任正非曾经说过："资源会枯竭，唯有文化生生不息。"外界对华为的企业文化有不同的表述，如"狼性文化""床垫文化""军事文化"等，但是华为企业文化的核心并没有发生改变——高绩效的企业文化。华为的企业文化在《华为基本法》中有明确的界定："在华为公司的基本价值主张以及企业文化建设实践中，一直是围绕高绩效展开的，高绩效企业文化构成了华为企业文化建设的核心命题。"（吴春波，2014）高绩效的企业文化需要制度的配合，华为的绩效管理长期实行劳动态度考核，考核内容包括员工的行为规范、责任心、敬业精神、创新精神和团队精神，考核结果与员工的晋升、工资和股票等挂钩。

1. 能力层面

员工任职资格管理体系是华为人力资源管理体系的基础，全员导师制能够让新员工尽快融入企业，训战结合的企业培训让员工可以学以致用，提升实际作战能力。

任职资格管理体系。华为的任职资格管理源于英国的国家职业资格制度（NVQ），包括"任职资格等级体系划分、职业发展通道构建、任职资格标准建立、任职资格认证以及任职资格结果的应用"五个部分。

全员导师制。华为的全员导师制来自中研部设立的、以党员为主的"思想导师"制度。全员导师制最初用于对新员工进行帮助指导，后来被推广到整个公司。华为导师制的不同之处在于它是全员的、全方位性的，全体员工都有导师，所有部门都实行导师制。

训战结合的培训。任正非强调"培训要从实战出发，要学以致用，急用先学"。华为大学的培训模式包括以下特点：①停产、停薪、交学费。华为干部、员工参加华为大学的培训，不仅需要停产、停薪，还要交高昂的教材费。②案例式教学。华为培训采用了故事化和表格化等一线案例，能够提升实际工作能力。③"721"法则。华为对自身的培训制度展开了彻底变革，"721"法则规定员工所获得技能的提高，七成来自实际操作，两成来自导师的指导，剩下的一成则取决于自己不断地学习。

2. 动机层面

华为坚持"以奋斗者为本"，华为的全员持股激励政策让员工获得丰厚的物质回报，非物质激励则解决了物质激励边际效用递减的问题，敢于惩罚的负向激励抑制了员工消极的负能量，从而激发员工的活力。

全员持股。截至2017年，超过8万名华为员工持股，全员股权激励政策是华为凝聚18万知识分子的核心动力。

非物质激励。2017年，华为员工的人均年薪达到了68.9万元，成为全球薪酬最高的企业之一。在物质激励边际效用递减的问题上，任正非要求各级主管人员要学会使用非物质激励手段，重视与员工的沟通以及对员工工作的认可，用目标愿景来牵引员工。华为推行了"明日之星""蓝血十杰"等非物质激励的举措。

负向激励。管理的实质在于对人性善恶的引导与抑制，在我国这样的"高关系社会"中，相比奖励，惩罚是一个被遗忘的话题，也是一个时常被忽视的管理工具（吴春波，2018）。当员工出现严重的违章违纪现象时，华为会依据制度施以应有的惩罚，包括但不限于"警告、通告、罚款、降薪、降奖金等级、职位降级、下调考核等级、下调劳动态度考核等级、扣发奖金、赔偿损失、无权获取当年度虚拟受限股分红、收回往年的虚拟受限股分红、记入员工纪律处分数据库或记入员工个人诚信档案"，与此同时，管理者需要承担连带责任。

3. 机会层面

"宰相必起于州部，猛将必发于卒伍"，华为一贯强调从基层中挖掘人才，在实战中培养干部。华为五级双通道（管理和专业技术）的晋升模式，让员工在自身擅长的领域中能不断追求卓越，战略预备队通过实战化赋能培养优秀人才，内部人才市场的实现让员工与岗位双向选择，充分调动员工的积极性。

人才金字塔。华为的职业发展通道呈现出五级双通道的金字塔结构，促进优秀员工在自身擅长的领域追求卓越、不断精深，干一行、爱一行、专一行，以避免职业发展通道单一，导致出现"官导向"现象。由于金字塔结构是封闭系统，华为对其进行了改良：拉开金字塔顶端，形成蜂窝状，吸收全球的顶尖人才；改变金字塔的内部结构，在关键的岗位上拉开差距，向外部市场化对标，引进更优秀的人才。

战略预备队。2013年，华为成立战略预备队，旨在选拔高潜质人才赋能，培养优秀干部、专家和职员，实现战略能力探索与突破。战略预备队的运作聚焦于三个方面："优秀的人进得来"，即通过选拔制，让有责任感、使命感的人才能够进入战略预备队；"进来以后长得大"，战略预备队需要通过案例、方法和讨论对成员赋能，提升成员的实战能力；"长大以后出得去"，战略预备队要有承接的组织，实现从实践中来、到实践中去，让培养的人才可以真正发挥作用。

内部人才市场。内部人才市场是帮助华为内部人才资源实现有序流动的机制和平台。华为员工可以不经本部门审批，直接进入企业内部人才市场，以任职资格为上岗条件，在内部人才市场搜寻适合自己的岗位，实现岗位需求与员工意愿之间的合理匹配，充分调动员工的积极性和主动性。但是绩效为 D 或是连续为 C 的员工没有自由流动的机会，此外，每名员工两年内只能进入一次内部人才市场。

资料来源：善世服务外包. 善世分享：组织利益最大化，就用人力资源 AMO 理论！附华为 AMO 实践案例［EB/OL］.（2020-09-01）［2021-01-15］. https://www.sohu.com/na/415915190_ 120287170.

在企业发展过程中，人力资源因素发挥着核心作用。进入 21 世纪，随着经济、社会、科技、文化等的不断发展和进步，企业的经营环境不断发生变化，企业面临着新的机遇和挑战，给企业的人力资源管理活动带来了前所未有的新挑战。本书旨在引导 21 世纪的管理者在全球化背景下，洞悉企业内外部环境，掌握人力资源管理的工具和方法，发挥企业人力资源优势，提升企业的核心竞争力。

1.1 人力资源管理概述

1.1.1 人力资源管理的概念

"人力资源"（human resources，HR）一词是由彼得·德鲁克在《管理的实践》一书中提出的。1958 年，工业关系和社会学家怀特·巴克出版了《人力资源功能》，首次将人力资源管理作为企业管理的一项职能来论述，认为人力资源管理职能对于企业经营管理的成功，与生产、营销、财务等其他管理职能一样重要。

随着人力资源管理理论和实践的不断发展，业界对人力资源管理的理解出现了各种流派和类别，归纳起来，有以下四种观点。

1. 人力资源管理的目的观

蒙迪等人认为人力资源管理是通过对人力资源的管理来实现组织的目标的。如人力资源管理就是通过各种技术与方法，有效地运用人力资源来达成组织目标的活动。

2. 人力资源管理的过程或职能观

谢尔曼把人力资源管理看成是一个企业管理活动的过程。他认为人力资源管理是承担组织人员的招聘、甄选、培训及薪酬管理等职能，以达成个人与组织的目标的活动。

3. 人力资源管理的实践观

斯佩克特认为，人力资源管理就是与人有关的制度和政策等。人力资源管理包括影响公司和员工之间关系的性质的所有管理决策和行为。

4. 目的、过程等综合观

人力资源管理是对人力资源的取得、开发、保持和利用等方面所进行的计划、组织、指挥和控制的活动，是通过协调社会劳动组织中的人与事的关系和共事人的关系，以充分开发人力资源，挖掘人的潜力，调动人的积极性，提高工作效率，实现组织目标的理论、方法、工具和技术。

本书基于战略人力资源管理视角，认为人力资源管理是组织为实现目标、建立竞争优势而开展的一系列提高员工能力，激活员工动机，并给予员工参与机会的管理职能活动，具体包括规划、招聘、培训、绩效与薪酬管理等。

1.1.2　现代人力资源管理与传统人事管理的区别

人力资源管理是对传统人事管理的发展，它的立场和角度完全不同于人事管理，两者之间主要的区别见表 1-1。传统人事管理以"事"为中心，只见"事"，不见"人"，强调对"事"的控制和管理，其管理的形式和目的是"控制人"，将员工视为负担和成本；而现代人力资源管理是以"人"为核心，管理的根本出发点是"着眼于人"，强调对人的开发和激励，管理的形式是民主和参与式的。

表 1-1　人力资源管理与人事管理的区别

方面	人力资源管理	人事管理
管理视角	视员工为第一资源和资产	视员工为负担和成本
管理目的	实现组织和员工的共同利益	实现组织目标
管理活动	重视培训开发	重使用，轻开发
管理地位	战略层	执行层
角色定位	效益中心	成本中心
管理模式	以人为中心	以事为中心
管理方式	强调民主和参与	命令式、控制式
管理方法	多样化，使用前沿技术	单一、传统

1.1.3　人力资源管理系统

1. 人力资源管理的基本内容

人力资源管理由一系列相互联系、相互作用的管理环节和职能活动组成，主要包括人力资源规划、工作分析与设计、招聘、培训、薪酬管理、绩效管理、职业生涯管理、员工关系管理等组织人力资源管理的核心模块。这几个模块通过系统地结合成完整链条，相互促进与提高，使组织在发展、实现组织目标的过程中获得有效的人力资源的支撑。

（1）**人力资源规划**。人力资源规划的实质是根据企业的发展战略、目标以及组织内外部环境的变化，预测未来的组织任务和环境对组织的要求，以及为了完成这些任务、满足这些要求而提供人力资源的过程。人力资源规划是影响整个企业人员配置、培训和开发的主要因素，主要关注的是人力资源供求之间的数量、质量与结构的匹配。一般来讲，人力资源规划包括以下三方面的内容：①确定员工的分类和企业目前及未来的人员需求；②确定企业获取员工的方式；③确定企业人力资源培训和开发的需求。

（2）**工作分析与设计**。这是人力资源管理中的一项重要工作，是指通过对工作任务的分解，根据不同的工作内容，设计不同的职务，并规定每个职务应承担的职责、工作任务、职位权力和工作条件，确定担任该职务应有的技能、知识与经验等，以确保企业拥有工作的规范和合格的员工。工作分析与设计要注意工作的丰富化和扩大化，以提高员工工作满意度。

（3）**招聘**。招聘是根据人力资源规划以及工作分析与设计的要求，为企业获取所需人力资源的过程。招聘活动应该公开、公正，应扩大候选人的范围，尽可能覆盖一切有才能的人；候选人一旦确定，必须进行严格的选拔以获取合格的员工；通过选拔的候选人应予以录用，包括对工作申请人进行测评、制定录用规则和对录用结果做出评价等内容。

（4）**培训**。培训主要是结合企业的发展需要以及工作需要，针对不同人员分别制订培训计划，并组织实施。企业培训应主要着力于员工知识、能力、态度等方面，以提高工作绩效为目标。在培训内容、方式、对象、地点和时间的选择与确定等环节均应科学有序，以使培训能落到实处，并且合理有效。

（5）**薪酬管理**。薪酬不仅仅是衡量一个人的劳动价值的标准，往往也是评价一个人事业成功与否的标准。大多数员工工作的目的仍然是获得报酬，企业的薪酬福利往往是留住员工的一个重要因素。企业的薪酬管理主要包括以下工作：设计合理的薪酬体系与制度，根据员工工作绩效状况给予不同的报酬，同时还应适应企业发展战略，适时调整薪酬方案，以保证其激励性。

（6）**绩效管理**。绩效管理是针对员工在一个既定的时期内对企业贡献程度做出评价的过程。员工绩效评估是人力资源管理的重要工作之一，是员工培训、晋升、薪酬等人力资源决策的重要依据。其主要工作内容是，通过建立评估体系，对员工工作绩效进行评价，及时反馈评价结果，并奖优罚劣，目的在于改进和提高员工工作绩效。

（7）**职业生涯管理**。职业生涯管理主要是根据员工个人性格、气质、能力、兴趣和价值观等特点，同时结合企业的需要，为员工制订一个职业发展计划。职业生涯管理的目标是开发员工的潜能，使员工在企业中能够得到职业的发展，从而以更大的热情和主动性来投入工作。

（8）**员工关系管理**。劳动关系是劳动者与用人单位在劳动过程和经济活动中发生的关系。一个企业的劳动关系是否健康和融洽，直接关系到企业的人力资源能否正常发挥作用。建立和维护有效的劳动关系可以通过以下几个方面的活动来实现：

尊重员工权利，与员工及其组织代表协商处理员工投诉，等等。

基于上述对人力资源管理相关概念的理解，我们将本书分为 9 章，总体顺序按人力资源管理实践的流程来编排。每章都会介绍人力资源管理实践是如何驱动公司的竞争优势的。

本书结构概览见图 1-2。

2. 人力资源管理系统的构成

如前文所述，人力资源管理的基本职能活动嵌于人力资源管理环境、组织环境中，形成结构性的管理系统。对于人力资源管理系统的构成，被广泛采用的有舒勒提出的 5P 模型和李派克等人提出的人力资源管理活动的三个层次。

5P 模型由人力资源管理理念、人力资源管理政策、人力资源管理计划、人力资源管理规划和人力资源管理流程五个部分构成。5P 模型基于组织的战略经营需求，将人力资源管理活动整合起来，形成人力资源系统（见图 1-3）。人力资源管理活动是否具有战略性，取决于它们是否与企业的战略经营需求系统地联结在一起。

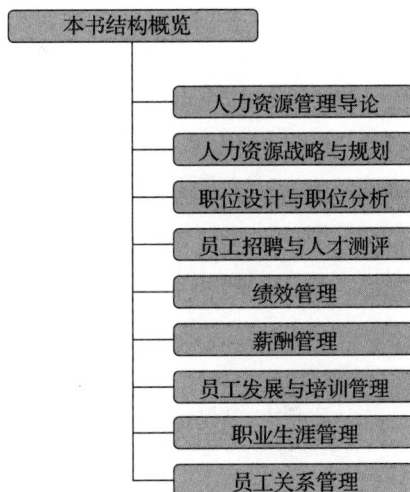

图 1-2　本书结构概览

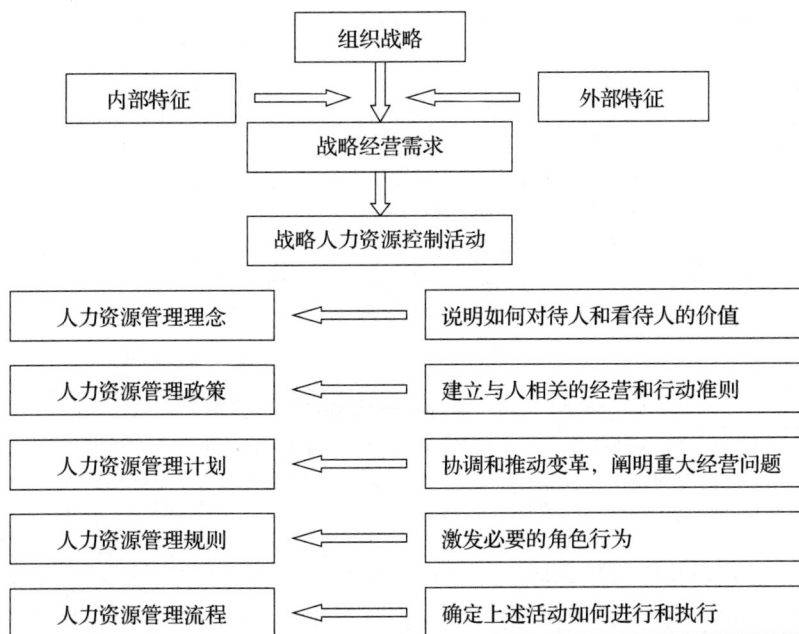

图 1-3　5P 模型战略人力资源管理活动

资料来源：梅洛. 战略人力资源管理 [M]. 吴雯芳，译. 北京：中国财政经济出版社，2004.

　　李派克将人力资源管理活动分为三个层次：人力资源管理实践、人力资源管理政策和人力资源管理系统。其中最基础层面是人力资源管理实践，一系列的人力资源管理实践构成和体现组织的人力资源管理政策，而人力资源管理实践和人力资源管理政策的有机组合则形成组织的人力资源管理系统（见图1-4）。

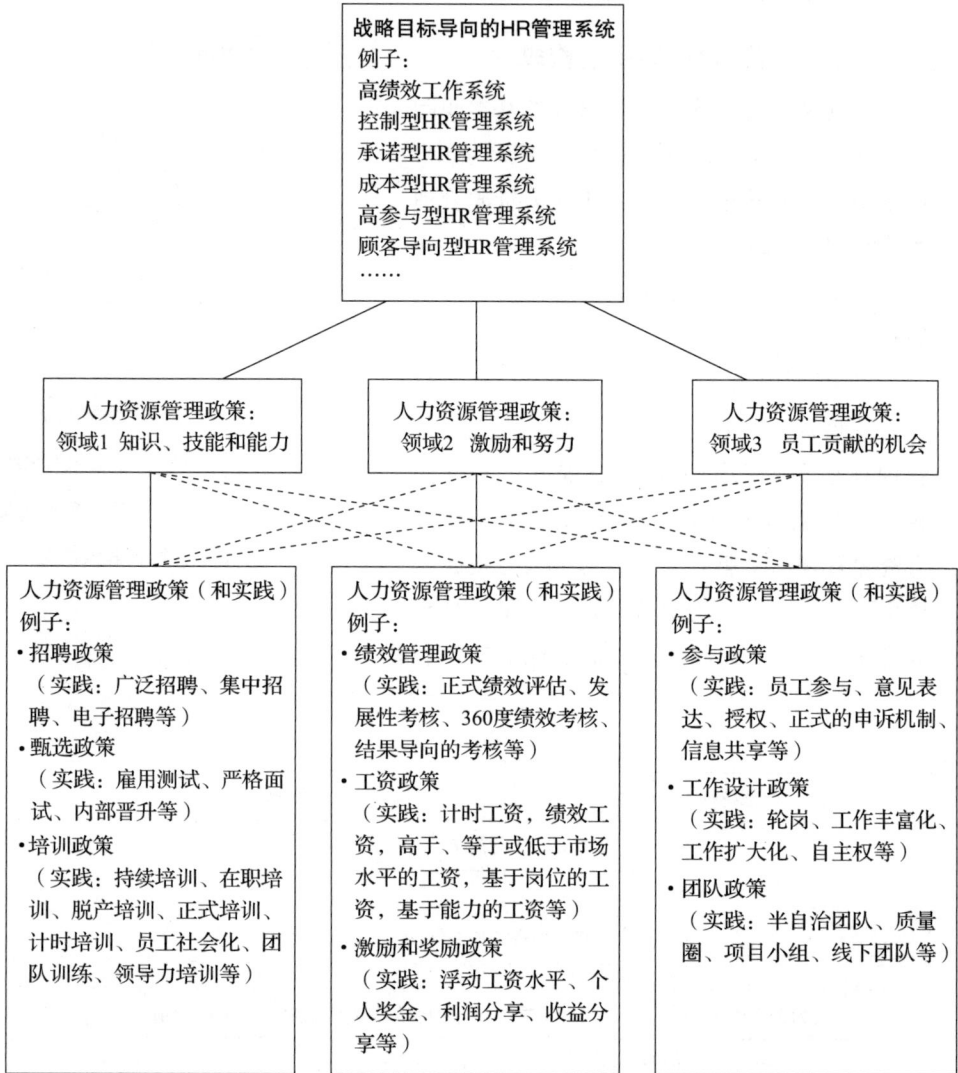

图 1-4　人力资源管理活动的三个层次

资料来源：LEPAK D P, LIAO H, CHUNG Y, et al.A Conceptual Review of Human Resource Management Systems in Strategic Human Resource Management Research［J］. Research in Personnel and Human Resources Management, 2006, 25(1): 217-271.

　　（1）人力资源管理实践。人力资源管理实践是企业为了达到某个具体的目标而设计实施的组织行为。它是指一系列获得、分配、使用并提高人力资源价值和使用价值的相关活动。比如计时工资、360度绩效考核等都属于组织的人力资源管理实践，组织通过这些活动来选择和管理员工。

（2）**人力资源管理政策**。人力资源管理政策表明了组织人力资源活动、过程、技术所要达到的目标。一方面，决策层设计人力资源管理政策指导人力资源管理实践的实施，另一方面，人力资源管理政策目标又是靠一系列人力资源管理实践来体现和完成的。李派克等人认为人力资源管理政策涉及三个领域，即员工能力领域、员工动机领域和员工机会领域，这就是著名的人力资源管理 AMO 模型。人力资源管理政策的三个领域都有各自不同的目标。首先，毋庸置疑，组织需要高能力的员工，所以员工能力领域的目标是提高员工知识、技术和能力；其次，人力资源管理系统要确保员工的能力与岗位需求相匹配，那么员工动机领域的目标是管理员工的工作动机，促进员工努力工作的意愿；最后，对组织而言，拥有高能力且有意愿努力工作的员工是不够的，组织的工作设计应该给员工提供贡献的机会，这也是员工机会领域的目标。

（3）**人力资源管理系统**。人力资源管理系统是由各项具有一致性的人力资源管理实践和人力资源管理政策构成的有机体系。不同人力资源管理实践组合而成的人力资源管理系统，可以形成一套不能被轻易模仿和替代的资源系统与稀缺能力，并成为组织持续竞争优势的来源。

3. 人力资源管理系统的类型

如何支撑组织战略目标一直以来都是战略人力资源管理的核心内容。从权变的观点来看，针对不同的人力资源管理目标，组织会采用不同的人力资源管理体系，便形成了不同的人力资源管理系统类型。与人力资源管理系统匹配的因素包括组织战略、组织结构、文化特征、岗位特点以及组织所处的外部环境。西方有关人力资源管理系统的分类中，较有代表性的分类有三种（见表 1-2）。

表 1-2　人力资源管理系统较有代表性的三种分类

人物	类型	特点
亚瑟	承诺型	通过强化员工与组织之间的情感联系来达到员工的自主行为与组织目标高度一致的目的
	控制型	通过要求员工严格遵守组织的管理制度和规则，以及依据可以测量的产出来奖励员工的方法，达到降低成本或者提高效率的目的
德利瑞和多蒂	内部发展型	以长期、培育的观点来对待员工，也期望员工能对组织忠诚，进而产生长期贡献
	市场导向型	以短期、交易的观点来看待雇用关系，劳动关系建立在相互利用、各取所需的基础上
戴尔	利诱型	要求员工在指定的工作范围内有稳定的表现即可，并以利诱性工具作为激励员工的方式，组织与员工的关系纯粹是直接和简单的利益交换关系
	投资型	重视员工的创新，注重对员工的培训和激励，组织与员工建立在长期的工作关系上
	参与型	组织将决策权力下放，大多数员工都能参与决策，对员工的主动性与创新性要求都较高

资料来源：[1] ARTHUR J B. Effects of Human Resource Systems on Manufacturing Performance and Turnover [J]. Academy of Management Journal, 1994, 37(3): 670-687.

[2] DELERY J E, DOTY D H.Theoretical Frameworks in Strategic Human Resource Management: Universalistic, Contingency, and Configurational Perspectives [J]. Academy of Management Journal, 1996, 39(4): 802-835.

亚瑟将人力资源管理系统分为承诺型和控制型。承诺型人力资源管理系统是通过强化员工与组织之间的情感联系来达到员工的自主行为与企业目标高度一致的目的。控制型人力资源管理系统是通过要求员工严格遵守组织的管理制度和规则，以及依据可以测量的产出来奖励员工的方法，达到降低成本或者提高效率的目的。承诺型人力资源管理系统以提高员工承诺为导向，注重应聘者的特质和潜能，适合更具弹性的组织实施，例如腾讯、阿里巴巴等企业，十分注重组织文化的培养，使员工更能融入组织中。而控制型人力资源管理系统以降低成本为导向，注重求职者的技能和工作经验、仅限于岗位需求的培训等，更多出现在国企、公共部门以及大型的制造型企业等组织中。

德利瑞和多蒂将人力资源管理系统分为内部发展型和市场导向型。内部发展型人力资源管理系统是以长期、培育的观点来对待员工，也期望员工能对组织忠诚，进而产生长期贡献。采取内部发展型人力资源管理系统的组织非常重视员工的发展，倾向于优先由内部渠道招聘员工，为员工提供广泛的培训，绩效评估以员工发展为出发点，较少使用利诱型的薪酬机制，员工工作有高度的保障，重视员工参与决策。市场导向型人力资源管理系统是以短期、交易的观点来看待雇用关系，劳动关系建立在相互利用、各取所需的基础上。内部发展型人力资源系统适用于与组织签订正式、长期劳动合同的员工；而市场导向型人力资源系统适合组织中通过外部招聘的员工、兼职员工等群体。此外，采用内部发展型还是市场导向型和组织文化有很大的关系，如国内海底捞之类的服务型企业也非常注重员工的内部培养。

戴尔根据组织特色与人力资源管理相对应的做法，将人力资源管理系统分为三大类：利诱型、投资型和参与型。采用利诱型人力资源管理系统的组织，组织结构多为中央集权式，生产技术较为稳定，要求员工在指定的工作范围内有稳定的表现即可，并以利诱性工具作为激励员工的主要方式，组织与员工的关系纯粹是直接和简单的利益交换关系。采用投资型人力资源管理系统的组织重视员工的创新，而生产技术一般较为复杂，组织与员工建立在长期的工作关系上，注重对员工的培训和激励。参与型人力资源管理系统的特点在于组织将决策权力下放，大多数员工都能参与决策，因此对员工的主动性与创新性的要求都较高。沃兹认为利诱型人力资源管理系统与官僚式企业文化契合，投资型人力资源管理系统与创新型企业文化契合，参与型人力资源管理系统与支持型企业文化契合。

1.2　人力资源管理的发展

人力资源管理者一直处于很尴尬的境地。无论是"选用育留"四大流程，还是"组织架构、招聘、配置、开发、评估、员工关系"六大职能，这些解决方案并没有获得公司领导者的十分认可。德勤针对首席执行官（CEO）的一项调查显示，人力资源管理被认为是反应最缓慢的职能。超过50%的业务领导者认为，人力资源管理者没有做好引领公司发展的准备，甚至人力资源管理者对自己的表现也不太满意，超过 77% 的人力资源管理者认为应该重新规划和提升人力资源管理的职能。尽管如此，人力资源管理实践和理论发展从未停下脚步，经历了漫长的变迁过程，并处于不断变革中。

1.2.1　人力资源管理发展阶段

人力资源管理是生产力发展到一定阶段的产物，随着生产力的进一步发展和人力资源素质的提高，该管理理念和模式也在不断地调整以适应新的管理环境的要求。现代人力资源管理是在国外社会化大生产的背景下产生与发展的，其发展过程具有深刻的西方文化烙印。以下简单介绍人力资源管理的发展阶段。

1. 人事管理阶段

19 世纪工业革命的高潮促进了劳动专业化水平和生产力水平的提高，但同时也对生产过程的管理，尤其是对生产中员工的管理提出了更高的要求。因此，专门的管理人员出现了，主要负责对员工的生产进行监督和对与员工有关的事务进行管理。从这一时期开始，人事管理被组织尤其是企业所接受。19 世纪末到 20 世纪初人事管理作为一种管理活动而正式进入企业的管理活动范畴，许多人力资源管理学者都把这一时期作为现代人事管理的开端。

如前文所述，这一时期的人事管理集中于"事"而非着眼于"人"。20 世纪初，人事管理发生了一些变化，吸收了科学管理的思想精要。泰勒提出了科学管理原则，宣称企业如果遵循这些原则，会给员工和企业双方带来发展，员工会获得更多的收入，企业也会获得更多的利润。科学管理的分工、时间动作研究思想是之后人力资源管理职位分析的基础和源头。它强调的科学选拔以及职能管理制度为后续人力资源管理的职能、职位管理体系的建设和发展奠定了基础。只不过科学管理是从"工作"出发，因此此时与"人"相关的管理也集中于"事"，即我们称为的人事管理。人事管理理论与实践吸收科学管理的思想，但科学管理理论仍旧没有考虑到员工的感受，仅仅把员工作为和机器设备一样的生产资料来对待，使员工开始对工作产生不满。人事管理由于其内在的矛盾张力继续向前发展。

2. 人力资源管理阶段

现代人力资源管理起源于泰勒的科学管理思想，"人力资源"一词由管理大师德鲁克先生正式提出。人力资源管理理论指出，组织中的人具有符合资源的价值性、稀少性、不易被模仿以及竞争者无法取代的特性。组织可通过人力资源管理系统建立自身的持久竞争优势，进而提升组织的绩效。因此，"人"才是组织经营中资源执行的主体，应该成为经营中重视的核心。在这一阶段，组织招募了大量的从业人员，为提高其胜任力而进行训练与教育。与人事管理阶段相比，人力资源管理在管理目标、方式等层面有很大的区别，此阶段也奠定了现代人力资源管理的基本内容，具体可见前述的"人力资源管理的基本内容"。

赖特（Wright）和麦克马汉（McMahan）指出，可以通过四个方向思考人力资源管理实务能否创造竞争优势：①某种人力资源要能为组织创造持久性的竞争优势；②这种人力资源必须是稀少的；③为了维持竞争优势，这种人力资源必须是不可转移的；④若要成为竞争优势来源，这种人力资源必须是不可取代的。

3. 人力资本管理阶段

20世纪50年代末60年代初，舒尔茨（Schultz）连续发表了一系列重要文章，这些文章为现代人力资本理论奠定了基础。他认为人力资本是投资的产物，把人力资本投资分为以下五类：①医疗和保健投资；②在职人员培训投资；③正规的初等、中等和高等教育投资；④不是由企业组织的、为成年人举办的学习项目（包括多见之于农业的技术推广项目）投资；⑤个人和家庭适应于变换就业机会的迁移投资。舒尔茨考察并确认了人力资本投资的两个方面：正规教育和有组织的研究活动。人力资本投资表明现代经济发展已经不能单纯依靠自然资源和人的体力劳动，生产中必须提高体力劳动者的智力水平，增加脑力劳动的成分，以此来代替原有的生产要素。因此，由教育投资形成的人力资本在经济增长中会更多地代替其他生产要素。

从组织视角来看，人力资本管理活动涉及人力资本的组织化，指个体层面的知识、技能、能力等人力资本向组织层面人力资源的聚集和转化，这种聚集和转化过程使得组织化人力资本打上了组织的独特烙印，具有不可模仿性和替代性，并且能够根据组织特定的战略目标进行动态调整，构成了组织竞争优势的重要来源，能够为组织达成战略目标、实现价值增值做出贡献。

从总体来看，西方人力资本理论产生及发展，使人在物质生产中的决定性作用得到复归。人力资本理论重新证明了人，特别是具有专业知识和技术的高层次的人是推动经济增长和经济发展的真正动力。这一阶段的人力资本理论把人的消费视为一种重要的投资，对管理实践的发展产生了革命性的影响。人力资本管理阶段与人力资源管理阶段相比，其先进点在于人力资本管理更偏重于关注人的可持续发展，重视通过培训和激励并重等多种"投资"手段来提高人的价值。而人力资源管理只是立足于人的现有状况来挖掘潜力，偏重于激励手段和方式的进步。

4. 人才管理阶段

1997年，麦肯锡咨询公司提出了"人才战争"这个术语之后，从业者和学者就对人才管理表现出了极大的兴趣。人才管理研究表现出与竞争优势资源相关的传统人力资源管理的思维模式的转移，是适应当今动态、复杂的竞争环境的战略人力资源管理的重要内容。学者们对人才管理内涵的诠释分为四种导向：一是传统功能导向，即将人才管理看成是人力资源部门的功能——招聘、甄选、开发、职业生涯以及继任管理；二是人才池导向，即将人才管理看成是开发和储备员工的一种功能；三是人才一般性导向，即人才管理不考虑组织边界和职位的特殊性；四是战略导向，即将人才管理作为一种战略从而获得竞争优势。比较公认的人才管理定义为"系统地确定对本组织可持续竞争优势有不同贡献的关键职位，开发由高潜力和高绩效在职者组成的人才池以填补这些职位的活动和过程，以及开发和创建差异化的人力资源架构，以协助填补这些职位的胜任者，并确保他们继续效力于本组织"。该观点特别强调人才管理系统应该从识别关键的组织职位或关键任务角色开始。综上，人才管理应该多关注有才能、高绩效或高潜力的员工和关键职位。从方法来看，斯帕瓦和同事提出了人才管理的"价值驱动"路径，把人才管理模式分解为四个关键的价值驱动过程，分别是：价值创造、价值获取、价值放大（价值杠杆）和价值保护。以价值放大为例，现在发展迅速的平台型企业正是通过与工作者对接异质性资源，撬动价值杠杆，在价值共创过程中实现人力资本价值放大。

总体上，人才管理应该将关键职位的识别和确定作为其首要任务，然后开发人才池，尤其是高能力、高绩效的人才池，最后应确保组织的人力资源架构是适应内外环境的产物。所以，人才管理还应该包括开发和创建差异化的、有竞争力的人力资源架构。

1.2.2　新经营环境下的人力资源管理

进入 21 世纪的人力资源管理有许多挑战，也面临前所未有的机遇，全球化竞争、技术发展、新的工作内容等关键环境要素的变化为组织管理变革提供了充足的驱动力。人力资源管理是企业内部变革的要点。在这种情况下，如何抓住新经营环境机遇，在新浪潮冲击下寻找恰当的人力资源管理途径，推动组织转型，成为组织管理者面临的重要任务。

1. 当前组织面临的新经营环境特征及挑战

（1）**全球化发展与竞争**。全球化是指企业将其销售、所有权以及制造活动向国外新市场扩张的趋势。近年来，不断有中国企业进行海外扩张，其全球化程度越来越高。一方面，组织运营面临的竞争越来越大，另一方面全球市场环境不确定性日益增加，如经济发展的周期性变动、政治环境动荡等都考验着组织的人力资源管理能力。

全球化迫使企业的经营要更加富有效率。全球化程度的提高同时也意味着竞争的加剧，企业从面对局部的竞争者变成面对全球的竞争者。企业需要降低成本，使员工更富有生产力，用更低的成本为消费者提供更好的服务。迫于竞争压力，企业不得不调整人力资源配置以及生产安排。比如，将生产厂转移至劳动力成本较低的国家和地区，或者将一些边缘型岗位实施外包甚至是离岸经营，如戴尔公司就将呼叫中心业务转移到了印度。很多企业甚至对一些高技术型岗位也实行离岸经营，以便找到更合适、更低廉的劳动力。

全球经济增长下行业压力增大，体制性、结构性矛盾逐渐呈现，部分行业产能过剩问题凸显，经济转型升级迫在眉睫。在社会经济转型升级背景下，处于社会中的企业必然需要做出相应的战略调整，对企业内部人力资源管理也必然提出新的要求。人力资源管理者不仅要了解如何依据企业的战略要求来设计和开发企业的人力资源管理系统，从而使企业能够保持长期的竞争优势，还应该了解如何根据企业的竞争要求来构建员工素质模型，即企业需要何种类型的员工技能、行为、态度、价值观、个性和内驱力来支持组织的战略规划，以及人力资源部门如何制订方案来确保员工具备这些技能、行为、态度、价值观、个性和内驱力。

（2）**技术发展与进步**。技术显著地改变了人力资源管理者的工作方式。比如人工智能技术的发展和应用，一方面提升了行业生产效率，另一方面也带来人机合作、人员生产效率的改变。如何运用相关技术提升人力资源管理效率、提升员工生产效率是管理者面对的挑战。利用领英（LinkedIn）和 Facebook 等网络渠道进行员工招募就是应对这些挑战的一种方法。企业可以通过 Facebook 上的求职板块了解候选人的情况，这为企业提供了一种通过 Facebook 招募员工以及发布职位空缺信息的"无缝"链接。在创建空缺职位清单之后，企业就可以利用 Facebook 来宣传这些职位的链接地址了。很多类似的创新都显著地改变了人力资源管理者的工作方式。例如，新冠疫情的全球爆发与持续打破了企业固有的生存模式，为企业的人力资源管理带来了巨大挑战。如何管理、协调员工进行远程办公，如何减少人力资源成本以应对业务的下滑，以及这一状况下员工的薪酬如何支付等问题，都对人力资源管理提出了新的要求。Zoom、腾讯会议等工具的使用很大程度上改变了人们以往的工作习惯和工作方式，但是确保大量远程弹性工作员工的工作效率和效果成为人力资源管理者面对的新问题。

（3）**工作特征**。技术的变革以及产业结构的调整改变了人们的工作方式，高技术岗位、服务性岗位、知识性岗位越发成为劳动力市场上的主流工作岗位。例如美国政府出版的《职业前景季刊》表示，航空、计算机、通信、制药等知识密集型行业的高科技生产型职位正在代替钢铁、汽车等传统行业的制造型岗位。与此同时，越来越多的劳动者受雇于生产及提供服务的行业，在发达国家占比高达 2/3 以上，在我国也呈上升趋势。因此，高技术岗位、服务性岗位、知识性岗位对人力资源以及相应的人力资源管理提出了不一样的要求。世界银行在《2019 年世界发展报告》中指出技术正在重塑工作所需要的技能，无论在发达国家还是在发展中国家，劳动力市场对可以被技术取代的低技能劳动力的需求正在降低，与此同时，对高级认知、社会行为以及更高适应能力相关的技能组合的需求与日俱增。

当构建企业竞争优势愈发依赖知识与技术体系时，越来越多的企业开始认识到，知识管理、研发等软性实力的提升可以优化和整合企业硬件要素，提升企业核心竞争优势。知识的学习与创新是企业获取竞争优势、赢得持续发展的重要依托。知识经济的兴起对投资模式、产业结构等产生了深刻的影响，也要求任职者具备更高的受教育程度和更多的技能。比如，我们已经看到，自动化生产和零库存生产技术意味着即使是制造型工作岗位，也在要求员工具备比过去更高的阅读、学习、沟通以及数字化能力。

在知识经济时代，工作内容和方式发生了极大的转变，尤其是传统的职能性工作向团队工作、固定工作向创新性工作的变化，使职位分析本身与传统的职位分析技术和方法都面临着挑战，许多人力资源管理专家已经提出了抛弃职位说明书的理论。那么对企业而言，职位分析是否还具有价值？我们应该如何构建适应新的环境的职位分析系统？职位分析如何与企业的战略、组织与流程对接，真正成为从企业的战略、组织、流程向人力资源管理过渡的桥梁？在知识经济时代，变革成为企业和社会的常态，人力资源管理如何推动企业的组织与管理变革，以及如何来适应变革中的裁员、人才流动与文化的融合等由变革带来的社会命题？

管理者还应该注意到，以下几个问题仍有待探索：人力资源管理如何实现与企业的年度经营计划、业务模式、组织模式、业务流程、财务系统、研产销系统等要素所组成的整个经营管理系统的对接？如何根据企业的战略要求进行职位评价？如何开发新的职位评价技术以适应知识经济时代组织及其工作内容、方式方法上的转变，从而使人力资源管理能够在操作层面上支撑企业的战略落地与日常运营和管理。

（4）**劳动力特征**。人口结构及员工队伍多元化方面也出现了几个显著的变化。第一，新生代员工逐渐成为劳动力市场的主力军；第二，随着人口老龄化的加剧，员工队伍的平均年龄呈上升趋势；第三，员工队伍在性别、年龄和种族构成方面越来越多元化；第四，劳动力在区域间的流动，会持续影响员工队伍的规模和多元水平。除此之外，退休人员返聘以及非传统型劳动者也进一步增加了工作场所的劳动力多元化程度。员工的多元化也对企业人力资源管理工作提出了更高的要求，如新生代员工的自主权要求和工作体验性要求等。而从老龄化背景下的返聘员工如何发挥余热，又如何适应工作场所技术、管理的高频率变化这些问题，可以看到，传统的人资管理、过时的激励模式、一贯的绩效薪酬都将不能满足员工多元化的需求，急需新型人力资源管理方法和模式产生。

在员工日益多元化与个性化的背景下，现代企业人力资源管理面临的挑战有：首先，应该了解如何进行人才的分层分类，以及针对不同类型的人才采取不同的雇用模式；如何正确处理自由雇用政策与员工忠诚及员工终身就业能力之间的关系；如何根据组织的整体要求和职位的个性化要求，设计企业的人员甄选系统，并进行人员甄选技术和方法的创新，以便在一定成本的前提下确保人员甄选的效度和信度。其次，如何根据企业的职业生涯通道设计分层分类的培训体系，从而有效地支撑企业内部的晋升制度和职业生涯规划，并实现对员工有效的组织激励；如何依据组织的战略和工作的要求，开展有效的培训需求分析，并设计基于战略和工作的培训计划。最后，企业管理者还应该考虑如何正确处理企业的薪酬战略（比如市场领先的薪酬战略，即一种向员工支付比现有市场通行工资水平更高的工资政策）与人才招募之间的关系，使企业在人才招募与应用上获得价值与成本的均衡，从而在劳动力市场上具有自身独特的优势。以上都是工作场所劳动力结构变化带给人力资源管理的新挑战。

2. 人力资源管理发展趋势

（1）**聚焦战略性问题**。高度的动态性、复杂性与不确定性已成为环境的常态。面对这一状况，作为企业发展支撑性职能的人力资源管理应当如何应对，以便更好地帮助企业抓住机遇迎接挑战，也是组织管理者应该关注的问题。

人力资源管理更多地参与到了帮助自己公司处理长期性、战略性、全局性的问题中来。战略人力资源管理背后隐含的基本思想是：在制定人力资源管理政策和实践时，管理者的目的应该在于通过这些政策和实践促使公司产生实现战略目标所需的技能及行为。例如，雅虎公司的新任首席执行官就对人力资源管理部门提出了这方面的要求，在此基础上，雅虎公司制定了许多新的人力资源管理实践，以往孤立的工作方式被取消了，员工们重新回到可以同时不断进行互动的办公场所中工作；与此同时，公司还采取了新的福利措施（例如，16 周的带薪父母假）。这些措施让雅虎公司成为一个有吸引力的工作场所，能吸引到更多优秀的人才，并帮助员工融入企业的文化中，实现公司的战略目标。再如，新冠疫情发生后，不少企业推动了业务的变革过程。重点产品创新、战略调整等每一个业务变革背后，都意味着企业组织资源和人才队伍的重新部署，人力资源管理系统需要主动参与推动，和管理者、业务团队一起去协调和配置组织资源。当组织经营环境不确定性日益增加，人力资源管理需要更多关注全局性、战略性问题，以积极的姿态帮助组织应对环境变化。

（2）**关注绩效提升**。人力资源管理者和从业者比以往任何时候都感受更加强烈——人力资源管理的战略支撑地位来自帮助企业改进绩效。企业期望它们的人力资源管理者能够帮助企业领导绩效改进活动。一项针对人力资源管理专业人员的调查列出了现在人力资源面临的一些最重要挑战：为争夺市场份额而展开人才竞争、价格竞争和价格控制以及提高生产率的需要。

人力资源管理在改进公司绩效和强化盈利能力方面处于强有力的地位。首先，确保人力资源职能部门高效率地提供服务，其中可能包括一些类型的人力资源管理活动，比如福利管理，外包给成本有效性更高的外部供应商，控制人力资源职能部门的人员数量，利用门户网站和自动化的在线员工系统等技术手段以成本更低的方式提供人力资源服务。其次，制定和实施有助于公司获得为实现战略目标所需的员工胜任素质和技能的人力资源管理政策与实践。以雅虎公司为例，它们通过新的雇用政策帮助自己提升了创新能力和竞争力。另外，它们通过组织结构调整、职能优化、人岗的柔性匹配等措施提升管理效率，改进绩效。比如奈飞公司文化就十分注重绩效导向，从人员的"任用育留"四个流程践行一个理念：高绩效组织是由高绩效的个体组成的。如果组织内的个体都是卓越的高绩效者，那这个企业或组织想不成功都难。

（3）引入人才管理方法。当前，能够吸纳、留住、开发、激励一流人才的企业成为市场竞争的真正赢家。由于产业形态的变化和竞争的激烈，人力资源管理越来越倾向于引入人才管理方法。所谓人才管理（talent management）是指企业为了吸纳、留住、开发以及激励高技能的员工和管理者而采取的系统性的、有计划的战略性措施。也就是说，采取所有有内在联系并与组织需要一致的人力资源管理措施来帮助组织管理人才队伍从而实现组织目标，通常意味着组织有较高的投入。例如，高通公司的人才管理工作强调招募聪明、积极主动的员工并创造有利于他们创新、完成工作、合作和实现领先的工作环境。当高通公司想引入绩效管理流程技术时，人力资源管理专家与组织发展和信息技术专家展开合作，以确保员工基于绩效管理流程获得评价并将其与员工的薪酬和奖励挂钩。过去，人力资源管理者培训管理人员使用绩效管理系统，现在则是培训管理人员关注下属的技能差距，从中发现提高绩效的机会。

将人才管理思维注入人力资源管理活动需要人力资源管理者：首先，将招募和培训等人才管理活动视为是彼此联系的。例如，员工能否正确地掌握技能很大程度上取决于招募、培训、薪酬等。其次，确保人力资源管理活动和决策是在战略目标指引下完成的。最后，积极对员工进行分类管理。例如，埃森哲就建议识别出实现公司使命的关键员工，将对这些员工的开发和薪酬体系与其他员工区别开来。另外，确保人力资源管理活动对于人员知识、技能和行为要起到一致性作用也非常重要，即在"任用育留"的各个环节，确保对员工要求的一致性。

一些其他常用的人才管理实践包括全方位管理员工敬业度，提供灵活的工作安排，使用非常规的雇用政策等。一些调查结果显示，对于员工敬业度以及员工对企业的组织承诺度而言，职业开发、学习、发展以及承担令人激动的和富有挑战性的工作等是最为重要的几个决定因素。提供灵活的工作安排通常通过设置弹性办公时间、办公地点以及其他家庭友好支持来实现。比如毕马威会计师事务所（KPMG）用"身心健康修炼计分卡"来确定公司的顾问是否工作过度或因工作而放弃假期。Salesforce 公司则允许员工在家办公，员工通过一款名为"聊天"（Chatter）的类似Facebook 的软件来协调各个项目。再者，国内也有一些企业提出智慧办公概念，提供托儿所等便捷生活服务，方便员工上班与照顾家庭。这些原本可能服务于公司高技能人才的人力资源管理政策正在渗入更多普通员工的管理活动中。

（4）采纳前沿技术。随着电子化人力资源管理（electronic human resource management，E-HRM）、网络职业招聘平台、社交网络应用、在线劳动力市场等在组织人力资源管理中应用程度的不断提高，以及大数据技术的日臻成熟，组织收集、存储和使用与人力资源管理相关的海量数据将变得更加便捷和系统化。当前，网络职业招聘平台、社交网络应用、在线劳动力市场、在线知识社区、搜索引擎以及人力资源管理信息系统，这五个领域成为企业运用大数据更有效地进行人力资源管理的主要领域。

　　在大数据技术的基础上，很多公司运用人力资源管理信息系统存储了大量员工数据，包括个人信息、培训记录、技能状况、薪酬水平、缺勤记录、福利的使用情况及其成本等。人力资源管理信息系统（human resource information system，HRIS）是一种用来获取、存储、处理、分析、查找以及发布与一家公司的人力资源有关的各种信息的计算机系统。人力资源管理信息系统可以支持组织的战略决策，使组织避免卷入法律纠纷，也可以通过提供数据完成对各种项目或政策的评价，同时支持组织的各种日常人力资源管理决策。比如，新冠疫情的爆发，已使得数字化能力成为现代企业抵抗风险、赢得竞争的底层能力，因而要求企业的人力资源管理日益信息化。人力资源管理信息系统通过对员工数据实时、精准的采集，能高效地将数据转化成分析，为决策提供参考和支持。

　　新技术改变了技能要求和工作角色，常常导致企业不得不进行工作结构的调整（如运用工作团队）。例如，计算机制造技术利用机器人和计算机实现了制造过程的自动化，因此工人、物料操作员、运营人员或装配工、维护员等的工作可能会被合并到一个职位中。除了改变企业生产产品和提供服务的方式，技术还能让合作关系更便捷，比如虚拟团队的工作方式。虚拟团队（virtual team）是指团队成员在时间、地理位置、文化以及（或）组织界限上被隔离开来，几乎完全依靠技术（电子邮件、互联网和视频会议）实现互动和共同完成项目的各种团队。例如，普华永道的学习与教育部门一共有190名员工，他们在位于不同城市的70个办公室工作。这些员工以虚拟团队的方式一起工作，团队规模从5人到50人不等。共享数据库被用来提供背景信息以及完成开发工作，每个办公室都有视频会议设施，同时有软件追踪日历通过个人电脑将员工与自己所属的虚拟团队联系在一起。比如此次疫情，让更多的员工居家办公，一些共享数据库、在线平台等连接了需要合作的个体，因此像钉钉会议、腾讯会议、Zoom等办公软件成为办公的必备工具。

1.2.3　人力资源管理者角色的变革

　　经营环境的变化给人力资源管理带来的新影响，使传统人力资源管理面临新的挑战，迫使人力资源管理者要改变自己的角色，从而能从战略层面高度支持组织的发展，战略人力资源管理逐渐受到管理者的重视。而传统人力资源管理向战略人力资源管理转型，从宏观层面来说，需要将人力资源管理实践与企业竞争战略结合起来，通过协助企业获取竞争优势、达成企业目标，来提升人力资源管理在企业经营中的地位。从操作层面来讲，需要转变人力资源的角色。

　　尤里奇（Ulrich）在《人力资源冠军》（HR Champions）一书中提出了人力资源部的四角色模型，从"战略－操作"和"制度－人"两个维度划分了人力资源应该充当战略伙伴、变革推动者、行政专家和员工支持者四个角色（见图1-5）。

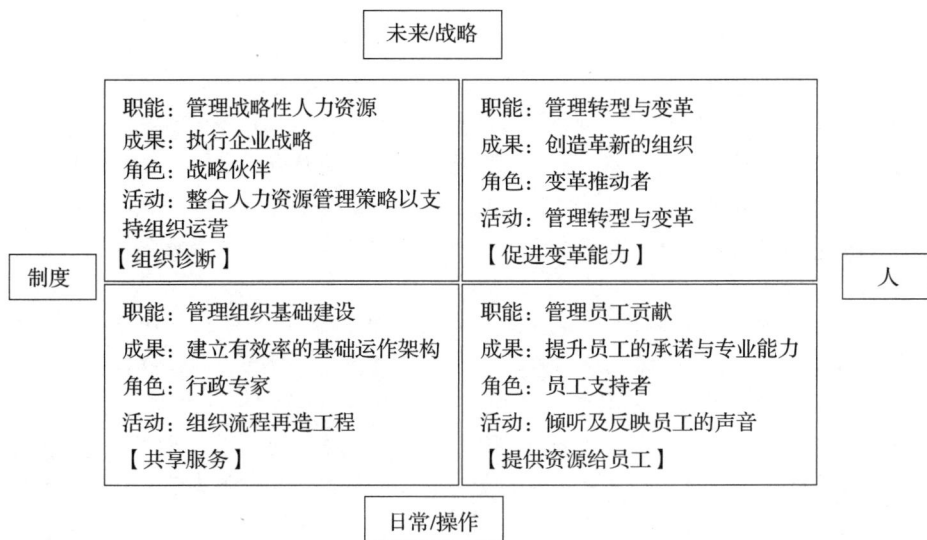

图 1-5　人力资源的四个角色

资料来源：ULRICH D. Human Resource Champions: The Next Agenda for Adding Value and Delivering Results ［M］. Boston: Harvard Business Press, 1996.

（1）战略伙伴。人力资源部与一线经理在企业战略执行过程中成为战略合作伙伴，可以根据市场前沿的迅速变化不断制定改进和整合企业人力资源管理策略以支持企业运营，更加贴近市场发展，成为企业策略的真正执行者。

（2）行政专家。人力资源部以行政专家的身份参与组织基础建设，成为任务组织和实施方面的专家，以高效的行政支持为组织提供专业的人力资源管理方面的建议和人力资源支持，确保组织流程再造工程的成功，最终达到高质量、低成本的组织产出。

（3）员工支持者。人力资源部成为员工的坚强后盾，在高层领导和员工之间进行良好的沟通，做双方沟通的桥梁，将员工的顾虑和担忧及时地反馈给高层领导，同时通过多种途径和方式促进员工多为组织做出贡献，最终提高员工的组织承诺和业务能力，提高员工进行价值创造的能力。

（4）变革推动者。人力资源部成为持续变革的推动者，运用流程创造、文化塑造等不断提高组织适应环境的变革能力，成为创造革新组织的积极力量。

⊙ HR 实例

腾讯的人力资源管理变革

第一阶段，人力资源管理建立期（1998～2003 年）。公司逐渐建立起来人力资源部，这个时期属于公司的初创期，公司亟须建立起独立的人力资源管理体系；人力资源管理工作以招聘、薪酬管理等职能性工作为主；角色职能为行政职能类角色，较为单一。这个时期的人力资源管理组织结构是以职能为导向的，但是管理理念中已经出现了客户价值导向的理念与思想的萌芽。

第二阶段，人力资源管理发展转型期（2003～2009年）。这个时期是以公司的企业文化管理委员会和腾讯学院的建立为标志的。在这个时期，腾讯面临着企业文化被稀释，人才储备和培养跟不上企业发展等问题；公司对人力资源管理的要求剧增，逐步建立起职业发展体系、培训体系，进行企业文化的优化与变革等；人力资源管理的职能与角色急剧扩增，战略性角色和员工合作伙伴角色开始显现。随着员工规模的不断扩大，员工发展是否与行业和公司的发展同步是亟须解决的一个问题，公司的解决之道主要是靠文化——专门成立文化管理委员会，推广企业的价值观，加快新人融入公司的步伐。

第三阶段，人力资源管理新型组织结构的建立期（2009年至今）。这个时期公司业务和员工对人力资源管理的需求日益多元化和差异化。公司期望人力资源管理工作能够融汇公司战略，推动组织变革，提供专业、快捷的人力资源服务，灵活高效地支持一线业务单元的人力资源工作。人力资源管理角色更加多元化，战略性角色特征十分明显。这个阶段腾讯建立完善了人力资源专家线、人力资源共享中心和人力资源业务合作伙伴这三大组织结构，形成了客户价值导向的人力资源管理组织结构。

资料来源："2015走进腾讯HRSDC"行业论坛：深度案例研究，2015-05-15.

1.2.4　人力资源组织架构的变化

德鲁克认为，人力资源职能部门今后将发生极大的变化。它将不得不应付各种新的困难和任务。它将以完全不同的方式运作，也就是说，它将作为"直线"而非"职能"部门工作。传统的人力资源部是作为组织职能部门之一，是统一的全组织范围的HR职能部门。未来的人力资源部将是分散化的服务小组，根据客户需求组织的HR小组。拉姆·查兰认为首席人力资源官要像首席财务官一样成为董事会可依赖的盟友，为组织实现战略目标提供人才建议。他甚至放言要和人力资源部说再见，人力资源部将分拆成行政人力资源部分，以及领导力与组织人力资源部分，后者专注于提高员工业务能力。当然，这还属于较为激进的说辞，有待实践验证。以下我们重点介绍人力资源的三支柱模型，包括人力资源专业知识中心（HR center of expertise，HR COE）、人力资源业务合作伙伴（HR business partner，HR BP）以及人力资源共享服务中心（HR shared service center，HR SSC），见图1-6。

上述安排充分重视人力资源部的重要性，基于人力资源管理的服务性、咨询性和控制性功能，视部门本身为直线管理者的战略合作伙伴，直接影响企业的表现和成果，属于企业最终竞争实力的重要来源，而不是一个次要的只是处理文件和事务性工作的传统部门。

人力资源三支柱模型（新的HR组织结构）将人力资源的角色一分为三，实现人力资源的转型，以显著提升人力资源的效率和效能。转型的实现要求人力资源部通过满足内部客户（业务部门）的需求，从而间接实现外部客户需求的满足。而人力资源部的内部客户包含了高层管理人员、中层管理人员以及员工。

常规HR组织结构

HR

| 聘用主任 | 薪酬主任 | 培训与开发主任 | 计划主任 |

新的HR组织结构

HR

HR COE
薪酬
聘用
培训与开发
沟通

常规或变革的

HR BP
一般HR管理师

常规或变革的

HR SSC
信息技术
申请处理

运行的

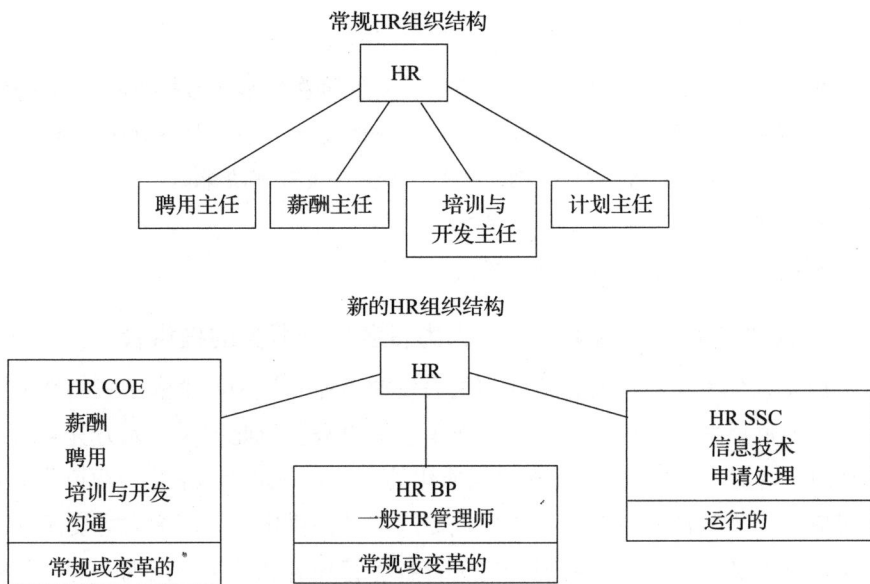

图 1-6　人力资源的三支柱模型

1. 人力资源专业知识中心：人力资源领域专家

人力资源部提供解决方案便意味着要提供专业的业务服务，这便要求人力资源部精通业务以及人力资源各领域知识，这种专业细分的需求便催生了人力资源专业知识中心（HR COE）角色。人力资源专业知识中心角色定位于领域专家，建立人力资源专业能力，借助本领域精深的专业技能和对领先实践的掌握，负责设计业务导向以及创新的人力资源政策、流程和方案，并为人力资源业务合作伙伴提供技术支持。

人力资源专业知识中心的角色和职责如下。

- 设计者：运用本领域知识设计业务导向以及创新的人力资源政策、流程和方案，并持续改进其有效性。
- 管控者：管控政策、流程的合规性。
- 控制风险技术专家：对人力资源业务合作伙伴或人力资源共享服务中心、业务管理人员提供本领域的技术支持。

2. 人力资源业务合作伙伴：业务合作伙伴

针对各个内部客户的不同需求，人力资源部所对应的角色也不尽相同。三支柱的运作模式要服务于客户需求的满足，同满足外部客户一样，最难满足的是定制化需求，人力资源业务合作伙伴的角色应运而生。其定位于业务的合作伙伴，针对内部客户的需求，提供咨询服务和解决方案，是确保人力资源贴近业务需求的关键。他们贴近业务配备人力资源，一方面提供统一的服务界面和端到端的解决方案，另一方面为公司核心价值观的传承和政策落地提供组织保障。

人力资源业务合作伙伴的角色和职责如下。

- 战略伙伴：在组织和人才战略、核心价值观传承方面推动战略的执行。
- 解决方案集成者：集成专业知识中心的设计，形成业务导向的解决方案。
- HR 流程执行者：推行 HR 流程，支持人员管理决策。
- 变革推动者：扮演变革的催化剂角色。
- 关系管理者：有效管理员工队伍关系。

3. 人力资源共享服务中心：人力资源标准服务的提供者

由于人力资源业务合作伙伴和人力资源专业知识中心聚焦于战略性和咨询性的工作，他们就要从一些事务性的工作中解脱出来。与此同时，人力资源的第三类内部客户（员工）的需求往往是相对同质化的，具有一定的标准化、规模化的需求，与此对应的人力资源共享服务中心角色专门为其提供服务。因为人力资源共享服务中心是标准服务的提供者，他们专门负责解答管理者和员工的问询，对内部客户的满意度和卓越运营负责，提升人力资源整体服务效率。

人力资源共享服务中心的角色和职责如下。

- 员工呼叫中心：支持员工和管理者发起的服务需求。
- 人力资源流程事务处理中心：支持由专业知识中心发起的主流程的行政事务部分（如发薪、招聘）。
- 运营管理中心：提供质量、内控、数据、技术（包括自助服务）和供应商管理支持。

人力资源共享服务中心是人力资源效率提升的驱动器，其使命是为 HR 服务目标群体提供高效、高质量和成本最佳的 HR 共享服务。为此，人力资源共享服务中心通常需要一个分层的服务模式来最大化工作效率。

人力资源的三支柱模型在收获实践者热捧的同时，也遭受了一些质疑。首先是实施的困难度，不少企业管理者反映人力资源管理结构及角色转型的过程中面临障碍，既有技术层面的，也有组织社会系统层面的。其次，三支柱模型在实施过程中出现成本较高而收益甚微的现象，其效能还有待更多时间验证。最后，随着技术的发展，人力资源管理越来越多地应用各种技术，三支柱模型能否继续保持生命力仍是一个疑问，比如中国最大的人力资源媒体公司 HRoot 创始人唐秋勇认为，技术的应用将会改造人力资源共享服务中心，甚至使其不复存在。

◉ HR 视野
非专业人力资源管理者的人力资源管理：一线经理的人力资源管理职能

在现实管理情境下，一线经理常常要面对人力资源管理问题，作为非专业人力资源管理人员，他们往往不知所措，极易造成部门效率低下，甚至人才流失，影响企业的整体发展。相关统计显示，如果各一线部门经理都具备一定的人力资源管理知识，企业的综合效益将提高40%。在惠普公司，作为一个合格的基层管理者，至少保证30%的时间在管人，70%的时间在做事；中层管理者应当一半时间用于管人，一半时间用于做事；而高层管理者应当有80%的时间在管人，20%的时间在做事。

然而，目前大多数企业的实际情况是一线经理并没有充分发挥其人力资源管理职能，从而造成了以下的企业现状：

- 企业人力资源管理工作推进困难，一线经理成阻力，例如一线经理认为人力资源部门安排的培训影响了自己部门正常工作的进度；
- 一线业务部门与人力资源部门矛盾重重，对绩效考核有抱怨或排斥。

出现上述现状的原因便是一线部门经理认为人力资源工作没有业务工作重要，在整体公司运营中只是辅助性的，或者说对经营业绩没有直接促进作用的一项工作。此外，在人力资源各项重要事务的推进中，一线部门经理很多时候都是处于被动、应付的状态。也正因为如此，很多企业一线业务部门的人力资源工作在体系、规范、进程方面都处于严重滞后的状态。由此可见摆正一线经理人力资源管理角色的重要性。

1. 工作分析

一线经理分析部门内的岗位的工作难度、工作时间、工作流程等，并分析怎样的人员可以胜任此岗位，然后进行相应的岗位配置。一线经理对自己部门的岗位特征显然要比其他人清楚得多，因此要对所讨论的工作职责范围做出说明，为人力资源部门提供数据，协助工作分析调查。

2. 人力资源规划

一线经理根据本部门的业务发展情况、工作任务和岗位设置，参照整个公司的发展战略和人力资源规划，提出本部门的人力资源计划，而这些计划显然更贴合实际、更具有科学性，进行一场由各部门开始的自下而上的人力资源规划显然更具操作性。

3. 招聘与录用

一线经理可以说明本部门对所需人员的要求，确定本部门招聘的标准，为人力资源部门的选聘测试提供依据。在招聘环节，最好由掌握必要面试技巧的一线经理评估候选人，决定面试应聘人员并做出录用决策。

4. 员工培训

除合理安排部门内员工参加公司的整体培训外，一线经理可依据公司要求建立部门二级、三级培训体系，根据本部门业务需要制定切合本部门需要的培训内容和培训计划，培育辅导部门员工和储备干部，对下属的进步给予评价并就其职业发展提出建议。

5. 绩效管理

一线经理可以根据本部门的业务发展情况，制定本部门的绩效目标和考核机制，帮助员工制定绩效目标，公平、公正地对本部门员工进行绩效评估，同时做好绩效沟通、绩效监控、绩效辅导和绩效评估面谈工作，还要配合人力资源部门做好绩效结果的运用。

6. 薪酬与激励

作为最了解本部门情况的人，一线经理可以向人力资源部门提供各项工作的性质以及相对价值方面的信息，作为薪酬决策的一个基础，同时可以对员工薪酬的提升提供建议，决定给下属奖励的方法以及数量，为了让员工达到更好的绩效，还可以不断地激励本部门的员工，以提高员工工作的积极性。

7. 员工关系管理

一线经理最好懂得员工关系管理的方法与技巧，留住优秀的员工，把员工关系管理作为一项自己必须掌握的技能。营造相互尊重、信任的氛围，维持健康、和谐的员工关系，从工作和生活上关心员工，确保员工的申诉程序按劳动合同和有关法规执行，申诉的最终裁决在对上述情况进行调查后做出；与 HR 一起参与劳资谈判，一旦员工对部门和公司有意见，要及时地和人力资源部门进行沟通，然后和人力资源部门的人一起与员工进行沟通、协调、交流、谈判。保持员工与一线经理之间的沟通渠道畅通，使员工能了解公司大事，并能通过多种渠道表达建议和不满。

事实上，一线经理作为员工管理的第一责任人，在人力资源管理职能中发挥着不可替代的作用，要与人力资源部门相辅相成才能各自充分发挥其角色功能。

一线经理与人力资源部门的人力资源管理角色对比见表 1-3。

表1-3　一线经理与人力资源部门的人力资源管理角色对比

身份	工作分析	人力资源规划	招聘与录用	员工培训	绩效管理	薪酬与激励	员工关系管理
一线经理	对工作职责范围做出说明，协助工作分析调查	提出本部门的人力资源计划	为选聘测试提供依据，决定面试应聘人员并做出录用决策	培育辅导部门员工和储备干部	制定绩效目标，做好绩效监控、绩效辅导、具体的考评与绩效面谈	提供部门员工薪酬依据，拥有薪酬建议权	维持健康、和谐的员工关系，与 HR 一起参与劳资谈判
人力资源部门	组织协调，撰写工作说明	根据企业战略制定公司人力资源战略规划	组织和开展招聘活动，参与雇用决定	建立公司培训体系，做好公司培训管理	开发绩效管理工具，组织部门考评，汇总并运用考评结果	实施工作评估程序，开展薪酬调查，开发福利、服务项目	对一线经理进行劳动法和员工沟通等相关培训，为其提供员工投诉方面的建议

4. 未来 HR 的发展方向

在 HR 的第一阶段，HR 的角色主要由优秀的行政人员担当，不过这绝不是说 HR 没有做出其他重要的贡献，HR 在员工培训、员工满意度和敬业度评估及人才发展计划实施等工作中都有所贡献，只是说 HR 部门的首要职责是行政和事务性工作。

HR 的第二阶段强调 HR 在人才搜寻、报酬与奖励、学习、沟通等方面进行的创新实践设计。

HR 的第三阶段关注的是通过战略人力资源管理，使单项的 HR 实践活动与整合的 HR 体系均能促进企业经营成功。在过去的 15 ～ 20 年，HR 专业人员致力于将人力资源工作同企业的战略或业务目标关联起来。

HR 的第四阶段要利用 HR 的政策流程等实践活动来促成某些外部经营条件的变化，以及对外部变化及时做出回应。如前所述，我们将这一阶段称为"由外而内性HR"阶段。"由外而内性 HR"比战略性 HR 走得更远，他们会根据企业的商业环境、利益相关者的需求来调整自身的工作。

在第四阶段，HR 的效能将会体现在客户占有率、投资者信心和社会名声等方面，而 HR 的信誉也来自内部要求及外部意见两个方面。

HR 演变阶段见图 1-7。

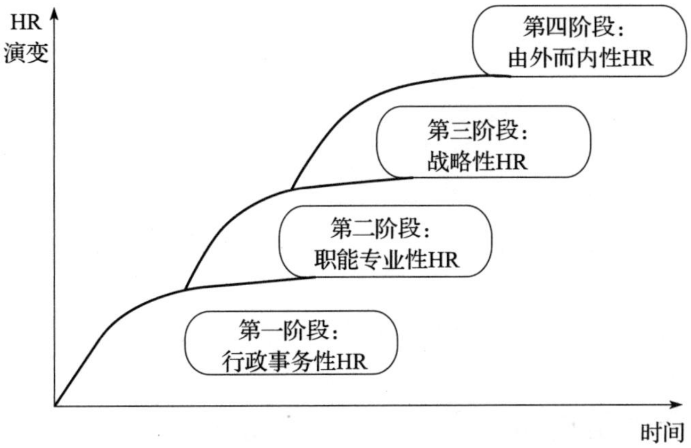

图 1-7 HR 演变阶段

资料来源：尤里奇. 高绩效的 HR：未来的 HR 转型［M］. 朱翔，吴齐元，游金，等译. 北京：机械工业出版社，2020.

1.3 人力资源管理效能

1.3.1 人力资源管理助力组织竞争优势的实现机制

AMO 模型认为当人力资源管理能够满足员工能力、员工动机和员工机会的要求时，组织就能够建立起竞争优势，并实现组织利益的最大化。理论模型可以用下面的公式表示：

$$员工绩效 = f[员工能力 (A)，员工动机 (M)，员工机会 (O)]$$

员工绩效是指由员工本人所控制、与组织目标实现相关的行为。根据坎贝尔（Campbell）的绩效理论，决定员工绩效的是陈述性知识、过程性知识、技能和动机。陈述性知识指完成任务所必需的知识、技能、原理和程序。过程性知识和技能是实际承担工作中所需要的知识和技能。动机是员工选择努力的时机、水平和时间的长短。员工知识、技能、动机的联合和相互作用决定了员工的绩效。战略人力资源管理综合了这些观念，认为员工能力和努力是决定个人绩效的关键要素。但是从更高的层面分析，尽管员工的能力和总人力资本水平决定了员工的贡献，但员工还是需要合适的态度和动机来实现这些贡献。

根据 AMO 理论，人力资源管理影响员工绩效有三种机制。第一，人力资源管理直接影响员工完成任务的能力，主要是满足员工的知识、技能和能力需求；第二，人力资源管理影响员工完成任务的动机，主要是对完成任务的员工提供激励和报酬，告诉员工哪些行为是组织所期望、支持和奖励的；第三，人力资源管理影响员工工作的机会，这个观点认为，如果员工有工作的技能和动机，组织就必须为员工提供工作的机会。

AMO 模型简图见图 1-8。

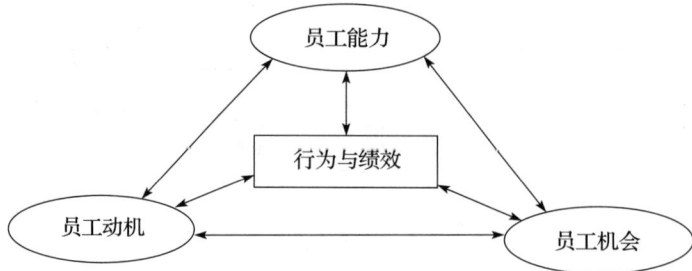

图 1-8　AMO 模型简图

1.3.2　提高竞争优势的人力资源管理实践或系统

　　企业应对竞争的重要的优势资源在于资金流、业务流、物流、商流等价值链体系，而这些都具有可仿制性，唯一无法仿制的就是人力资本优势。人力资本状况是解释企业创造辉煌或出现管理问题的依据。如何掌控人力资本、协调及管理员工、提升组织竞争优势，成为企业管理的重要议题。企业管理者十分关心组织的人力资源管理实践或活动能否给组织带来竞争优势和高绩效，能为组织带来竞争优势和高绩效的人力资源管理实践的构成有哪些，以及人力资源管理如何促进组织获得竞争优势。

　　总结人力资源管理促进组织获得竞争优势的四种理论观点分别是：最佳实践观、权变匹配观、构型契合观和宏观情境观。最佳实践观的学者认为，人力资源管理中的一些实践通常比其他实践要好，这些实践被称为"最佳实践"。最佳实践观是战略人力资源管理研究中最简单的方法，即组织采用最佳实践，就能够为组织绩效做出最大的贡献。因此，最佳实践观也被称为普适观，在人力资源管理与组织绩效研究的早期阶段，学者们普遍采用了这一理论。如下文的最佳人力资源管理实践即是此理论观点下的产物。

　　权变匹配观的学者认为，随着一些关键外部环境要素的变化，人力资源管理系统对组织绩效会产生不同的影响。因此，可能不存在任何情境下都能促进组织绩效改善的最佳的人力资源管理活动。而人力资源管理构型契合观则是权变匹配观的升级版，构型基于系统论思想，将相互作用和相互补充的人力资源管理实践组合视为一个系统。构型契合理论从系统的观点出发，强调通过内部人力资源管理实践之间的相互补充和支持形成有效的人力资源管理系统形态，实现人力资源管理实践内部的最佳匹配。

　　不同于其他三个视角，宏观情境观深入到更广阔的情境变量中，建立更复杂、更全面的人力资源管理模型。持这种观点的学者不仅认同人力资源管理系统内部运行机制对实现组织战略目标的促进作用，同时也强调人力资源管理决策对组织内外部环境的影响。在人力资源战略形成和执行过程中应该考虑更广泛的利益相关者。这些利益相关者不仅包括组织内部成员，也应该包括组织外部可能会影响组织战略或者会受到组织战略影响的相关人员，如员工的家庭成员、企业所在的社区人员等。

一个典型的例子是星巴克会邀请员工的家庭成员一起参与并讨论公司战略部署及其他工作安排。与其他三个视角相比，宏观情境观有不一样的理论出发点，它将战略人力资源管理系统置于更广大的背景下，考虑组织的人力资源管理系统与更宏观的社会、政治、经济以及文化环境的互动。

组织的人力资源管理实践能够成为竞争优势的重要来源。有越来越多的以研究结果为基础的证据指出，公司的人力资源管理实践对竞争优势有相当大的影响。普遍有效的促进组织核心能力提升的人力资源管理实践称为最佳人力资源管理实践，而人力资源管理实践或策略组合则构成了组织高绩效工作系统。以下是组织典型的高绩效人力资源管理实践或系统的介绍。

1. 最佳人力资源管理实践

康奈尔大学的奈特教授通过对美国公司高层管理者和人力资源经理的调查，发现了影响核心能力的五种关键 HR 职能及影响权重：学习与开发（47%），高组织承诺的工作环境（34%），吸引、甄选、维系人才（29%），管理接班人的储备（21%），绩效或薪酬管理（20%）。

🔍 HR 视野
HR 最佳实践

以下是根据实际案例整理的帮助组织实现战略目标的最佳人力资源管理实践。

1. 提供一个安全、健康和快乐的工作场所

创建安全、健康和快乐的工作场所，能够确保员工有宾至如归的感觉，并能在公司待很长时间。

2. 建立开放共享的内部管理风格

分享合同、销售、新客户、管理目标、公司政策、员工个人数据等信息，以确保员工和管理层一样对业务充满热情，并尽可能开放。可以借助一些工具去实践开放共享的内部管理风格，例如员工自助服务门户、在线经理等。

3. 与绩效挂钩的奖金机制

奖金的设计方式需要让员工明白：公司达到的一定水平的盈利是奖金的来源，团队成功和个人有突出表现可以获得额外奖励。

4. 360 度绩效管理的反馈系统

征求上级、同事和下属的反馈，已经越来越被接受成为收集绩效反馈的最佳方法。团队中每个人都有责任给出相关的、积极的和有建设性的反馈。

5. 公平的评估系统

开发评估系统，将个人绩效与公司业务目标以及优先事项明确联系起来。每个员工都应有明确的报告关系。比如为了确保客观性，除直接上司外，每个员工由另一个高级别人员（通常称为审查者）评估。从另一位经理（该员工的工作对他也很重要）那里获得跨职能的反馈，更能增加系统的公平性。

6. 知识共享系统

采用系统的方法来确保知识管理的支持战略。将知识存储在数据库中，以便能更好地访问公司或员工在公司知识门户上发布的信息。当员工参加能力或技能发展计划后返回时，与他人分享基本知识会成为强制性的行为。创新想法（在工作场所实施）也可以被张贴在知识共享平台上。

7. 突出高绩效的员工

创建优秀员工档案，并通过公司内部网、展示板等使其可见。鼓励其他人，尽最大努力在内部创造竞争环境。

8. 建立开放式讨论和反馈机制

员工的想法是创意最大的来源。开放式讨论、员工管理会议、建议箱和工具（如关键事件日记）有助于发现并培养人才。

9. 奖励体系

只认可员工才能可能会行不通，需要将其和公众的欣赏结合起来。获得物质奖励通常没有在公共论坛上听到同事的掌声重要。

10. 用意想不到的事情取悦员工

偶尔以奖励、礼物或证书等意想不到的事情让员工开心。不仅要奖励表现最好的人，还要奖励其他需要被激励从而展示他们潜力的人。

资料来源：黎阳. 十大人力资源管理最佳实践［EB/OL］.（2020-05-19）［2021-01-25］. https://zhuanlan.zhihu.com/p/142108713.

2. 组织内部劳动力市场实践

内部劳动力市场（internal labor market）理论是指关于企业内部所建立的将员工纳入晋升、技能培育、职业发展和福利保障范畴的阶梯制度总和的一种理论。该理论最早由多林阁和皮奥尔提出，基于工作技能和经验的专业性，他们认为在自由竞争的劳动力市场，建立内部劳动力市场是寻找高技能员工的最有效方式。企业可以通过建立一系列内部劳动力市场制度，来留住专有技能员工，同时激励员工发展这类技能。通过内部劳动力市场实践，企业内部所有的工作岗位转变到不同特征的岗位，更有利于人力资本发展的多样性。腾讯集团实施的活水计划就是企业内部劳动力市场实践的典型代表，详见本章末的应用案例。

3. 高绩效工作系统

高绩效工作系统（high performance work system，HPWS）是流行于西方企业管理界的一个热门话题。在高度复杂、持续变化的环境中，企业人力资源是提升企业竞争力、维护企业竞争优势的重要源泉。西方学术界对"高绩效工作系统"还没有形成严格的定义，因为它涉及的内容太广泛，而且有许多不同的提法，如高绩效工作系统、高参与工作系统、高承诺工作系统、最佳人力资源管理活动和弹性工作系统等。

内德等人认为，高绩效工作系统是"一种能充分配置组织的各种资源，有效地满足市场和顾客需求，并实现高绩效的组织系统"。美国罗格斯大学休斯里德等人则把高绩效工作系统定义为："公司内部高度一致的、确保人力资源服务于企业战略目标的一系列政策和活动。"爱德华兹等人认为，高绩效工作系统蕴含的理论假设是：组织善待自己的员工，员工会改变工作态度，并不断增加满意感和承诺度。这种态度会不断影响到行为，进而促进组织绩效的改善。一个完善的高绩效工作系统的基本模式与传统等级制度的企业模式有着根本的区别。通过最大化员工知识、技能、应变能力、主动性，迅速赢得组织竞争优势的人力资源管理实践、工作组织结构、生产运作程序的有效协调系统，是技术系统与社会系统的有机整合体。

建立和实施高绩效工作系统是企业人力资源管理活动的重要目标。实践证明，在人力资源管理实践方面的创新活动是建立高绩效工作系统的基础，也是实施高绩效工作系统取得良好效果的根本保证。组织设计是影响组织文化的重要因素之一，而组织文化又反过来影响企业经营的最终业绩。人力资源作为企业活动的主体，在一系列组织设计（如组织结构、薪酬体系、决策与信息系统等）活动和企业的核心文化的作用下发挥能动性，而且潜力无穷。

虽然西方管理学者在研究高绩效工作系统时认为高绩效工作系统的设计应依照企业所处的不同的环境状况而有所不同，但是针对高绩效工作系统的一些共同性也达成了共识，尤其是在设计原则方面，如两个最重要的概念——员工参与和授权，将高绩效工作系统的实施由员工控制引向对员工的积极引导和自我发展。此外，自我管理的团队建设、全面质量管理、组织结构的扁平化以及创新的薪酬制度和全面的培训活动也是高绩效工作系统强调的重要方面。

休斯里德对人力资源的影响做了广泛的研究，把能带来高绩效的人力资源管理实践组合起来构成高绩效工作系统。高绩效工作系统包括以下三个方面的实践：

- 将员工选拔和开发的决策与有效的胜任力模型相联系。
- 提升员工技能，以支持公司战略实施。
- 制定系统评估与奖励政策，以吸引、留住并激励高绩效员工。

休斯里德进行了四次大规模调查，表明高绩效工作系统有效地提升了公司绩效：员工流失率减少到后来的一半；每位员工的营业额增加了 4 倍；公司市场价值和资产账面价值的比例提高了 3 倍多。

休斯里德的另一个重要贡献是，他发现高绩效工作系统既包括技术性的人力资源管理实践（如招聘、开发、薪酬管理、绩效评估等），也包括战略性的人力资源管理实践，即支持公司战略实施的实践（如招聘、培训对公司竞争战略和经营目标的整合等）。这一发现较好地揭示了人力资源如何通过内部整合和外部整合成为企业核心竞争力的原因。

以下是一些高绩效工作系统的实践。

（1）通过竞赛机制来优化人员配置：赋予员工责任和机会，使人尽其才；完善竞争性人才选拔机制；通过待岗、轮岗和提拔机制，使最优秀的人才到最适合的岗位上；留用与储备关键岗位的管理和关键人员；在实践中发现、培养未来的管理者。

（2）通过工作历练来实现人员发展：建立透明而多样化的职业发展渠道；制订系统的管理才能开发计划；通过"干中学""用中学"等行动学习方式培养员工的多技能；内升优先。

（3）通过目标管理激发员工潜力：引导员工将个人目标与团队和公司目标结合

起来；通过对公司、部门和个人目标的层层分解，让员工明晰公司和个人的目标，牵引员工绩效努力方向。

（4）通过公平的业绩激励留住员工：将员工业绩与奖酬挂钩；将短期激励（计时工资制、固定薪酬制、浮动薪酬制）与长期激励（利润分享、股权激励）结合，将奖金与公司的中长期目标挂钩；在设计奖金中平衡个人、团队和组织绩效；注重保持薪酬的市场竞争力；高绩效的企业更多地以财务指标考核部门经理。选择支付更多的报酬来留住员工往往不再可行。

（5）广泛使用竞争激励机制：采用类似末位淘汰的方式来处理低绩效员工；广泛使用竞争上岗、干部公开选拔等正向竞争激励机制。

（6）通过价值观来引导和改变员工行为：通过组织文化改变员工思维和心态；采用非物质的精神激励（比如激励式领导、具有挑战性的工作、职业发展、员工关怀等）来激发员工内部动机。

（7）通过清晰的权责设计激发员工责任感：通过组织结构扁平化、业务流程的优化与整合来优化组织架构；明确权责利，增加员工责任感。

（8）通过分散化决策扩大员工工作自主性：让员工参与生产运营决策，使公司在经营管理决策上的分权程度高；普遍使用团队的方式解决问题，成立较多的工作改进团队。

（9）与员工共享公司战略、市场和客户反馈等信息：有效地沟通和分享经营信息，建立公司共享目标；通过简报和网站等方式实现与员工的信息共享。

（10）建立多层次的员工沟通渠道：有效地接纳和反馈员工的意见，鼓励员工参与评估上司；定期开展员工满意度调查；管理人员定期与员工沟通交流。

综上，高绩效工作系统是人力资源管理理念和实践发展重要的里程碑。近年来，也有学者注意到高绩效工作系统给组织及员工带来一些负面影响，如过高的绩效要求对员工工作压力、身心健康的影响；组织的高绩效要求对雇主品牌及其吸引力的损害。当"996"呼声高涨、"年轻工程师猝死"新闻频出时，如何保障员工权益，如何建设高绩效和现代幸福企业是摆在组织管理者，尤其是人力资源管理者面前的重要课题。

本章小结

人力资源管理就是运用现代的科学方法，对相关的人、事、物及其之间的关系进行合理组织、协调、培训、调配，使人力和物力经常保持最佳比例，同时对人的思想、心理和行为进行恰当的引导、控制和监督，以充分发挥人的主观能动性，做到事得其人、人尽其才、人事相宜，以实现组织战略目标。

人力资源管理系统是由各项具有一致性的人力资源管理实践和人力资源管理政策构成的有机体系。不同人力资源管理实践组合而成的人力资源管理系统，形成不能轻易被模仿和替代的资源系统和稀缺能力，并成为组织持续竞争优势的来源。

新经营环境下人力资源管理受到全球化、技术、劳动力结构变化等因素的影响，面临新的挑战和机遇，促使人力资源管理角色和结构的变革。

作为一项基本的组织职能，组织内部的人力资源管理实践能给组织带来竞争优势和绩效，研究者提出了最佳人力资源管理实践、组织内部劳动力市场实践及高绩效工作系统。

复习思考题

1. 简述人力资源管理及人力资源管理系统的概念。
2. 新经营环境下影响人力资源变革的因素有哪些？人力资源部门创造价值的关键是什么？
3. 简述人力资源的四个角色。一线经理的人力资源管理职能是什么？
4. 人力资源的三支柱模型是怎样的？请分析一下此模型适用于怎样的组织。
5. 提高竞争优势的最佳人力资源实践和高绩效工作系统有哪些？请举例印证。

应用案例

腾讯活水计划

2010 年，腾讯员工人数突破 10 000 人，随着组织规模扩大，员工申请内部应聘的需求越来越多，同时公司在很多领域的业务都高速发展，急需优质人才补充。然而，员工申请内部应聘需要面临较大的心理障碍，甚至可能遭到直接管理者的拒绝。

面对这一情况，腾讯在 2011 年推出了内部人才市场规则，规定"所有在当前岗位工作满一年且最近一次绩效不是'低于预期'的员工都可以申请内部应聘"。这一规则的出台，意味着腾讯人力资源管理从管控思维向"以用户价值为依归"的产品思维的巨大转变。

经过一系列的宣传，活水文化在腾讯得到了渗透，人才市场机制运行通畅，在数据上有明显的反映：2013 年腾讯个人意愿转岗的人数为 1 163 人，比前一年增长了 58%，其中 54% 进入了公司的战略产品相关岗位，很好地支持了战略产品的快速发展。

活水计划的实施，为腾讯带来了如下四方面的积极成效：

（1）促进了员工良性流动和产品的优胜劣汰，支持重点业务的快速发展。腾讯高级执行副总裁、微信事业群总裁张小龙对活水计划给予了肯定。他表示："活水计划贯彻得很彻底，促成了员工的主动流动，解决

了微信大部分的人才招聘（60%），也避免了人才外流，值得鼓励和坚持！"由于内部人才的自由流动，一部分方向不明确或不被用户认可的产品自然留不住人才，加速了产品的失败，客观上促进了业务的自然淘汰和新陈代谢。

（2）活水计划加速了新产品的迭代与上线速度。腾讯云是近年来高速成长的一款产品，也通过活水计划从内部引进较多的优秀人才。2016 年，通过活水计划加入腾讯云的员工超过 50 人，有力支持了腾讯云的快速迭代。腾讯云副总裁王慧星表示："腾讯人才团队有很厚实的积累，但不同业务有不同生命阶段，有些业务经过高速发展之后进入平台期，其中部分经验丰富的人才通过活水计划加盟新的成长性业务，不仅专业技术对口，文化也高度匹配，产生很好的拉动作用，极大地加速了新业务的孵化和发展。"

（3）转岗员工的长期绩效得到提升，激发了个体的活力。通过对员工转岗前后四次绩效的跟踪分析发现，员工转岗后的第二、第三次绩效平均值高于转岗前的倒数第二、第三次绩效，且在统计学上具备显著差异。以 2015 年下半年转岗且有 5 次绩效评价的 488 名员工为例，转岗前倒数第二、第三次绩效平均值分别为 3.07、3.30，转岗后的第二、第三次绩效分别为

3.39、3.38，得到了显著的提升。这些数据说明：整体来看，活水计划下，转岗员工在新岗位上焕发出更大的活力，获得更好的绩效。

（4）员工满意度得到提升。腾讯每年都会对全员发起敬业度、满意度问卷调研，问卷中涉及内部转岗的题项：当我需要在公司内部寻找到更适合自己的发展机会时，我能够顺利达成。该题项得分连续显著提升，表示员工对内部职业发展的满意度不断提升。

资料来源：周强. 腾讯活水计划：建立内部人才流动的市场机制，形成活水文化［EB/OL］.（2018-08-29）［2021-01-15］. https://m.sohu.com/a/198054657_700632/.

讨论题

1. 内部人才流动机制对组织绩效的提升作用是如何体现的？
2. 腾讯内部人才流动机制对其他企业的人力资源管理有什么启示？

第 2 章　人力资源战略与规划

【本章导读】

- ☑ 人力资源战略
- ☑ 人力资源战略发展趋势
- ☑ 人力资源规划实务
- ☑ 人力资源信息管理系统

AMO 框架　　　　　　　　人力资源战略与规划

人力资源战略与规划主要通过两条路径来影响企业的竞争优势（见图 2-1）：一是人力资源战略与规划使得人力资源供需平衡，从而保证了人力资源状况的相对稳定，降低了用工成本支出。也就是说，人力资源战略与规划可以通过降低运营成本来提升企业的竞争优势。二是人力资源战略与规划可以帮助企业制定合理的人力资源管理决策，通过挑选高质量的员工、保持高绩效的员工和提升员工胜任力来提高工作效率，增加企业的收入。也就是说，人力资源战略与规划可以通过提高工作绩效而提升企业的竞争优势。

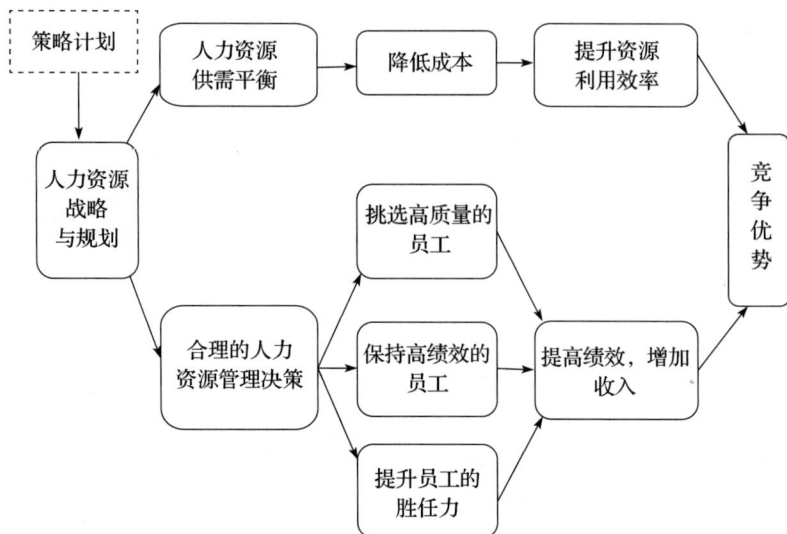

图 2-1   人力资源战略与规划对竞争优势的影响过程

🔲 引例   IBM 公司的战略人力资源管理体系

IBM 公司 1911 年创立于美国，是全球最大的信息技术和事务解决方案公司之一，其事务广泛分布于 170 多个国家和地区。IBM 将员工视为企业最重要的"资产"，将"尊重个人"奉为最高信条；重视"尊重员工，协助自重；适才适职，发展潜能；人才培养，技能提升"的准则；强调"出色尽职的人力资源集体是成功之本"，把每位员工完成本身人生价值的进程凝集为企业发展源源不绝的强大动力。

IBM 人力资源办理部门的客户是不同的事务部门，为了更好地为事务部门效劳，它采纳了矩阵式架构。第一层是人力资源参谋，他们既懂事务也了解客户需求，可以把客户需求带回来，拟定相应的方针。第二层就是功能部门，按专业功能（如招人、薪资福利等）规划。第三层是人力资源效劳中心，一人需要为 300 多名员工效劳，员工可以进行自助效劳，也可以经过体系把问题带到效劳中心。效劳中心通常确保 5 分钟内有清晰答复，解决不了的问题将转到参谋那里。这样，人力资源办理人员可以把更多时间花在对事务有要害影响的人力资源办理事务上。

针对全球以及中国人力资本管理的现状和发展需求，IBM 在其《全球人力资本研究报告》中提出了六大建议：第一，提高人力资本管理信息的能力，实现实时的绩效评测。"很多组织在绩效考评的环节中容易陷入形式主义的泥淖中，因此，首先要明确公司的业务目标。"邝德佳说。开发自己的业务分析方法，让员工知道怎么用、用于哪里，并了解当前和今后的业务需求，使得员工能够评估绩效并根据评估提高绩效。第二，实施建设人才库的战略，使人才库具有足够的灵活性，能够对业务机会和 CEO 的发展规划做出快速响应，培养人才和引进人才。第三，确保采用与评测其他投资相同的方法来评测人力资本方面的投入效果，并且应该主动地经常更动计划，以适应迅速变化的技能需要。IBM 研究发现，大多数企业人力资源的绩效与人力资源员工的报酬没有密切联系。第四，实施将人才留在组织内的战略。IBM 表示，保持优势的关键是保留核心人才。第五，确保关键人员的考评标准与任务、目标和高管的奖赏制度结合起来，并与企业策略保持一致。第六，理解不同地区人力资本工作的差异，因地制宜设计人力资本管理计划。

资料来源：李韬. IBM 人力资源管理的三个体系［J］. 企业管理，2012（6）：44-45.

人力资源战略，对企业的发展发挥着不可替代的作用。人力资源战略的内容多种多样，企业需要根据自身的实际情况，制定与环境相匹配的人力资源战略，从而使自身获得长远的发展。本章的目的是引导企业在 21 世纪全球化大数据背景下，了解各种人力资源战略，提升企业的核心竞争力。

2.1 战略人力资源管理与企业发展战略

战略人力资源管理产生于 20 世纪 80 年代。德凡娜（Devanna）、弗布鲁姆（Fombrum）和蒂希（Tichy）提出并深刻分析了企业战略和人力资源的关系，标志着战略人力资源管理的产生。战略人力资源管理就是系统地将人与企业联系起来。它将人力资源视为一种获取竞争优势的首要资源，强调通过人力资源规划、政策及具体实践，获取能与企业战略垂直匹配并能在企业内部活动中水平匹配的具有竞争优势的人力资源配置，并强调所有的人力资源活动都是为了达到企业目标。与以前的人力资源管理相比，战略人力资源管理认为人力资源是决定企业成败的关键因素；其核心职能是参与企业战略决策，根据内外环境的需要倡导并推动变革，进行企业整体的人力资源规划和实践活动，与战略规划保持着一种动态的、多方面的、持续的联系，其职能直接融入到企业战略形成和执行的过程中。

企业发展战略是使企业能够在竞争中保持和取得优势而制订的企业长远目标和与目标保持一致的行为计划，通常分为公司层战略和事业层战略。战略管理领域的资源基础观（resource-based view，RBV）可以识别组织的人力等核心资源，并解释资源的动态演进。巴尼（Barney）指出，在公司之间可能存在着一种异质或差异化的核心资源，核心资源使得一些公司保持着竞争优势。他概括了企业资源的属性，即有价值、稀缺、难以被复制、其他资源无法替代。早期 RBV 理论观点认为，核心资源是一个稳定的概念，可以随着时间的推移而持续。这意味着组织一旦有了某种核心资源，便不会轻易被竞争对手模仿。然而外部环境快速变化，某一时点被识别出的核心资源，并不能给组织带来持久的竞争优势。组织需要持续地开发新的核心资源，关注核心资源的存量及增长潜能。只有当人力资源战略与企业战略相适应时，才能充分发挥人力资源管理在企业发展战略中的独特作用，从而最终达到提高企业发展战略和提高企业绩效的目的，为企业取得竞争优势。人力资源战略是企业人力资源部门一切工作的指导方针，是企业发展战略的核心。不同的企业发展战略要求不同的人力资源战略与之相适应。

然而，资源基础观理论本身并没有解释人力资源管理（HRM）系统是通过怎样的方式来帮助企业提高绩效的，从逻辑上对这一关系进行阐释的是行为学派的观点（behavioral perspective）。以杰克逊和舒勒为代表的学者认为，人力资源管理之所以能影响企业的绩效是因为它能管理和控制员工的行为，使员工按照组织期望的方式来完成工作。因此，他们建议组织应该首先确定组织的战略目标，然后将其分解，去分析什么样的员工态度和行为是实现目标所必需的，然后把这些行为期望整合到人力资源管理系统中。

行为学派的观点慢慢演变成了现在比较流行的 AMO 模型。这个模型的基本观点是，如果想通过人力资源管理提高员工绩效，需要从三个方面入手。首先要确保员工具备完成工作的能力，其次需要员工愿意为企业贡献他们的能力，最后企业还要给那些有能力、有意愿的员工提供合适的表现机会，这三者缺一不可。不同的人力资源管理措施是有侧重的，比如招聘和培训主要是用来提升员工的知识能力，绩效考核和薪酬晋升主要是来激励员工，而工作分析和员工参与决策则是给员工提供合适的表现机会。所以，对企业来说，要想全面提升员工的绩效，必须从上述三方面同时入手。AMO 模型认为，人力资源管理影响组织绩效有三种机制：

- 人力资源管理直接影响员工完成任务的能力，主要是知识、技能和能力方面，可以通过培训、任职资格管理、人才培养来提升员工能力；
- 人力资源管理影响员工完成任务的动机，主要是对完成任务的员工提供合适的激励和报酬，包括工资、绩效、奖金、股权、精神激励等；
- 人力资源管理影响组织提供和完善员工工作的机会，一般包括工作设计、参与水平和授权、工作轮换等。

另外，在资源基础观和 AMO 模型的基础上，制度理论（institutional theory）与战略人力资源管理同样有着密切联系。该理论从压力与决策的角度解释战略人力资源管理。这个理论的核心思想是，组织做的很多事情不一定是理性决策的结果，有很多时候是迫于内部和外部的压力而不得不采用某种做法，以追求一种组织存在的合法性。按照这种理论，HRM 系统可能并不一定是基于组织的战略需求而制定的，而有可能是应对政策法规的要求，参考同行企业，以及迎合社会大众的期许而制定的。制度理论对于组织为什么采用某种 HRM 系统以及 HRM 系统如何影响企业绩效提供了不同的视角，可作为对于资源基础理论和行为视角的一种补充。

企业战略决定企业将要采取什么行动以及如何实施等。作为整体经营活动的指引，企业战略决定着企业的长远发展方向。企业实施战略管理的目的在于将企业的主要目标、政策和行为依次整合为一个有机整体。我们可以从过程上将企业战略管理划分为战略制定和战略执行两个阶段。在这两个阶段中人力资源管理扮演着不同的角色。

⊙ **HR 实例**

西门子（中国）的卓越人才战略体系

1872 年西门子公司便进入中国，到 2019 财政年度（2018 年 10 月 1 日至 2019 年 9 月 30 日），西门子（中国）在华共拥有 21 个研发中心，拥有 3.5 万余名员工，总营收达到 80 亿欧元。作为全球电子电气工程领域的领先企业之一，西门子（中国）的核心业务集中在工业、能源、医疗、基础设施与城市等领域，除此之外还涉及财务服务和财务租赁。持续打造卓越的人，是西门子（中国）追求卓越的重要内容。

西门子（中国）拥有三个战略支柱：人的战略、增长战略和品牌战略。其中，人的战略的核心理念是驱动人员实现卓越，增长战略要求保证盈利式增长，品牌战略则强调在各个层面和受众群体上加强对西门子品牌的多元认知。西门子（中国）明确地把对人的关注作为整个战略体系中的支柱性构成，此处人的战略不是以往单纯的人力资源战略，而是一个去部门化的过程，更具总体视角，针对全员参与。它强调对全体员工的卓越式开发，强调人的战略不只是人力资源部门的工作，更是关乎每一名管理者的战略性要求。

西门子（中国）基于人的战略建立起包含五大基本维度的人本战略体系。该体系以"保证人力资源的数量和质量并与业务需求完美契合"为总体目标，包括及时获得合适的人才、开辟高素质人才成长通道、优化高绩效导向的薪酬激励体系、持续提升核心素质和保持变革心态这五大基本维度，相互衔接构成人力资源开发与管理的系统平台。

资料来源：[1] 刘娟涓. 西门子助力唐人神推进全新企业发展战略 [J]. 轻工机械，2020（02）：98.

[2] 西门子官方网站，http://new.siemens.con/cn.

2.2 人力资源战略概述

人力资源战略从属于企业战略，因此只有明确企业战略的概念和层次，了解企业战略的基本类型，以及人力资源管理在企业战略制定和实施中的作用，才能制定出有效的人力资源战略。本节将对上述内容进行详细说明。

2.2.1 人力资源战略的概念

人力资源战略（human resource strategy）是一种职能战略，同营销战略、产品战略等一样，从属于企业战略，并支持和服务于企业战略的实现。

美国人力资源管理学者舒勒和沃克指出，人力资源战略是程序和活动的集合，它通过人力资源部门和直线管理部门的努力来实现企业的战略目标，并以此来提高企业目前和未来的绩效及维持企业竞争优势。库克认为，人力资源战略是指员工发展决策以及对员工具有重要的长期影响的决策。科迈斯和麦吉阿等人则把人力资源战略定义为：企业慎重地使用人力资源，帮助企业获取和维持其竞争优势，它是组织所采用的一个计划或方法，并通过员工的有效活动来实现组织的目标。

综合上述观点，人力资源战略是企业根据内部和外部环境分析，从企业的全局利益和发展战略出发，为支持企业战略目标达成，充分考虑员工的期望，而制定的基于提升企业人力资源核心竞争力的人力资源开发与管理的纲领性的长远规划。

2.2.2 人力资源战略与企业战略的关系

作为一项重要的职能战略，人力资源战略以企业战略为依据，同时又影响着企业战略的制定和执行。二者的关系主要体现在以下两个方面。

1. 企业战略是人力资源战略制定的前提和基础

作为企业的职能战略，人力资源战略是企业总体战略的一部分，是在企业战略的大框架下进行设计的。人力资源战略主要考虑人的问题，并且以企业总体战略及其他职能战略的相关情况作为制定的基础和条件。拉贝尔对 11 家加拿大企业的调查显示，企业战略是人力资源战略的重要决定因素。当企业追求的战略目标存在较大差异时，人力资源战略的形成也会呈现显著的不同。威尔斯在 1984 年的研究中调查了同一企业的 22 个不同战略单位的人力资源战略，同样也证实了企业战略是人力资源战略最强的决定因素。在现实环境中，人力资源战略应在充分考虑企业发展战略、符合组织内外各方面的利益、争取全体成员的一致认同、得到企业管理高层高度认可的基础上制定。

2. 人力资源战略影响着企业战略的制定和执行

（1）人力资源战略为企业战略的制定提供信息。企业战略的制定不能脱离企业的实际情况，企业所面临的内外部的资源状况是企业制定战略时的约束条件。在人力资源作为企业中一种特殊的重要资源受到广泛关注的背景下，人力资源战略恰恰可以从内部资源状况和外部环境状况两个方面给企业提供人员方面的相关信息，帮助企业实现战略选择方面的决策。人力资源战略既可以提供企业战略制定过程中所需要的内部信息，诸如人力资源素质、人力资源培训与开发的效果、人力资源的工作绩效与改进等人力资源的内部状况，也可以提供企业决策过程中所需要的外部信息，诸如外部劳动力市场上劳动力供给的情况、竞争对手所用的激励或薪酬设计情况、优秀组织的结构管理方式以及劳动法等相关法律方面的信息等。

（2）人力资源战略在企业战略的执行中起支持作用。人力资源战略服务于企业战略，是企业战略目标实现的有效保障。根据勒温和米切尔（1995）的观点，人力资源战略与企业战略之间的匹配，使得企业能够有效地利用市场机会，提升内部组织优势，达成战略目标。企业战略中所涉及的各项内容都需要相应的人员来完成，对于人员的分配、调整、激励以及配套的组织结构的调整等都需要人力资源战略的配合。例如，如果人力资源管理各项实践与企业战略能够达到"捆绑式"的匹配，那么通过系统有效的人力资源管理便可以协调员工与企业之间的关系，充分调动员工的积极性和创造性。可见，人力资源战略要从过去作为企业战略的"反应者"向企业战略的"参与者"和"贡献者"转变。

2.2.3　聚焦业务的人力资源战略制定

在市场环境快速变化、企业频繁变换竞争战略的背景下，企业提高人力资源管理的战略参与程度，人力资源实践活动聚焦于支持业务，更能取得明显的效益。

人力资源管理的战略参与有四个关键要点：

- 产品或服务一定要定位清晰，聚焦到能真正为客户创造价值的需求上。
- 用多功能单元来服务客户。定位清晰以后，组织能否赢得竞争，很重要的是能否快速满足客户的需求，因此组织往往采用多功能单元来服务客户。
- 用流程或小型多功能单元组织整合资源，来满足客户的需求。保证对客户的服务或支持业务快速有效的方式，一种是流程，另一种是类似于华为"铁三角"的小型团队或项目组。
- 组织要具备相应的能力，并不断保持和提高。

以下介绍聚焦业务的人力资源战略制定的路线图：从业务战略入手，根据业务战略的需要确定组织能力，再根据打造组织能力的需要，确定组织框架和核心流程，以及人力资源战略（见表 2-1）。

表 2-1　聚焦业务的人力资源战略制定

路线图	关键问题
业务战略	业务定位：我们与竞争对手在哪里竞争 策略定位：我们用什么策略竞争？我们能为顾客提供哪些竞争对手不能提供的产品和服务 竞争模式：用什么模式竞争？如何竞争
组织能力	确定组织能力：我们需要何种组织能力？如何衡量这些能力是否达成
组织框架和核心流程	我们需要何种组织框架支持 我们需要何种组织流程？必须在哪些方面做得更优秀 如何设计人力资源体系
人力资源战略（三力模型）	如何获取和提升员工能力 如何激励员工动机 如何提供员工机会平台

资料来源：刘善仕. 极速对焦：高绩效企业的人才策略［M］. 广州：华南理工大学出版社，2019.

1. 选择业务战略

基于最大化顾客价值的考虑，企业的业务战略大概有运营型、服务型和创新型三类。企业业务战略的核心是通过集中组织资源，满足三种不同的顾客期望，最大化顾客价值，来形成竞争壁垒。

（1）运营型。 运营型业务战略着重于提供高性价比的产品，需要重点关注产品的成本与质量，并且能够快速反应。

运营型是我国制造型企业的主导性业务战略。这类企业盯住顾客购买日常性商品追求低价的心理，在价格、质量和交付方面做足文章，形成自身核心竞争力。比如格力以严格的生产制造和流程控制，保证了产品的质量；美的以规模经济和订单驱动的模式，形成总成本领先的竞争力；青岛啤酒则是通过大范围兼并收购来形成它规模化的优势；联想的"渠道先行"与"资源整合"的策略，让它能对市场快速响应；恒大的标准化生产流程以及完善的项目管理体系，形成了恒大地产快速运营的核心竞争力。

运营型业务战略关注降低成本，最后可能会陷入与竞争对手的价格战；为提高效率所推行的工作标准化、流程化，可能会因背离人性化而遭遇员工的抵制；同时新经济时代顾客需求多元化，也对大规模生产模式提出了挑战。因此，许多运营型企业开始谋求向服务型、创新型转型，或者融合服务或创新元素，重塑自己的业务战略。

（2）**服务型**。服务型业务战略强调满足顾客的个性化需求，通常借助建立亲密关系或是提供整体解决方案，来形成核心竞争力。海底捞的服务创新与顾客建立了亲密关系，产生高附加值；小米建立 MIUI 社区，以 UGC（用户产生内容）的亲密模式创造了"粉丝经济"。华为的"普遍客户服务"的核心在于，以客户需求为起点，通过跨职能的队伍为客户量身定做通信技术的整体解决方案。海大从单纯的鱼饲料销售，转型为通过教养殖户养鱼捆绑饲料销售，从而成为一家以全流程"健康养殖"技术服务为主营业务的高科技型上市公司。全国最大的特种照明设备生产商海洋王，通过客户服务团队对客户进行贴身服务，为用户提供照明解决方案。而威创则开发了大屏幕与企业业务对接的技术平台，开拓大屏幕解决方案的业务。

（3）**创新型**。创新型业务战略更关注革新的力量，专注于研发独特与尖端的产品。Google 重视信息传递的价值，专注于创新产品的开发。苹果以"另类"为核心理念，通过搭建智能终端与内容提供商的共赢平台创建了新型的业务战略。3M 公司的核心竞争力在于持续人人创新的组织能力。华大基因是以"产学研一体化"的模式，在基因测序领域不断突破创新。腾讯通过"产品经理的思维"，聚焦于用户需求进行微创新，快速迭代能力强。百度的黄金分割原则——三成的资源用于创新，是员工不断创新的源动力。

不同企业具有不同的业务战略，熟悉这些业务战略特点才能更好地应对外在环境和内在企业的变化。运营型企业追求效率和成本，因此在购买原材料、生产运输等过程中会慢慢形成其独特的优势，如标准化、规模化和流程化。这些特点指导下的流程和生产显著提高了企业的效率，如 ZARA 的敏捷供应链、联想覆盖面广的渠道优势让它们在市场中站稳了脚跟。

2. 确定组织能力

业务战略明晰后，企业根据业务战略的需要，识别和定义组织能力。

组织能力是公司建立起来的用以执行业务战略的结构、机制和系统。发展组织能力的目标是培养竞争对手难以模仿的独特能力，以赢得持续竞争优势。

不同的业务战略要求不同的组织能力。聚焦业务，按价值链分析（VCA）理论来讲，就是组织要明晰想给客户创造什么价值。客户的需求大概有三个方面：一是追求价廉物美，二是追求好的服务态度，三是追求产品的属性和功能跟别人不一样。根据这三种需求，我们将业务模式分成三类：强调标准化、一致性的运营型，强调个性化服务的服务型，强调创新、产品差异化的创新型。

（1）运营型：一致性运作。运营型要求一致性运作的核心能力，通过标准化和一致性的运营，为顾客提供价廉物美的产品和服务。麦当劳通过 QSCV（质量、服务、清洁和价值）的标准化，为顾客提供了一致性的、稳定可靠的产品和服务。

（2）服务型：客户关系与个性化服务。服务型要求与客户建立亲密关系和提供个性化服务的核心能力。诺德斯特龙通过销售额提成制，激励员工更好地为顾客提供个性化服务，从而与其他竞争对手区分开来。

（3）创新型：快速迭代、持续创新。创新型要求不断创新的核心能力，以保持产品和服务的领先状态。3M 公司要求每个业务单元每年的营收必须有 30% 来源于新产品，以保持公司不断创新的活力。

3. 组织架构和核心流程

组织架构和流程是一种权利、责任和利益的分配机制，组织架构和流程设计的目的在于，激发员工的责任感，以达成公司战略目标。一个好的架构和流程，必须能激发员工的责任感，每个流程的核心节点都安排明晰的岗位来负责，每个岗位的考核点都传递出有挑战性的压力。

（1）组织架构。"结构是战略的本质"，组织架构是战略落地的平台，是资源和权利分配的工具。同时，"人是结构的灵魂"，组织架构设计的目的就在于明晰责权利以激发员工的责任感，支持公司业务战略落地。

通过明晰的组织和工作设计来激发员工的责任感，是组织架构设计的灵魂。产权经济学认为，一项工作如果产权清晰，人们不需要被激励也会做得很好。企业老板做企业是不需要激励的，因为赚到的利润都属于他。因此，将组织单元最小化，明晰员工的责权利，能在最大程度上激发员工的责任感。如京瓷的阿米巴、海尔的自主经营体、3M 公司的小型 SBU（strategic business unit，战略业务单元），将大组织分成许多自主经营、独立核算的小单元，能够激发员工参与经营的积极性。"细胞式"组织可能是中国组织快速成长的最有效的模式之一，如晋商的票号组织。

采用不同业务战略的公司需要不同的组织能力，需要不同的组织架构以支撑公司发展和应对外界环境。

运营型：中央集权。 运营型的业务战略强调效率和成本，一般而言，需要中央集权式的组织架构、标准化和高效率的核心流程。这种组织架构等级分明、结构化，员工严格按照上级的命令或者公司的规章制度来做事。

服务型：快速响应。 服务型的业务战略更多地要求员工具备对顾客绝对的服务能力，客户一般是基于对某位员工的信赖才保持与公司的业务关系的，但也有少数客户更依赖某一团队。服务型企业要求员工具备建立关系、倾听和快速解决问题等能力，需要科层结构较少的组织架构，例如咨询公司会派遣相关人员驻扎客户公司，与客户公司一起解决问题。

创新型：灵活扁平。创新型的业务战略要求员工具有创造力，企业需要为员工提供舒适、自由和宽松的工作环境。因此，创新型组织架构应当是灵活变化的，扁平化的组织架构比较适合这类企业。Google 的"创意邮件目录"、20% 时间的自主项目开发、小团队管理方式，为员工创造了一种自由、轻松的工作氛围。

（2）核心流程。流程是组织能力的存在形式，组织核心能力靠流程来保证。如麦当劳的质量保障流程，经长期优化成为行业的最佳实践，从而变成企业的竞争优势。

整合性流程还能带来组织能力，引导员工合作。永雄机械在公司内部推行关键绩效指标（KPI）考核，各部门都向公司争要资源，激化了部门之间的矛盾。后来公司整合了计划、预算和绩效流程，通过预算、计划管理机制让各部门的资源分配有章可循，解决了部门间合作的问题。

核心流程创造企业的核心价值，不同类型企业的核心流程不同。运营型企业的核心流程在于生产过程，如丰田的精益生产和 ZARA 的敏捷供应链；服务型企业则强调产品与服务的最终交付过程，通过跨职能的单一窗口，解决客户所有需求；而创新型企业则以技术的研发流程为核心，如苹果的研发采取构建内部的"start-up"的方式来执行新产品的开发流程（ANPP），每周一例行的评测使产品始终聚焦顾客的需求。

4. 业务战略与人力资源策略的匹配

人力资源策略是系列有效的 HR 实践的组合。它包括提升员工能力的实践、激发员工动力的实践和增进员工助力的实践。具体来说，人力资源执行系统要解决实现业务战略的相关问题：需要什么样的人？他们需要什么样的平台？如何激励他们？

运营型企业的核心岗位是运营管理类岗位，服务型企业的核心岗位是客户服务类岗位，创新型企业的核心岗位主要是研发类岗位。

运营型企业一般招聘注重踏实做事、执行力强的员工，在培训期间注重培养员工岗位技能；强调短期导向与结果导向的考核体系，建立以岗位为中心的薪酬体系；企业文化是严格、纪律性强，极其强调效率和秩序；一般采取团队的方式完成高质量、低成本的规程，组织架构比较层级化，强调固定明确的职责，员工自主性较低；员工参与度不高，更多是听从上级的安排。

服务型企业需要善于建立关系的人才，注重员工价值观与企业价值观的一致性和融合，提供广泛而全面的素质能力训练；大多构建顾客导向的考核体系，以业务目标（创造价值）为导向的薪酬体系；企业文化更多强调分享价值，强调对员工和顾客负责；采用无边界组织结构（部门之间的壁垒要少），职责有一定的灵活性；员工自主性一般，企业会尽力满足员工的需求，以此带动员工的积极性，更好地服务于顾客。

创新型企业注重招聘富有创造力的员工，培训着重于启发员工的创新思维，扩大员工创新视野，主要实行广而有效的培训；强调创新导向的考核体系，建设长期激励、市场化的薪酬体系；企业文化更多是强调自由创新的轻松氛围，如团队式的项目制、扁平化结构、职责灵活；员工自主性较高，能自由表达自己的想法和建议，彼此之间愿意进行沟通和分享，并且企业致力于为员工提供这样的环境和氛围。

综上，业务战略、组织能力与人力资源策略的匹配见表 2-2。

表 2-2　业务战略、组织能力与人力资源策略的匹配

组织能力　人力资源策略	运营型	服务型	创新型
	高效运营能力（快速、低成本、服务、生产与运营能力） 标准的运用	跨职能（部门）合作：提供单一窗口服务，为顾客提供整体解决方案的能力 客户导向：以满足客户需求作为组织和运营管理的重点 深层关系的运用	不断创新的能力：具备创新能力，能开发新产品、服务、流程或经营模式
提升员工能力	• 雇用做事踏实、具备一定岗位技能的员工 • 注重培养员工岗位技能	• 雇用时注重员工价值观与公司价值观的一致性，要求员工与顾客保持长期业务联系 • 重视企业价值观培训	• 雇用具有创造力、具备一定才智的人 • 培训着重于拓宽员工创新视野，提升创新能力
激发员工动力	• 强调绩效文化，短期导向与结果导向激励 • 员工之间的薪酬差距较大，业绩评估标准客观 • 管理严格，要求员工自律性强	• 兼顾个人和团体的绩效考核；顾客导向的考核 • 公司之间的薪酬计划差别大，有的公司实行主观标准评估业绩，重视激励与认可 • 强硬但有自律性的公司氛围，强调对员工和顾客负责	• 短期导向和长期导向激励结合；团队导向激励，员工发展激励 • 高于同行业薪酬水平，创新导向的考核与激励 • 自由的公司氛围，鼓励员工自主创新
增进员工助力	• 员工授权度低，参与度不高 • 组织架构严密，有些实行垂直式领导，强调固定明确的职责说明	• 员工授权度较高，参与度较高 • 科层结构较少，客户与员工或团队之间更多是基于信赖关系存在的	• 员工授权度极高，参与度极高 • 扁平化结构，强调灵活、自由创新

资料来源：刘善仕. 极速对焦：高绩效企业的人才策略［M］. 广州：华南理工大学出版社，2019.

2.3　人力资源规划实务

2.3.1　人力资源规划的概念和意义

人力资源规划又称人力资源计划（human resource planning），它是组织计划的重要组成部分，在组织的人力资源管理活动中占有重要地位，是各项具体人力资源管理活动的起点和依据。人力资源规划的目标不是为未来的劳动力描绘一幅明确的蓝图，而是使组织能够建立改进、创新、领导、传播、扩大规模、可持续发展的能力和胜任力。为更好地了解企业的人才需求，以及在招聘、留人和部署方面的挑战，可采用相关技术处理已收集的和已拥有的数据。

1. 人力资源规划的概念

人力资源规划概念有广义和狭义之分。广义的人力资源规划，是指根据组织的发展战略、组织目标及组织内外环境的变化，科学预测组织在未来环境变化中人力

资源需求和供给状况，制定相宜的人力资源获取、利用、保持和开发策略，确保组织对人力资源在数量上和质量上的需求，使组织和个人获得长远利益。狭义的人力资源规划，是指具体的提供人力资源的行动计划，如人员招聘计划、人员使用计划、退休计划等。由此可见，狭义的人力资源规划是广义的人力资源规划的一部分。现代组织的人力资源规划，应是广义的人力资源规划。

从以上描述中，我们可以看到，第一，组织的战略目标是人力资源规划的基础。人力资源规划是以组织的战略目标为依据的，当组织的战略目标发生变化时，人力资源规划也随之发生变化。第二，人力资源供求预测和分析是制定人力资源规划的前提保证。组织外部环境中政治的、法律的、经济的、技术的、文化的等一系列因素处于不断的变化之中，这使得组织的战略目标也处于不断的变化与调整之中，组织战略目标的变化则必将引起组织内外人力资源供需的变化。人力资源规划就是要对人力资源供需状况进行分析预测，以确保组织在近期、中期和长期对人力资源的需求。第三，一个组织应制定必要的人力资源管理措施，以确保组织对人力资源需求的如期实现。政策要正确而明晰，如对涉及内部人员调动补缺、晋升或降职、外部招聘、开发培训以及奖惩等要有切实可行的措施保证，否则就无法确保组织人力资源规划的实现。第四，人力资源规划是保证组织和员工个体获得双赢的良好开端。人力资源规划通过事先控制，创造良好的组织环境，充分发挥组织中每个员工的主观能动性，促使个体提高自己的工作效率，从而保证组织的目标得以实现；与此同时，也要切实关心组织中每个员工在物质、精神和业务发展等方面的需求，并帮助他们在实现组织目标的同时实现个人的目标。这两者必须兼顾，否则就无法吸引、招聘到组织所需的人才，也难留住本组织内已有的人才。

2. 人力资源规划的意义

人力资源规划的目标是确保组织在特定的时间和特定的岗位获得适当的人选，这种"适当"必须体现在数量、质量、层次和结构上。只有这样，才能既满足变化的组织对人力资源的需求，又最大限度地开发利用组织内部现有人员的潜力，使组织及其员工的需求得到充分的满足。所以，对组织的人力资源开发与管理来说，人力资源规划具有十分重要的意义，具体表现为以下方面。

（1）着眼未来。劳动力规划方法假设未来在本质上是不可预测的，因此规划应该基于情境，并考虑到长期的大趋势和当前趋势。如今的大趋势就是技术、经济、环境、政治、社会或伦理的变化正慢慢发生巨大转变，如人口增长和人口老龄化。这些是推动趋势的潜在力量，可能会持续数十年。这一趋势是一种可能影响业务和组织的新兴变化模式，企业需要对该趋势做出响应。

（2）适应未来。随着业务的变化，为了适应未来的需求，人力资源部门需要监控技能和工作角色在当前及未来的趋势，并根据技术发展的情况审查人员配置策略。那么，员工数目是要增加还是减少呢？劳动力平台可以使组织根据业务需求变化重新进行配置，并在需要时快速重新分配人才。在预测未来劳动力需求时，重要的是从更长远的角度来看待未来 10 ～ 20 年的劳动力需求，找出可能出现的缺口，并在这些缺口出现之前制订计划加以解决。例如，公用事业公司国家电网（National Grid）设计了一个 10 年的时间框架，每年重新审视一次，并将重点放在作为业务核心的"关键工作组"（critical job families）上。

2.3.2　人力资源规划的过程

人力资源规划流程（HRP process）是指制订一份完整的人力资源计划的各种活动的总和，它主要包括战略规划与人力资源目标的设定、人力资源预测以及人力资源规划的执行和效果评价三大组成部分（见图 2-2）。

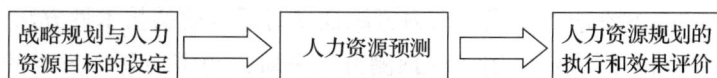

战略规划与人力资源目标的设定 ⇒ 人力资源预测 ⇒ 人力资源规划的执行和效果评价

图 2-2　人力资源规划流程

（1）通过战略规划可以确定组织的人力资源目标。

（2）制定出组织的人力资源目标后，就可以着手人力资源预测。在这一步骤，战略规划要转化成具体的定量和定性的人力资源规划。人力资源预测有两项内容：需求和供给。人力资源需求预测就是根据能力水平和岗位要求确定所需员工的数量和类型。这些预测将反映各种因素，如生产计划和生产率的改变。在进行供给预测时，人力资源经理既要注意内部资源（现有员工），也要注意外部资源（劳动力市场）。

（3）在分析了人员需求和供给之后，就进入了规划的执行和效果评价阶段，根据预测结果，企业可以确定它属于劳动力剩余，还是劳动力短缺。如果预测结果是劳动力剩余，则企业必须设法减少员工数。如果预测结果是劳动力短缺，企业就必须从外部获得一定数量和质量的人员，需要进行招聘和选拔（见图 2-3）。

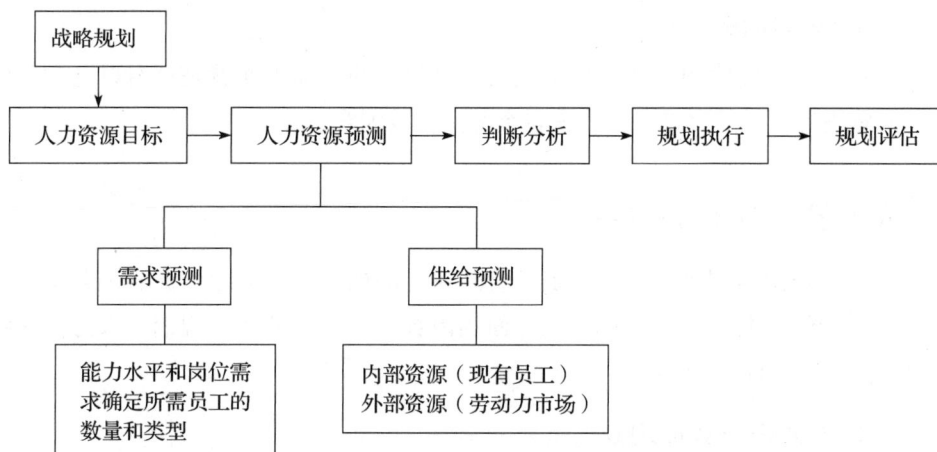

图 2-3　人力资源规划的过程

人力资源规划在实际操作过程中，又可以具体地分为以下阶段。

1. 准备阶段

准备阶段主要是收集有关人力资源规划的各个方面的信息，为科学制定人力资源规划打下良好基础。企业在这个阶段需要明确对人力资源规划产生直接影响的内部和外部因素。

内部因素包括战略规划、企业总体状况、人力资源状况等。外部因素包括企业所处的宏观经济环境、国家和地方的劳动保障法规政策、人口学变量的结构、教育方针政策、目前本行业的竞争状态、劳动力市场的供需变化、各职位的工资市场价位、大众的择业心理等。

2. 预测阶段

预测阶段主要任务是确定人力资源规划需要运用的技术性方法。在前面相关信息收集的基础上，决定采用何种预测方法来对人力资源各个方面的情况进行规划，常常采用的预测方法有主观经验法与统计分析法等。

人力资源预测主要包括供给预测与需求预测。

3. 制定阶段

制定阶段主要的工作是制定人力资源规划的总体规划与分部操作计划。在制定的过程要注意根据总体规划来对各部分计划进行设计，各个分计划要相互配合调节，并且考虑企业的综合效益，使各个计划能够在人力与物力上协调配合。

4. 实施阶段

实施阶段指在前面所有的工作基础之上，将人力资源各项计划加以实施，并对得出的结果进行人力资源规划的评估，以及对实施过程中出现的问题进行改进。人力资源规划的过程是动态的，所以，为了促进企业战略目标的实现，需要随时根据外部因素的变化对人力资源规划进行调整。

5. 修订阶段

在对人力资源规划实施评估之后，最重要的一项工作就是针对以上过程中出现的问题进行及时的修订，并要求各个部门积极配合。

2.3.3 人力资源规划的内容

人力资源规划是运作人力资源管理系统的前提，是人力资源管理各子系统重大关系决策的依据，它主要包括三方面的内容：人力资源数量规划、人力资源结构规划、人力资源能力规划。

1. 人力资源数量规划

人力资源数量规划是依据未来企业业务模式、业务流程和组织结构等因素，确定未来企业各级组织人力资源编制及各岗位人员配比关系或比例，并在此基础上制订企业未来人力资源需求计划和供给计划。人力资源需求计划和供给计划需要细化到企业各岗位人员的需求与供给上。

人力资源数量规划的实质是确定企业目前有多少人，以及企业未来需要多少人。换言之，人力资源数量规划最终要落实到企业编制上。

在企业战略、组织结构都已经明晰的前提下，进行企业编制设计的主要步骤如下。

（1）结合近十年企业经营统计数据分析企业发展的行业特点，判断企业处于不同阶段的主业务流程及业务特点，并确定组织中哪些职位是关键职位和重点职位。

（2）依据组织的职能域，梳理组织设计中的关键职位和重点职位，明确引起这些职位变动的驱动因素（即预测因子）和劳动定额。那么，当驱动因素变化时，根据劳动定额就可以确定职位的编制。

（3）在假设技术条件不变的前提下，确保主流程关键职位和重点职位的编制不变，而对辅助岗位的编制则采取弹性设置。主要方法有：

- 确定各岗位的比例；
- 控制总人数；
- 控制工资总额。

一般而言，对于辅助岗位应采取不断提高从业者的工作技能的政策，从而达到减少辅助人员数量的目标。

（4）企业编制的动态调整。辅助人员的变化，可能引起组织结构做相应的调整，即从业者素质越高，所需相关岗位从业者编制就越少，依据组织设计的管理幅度要求，这时组织结构就可以简化。

同时，企业要依据组织分布的地域状况，考虑干部的储备要求，适当放宽中高层管理人员的编制设置。

人力资源数量规划主要解决企业人力资源配置标准的问题，它为企业未来的人力资源配置乃至整个人力资源的发展提供了依据，指明了方向。但是在具体操作时，企业人力资源现状与人力资源数量规划所提供的标准会有一定的甚至很大的差距。因为理论和现实总是会有差距的，而如何缩小差距正是企业人力资源部门下一步要解决的问题。

2. 人力资源结构规划

人力资源结构规划是依据行业特点、企业规模、未来战略重点发展的业务及业务模式，对企业人力资源进行分层分类，同时设计和定义企业的岗位及各职层的功能、职责及权限等，从而理顺各岗位及各职层人员在企业发展中的地位、作用和相互关系。人力资源结构规划的目的就是要打破组织壁垒（如部门）对人力资源管理造成的障碍，并按业务系统要求为相关人员进行人力资源开发与管理提供条件。同时，人力资源结构规划也为建立或修订企业人力资源管理系统（如任职资格体系、素质模型、薪酬体系和培训体系等）奠定了基础。

人力资源数量规划与人力资源结构规划以及能力规划是同时进行的，数量规划和能力规划都是依据结构规划所确定的结构进行的，因此人力资源结构规划是关键，也是一个难点。笔者在咨询实践中摸索出一套独特的结构分析法，基本思路如下。

（1）人力资源结构分析的目的。确定各职种在企业价值创造中的贡献系数，作为薪酬、晋升等人力资源政策的依据。按照各职种的贡献大小合理配置人力资源（以贡献系数为基础）。

（2）人力资源结构规划的假设。贡献系数是指某一职种与其他职种相比对企业收益的贡献程度。以贡献系数作为每一职种员工数变化幅度的判断基准：员工数量减少时，贡献度越小，变化幅度越大。员工数量增加时，贡献度越大，变化幅度越大。

（3）价值贡献系数的确定。对企业各职种进行价值贡献度评价的关键是要科学地确定各职种的价值贡献系数。我们在咨询实践中引入层次分析法（analytic hierarchy process，AHP）来确定各职种的价值贡献度。

层次分析法是美国运筹学家托马斯·塞蒂（T. L. Saaty）教授于20世纪70年代提出的一种定量与定性相结合的多目标决策分析方法。这一方法的核心是将决策者的经验判断予以量化，从而为决策者提供定量形式的决策依据。这种方法在目标结构复杂且缺乏必要数据的情况下更为实用。应用AHP方法计算指标权重系数，实际上是建立在有序递阶的指标系统基础之上，通过指标之间的两两比较来对系统中的各指标予以优劣评判，并利用评判结果来综合计算各指标的权重系数。

利用AHP法确定出各职种的贡献系数后，就可以根据企业收益和贡献系数确定各职种裁减人员的数量，或是增加人员的数量。

（4）结构配置模型。依据贡献系数确定各职种增加或减少人数的具体推算步骤，见表2-3。

表2-3　价值贡献系数

	职种编号					一般符号
	1	2	3	……	S	
职种人数	X_1	X_2	X_3	……	X_s	X_i
变化量	dX_1	dX_2	dX_3		dX_s	dX_i
变化幅度	dX_1/X_1	dX_2/X_2	dX_3/X_3		dX_s/X_s	dX_i/X_i
贡献系数	K_1	K_2	K_3		K_s	K_i

（5）应注意的问题：各职种价值贡献评价的基础是达成共识，故评价指标体系应是企业广泛讨论后较为一致的看法；基于"价值创造大小决定重要性"的原则，贡献系数也可反映该职种的重要程度；贡献系数反映职种（整体）价值贡献。

3. 人力资源能力规划

人力资源能力规划是依据企业战略、业务模式、业务流程和组织对员工行为的要求，设计各岗位及各职层人员的任职资格要求，包括素质模型、行为能力及行为标准等。人力资源能力规划是企业开展选人、用人、育人和留人活动的基础与前提条件。

（1）人力资源能力规划的内容。人力资源能力规划有两种表现形式：任职资格标准和素质模型。任职资格标准要反映企业战略及组织运行方式对各岗位各职层人员的任职行为和能力要求；素质模型则反映各岗位各职层需要何种行为特征的人才能满足任职所需行为的能力要求。

（2）人力资源能力规划的主要步骤：①分析外部环境。②盘点企业内部人力资源。任何一种人力资源规划都是与企业内外环境密切相关的，无论是数量规划还是结构规划、素质规划，都需要经历这两步，只是各个规划所分析的侧重点有所不同。③制定人力资源能力规划。④制订具体的素质提升计划。

当员工整体任职能力和素质不断提高时，企业员工的适岗率也将提高，这表明企业员工的职业化程度也在提高。

当企业员工整体素质、任职能力和适岗率提高到一定程度时，在工作条件不变的情况下，企业所需员工人数可以相对减少，组织结构、业务流程也可相应简化。

2.3.4　人力资源规划的需求预测技术

企业的人力资源是社会人力资源的一部分。企业员工初始来源于社会，但是在企业运行过程中，每当需要人力资源供应时，基本渠道不外乎企业内部和企业外部两个方面。随着社会人才、劳动力市场的日趋完善和社会教育功能的增强，用市场的选择机制取得人力资源不仅在数量上而且在质量上都会有明显的提高。企业在取得了用人主动权的优势地位之后，更加重要的在于正确地预测自身对人力资源的需求，以及通过有效的分析形成正确的决策。

人力资源需求预测（requirement forecast）是指组织为实现既定目标而对未来所需员工数量和种类进行估算的过程。组织未来对人力资源的需求可以用各种方法来预测，这些方法有的简单，有的复杂。不管使用什么方法，预测结果都是近似值，不应该被视为绝对准确。

1. 定性预测方法

定性预测方法包括管理估计法、德尔菲法和企业远景预测分析法。

（1）管理估计法。管理估计法（managerial estimates）中，管理者主要以过去的经验为基础对未来的人员需求做出估计。这些估计可以由高层管理人员做出并向下传递，或者由较低层的管理人员做出估计并向上传递来做进一步的修订，或者是较高和较低层管理人员的某种综合。

最好是将"自下而上"与"自上而下"两种方式结合起来运用：先由公司提出

需求的指导性建议，再由各部门按公司指导性建议的要求，会同人事部门、工艺技术部门、职工培训部门确定具体用人需求；同时，由人事部门汇总确定全公司的用人需求，最后将形成的职工需求预测交由公司经理审批。

（2）德尔菲法。德尔菲法是在 20 世纪 40 年代由赫尔姆和达尔克首创，20 世纪 60 年代由美国兰德公司进一步发展而成的一种特殊的预测方法。德尔菲是古希腊的一座城市，因阿波罗神殿而驰名，由于阿波罗有着超常的预测未来的能力，因此德尔菲就成了预测的代名词。

德尔菲法是指根据人力资源规划的程序，选出多个对企业比较了解的专家，他们可以是企业内部的管理人员，也可以是来自企业外部的相关专家。其主要是通过规范系统的程序，采用匿名发表意见的方式（指专家之间不得互相讨论，不得发生横向联系且只能与调查人员发生联系），通过多轮次调查咨询专家对所提出问题的看法，再经过反复征询、归纳、修改，最后汇总成专家意见基本趋于一致的观点来进行预测的方法。这种方法具有广泛的代表性，所得出的预测结果也比较科学客观（见图 2-4）。

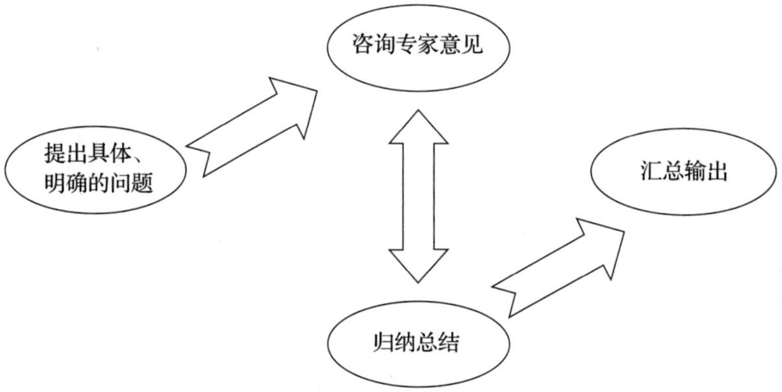

图 2-4　德尔菲法

1）德尔菲法的具体操作过程为：

- 就企业的情况对人才需求提出具体、明确的问题；
- 采用匿名的方式，使每一位专家独立自由地做出自己的判断，专家之间不得相互讨论与沟通，只能与企业的调查人员发生联系；
- 企业收到专家的意见与结果后，将其归纳总结，再将结果反馈给各位专家，供他们就归纳的结果做进一步重新考虑，并提出各自新的看法；
- 通过三四轮对专家预测结果的反复征询、归纳与修改，再经过一些数字化的处理，最后汇总成专家意见基本趋于一致的观点，以作为预测的结果。

2）德尔菲法的特征是：吸收专家参与预测，充分利用专家的经验和学识；采用匿名或背靠背的方式，能使每一位专家独立自由地做出自己的判断；预测经过几轮反馈，使专家的意见逐渐趋同。

3）利用德尔菲法进行人力资源的需求预测应遵循以下原则：

- 为专家提供充分的信息，使其有足够的根据做出判断，例如，为专家提供所收集的有关企业人员安排及经营趋势的历史资料和统计分析结果等；
- 所提出的问题应是专家能够回答的问题；
- 允许专家粗略地估计数字，不要求精确，但可以要求专家说明预计数字的准确程度；
- 尽可能将过程简化，不问与预测无关的问题；
- 保证所有专家能够从同一角度去理解员工分类和其他有关定义；
- 向专家讲明预测对企业和下属单位的意义，以争取他们对德尔菲法的支持。

由于德尔菲法是在每一位专家相互不受干扰与影响的情况下进行的，专家们互不见面，可以自由充分地发表自己的意见，从而得出比较客观的预测。这就在很大程度上避免了由于群体压力而产生的误差，因此在企业中得到广泛运用。

⊙ HR 实例

国美电器应用德尔菲法

国美公司专业生产电声产品，在 20 世纪 80 年代早期，国美凭借自己在行业内技术工艺的优势，迅速在国内市场上占据领先的地位。但由于国内市场管理混乱，假冒产品大行其道，加上三角债问题，国美从 20 世纪 80 年代后期开始逐步放弃了国内市场，转而做 OEM 出口。近些年，由于电声行业的整体需求加大，加之欧美企业关闭自己的生产厂转向国内采购，因此国美在近 20 年来得到快速发展，近年公司销售额每年以平均 26% 的速度增长。截至 2018 年，公司销售收入达 1 326 亿元，员工总数超过 42 万人。

国美公司内部组织结构变动较频繁，具体如下。

（1）成立综合办。1998 年公司精简机构，将人事部后勤人员划出；2000 年公司将总经办的网络管理人员 6 人合并重组为综合办。

（2）撤销市场部。1999 年公司将负责内销的 13 人调出，6 人去了总经办，7 人去了物料部；2001 年公司又将市场部剩余的 22 人并入物料部。

（3）扩大质管部。2000 年公司将派往供应商的来料质量控制（IQC）和质量控制（QC）人员 13 人划归质管部管理。

（4）ERP 的导入。2011 年公司导入 ERP，物料部 10 名打单员划归财务部管理。

国美电器以销售总量（X1）、销售总额（X2）、销售利润（X3）、出口创汇（X4）为自变量对各部门人员变量进行回归。获取的数据是 1997～2000 年的，采用的统计分析软件为社会科学统计软件包（SPSS）和统计分析软件包（SAS）。通过计算机的处理和分析，得到以下回归方程：

（1）总经办人员预期数量：Y1 = 0.008 5*X1 − 0.002 6*X3 − 0.006 5*X4 + 9.151

（其中 Y1 为总经办人员预期数量，X1、X2、X3、X4 分别为销售总量、销售总额、销售利润和出口创汇，下同）

（2）财务部人员预期数量：Y2 = 0.018 9*X1 + 0.007 743*X3 − 0.014*X4 − 18.548

（3）市场部人员预期数量：$Y3 = 0.008\ 797 \times X1 - 0.002\ 7 \times X3 - 0.006\ 8 \times X4 + 12.958$

（4）物料部人员预期数量：$Y4 = 0.026\ 67 \times X1 - 0.000\ 39 \times X3 - 0.013 \times X4 - 25.39$

（5）人事部人员预期数量：$Y5 = -0.004\ 5 \times X1 - 0.001\ 9 \times X3 - 0.003\ 2 \times X4 + 4.716$

（6）生产部人员预期数量：$Y6 = -0.017\ 94 \times X1 + 0.004\ 3 \times X3 - 0.008\ 7 \times X4 - 22.759$

（7）技术部人员预期数量：$Y7 = -0.005\ 4 \times X1 + 0.002\ 6 \times X3 + 0.003\ 4 \times X4 + 31.106$

（8）质管部人员预期数量：$Y8 = 0.001\ 60 \times X1 + 0.001\ 818 \times X3 - 0.001\ 2 \times X4 + 5.915$

国美公司各部门人员的历史数据变动性较大，利用回归分析方法进行预测得出的结果显然与实际情况距离较远。因此公司决定采用德尔菲法进行预测。

首先，做预测筹划工作，包括：确定预测的课题及各预测项目；设立负责预测组织工作的临时机构；选择若干名熟悉所预测课题的专家。公司选择了 8 位企业内部专家参与预测，包括正副总经理 4 名，人事、物料、质管、生产经理各一名，他们对企业运作和各部门人员结构都非常熟悉。然后公司召开了专家会议，明确了预测项目、进程和注意事项。

其次，由专家进行预测。公司把包含预测项目的预测及有关背景材料，包括公司组织架构及岗位编制图、1997 年以来公司各部门变动与人员流动图、公司未来 2 年发展规划、预测表等资料发给专家，由各位专家独立做出预测。

最后，进行统计与反馈。专家意见汇总后，对各专家意见进行统计分析，综合成新的预测表，并把它再分别寄送给各位专家，由专家们对新预测表做出第二轮判断或预测。如此反复，经过三轮，专家的意见趋于一致。在预测中，我们还对包括产品开发人员、财务人员、市场专员、管工、管理人员、职能人员、技术人员等各类人员的需求情况进行了预测。

资料来源：刘璠. 供应链信息披露成熟度差异研究：基于可持续发展视角［M］. 武汉：武汉大学出版社，2015.

（3）企业远景预测分析法。企业远景预测分析（scenario analysis）涉及用劳动力环境扫描数据来开发可供选择的劳动力方案。这些方案是通过召开部门管理者和人力资源管理者参加的头脑风暴会议来制订的，他们预测在未来五年或五年以后他们认为自己需要的劳动力会是什么样子。一旦这些预测成形了，管理者接下来就要回过头去识别关键的变化点。企业远景预测分析法的最大优点是它鼓励开放的、不受固定框框约束的思考。

2. 定量预测方法

定量预测人力资源需求的方法包括各种统计方法和模型方法。统计方法以某种方式利用历史数据来估计未来的需求。模型方法通常利用简化了整个组织的人力资源需求的抽象模型预测。常用的定量预测方法有以下几种。

（1）工作负荷法。工作负荷法是按照历史数据，先算出对某一特定工作每单位时间（如每天）下每人的工作负荷（如产量），再根据未来的生产量目标（或劳务目标）计算出所完成的总工作量，然后根据前一标准折算出所需的人力资源数。

【例 2-1】某工厂新设一车间，其中有四类工作。现拟预测未来三年操作所需的最低人力数。

第一步，根据现有资料得知这四类工作所需的标准任务时间为：0.5 小时 / 件、2.0 小时 / 件、1.5 小时 / 件、1.0 小时 / 件。

第二步，估计未来三年每一类工作的工作量（产量），见表 2-4。

表 2-4　某新设车间的工作量估计

工作	工作量（件）		
	第一年	第二年	第三年
工作 1	12 000	12 000	10 000
工作 2	95 000	100 000	120 000
工作 3	29 000	34 000	38 000
工作 4	8 000	6 000	5 000

第三步，折算为所需工作时数，见表 2-5。

表 2-5　某新设车间的工作时数估计

工作	工作时数（小时）		
	第一年	第二年	第三年
工作 1	6 000	6 000	5 000
工作 2	190 000	200 000	240 000
工作 3	43 500	51 000	57 000
工作 4	8 000	6 000	5 000

第四步，根据实际的每人每年可工作时数，折算所需人力。假设每人每年工作时数为 1 800 小时，从表 2-5 的数据可知，未来三年所需的人力数分别为：138 人、147 人和 171 人。

（2）趋势分析法。趋势分析（trend analysis）是通过连续若干期相同指标的对比来揭示各期之间的增减变化，并据以预测发展趋势的一种分析方法。

采用趋势分析法，在连续的若干期之间：

- 可以按绝对数进行对比，也可以按相对数（即比率）进行对比；
- 可以以某个时期为基期，其他各期均与该期的基数进行对比；
- 也可以在各个时期之间进行环比，即分别以上期为基期，下一时期与上一时期的基数进行对比。

表 2-6 中举出了一个有关趋势分析的例子，它描述了销售量和劳动力规模大小之间的关系。举例而言，就像人们可以从中看到的一样，如果这个公司预计它 2023 年的销售额为 1 000 万美元，它就需要把劳动力规模的数目增加 240 人左右，也就是它在 2019 年销售额为 1 020 万美元时所拥有的雇员数目。

表 2-6　对一个制造业公司的人力资源趋势分析

	年份				
	2019	2020	2021	2022	2023
销售额（千美元）	10 200	8 700	7 800	9 500	10 000
雇员人数	240	200	165	215	?

注：2023 年的为计划销售额。

（3）比率分析法。比率分析（ratio analysis）是通过计算特殊的要素和所需要的雇员的数目之间的一个精确比率来确定未来人力资源需求的方法。这样，它就提供了一种比趋势分析更为精确的估计值。

例如，在一个大学里对教授的需求可以以学生/教授的比率为基础来预测。我们假设一个大学有10 000名学生和500名教授，这样学生/教授的比率就是10 000/500或者说20/1。这一比率表明，大学对于每20名学生就需要1名教授。如果这个大学预期明年注册的学生将会增加1 000名，它将需要另外雇用50（＝1 000/20）名教授（假设目前的500名教授在明年前没有人要离开）。

（4）计算机模拟法。计算机模拟法，是指一些企业还可以运用计算机对未来一定时期内人员的需求进行预测。这是人力资源需求预测中较为复杂的一种。首先企业将所需要的信息综合起来，以此来建立起一套人员需求的计算机化的预测系统。所收集的信息通常包括当前的生产率、销售额、各类人员总量等。以这些数字为基础，就可以分别预测各种岗位对人员的需求。

（5）多元回归分析法。多元回归分析法，是利用变量与人员总数之间的关系来对企业未来的人员进行预测。这种方法强调的是变量之间的因果关系，不是将单个因素作为因变量，而是将多个影响因素作为自变量，来求其对人员需求的影响。在企业人力资源变化当中，其需求总是与几个因素都有所关联，所以，运用这种方法的关键问题是找出影响人才需求的最典型因素。

多元回归分析法有五个步骤。

第一步，确定适当的与人力资源需求量有关的组织因素。组织因素应与组织的基本特征直接相关，而且它的变化必须与所需的人力资源需求量变化成比例。

第二步，找出历史上组织因素与员工数量之间的关系。

第三步，计算劳动生产率。例如，表2-7给出某医院2004年、2008年、2012年、2016年每三名护士平均每日护理病人的数量。这样，每年病人的总数乘以同一年的劳动生产率即得所需护士的总数。

表2-7　某医院相应年份每三名护士平均每日护理病人的数量

年份	组织因素	劳动生产率	人员需求
	病人数/年	护士数/病人数	护士人数
2004	3 000	3/15	600
2008	2 880	3/12	720
2012	2 800	3/10	840
2016	1 920	3/6	960

第四步，确立劳动生产率的变化趋势以及对趋势的调整。要确定过去一个时期中劳动生产率的变化趋势必须收集该时期的产量和劳动力数量的数据，依此算出平均每年生产率变化和组织因素的变化，这样就可预测下一年的变化。

第五步，预测未来某一年的人员需求量。表2-8列出了2004年实际和预测的组织因素水平（病人数 / 年）及实际预测的劳动生产率。其中，2020 年、2024 年、2028 年的劳动生产率是经过分析调整后的数值，所需的护士人数则是由此得到的预测值。

表 2-8　该医院对护士需求量的预测

年份	组织因素	劳动生产率	人员需求
	病人数 / 年	护士数 / 病人数	护士人数
2004	3 000	3/15	600
2008	2 880	3/12	720
2012	2 800	3/10	840
2016	1 920	3/6	960
2020	1 400	3/4	1 050
2024	1 520	3/4	1 140
2028	1 660	3/4	1 245

多元回归分析法由于不以时间作为预测变量，能够考虑组织内外多个因素对人力资源需求的影响，它预测的结果要比趋势分析法准确，但是这种方法非常复杂。

3. 标杆对照法

除前面描述的以判断和数学为基础的预测技术以外，有些组织还通过把其他成功的组织正在做的事情作为标杆来帮助预测人力资源的需求。采用标杆对照法（benchmarking），企业需要彻底研究组织内部的实际做法和过程，并用其他成功组织的运作方法来对它们进行衡量。关于人力资源规划，采用标杆对照法涉及了解本行业中其他成功组织在预测什么以及它们怎样获得预测结果，然后再把自己的预测和方法与它们的进行比较。标杆对照法可以通过雇用咨询顾问或行业协会之类的专业组织来帮助实施。

2.3.5　人力资源规划的供给预测技术

供给预测（availability forecast）是指确定企业是否能够保证员工具有必要的能力以及员工来自何处的过程。

供给预测可以帮助人力资源经理确定所需员工是从公司内部、外部，还是同时从两方面获得。

1. 供给预测的内容

（1）分析公司目前的员工状况，如公司员工的部门分布、技术知识水平、工种、年龄构成等，了解公司员工的现状。

（2）分析目前公司员工流动的情况及其原因，预测将来员工流动的态势，以便采取相应的措施来避免不必要的流动，或及时给予替补。

（3）掌握公司员工提拔和内部调动的情况，保证工作和职务的连续性。

（4）分析工作条件（如作息制度、轮班制度等）的改变和出勤率的变动对员工供给的影响。

（5）掌握公司员工的供给来源和渠道。员工可以来源于公司内部（如富余员工的安排，员工潜力的发挥等），也可来自公司外部。

对公司员工供给进行预测，还必须把握影响员工供给的主要因素，从而了解公司员工供给的基本状况。

2. 影响供给的因素

（1）地区性因素。其中，具体包括：公司所在地和附近地区的人口密度；其他公司对劳动力的需求状况；公司当地的就业水平、就业观念；公司当地的科技文化教育水平；公司所在地对人们的吸引力；公司本身对人们的吸引力；公司当地临时工人的供给状况；公司当地的住房、交通、生活条件。

（2）全国性因素。其中，具体包括：全国劳动人口的增长趋势；全国对各类人员的需求程度；各类学校的毕业生规模与结构；教育制度变革而产生的影响，如延长学制、改革教学内容等对员工供给的影响；国家就业法规、政策的影响。

3. 人力资源供给预测

人力资源供给预测一般包括内部供给分析和外部供给分析。这里着重介绍内部供给分析。

内部供给分析主要是分析企业内部人力资源的结构、质量与数量，以决定有多少需求职位空缺的候补人员来自企业内部，即从现在的组织层级中挑选出来。内部供给的预测是一系列的判断，各种方法的使用能使内部供给分析更系统化和富有经验，如技能清单法和职位置换卡法均以计划制订者或其他专家的判断为依据。

1）技能清单法。技能清单（skill inventory）是一张雇员表，该表列出了与雇员从事不同职业的能力相关的特征。这些特征包括所接受的培训课程、以前的经验、持有的证书、通过的考试、监督判断能力，甚至包括对其实力或耐心的测试情况。技能清单能帮助计划制订者依据雇员的职业资格预测他们从事新职业的可能性。

例如，计划过程显示，在未来5年内由于退休会产生4个主管的空缺。如果对现有人员的评估发现，在现有人员中，缺乏具有主管才能的人，企业就必须考虑通过培训现有人员来满足对这4个主管的需求，或者通过外部招聘满足这一需求。相反，如果企业内部已有相应的人员可以满足这些职位的要求，那么企业就必须做出进一步的计划，对这些可能被提升的人离开他们原来的职位后产生的新的空缺来进行替补。

此外，企业应从下列五个方面，加强对员工技能的了解。

第一，利用调查、访问、焦点团体、分析，找出企业所需要与所拥有的关键技术和关键能力。每个组织都有不同的需求，必须找出能够提升自己绩效的能力。

第二，建立追踪员工绩效表现的管理系统。利用检查表或是特定的软件，追踪员工现在的能力，以及未来应具备的能力，也可以将所搜集的信息告知员工，以帮助他们发展。

第三，将技术和能力盘点与招募、训练、接班的人力资源系统相结合。列出关键能力，以使招募人员清楚在面试时需要问的问题，也使训练人员知道所要增加的课程。

第四，技术与能力盘点不是一次即可的解决方案，而是持续的过程。盘点的系统与所需要的能力都要定期更新，才能符合企业变动的需求。

第五，不要期待立即出现奇迹似的改变。因为填补技能不只需要努力，更需要时间。

2）现状核查法。现状核查法是对企业现有人力资源质量、数量、结构和在各职位上的分布状态进行核查，来掌握企业拥有的人力资源具体情况，以便为企业人力资源决策提供依据。现状核查法只是一种静态的人力资源供给预测方法，不能反映企业中人力资源动态未来的变化，所以只适用于中小型企业短期内人力资源的供给预测，存在很大的局限性。

【例 2-2】某企业把企业员工划分为 A 管理类、B 技术类、C 服务类、D 操作类，共 4 类职系，每类职系 4 个级别。以管理类为例，其员工状况见图 2-5，第一级别 2 人，第二级别 9 人，第三级别 26 人，第四级别 61 人。

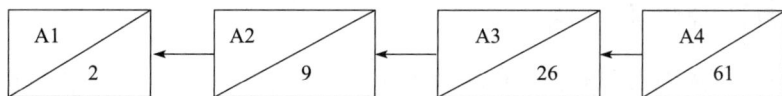

图 2-5　某企业每类职系的员工状况图

3）职位置换卡法。职位置换卡法也称管理人员接替模型，是一种专门对企业的中、高层管理人员的供给进行预测的方法。它通过对企业中各管理人员的绩效考核及晋升可能性的分析，确定企业关键职位的接替人选，然后评价接替人选目前的工作情况及潜质，确定其职业发展需要，考察其个人职业目标与企业目标的契合度。其最终目的是确保企业未来拥有足够的、合格的管理人员。其与技能清单法的区别在于：技能清单法的出发点是个人，描述的是个人的技能；而职位置换卡法的出发点是职位，描述的是可能胜任企业中各关键职位的个人。

4）马尔可夫转移矩阵法。马尔可夫转移矩阵法是全面预测企业内部人员转移从而预知企业内部人员供给的一种方法，应用的基本前提是企业内部各类管理人员有规律的转移。如果根据历史数据能够掌握各类人员之间转移的概率（称为移动率），则可根据马尔可夫转移矩阵法来推断未来人员的分布。

【例 2-3】某大学工学院，任何一年里平均 80% 的教授仍在学院，20% 退出，任何一年里大约 65% 的助教留在原职位，15% 提为讲师，20% 离职。具体转移矩阵见表 2-9。

表 2-9　人员调动概率矩阵

初始人数	职称	教授（P）	副教授（V）	讲师（T）	助教（S）	离职
10	教授（P）	0.80				0.20
20	副教授（V）	0.10	0.70			0.20
30	讲师（T）		0.10	0.7	0.10	0.10
40	助教（S）			0.15	0.65	0.20

根据初始人数，利用上述转移矩阵我们可以计算出次年的人员供给情况，见表 2-10。

表 2-10　次年人员供给情况

初始人数	P	V	T	S	离职
10	8				2
20	2	14			4
30		3	21	3	3
40			6	26	8
总供给	10	17	27	29	−17

应用马尔可夫转移矩阵进行人力供给预测的好处在于它考虑了个人晋升的前景，由于人员转移是"推进式"的，所以预测过程中也直接包括了晋升政策的产生。

2.3.6　人力资源供需平衡

预测了人力资源的供给和需求之后，人力资源规划必须对人力资源的供求关系进行综合性的平衡。

1. 人力资源供求关系的平衡

人力资源规划应该保持预测与应用之间、需求与供给之间的适当平衡。

比较需求和供给能够得到三种结果：

- 需求和供给完全吻合；
- 需求超过供给，供给可能存在不足；
- 供给超过需求，供给可能出现过剩。

这种比较不仅需要反映雇员的数量，而且需要反映他们的竞争力、多样性、成本水平以及其他因素。需求和供给的数量可能吻合，但在竞争力、多样性或成本水平方面可能不匹配。公司某些部门可能处于良好的平衡状态，但另外一些部门则失去了平衡。

2. 人力资源总体规划和各项子规划之间的平衡

人力资源总体规划是人力资源活动的基础，人力资源规划又通过人力资源的开发、招聘、使用、激励、培训以及绩效评估等各项子规划来得到实施。因此，应当平衡好人力资源总体规划与人力资源各项子规划之间的关系。例如，人力资源补充规划与培训规划之间、人力资源发展规划与评估激励规划以及培训规划之间，都需要衔接和协调。当组织需要补充某一类员工时，如果信息能及早到达培训部门并列入培训规划，则这类员工就不必从组织外部补充，在组织内部就可以补充完毕。当组织需要提高员工的整体素质，实施人力资源发展规划时，既要通过评估和激励来调动员工的积极性，又要给员工提供培训的机会，使他们提高知识技能水平。

⊙ HR 实例

美的集团职业经理人登堂入室战略转型

2009 年 8 月，一则公告在资本界和实业界同时引起爆炸性关注，美的创始人何享健辞去美的电器董事局主席及董事职务，由职业经理人方洪波接任董事局主席。企业老板不做董事长，甚至连董事局都不进了，这在中国民营上市公司里，是破天荒的头一遭。创始人何享健强调："将企业寄托到某一个人身上并不理智，企业要持续稳健发展，靠老板、靠感情、靠物质激励迟早会出问题。美的集团要建立一套科学的企业管理制度，通过对职业经理人的培养、放权、激励和约束，实现企业做大做强。"方洪波等职业经理人的引进促使美的集团取得显著发展，近年来年销售额突破 1 000 亿元。本文从实践角度剖析美的集团引入职业经理人的特色，以期为家族企业职业经理人的引进和激励提供借鉴。

美的集团对人才十分重视。美的集团前董事局主席何享健反复强调，"宁愿放弃 100 万元销售收入，绝不放过一个有用之才""人才是美的第一资源""没有人才，就没有美的的过去、现在和未来"。何享健曾说："美的 20 世纪 60 年代用北岭人，70 年代用顺德人，80 年代用广东人，90 年代用中国人，21 世纪用全世界的人才！"20 世纪 60 年代和 70 年代，是美的集团创立和初步发展的时期，美的集团不需要引进职业经理人；20 世纪 80 年代和 90 年代，是美的集团快速发展的时期，这时候美的就需要引进各地的职业经理人，此时美的集团在一定程度上打破了"血缘、亲缘和地缘"的观念，并因此曾上演一个现代版"杯酒释兵权"的故事；21 世纪，是美的集团进一步突破发展的时期，美的除大量接收中国各地的高校应届毕业生之外，还批量招聘部分海外留学归国人员，在人才结构和职业经理人结构上向国际化迈进了重要的一步。

进入 21 世纪，美的采用了年功工资和能力工资双轨并行的过渡政策，对有能力的专业人员进行破格提拔，委以重任，给予高薪。但纯粹的奖金奖励过于注重短期绩效，导致部分职业经理人为了眼前目标而牺牲企业长期发展的后劲。所以，在引入战略投资者高盛的同时，美的集团公布了酝酿已久的股权激励草案，授予高管 5 000 万份股票期权，占总股本的 7.93%，行权价格仅为 10.80 元。股权激励对象完全是职业经理人，并不包括何氏家族成员。这被认为是 A 股市场有史以来最慷慨的高管激励方案。另外，除了物质激励和股权激励之外，美的还注重员工的精神激励和自我价值的体现。例如，美的创立了一个"人才科技月活动"，并已举办了十几届。美的通过举办这个活动，斥巨资奖励贡献突出的先进单位、项目和个人，充分肯定了员工的劳动成果，有效地激励员工最大限度地发挥才能。

资料来源：张京心，廖子华，谭劲松. 民营企业创始人的离任权力交接与企业成长：基于美的集团的案例研究 [J]. 中国工业经济，2017（10）：174-192.

2.4　灵活用工战略

灵活用工是指在规定工作任务或固定工作时间长度的前提下，企业根据关于雇用关系制度的现行法律法规，通过使用兼职、劳务合作、自雇合作、劳务派遣、短期合同、人力资源服务外包等多种用工方式，帮助实现企业人力资源队伍的快速调整、精确匹配、弹性管理和敏捷适应环境变化。在人力资源研究领域，灵活用工体现了企业人力资源弹性使用的方式。人力资源弹性代表着企业为了应对内、外环境的变化所采取的人力资源灵活化的处理措施，其核心强调的是企业对环境变化的适应力、柔韧性以及反应力。阿特金森博士于1984年提出弹性企业模型，他将企业的人力弹性划分为两种类型：数量弹性和职能弹性。数量弹性是指企业面临市场和生产需求变动时，能够及时改变人力投入的数量与种类，不因变动而产生人员不足或过剩的情况，使企业保持生产人力的最佳适量。职能弹性是指企业发展员工技能，使他们适应不同的工作内容，以便迅速响应市场需求与产业变化。阿特金森根据这两种弹性和企业工作特性将一个企业中的劳动力分为核心员工群和外围员工群两个部分，形成弹性企业模型。

⊙ HR 实例

亚马逊公司的多元雇用战略研究

亚马逊公司，是世界上最早开始经营电子商务的公司之一，1994年成立于西雅图。亚马逊公司是典型的B2C（business to customer）网站，从事网上书籍销售业务，后逐步将经营范围扩大至服装、音像、食品等零售业务、云计算业务和人工智能业务等，成为全球最大的网上零售商之一及全球第二大互联网企业。2018年3月20日，亚马逊公司成为仅次于苹果的市值全球第二的公司；2018年5月21日，《财富》世界500强企业排行榜发布，亚马逊公司名列第十八；2018年5月29日，《2018年BrandZ全球最具价值品牌100强》公布，亚马逊公司稳居前三。

在亚马逊公司所采用的直线–职能制组织结构中，组织划分为业务和地区两个模块，由总部统一管理，并在两个大模块下设子机构。直线–职能制的组织结构既能保证亚马逊公司的总部统一指挥各子公司及部门，又能使子公司和部门保持自身的相对独立性，实现精细分工和专业化管理，利于提高管理工作的效率。这样的组织结构便于亚马逊公司对不同地区的子公司进行统一管理，同时，对不同的业务部门进行专业化分工，各部门各司其职，由总公司进行集中管理。但在直线–职能制组织结构中，组织中部门和层级较分明，不利于部门间的横向和纵向沟通，增加了组织的沟通成本。

为节约公司运行的成本，同时提高效率，亚马逊公司于2012年收购了Kiva Systems，改名为Amazon Robotics，并将仓储机器人投入使用。仓储机器人的制作成本并不低，但大量投入使用仓储机器人节省了仓储员工穿梭于货架间搬运商品的时间，极大地提高了仓储中心的工作效率。在投入Kiva机器人后，仓储中心通过建设更窄的过道、减少辅助设备等方式，充分利用仓储中心的空间，增加货物的储量，此举不仅提高了仓库的仓储量，而且减少了仓库的人员冗余，极大地降低了亚马逊公司的人力成本。使用Kiva机器人后，货物分配的循环周期由此前的60～70分钟降低至约15分钟。亚马逊副总裁戴夫·克拉克（Dave Clark）称，Kiva机器人能帮助降低约20%的营业费用，每个仓储中心大约可节省2 200万美元。瑞士银行的分析师估计，Amazon Robotics部门每年可以为亚马逊公司节约近9亿美元的人力成本。

亚马逊土耳其机器人（Amazon Mechanical Turk，MTurk）是一个众包市场，使个人和企业能将他们的业务和工作外包给一个分布式的、可以执行这些虚拟任务的劳动力市场。亚马逊公司通过这样一个专门的人力资源平台，将一些计算机无法解决的任务分配给世界各地的平台工作者。这些任务包括从进行简单的数据验证和研究到更主观的任务，如调查参与、内容审核等，使公司能够利用全球劳动力的集体智慧、技能和洞察力来简化业务流程，增强数据收集和分析，并加速机器学习的发展。众包（crowdsourcing）可以很好地解决这些在过去需要大量雇用临时劳动力的问题，它可以将一个手工的、耗时的项目分解成更小的、更易于管理的任务，由互联网上的分布式工作人员完成（也称为"微任务"）。

亚马逊土耳其机器人适合处理工作流程中需要手动处理的简单和重复性任务，通过众包将任务发配给网络的工作人员，能为公司内部节省大量时间和资源，同时使公司内部员工能专注于更有价值的活动。此外，亚马逊土耳其机器人拥有极高的灵活性。通过互联网，亚马逊土耳其机器人拥有全球性的、随需应变的、全天候的员工队伍，能根据企业的需要扩大或者缩小劳动力的规模，迅速完成工作。亚马逊土耳其机器人为企业提供了一种有效管理与雇用和管理临时劳动力相关的人力成本和间接成本的方法，通过在按任务付费的模式中利用分布式工作人员的技能，可以显著降低成本，同时实现一个专门的团队可能无法实现的结果。

资料来源：吴嘉悦，李贵卿. 亚马逊公司的多元雇用战略研究［J］. 现代管理，2020（1）：49-58.

2.4.1　互联网众包平台

互联网平台的人力资源管理的跨界思维不仅体现在企业的员工来自不同专业领域，需要运用不同的专业知识进行沟通和管理，还体现在人力资源管理所需具备的知识上。在经济和科技不断发展的今天，单一专业知识无法满足现代人力资源管理的需要，结合各领域的知识才能对企业人力资源管理系统进行优化和完善。

随着经济和时代的发展，单一的知识结构难以满足市场的变化及管理需求。企业不断转型，向着多元化发展。企业的多元化发展不仅体现在企业业务的多元化上，还体现在企业员工的多元化上。企业的人才不再来自单一领域，人才的多元化要求企业提高自身的多元化管理水平，从更专业、更多元的角度进行管理。企业人力资源管理不仅要运用人力资源管理的专业知识，还要结合心理学、互联网思维、统计学、行业产业链等相关知识。作为企业内重要的决策者和决策参与者，人力资源管理者需要逐渐建立复合式知识体系，以满足当下企业发展的需求。

人们的工作方式逐渐多元化。在互联网时代，人们在家中就可完成工作，工作地点和工作时间逐渐弹性化，员工可以自由选择工作的时间和地点。在这样的环境下，传统雇用模式的局限太多，难以满足企业和员工的需求，这要求企业（尤其是平台型企业）与时俱进，建立弹性的绩效考核制度，不再以单一的指标衡量员工的工作成果。

2.4.2　人力资源服务外包

灵活用工下，企业和个人的诉求该如何实现匹配，需要考虑政府对劳动用工的各种规制，如果企业、个人、政府三者都是根据自己的价值取向做出选择，三者之间就很难实现真正的匹配。因此，灵活用工经济形态下，专业的人力资源服务外包公司应运而生，在有效地帮助企业和个人充分理解政府规制的前提下，可以大大加强企业和个人需求的匹配性。

人力资源服务外包，是指发包单位将部分业务委托给人力资源服务外包公司，人力资源服务外包公司根据业务流程、岗位职责招聘及培训人员，并由这些员工向发包单位提供服务、完成业务。因此，人力资源服务外包公司在提供服务外包过程中与发包单位之间并不是简单的事务性工作的委托办理关系。人力资源服务外包公司招聘员工，并以自己的名义与员工建立劳动关系，承担员工的用工风险，并作为雇主向员工发放薪酬，缴纳社保、公积金。人力资源服务外包不仅解决了企业人才招聘难、管理难、业务波峰波谷用工需求多变等痛点，还有效规避了企业的用工风险，降低了综合用工成本。因为核心的业务管理仍然掌握在用工企业手上，所以人力资源服务外包模式下发包单位的商业机密、核心技术并不会因为外包合作而外泄，信息安全能够得到很好的保障。

企业是经济活动的主体，用工对企业来说，不是简单地招人。用工管理是综合的人力资源管理工作，包含了人事管理、员工培训、降低流失率、用工风险管控等多方面。只有把人的问题整体解决好，才能更好地为企业的发展服务。人力资源服务外包公司能够通过平台优势和专业服务能力的提升，更好地帮助企业解决综合的人力资源管理的问题，真正帮助企业实现灵活用工。

人力资源服务外包是促进人力资源管理活动从基础性工作向战略性规划转变的催化剂。企业通过将其中一些重复的、事务性工作外包出去，让人力资源岗位的员工从繁重的、低层次的事务性工作中"解脱"出来，专注于比较重要的战略性工作，从而有利于提升企业的核心竞争力，并有效控制和降低运营成本，实现一流的高效运作和服务。因此，人力资源服务外包必然会成为企业未来灵活用工的最主要模式选择，并且在实际的企业经营管理中，也将被越来越多的企业理解和应用。

1. 长期固定外包

长期固定外包是人力资源服务外包模式中应用最为广泛的一种，通常发包单位根据业务发展所处的不同时期（通常是初创期或者快速发展阶段），选择将部分岗位外包出去，合作期为 1～3 年甚至更长，比较典型的岗位类型有客户中心类（客服、电销、审核等）、运营推广类（车辆运营、市场推广等）、金融服务类（催收等）、消费品连锁销售类。这类岗位通常的特点为需求量大、流动性大，为了保障业务顺利运行，需要具备快速、精准的招聘能力，同时能对新员工进行基础培训。而随着移动互联网的快速发展、共享经济时代的到来，长期固定外包服务在互联网电子商务、旅游出行、游戏互娱、金融服务、消费品渠道销售等领域应用日益广泛。特别需要提及的是，在长期固定外包服务模式中还有一类应用较为广泛的岗位，即行政、人事、财务等职能类岗位。这类岗位的特点是人数少，单个岗位的用工风险较高，容易出现一个岗位因员工患病、怀孕等长期无法工作而需要额外招聘替补人员并承担一个岗位两名员工的人工成本的情形。

长期固定外包主要提供给发包单位的服务内容有：招聘满编、高效的基础人事服务、专业培训支持、员工关怀与员工福利、流失率管控、风险管控及风险承担（如"三期"员工、长期病假员工的退回等）、定期提供专业人力资源管理报告等。根据客户需要，人力资源服务外包公司利用大数据平台和专业的项目经验，提供诸如行业交流、薪酬报告、选址建议、财务优化咨询等增值服务。

2. 项目制外包

项目制外包通常较为广泛地应用于以下业务场景：初创期新组建团队，预计需要 6 ～ 12 个月的时间，发包单位借助人力资源服务外包公司的专业能力，迅速批量地组建团队并开展业务，在一定阶段服务团队达到了服务标准的话，则服务团队可转为发包单位的自有编制，未达到服务标准的服务团队则由人力资源服务外包公司进行培训，或转向其他服务项目，或被淘汰。

项目制外包提供给发包单位的服务内容中除了跟长期固定外包一致的招聘、培训、基础人事服务、风险管控及风险承担、专业服务等以外，还包括给发包单位提供"转编"的专业支持，即在较短的周期内，服务团队达到标准的，从人力资源服务外包公司"转编"至发包单位，人力资源服务外包公司需提供专业方案及执行支持，帮助发包单位顺利完成员工的工作关系转换（特别注意工龄承接、福利接续等）。

3. 临时用工外包

临时用工外包主要适用于短期业务或溢出业务。发包单位因业务的波动，短期临时（通常为 1 ～ 3 个月）需要增加团队提供业务支持，但面临无法及时批量招到人员，短期兼职人员的用工管理问题、人工成本管控问题等困难，而临时用工外包，即为发包单位提供了这样一个满足短期业务溢出需求的服务模式。

临时用工外包的主要服务内容有：人力资源服务外包公司迅速为发包单位组建团队（根据项目需要可能是兼职人员、实习生等），业务的管理由发包单位直接进行；人力资源服务外包公司根据项目需要配置项目巡场或驻场管理人员，制定外包员工的考勤及日常行为规范要求；通常是以工作量按天核算薪酬，按周或者按月向外包员工发放。其中人力资源服务外包公司要充分考虑到劳务税、用工风险等，依法合规进行管理，发包单位只需要按工时或按项目与外包公司结算费用。

2.4.3　劳务派遣

劳务派遣（labor dispatching）又称人力派遣、劳动派遣，是指由劳务派遣机构与派遣劳工订立劳动合同，把劳动者派向其他用工单位，再由其用工单位向派遣机构支付一笔服务费用的一种用工形式。

劳务派遣一般在临时性、辅助性或者替代性的工作岗位上实施。《中华人民共和国劳动合同法》（以下简称《劳动合同法》）第六十六条明确规定："劳动合同用工是我国的企业基本用工形式。劳务派遣用工是补充形式，只能在临时性、辅助性或者替代性的工作岗位上实施。"但不少用工单位在各种类型、各种时间长度的工作岗位上都实施了劳务派遣，甚至在其主营业务岗位上大量使用劳务派遣工。随着《中华人民共和国劳动法》（以下简称《劳动法》）的实施，我国已经消除"正式工""临时工"的二元用工体制。劳务派遣的滥用，导致了新的二元用工体制。《劳动合同法》实施后，出现了新的"正式员工""被派遣劳动者"二元用工体制。在用工单位中，被派遣劳动者承担第一线工作，为企业发展做出最直接的贡献，却成为"二等"员工群体。现在有一种"逆向派遣"的怪象，一些用工单位在《劳动合同法》实施后，要求正式合同工与劳务公司签订派遣合同转为劳务派遣工，再派回到原来的工作岗位上。劳务派遣已经成为部分用工单位规避《劳动合同法》规定的用工单位责任的一种途径。

劳务派遣能够简化管理程序，减少劳动争议，分担风险和责任，降低成本费用，自主灵活用工，规范用工行为。同时，劳务派遣能为用工单位带来以下优势。

（1）"不求所有，但求所用"，适合于那些非公有制企业、国企改制企业和经营发展变化比较快、不同发展阶段或不同发展时期对人才需求又不尽相同的单位。

（2）用工单位用人，派遣机构管人，这种用人模式减少了大批因管理工作带来的工作量和相关的麻烦，可以使用工单位的经营管理者能够更专心于事业的发展和企业的生产经营。

（3）劳务派遣机构"一手托两家"，更有利于劳务供需双方的双向选择和有关各方责权利的保障，这是劳务派遣制的带有根本性的一个好处，也是这种用人模式独特的机制。

2.5　人力资源分析

人力资源分析，简称人力分析，就是在人力资源管理中通过对数据进行挖掘，得到有价值的信息，最终通过一个完整的逻辑链建立从人力资源到组织目标之间的联系，从而使得人力资源管理更为科学和理性，使得企业战略的制定和实现与人力资源管理密不可分。人力分析作为人力资源管理的重要领域，有助于使人力资源管理向更加专业和严谨的方向发展。大数据技术的发展，会对人力分析产生革命性的影响，但大数据技术用于人力分析还面临一些挑战，如技术手段尚不成熟，技术应用推广经费和人才匮乏，行业规范欠缺等。当前，能够系统阐述大数据技术如何应用于人力分析的各个模块，以及人力分析如何发展和应用的研究还比较有限。

2.5.1　人力资源分析模型

人力分析具有为企业人力资源管理辨别方向的导航定位功能。执行良好的人力

分析项目能够对人力资源管理工作的完善和人力决策的执行提供可操作建议，最终
帮助企业高层领导者辨别企业发展的方向和关键问题，从而推动企业不断革新、与
时俱进。要达到上述目标，有四个实现途径：第一，雇用专业人力分析学家；第二，
聘请人力分析顾问或团队；第三，培养企业自己的人力分析师；第四，充分利用第
三方人力分析工具。

1. 业务导向

做好人力分析，首先要懂业务，了解业务的商业模式是什么，所面临的挑战有
哪些，企业的战略目标是什么等。人力分析师要致力于做与业务有关的研究，通过
研究成果影响决策制定，在启动研究之前应竭力争取主管业务的高层管理者的大力
支持。另外，要让研究结果和方案切实可行，只有切实可行的分析方案才能够影响
决策。最后，在人力分析过程中邀请企业内外精通业务的专家介入尤为重要，帮助
检验数据研究成果及实施方案。

2. 人力导向

人力分析团队通常熟悉人力资源战略、流程、数据，这一优势为在企业中开展
人力分析做了相应准备。人力分析，虽然主要聚焦企业核心业务的驱动因素，但每
一项研究都为检验人力资源政策与战略的有效性创造了机会。在员工个人发展方面，
人力分析也能够提供有益的帮助，例如分析成果能够促使企业建立最佳的培训方式，
因材施教。

3. 技巧导向

推广和普及人力分析成果还面临诸多挑战。基础的咨询顾问技巧有助于人力分
析成果的传播和应用。使用可视化的方式（例如有说服力的 PPT 文档）与通俗的业
务语言等展示人力分析的全过程，对人力分析成果进行呈现，并指导应用，是优秀
的管理咨询顾问所擅长的。

人力分析师或团队中最重要的技能，便是统计技能。根据企业人力分析的成熟
度与战略目标，人力分析团队首先应了解数据统计的基础知识，例如方差分析、A/B
测试、相关性或回归分析，掌握必备的数据统计分析软件，如 SAS、SPSS 等，这对
于开展人力分析是至关重要的。当然，如果团队中有精通构建或使用机器学习算法
的数据科学家，对人力分析的成功将更加有利。此外，在数据清理与准备等基础工
作方面须投入足够的精力，保证基础数据的准确性，这是做好人力分析的基石。

4. 技术导向

企业的 IT 架构，是指支持企业业务运营的一整套信息系统的架构。它包括业务
应用系统，管理应用系统，数据库软件、网络设备、机房环境设施等。它反映了企
业业务的状况，并体现了业务与 IT 的映射关系，能明确各类 IT 设施对业务的支撑
关系。

⊙ **HR 实例**

腾讯 People Analytics 远程高绩效团队

远程团队，也有称"虚拟"团队（virtual team）的，但这个说法并不准确。因为远程团队跟线下团队一样，有团队的边界，团队成员之间相互依赖，有需要共同完成的工作和实现的目标，这些都是实实在在的，并不是虚拟的。

腾讯 HR 科技中心 People Analytics 负责人廖卉认为，远程团队具有以下特点：第一，团队成员处在分散的地理位置上。第二，团队成员通常通过电子媒体，包括邮件、电话、视频会议等，进行交流和协调。对于很多团队来说，远程或线上沟通是程度问题，而不是是否问题。比如，尽管很多团队处于同一个大楼，但是成员也不会总是面对面地解决或者完成工作，而常常通过企业微信、电子邮件来沟通解决。随着线上技术的进步、全球化的进展、弹性工作制的普及等，纯粹的传统面对面团队已经越来越少。远程团队管理，或者说线上团队管理，有很多的应用空间，而不仅仅是在疫情期间。

此外，线上团队具备以下优势：第一，由于不用去公司上班，员工减少了通勤，时间更灵活，效率更高。比如，携程做过的一项研究显示，自愿选择在家工作的员工比在公司工作的员工绩效高 13%，工作满意度更高，流失率也减半。第二，帮助领导者标准化管理流程。远程办公环境会强迫领导者去思考，怎样把流程更加标准化，使机制更加体系化，这样可以更好地去追踪项目进度，看到每个员工对于项目的贡献。第三，远程办公减少了很多不必要的干扰，员工可以进行深度复盘和独立思考。此外，一段时间的远程办公后，也会让员工更加珍惜线下相遇和沟通。

影响远程团队战斗力的因素有技术和人员这两方面。首先，技术层面，管理者至少应当确认以下三种类型的设备到位，并培训员工使用。一是在线沟通或会议系统，如腾讯会议、Zoom 等。二是协作软件系统，如腾讯文档、微盘等。三是内联网系统，保证外网访问信息安全，内外网工作体验一致。其次，人员层面，包括团队成员和团队的领导者。在组织行为学的研究中，我们把远程情境称为弱环境，因为它的管控比较少。在这种弱环境下，团队成员和领导者个人的特质和行为对于团队的状态及绩效的影响更大。与线下团队一样，远程团队成员的能力、态度、匹配性等决定着整个团队的绩效。而相对于线下团队，远程团队要求团队成员更自律，能很好地进行自我管理，所以要求团队成员有更高的积极主动性。领导者的行为对远程团队也非常重要。远程或者线上的程度越高，对管理者的领导力的要求就越高，领导者应该更加积极主动地采取一些方式把团队成员凝聚在一起，更好地促进团队成员的协同和协作。

资料来源：廖卉. 未来工作场景与创新的情感动力 [EB/OL].（2020-12-09）[2021-01-15]. http://master.infosws. cn/20201204/42937.html.

2.5.2 人力资源分析应用路径

人力分析的发展、成熟、应用，需要企业在基础设施的建设上投入大量的人力、财力。人力分析从业者首先需要证明人力分析所带来的实际效果，并展现人力分析过程中大量的数据分析所耗费的时间成本，使企业决策者意识到现有人力资源信息系统的局限性和提升数据分析能力的紧迫性，从而有效推动人力分析基础设施的建设。基于此过程，当前企业在人力资源基础设施建设上的投资必定是相对保守且循序渐进的，因此，人力分析基础设施的成熟通常会滞后于企业实际的人力分析水平。

1. 建设人力分析基础设施

目前国内相当一部分中小型企业尚未建立自己的人力资源信息系统。人力资源信息系统是人力分析的基础，企业的当务之急便是进行一定的投入，将人力资源信息有效地管理起来。应用人力资源信息系统，企业可以做出简单的结构与趋势分析，对企业人力成本、人员编制、培训费用、人员流动情况进行初步的描述性汇报。

2. 寻找外部对标与整合信息

在已建立必要的人力分析基础设施的基础上，企业开展人力分析应聚焦于有意识地设定与企业人力资源战略一致的、系统的、可量化的指标，对人力资源管理体系的效率与效能进行监测与衡量，寻求在人力资源实践与核心业务之间更直观的联系；还可以就人力资源六大模块的关键指标，如离职率、招聘周期等，寻求与标杆企业的对标，找准差距，并尝试就差距背后的原因开展较深入的数据整合和分析。

3. 谏言

经过前两个阶段的努力，企业已经拥有了整合的人力资源管理系统，能够由此对员工完整的职业周期的所有数据进行有效管理；能够准确辨别人力资源的关键问题，对相应分析成果进行有效性检验，并在此基础上开展持续的人力资源管理实践。

4. 引入预测性人力分析技术

企业已经初步建立起整合的人力分析系统，拥有成熟的人力分析能力，并已经与业务部门广泛协作，逐渐参与到企业重大决策的制定和实施中。企业在该阶段应致力于引入预测性人力分析技术，将结构化数据与非结构化数据整合起来，运用更为高级的机器学习技术，对企业人力资源管理中可能发生的变化进行预测，例如员工的离职倾向、领导力模型的适应性策略、员工培训方向和内容的调整等。

5. 广泛参与企业的战略制定过程

利用预测性人力分析技术，对企业经营、财务、人力资源管理等各个方面可能的变化进行较为可靠的预测还不够，在最后一个阶段，企业还应通过情境规划、决策建模等技术，给出具体的解决方案，从而真正实现人力分析广泛参与企业的战略制定过程，实现人力分析的成熟应用。

⊙ HR 实例

SAP 系统在人力分析中的应用

SAP 系统是一套企业资源管理软件系统，具有现代化、信息化、智能化的应用优势，能够为企业管理问题的解决提供参考意见，同时可以为企业发展做出系统规划。它在现代化商业发展中的应用开始受到了诸多企业用户的青睐，其在企业信息化建设中的应用，更是能够简化企业管理流程，节约企业建设资源。

1995 年，SAP 成立中国分公司，SAP 与中国客户、合作伙伴共同成长，已经为 15 000 多家中国企业服务，助力多家中国百强企业进行数字化转型。SAP 将德国的工业 4.0、智能制造、绿色供应链等理念和中国的发展策略紧密结合，并助力中国企业出海，加快完成全球化和数字化布局。

SAP 系统能够协助企业完成岗位体系澄清和梳理，实现业务成果系统落地。同时，SAP 系统还能够帮助企业梳理及构建人力资源管理业务流程体系。针对企业的业务痛点，SAP 系统能够优化企业组织框架，实现岗位的构建、修改以及编制，提升企业的效率。SAP 人力云包括九大模块，其功能如下。

SAP Success Factors Employee Central（员工中心）：通过 SAP Success Factors 员工中心，全面整合、管理和应用人力资源各项数据，并将 80% 以上的人力资源事务性管理工作实现自助化，在提升员工体验的同时，全面解放 HR 的生产力。

SAP Success Factors Performance & Goals（绩效目标）：SAP Success Factors 绩效目标是一款强大的绩效管理解决方案，能帮助企业协调员工活动与组织战略，并监控绩效，为下属持续提供有意义的反馈和指导。

SAP Success Factors Recruiting（招聘管理）：SAP Success Factors 招聘管理是一款综合、全面的招聘解决方案，能够帮助企业物色和招揽最优秀的求职者（包括合同派遣制员工和其他外部资源），端到端地推动战略性业务计划的实施。

SAP Success Factors Onboarding（入职管理）：借助 SAP Success Factors 入职管理，企业可以为新员工打造个性化的入职体验，让入职流程成为人才管理中的战略性的一环。作为一款简单易用的工具，该解决方案还可以帮助新员工尽快上手工作，产生生产力，在正式开始工作前融入新工作。

SAP Success Factors Learning（学习培训）：SAP Success Factors 学习培训能够帮助学习管理专员提升员工技能，培养领导人才，降低合规性风险，并为外部受众提供更有力的支持。

SAP Success Factors Succession & Development（继任发展）：SAP Success Factors 继任发展能够帮助人力资源专家识别和培养所需的人才，提高企业实力，实现当前的业务目标，同时洞察和规划未来的发展。

SAP Success Factors Compensation（薪酬激励）：SAP Success Factors 薪酬激励能够帮助企业高管、薪酬管理人员和人力资源专家克服难题，显著提高预算准确性，降低风险，并将企业最大的支出项（员工薪酬）与实际业务成果相挂钩。

SAP Success Factors 移动社交：SAP Jam 协作平台能够提供社交协作服务，通过 SAP Jam，客户、合作伙伴和同事能够查看信息、应用和流程，解决关键的业务问题，提升业绩。而且，该平台可以通过业务应用、移动设备或 SAP Jam 本身等进行访问。

SAP Success Factors Workforce Analytics（劳动力分析和规划）：SAP Success Factors 劳动力分析和规划能够帮助企业快速、准确地整合员工数据和业务信息，实时获取重要洞察（如员工的主动离职情况和客户满意度），并基于这些洞察来提升业绩，降低风险。借助该解决方案，企业能够从员工数据中获得具体的、可据此采取行动的洞察，进而推动当前业务战略的实施，并规划未来的发展。

个例一：世纪联华借助 SAP Success Factors 管理员工全生命周期

中国上海世纪联华超市因业务延迟，原系统无法实时进行人员变动操作；缺乏对信息的"实时"洞察，数据延迟、分析延迟、决策延迟，大幅降低信息的价值；对门店的薪资管控需增强，报给财务的报表需人工进行二次加工；人才发展需求日益迫切，缺乏管理系统的有力支撑，导致竞争力不足，盈利下降。SF/HCM 系统支持实时业务处理，保证了信息的及时性，动态、实时掌握人力资源信息数据，动态跟踪支持决策。SF/HCM 系统内嵌逻辑校验功能，对数据的准确性和合规性进行管控，将公司的管理制度固化在系统中，加强集团管控和服务支撑能力；建立完善职业通道，实现公司后备人才的管理。

个例二：深圳 ×× 科技公司借助 SAP Success Factors 形成统一平台，加强信息系统支撑能力

深圳 ×× 科技公司正在使用的 HR 系统比较简单，没有时间轴概念，无法支撑公司业务发展的需要。HR 系统没有完全与 OA 打通，业务流程无法自动衔接，导致 HR 人工工作量较大。公司的工资计算模式多样，原系统对薪资支撑力度不够，人工成本记账纯手工完成，HR 与财务的衔接工作重复、工作量大。SAP 系统帮助该公司集成全公司 18 套系统，形成统一平台，信息系统支撑能力得到加强。算薪模式系统得到支持，减轻了 HR 算薪工作量，节省了算薪时间。HR 与财务集成，人工成本自动记账，减少了沟通环节，提高了记账效率。OA、计件系统与 SAP 系统全流程打通，过程与结果统一，提高了数据运转效率，同时提升了系统数据正确率。

本章小结

人力资源战略，对企业发展具有不可替代的作用。人力资源战略的内容多种多样，企业需根据自身的实际情况，制定与环境相匹配的人力资源战略，从而使自身获得长远的发展。

本章对战略人力资源规划进行了简要的介绍，对人力资源战略和企业经营战略的关系进行了详细的描述，并根据企业经营战略的变换，介绍了人力资源战略发展的新趋势，最后探讨了人力资源战略规划的设计以及人力资源规划的技术，以为企业提供参考。

复习思考题

1. 如何理解人力资源战略？人力资源战略与企业经营战略有什么关系？
2. 人力资源规划包括哪些内容？
3. 建立人力资源信息系统有何意义？
4. 如果出现劳动力剩余，企业可能采取哪些行动？

应用案例

海大集团人力资源实践

企业简介及发展历程

广东海大集团股份有限公司是一家以水产、禽畜饲料的研发、生产、销售为基础，并向优质苗种、生物制药、智慧养殖、安全食品、金融等全产业链发展，为养殖户提供技术服务一体化解决方案的高科技农牧企业集团。经过 20 余年的高速发展，目前海大集团在海内外拥有 320 余家分子公司、20 000 余名员工、1 个中央研究院、3 大研发中心、10 余个研发中试基地，荣获"农业产业化国家重点龙头企业""中国企业 500强""《福布斯》亚洲上市企业 500 强""《财富》中国 500 强"，是广东省政府千亿目标企业培养对象。

海大集团从 1998 年诞生，20 余年来始终扎根农牧主航道，聚焦养殖产业链。2009年 11 月 27 日，海大成功登陆深圳 A 股市场。2011 年海大集团与升龙生物合作，成立越南升龙公司，成功进军海外。2018 年海大集团成立 20 周年，集团饲料销量达 1 070 万吨，其中水产饲料销量达 310 万吨，全球领先。2019 年集团饲料销量达 1 229 万吨，居全国前三，实现营业收入 476.13 亿元，同比增长近 13%。

上市 10 多年以来，海大集团围绕"专业化基础上的规模化，核心竞争力基础上的产业链延伸"的基本策略打造全产业链。集团以饲料产品为核心业务，同时积极发展动保、苗种、养殖、流通和食品加工等业务，培养公司全产业链上的专业能力，构建起产业链上综合的核心竞争能力。截至 2020 年 7 月，集团在中国饲料行业中位于前 5 位之列，其中水产饲料技术和市场规模位于全球、国内行业前列；畜禽饲料居于行业前 10 位之列，处于区域市场内的技术和市场规模领先地位。集团在全球饲料企业产销规模排名中，也居于前 10 位之内。集团的优质鱼虾苗种和水产动保都处于行业技术领先、市场规模领先地位。集团为农业产业化国家重点龙头企业、国家级企业技术中心。2017 ～ 2019 年集团的营业收入分别为：325.57 亿元，421.57 亿元，476.13 亿元。2020 年上半年营业收入约为 258.85 亿元，归属母公司所有者的净利润为 11 亿元，比上年同期增加 63.82%。

海大文化

海大使命：科技兴农、改变中国农村现状。

海大精神：海纳百川、有容乃大。

海大核心价值观：对外为客户创造价值、对内提升员工价值。

海大愿景：成为中国领先、世界一流的具有持续发展能力的农牧业企业。

海大核心竞争力：围绕为客户创造价值的集体学习能力。

海大定位：服务型企业。

海大经营模式与人力资源实践

海大集团已建立起"集团总部＋大区或事业部＋分子公司"的经营管理模式。集团在总部设置了研究院、采购中心、财务中心、运营发展中心、市场中心、流程与信息中心和人力资源中心等专业职能部门，各专业中心以取得在本专业领域的技术和管理领先性为目标，为大区或事业部及各分子公司提供技术和管理标准，并提供一体化、专业化的管理与服务支持。集团下属按照业务板块设置多个大区或事业部，各大区或事业部主要组织及管理下属分子公司的生产、销售和服务等。

集团近两年引入组织前、中、后台概念，目前在试点建设中。后台功能由集团总部各专业中心履职，主要提供集团性的管理标准和一体化的服务支持，并对中台和前台赋能。其中，采购中心、财务中心、审计中心、海大研究院作为后台中的直管中心，为各层级组织的采购、财务、审计、技术、品管、研发进行直接管控和技术赋能。运营发展中心、市场中心、人力资源中心等作为后台中的服务共享平台，为集团各单位提供专业化的服务支持。中台功能主要通过一级大区或事业部实现，通过搭建业务中台和数据中台提供运营方面的支持。分子公司作为对接客户的前台，旨在提供在饲料、养殖、动保、苗种、食品领域内的生产、营销推广和技术服务支持一体化的解决方案。

基于集团的前、中、后台经营管理模式，人力资源管理架构初步形成三支柱体系，各级人力资源团队隶属于本组织，专业线上实行虚线管理。人力资源的后台功能由集团总部和区域人力资源中心履行，其角色为三支柱中的 HR COE，即人力资源领域专家。HR COE 旨在通过 HR 战略政策的制定，方法论和工具的研发与指导，公司级 HR 项目的策划和主导，为组织打破内部壁垒营造开放的环境，并驱动变革。人力资源的中台角色为三支柱中的 HR SSC，即 HR 共享服务中心，其目标是打造 HR 运营、信息化建设和管理平台为用户创造价值，并通过集团总部和区域人力资源中心实现。人力资源的前台功能由各大区或事业部，分子公司、二级大区或片区人力资源中心 HR 履行，旨在为业务部门提供特种部队式的支持，帮助业务部门成功，其角色为三支柱中的 HR BP，即 HR 业务合作伙伴。作为业务部门专业顾问的 HR BP，通过"一站式"HR 解决方案满足业务部门个性化的需求。

集团对人才的引进首先看重文化和价值观的认同，其次是学习能力、抗压能力、团队合作能力。围绕集团业务战略规划，集团总部 HR COE 制订人才配置计划、进行雇主品牌建设、统筹校园招聘，大区或事业部、分子公司的 HR BP 则负责社会招聘和校园招聘具体方案的实施。

海大学院肩负着海大全集团人才培训培养的重任，目前已建立起五级系统性的人才培养框架：NDP 新员工级，KDP 基层主管级，MDP 中层经理级，IDP 事业部或分子公司副总级，EDP 总监、事业部或分子公司总经理级。海大学院对不同成长阶段的员工突出培养重点，以实现差异化职业能力提升。各大区或事业部、分子公司的 HR 根据业务需求，基于学院人才培训培养标准方案，设计并转化成相应业务需求的个性化培训培养方案。

集团的绩效由组织绩效和个人绩效两部分构成。其中，组织绩效分为集团总部中心绩效、大区或事业部绩效、分子公司绩效三个层面，考核指标分为经营指标和管理指标。个人绩效按照分层分级管理思想，分为 KPI 个人绩效与 PBC 个人绩效两类，考核指标分为定量指标和定性指标。集团不断完善激励机制，以绩效奖金、专项奖金、股权激励、成长分享、项目奖金等方式激励员工投身职业生涯，给予员工充分施展自身才华的平台和机会。各大区或事业部、分子公司在集团绩效管理制度规定下，构建符合业务需要的绩效管理组织架构和绩效管理体系，并按要求实施。

集团已形成系统的薪酬管理制度和规范，针对不同岗位的工作特点，分别颁布了服务营销人员、技术人员、品管人员、生产人员薪酬管理制度进行细化。集团确保为每位员工提供有竞争力的薪酬，对中高级人才、特殊人才等采取更有针对性的薪酬激励措施。集团还定期进行全面完整的薪酬分析工作，为调薪提供及时的数据支持和决策参考，确保薪酬体系在人才市场上的竞争力。集团结合国家政策，对标市场上的优秀企业，积极为员工提供多层级福利保障，以改善员工的生活品质，帮助企业保有和吸纳人才，稳定员工结构，提高员工的工作积极性。除此之外，集团还提供完善的休假政策，包括：法定节假日、带薪年假、产假、陪产假、婚丧假、五险一金、补充医疗、午餐补贴、通信补贴、交通补贴、高温补贴、节假日礼金、团队活动和健康体检。总体来说，集团员工的福利待遇在同行业中处于中等偏上水平。

集团一切的战略与战术落地都取决于人才的成长。集团重视人才队伍建设，保证员工晋升通道畅通，为员工成长加油充电，释放人才活力，努力实现企业与员工同进步、共发展。海大员工职业发展实行双通道体系，员工可根据个人意愿及公司实际情况，选择管理通道或专业通道发展。为提升干部管理水平，为广大员工开拓发展通道，集团相继出台了职位职级管理制度、任职资格管理制度、干部管理制度等专项制度予以规范。

作为一家有温度的企业，海大在追求公司稳健发展的同时，也十分注重丰富员工的业余生活。每年集团都会举行丰富多彩的文体娱乐活动，如中秋及国庆的下午茶及趣味活动、运动会、年度晚会等。集团在 2016 年还设立了"员工互助基金"，帮助那些因重大事故、重大疾病、伤残或死亡等导致家庭陷入困境的员工渡过难关。海大始终把员工的健康安全放在第一位，不断加强职业健康与安全生产管理。为使广大员工能以健康的身体和积极的心态投入到工作之中，实现集团与员工的双赢，海大集团坚持每年组织员工体检，确保员工身体健康。

人才是海大最核心的财富，海大的成长与发展离不开全体员工的奉献和智慧。集团健全的人才培养体系、完善的晋升通道，匹配以富有竞争力的薪酬激励机制，以及对员工健康、安全和精神生活的持续关注，为优秀人才打造了广阔的发展平台。

讨论题

1. 海大集团如何通过人力资源战略规划提升竞争力？
2. 海大集团人力资源战略规划的核心是什么？
3. 从海大集团的战略升级转型策略中我们能得到什么启发？

第 3 章　职位设计与职位分析

【本章导读】

☑ 基于组织结构的职位设计

☑ 职位分析概述

☑ 职位分析的程序和方法

☑ 职位说明书

☑ 职位分析的新趋势

☑ 职位分析中的风险及应对

AMO 框架　　　　　　　　职位设计与分析

职位是组织的基本要素，任职者通过履行职责和实现业绩来获得组织的物质报酬、社会认知及自我实现，通过任职者的行为与组织实现各种有形或无形的"交换"，促进企业战略目标的达成。有效的职位设计与分析可以为组织结构和业务流程的改善提供数据基础，同时也是连接组织战略和各人力资源职能的桥梁，这种关键性角色使其在人力资源管理中起着不可替代的基础性作用。另外，职位说明书是组织内部正式的、书面的文件，有效的职位分析能够使企业避免一些不必要的法律诉讼。对企业而言，职位设计与分析是提高企业竞争优势和探索现代化管理之路的重要环节（见图 3-1）。

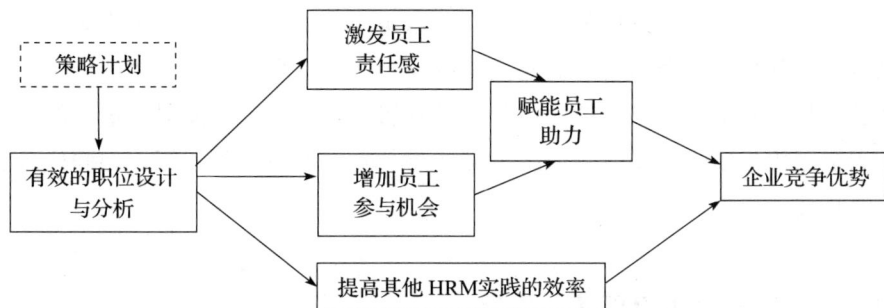

图 3-1 职位设计与分析和企业竞争优势的关系

引例 解析苹果内部的直接负责人制度

苹果公司内部实施了直接负责人（directly responsible individual，DRI）制度，从表面上来看，DRI 制度这个概念在苹果公司内部实行得非常好。

DRI 究竟是什么？直接负责人具体管什么事？事实上，DRI 不是处理过程，也不是任务管理的框架，而是一个概念。这个概念明确界定了负责人的权利、义务和责任，小到漏洞（bug）报告，大到技术创新，每个 DRI 都有自己负责的部分。在 DRI 制度下，公司内部分工明确，当某一部分出现问题时，就由这部分的 DRI 来处理和担责。

谁来当 DRI？DRI 只能由一个人来担任，而不能是一个小队。当程序设计或软件开发过程中出现一个复杂的、跨职能的工程问题时，DRI 必须担起重任，负责到底。因此，DRI 一般都由工程团队的队长或者工程项目经理来担任。如果工程问题很少涉及硬件方面，则需要一个产品设计（PD）工程师来担任 DRI，与硬件工程师通力合作来解决问题。如果产品原型测试一直失败，则需要一个测试项目经理（TPM）来担任 DRI。在苹果公司中，测试项目经理担任 DRI 时，需要与工程团队、设备测试部门、合约制造团队合作解决问题。当出现职责不清或突发问题时，合作团队的所有成员都要听从 DRI 的指挥。成员需要信任 DRI，因为 DRI 一般对开发进度非常了解，知道下一步可能出现什么问题，或者知道问题发生的原因。DRI 制度不仅对单一部门有效，对于跨部门、跨职能管理也非常适用。

对于一个团队而言，DRI 扮演着重要角色。当团队所有成员都清楚他们的目标非常重要，但是又没有意识到自己那一部分的责任重大时，就需要 DRI 动用自己的权力来督促团队成员圆满完成任务。此外，DRI 可以减少其他成员的压力，成员只需要认真工作，其他恼人的事由 DRI 来处理就可以了。

DRI 制度是苹果公司的一项很实用的制度，能有效避免工作中的相互推诿，保证工作分析目标的实现。而且这一制度不仅对于苹果公司很有价值，用在其他企业中也同样有效。

资料来源：谢雯. 管理学问：解析苹果内部的 DRI 直接负责人制度［EB/OL］（2012-09-27）［2021-01-15］. http://www.changjob.com/thread-41191-1-234.html.

组织人力资源管理中的职位分析是以组织中的职位和任职者为研究对象，同时也是联系各个人力资源管理职能模块的纽带，为整个人力资源管理体系提供所需的信息和数据基础。组织中的职位分析是在组织结构既定的前提下进行的，所以在进行职位分析之前，需要对企业组织结构进行一定的梳理和了解，为职位分析打下良好的基础。

3.1   基于组织结构的职位设计

任何组织，包括企业，都是一个有机的整体。企业的高效运转离不开一个合理、顺畅、实用的组织结构。组织结构设计是将企业的经营做整体的划分，而职位是组织结构中最小的要素，通过职位设计将企业的战略目标、组织目标转化为一些相互联系和支持的具体职位，使企业的具体工作落到实处。

3.1.1   组织结构的变化

过去，企业的组织结构大多是等级式的，基础很大但顶层特别小。在这种结构下，信息传递的方式是以线性为主，因此要求高层管理者具备战略眼光和领导力，要求底层员工具备执行力。这种组织架构强调以效率驱动组织发展，追求的是稳定和效率。等级制曾经的优势在互联网时代反而成为一个劣势，现在的环境、市场已经发生了巨大变化，互联网时代重构了企业的组织架构和运作方式，效率不再是第一目标，价值越来越多地由创新来驱动。

1. 传统的科层制组织

传统组织常采用"金字塔科层式"的组织结构，即在组织内部以核心决策者为顶端，按经营管理职能划分部门，不同职能部门从事对应领域内的专业化工作，依靠大量的中层管理者上传下达，通过完善的制度和标准化的作业流程，确保员工高效完成工作任务。在工业时代，科层式组织结构普遍应用于管理实践中，帮助企业实现大规模地高效生产和运作。

但是，随着大数据、云计算、人工智能等信息技术的兴起，经营环境和过去大不相同，组织结构的发展呈现信息化、网络化、扁平化等趋势。在此情况下，科层制和科学管理也逐渐展现其局限和不足：①难以敏捷应对外部变化；②扼杀员工的创造性和积极性；③部门墙阻碍部门间的协同。未来，科层制组织很可能会因为没能适应时代的变化而走向崩溃。在新时代下，组织将变得更加敏捷、以客户为中心，只有最能够适应企业内外部环境变化的组织模式才能推动组织走向创新和发展。

传统的组织结构主要以分工为基础，使得职位的职责清晰、角色明确。组织主要是将具体职位作为管理对象，将组织战略目标层层分解到职位，每个职位需要承担不同的目标，组织通过对职位进行管理从而实现组织的战略目标。企业根据具体的工作需要设置职位，保证任职者必须符合职位的要求，以满足工作的需要，同时企业为了保证职位的连续性和日常工作的常规运作，明确划分职位的业务边界，但是忽视了对职位进行更新和管理，使得现有的职位管理难以满足组织的内外环境对职位提出的新需求。

⊙ HR 视野
不同组织结构的特点及比较

不同组织结构的特点及比较见表 3-1。

表 3-1　不同组织结构的特点及比较

组织结构	关联背景	优势	劣势
直线职能制	环境：不确定性低，稳定 技术：例行，相互依存程度低 规模：小型到中型 战略目标：内部效率，技术质量	1.实现职能部门内部的规模经济 2.分工清晰，职责明确	1.对外部环境变化反应迟缓 2.可能导致决策堆积于高层，层级链超载 3.导致部门间横向协调性差
事业部制	环境：中度到高度的不确定性，不断变化 技术：非例行，部门间相互依存程度高 规模：大型 战略目标：外部有效性，适应环境，满足顾客	1.适应高度不确定的环境 2.实现跨职能的高度协调 3.决策分权	1.失去了职能部门内部的规模经济 2.导致产品线之间协调性差 3.使跨产品线的整合与标准化变得困难
混合制	环境：中度到高度的不确定性，客户需求不断变化 技术：例行或非例行，职能间有一定的依存程度 规模：大型 战略目标：外部有效性，适应环境，满足顾客	1.使组织在事业部内获得适应性和协调，在核心职能部门内实现效率 2.公司和事业部目标获得更高度的一致 3.获得产品线内和产品线间的协调	1.产生过多的管理费用 2.导致事业部和公司职能部门间的冲突
矩阵制	环境：高度不确定性 技术：非例行，相互依存程度较高 规模：中等，几条产品线 战略目标：二元化——产品创新和积累技术专长	1.将直线职能制结构与事业部制结构的优点结合，弥补各自的不足 2.适用于在不确定环境中进行复杂决策和满足频繁变化的需要	1.导致员工面临双重职权，容易无所适从和产生混乱感 2.耗费时间，需要经常召开会议协调及讨论冲突解决方案

资料来源：达夫特.组织理论与设计［M］.王凤彬，译.北京：清华大学出版社，2014.

2. 新兴的组织形态

在新环境下，传统的组织结构需要进行改革、创新，组织正在经历从僵化的科层架构向灵活敏捷的结构和流程的转变，一些具有灵活性、开放性、以客户为中心的新兴组织模式开始走上舞台。阿米巴模式、平台组织模式以及合弄制模式是三种新兴的组织模式。

（1）**阿米巴模式。**阿米巴模式是日本著名"经营之圣"稻盛和夫在京瓷公司创造的一种经营模式。阿米巴经营是指根据不同的产品、工序、客户或地区等标准，将大组织划分为许多独立经营、独立核算的小集团（阿米巴）。阿米巴模式主要是以职能拆分、效率核算为基础，来实现企业内部模拟市场化的交易。传统价值链上的职能部门被拆分为阿米巴单元，上游的阿米巴向下游阿米巴交付半成品，下游阿米巴向上游阿米巴支付对价，且对各阿米巴进行独立核算，如此使得各阿米巴真正从经营者的角度去思考问题，改善工作方式，提高效率。就员工晋升渠道而言，每个阿米巴都要求有一个阿米巴长，并实行公开竞聘上岗，为员工提供职业发展机会，加强人才有序流动和科学配置。然而，这种模式也存在一些弊端，如增加组织内部的交易成本和管理成本，加剧不同阿米巴单元间的竞争和树立协同壁垒。

🔘 HR 视野
京瓷：深度剖析阿米巴经营模式

稻盛和夫 27 岁创办京都陶瓷株式会社（现名京瓷 Kyocera）。京瓷是唯一经历 4 次经济危机都没有受到影响的日本大企业，而且还创造了连续 50 年从未亏损的奇迹。在日本四大"经营之圣"中，稻盛和夫是年龄最小而被尊为"圣"的。这些成就被归功于其独特的稻盛哲学和阿米巴经营模式。

"阿米巴经营模式"的本质其实就是贯彻了"经管理念"的企业内部"量化分权"体制。要想实现"量化分权"首先必须拥有一套简单的"系统量化工具"，这套工具在日本被称为"经营会计"（京瓷称之为"京瓷会计学"），所以"经营会计"是"阿米巴经营模式"落地的必备工具。所谓"量化分权"，就是用看得见的数字（如《经营会计报表》和《财务会计报表》）来看清企业经营的"实际状态"，通过授权和责任分担而达成经营目的的一种制度性分权手段。具体来说，它包含五大类的分权水准。"阿米巴经营模式"在日本的《财富》世界 500 强企业中被广泛运用，当然也被日本的中小型企业广泛使用。京瓷目前所使用的"阿米巴经营模式"，使日本企业活用"量化分权"达到一种极致。实施"阿米巴经营模式"的导入需要具备相应的"基础条件""前提条件""应用条件"。因此，京瓷的"阿米巴经营模式"不是一天练成的。要导入"阿米巴经营模式"，企业必须首先学会活用"经营会计"，从"量化分权"的第一个阶段开始修炼，逐步提升其高度。

资料来源：稻盛和夫. 阿米巴经营［M］. 曹岫云，译. 北京：中国大百科全书出版社，2016.

（2）**平台组织模式**。与传统等级式的金字塔不同，平台组织模式将组织架构变成"大平台 + 小前端"式的倒金字塔，将管理从控制转变为赋能。倒金字塔结构就是给离客户最近的一线员工、团队授权和赋能，公司业务平台、职能平台为小前端提供服务和支持，在这个过程中领导者更多的是扮演资源支持者和战略制定者。企业通过工作扩大化、轮岗、自我管理团队等方式，激发员工的工作积极性，倡导企业内部创业、小微平台等管理形式，将传统的雇用模式转变为互惠的联盟关系。平台组织模式弱化了职位的功能，而是关注于个人的管理，满足人才与任务的直接、动态匹配。但平台组织模式也可能导致组织权力过于分散，因此不利于资源的集中调配，并且对于组织赋能要求较高，对组织的管理也是一种挑战。

HR 视野
韩都衣舍：平台赋能激活价值创造

韩都衣舍创立于 2008 年，专注于打造年轻时尚女装品牌，凭借其"款式多、更新快、性价比高"的产品理念，赢得了年轻女性消费者的认可。韩都衣舍高效率运营的法宝之一，就是其独创的以"产品小组"为核心的运营模式（见图 3-2）。韩都衣舍拥有将近 300 个产品小组，涵盖 7 个后端支撑体系，旨在为产品小组提供职能服务，包括数据平台支持、仓储物流、客户服务、柔性供应链、品牌创意与设计等。产品小组通常由三个成员组成，分别负责产品设计开发、页面制作以及库存采购职能，每个成员可以根据自身特点自由选择产品小组和所负责的职能。产品小组实行权责利机制：小组拥有自主经营权，包括款式的开发、尺码的选择、价格的制定、促销策略的实施等；公司对产品小组设立交易额、库存周转率及毛利率等方面的责任要求；小组根据"奖励额度 = （交易额 – 费用）× 毛利率 × 提成系数 × 库存周转率"的模式进行利润分配，组长拥有小组内部提成分配的权力，这极大地调动了员工的工作热情和积极性。无论是前端的产品小组，还是中后端的支撑体系，都充分体现了组织自驱动的特点。

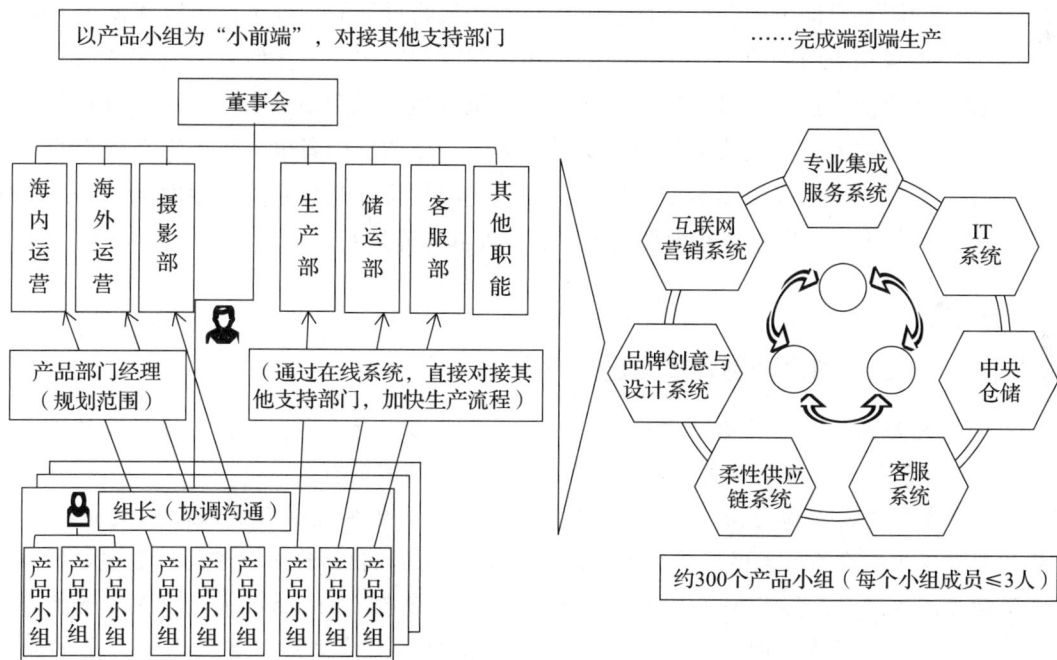

图 3-2 韩都衣舍以"产品小组"为核心的运营模式

资料来源：波士顿咨询公司，阿里研究院. 平台化组织：组织变革前沿的"前言"[J]. 商业评论，2016（10）.

（3）合弄制模式。合弄制（holacracy-constitution）是一种用于组织管理和运营的全新方法，是由角色来承担工作的管理系统。合弄制的核心在于如何组织工作，而非如何组织人，个体围绕自己承担的角色来自我组织，强调个体的主观能动性，角色处于动态变化中，根据实际出现的情况不断迭代优化。合弄制没有管理者，没有向上的管理职位发展通道，但是可以提供给员工丰富的角色组合体验，以及与业绩和技能相关联的薪酬。合弄制和传统的管理模式存在一定的差异（见表3-2）。

表3-2   合弄制和传统管理模式的差异

	传统管理模式	合弄制管理模式	
职位描述	每个员工有一个具体的职位。职位的描述是不准确的，几乎不更新并且往往是不相关的	角色是围绕工作而不是人来定义的，并且经常更新，每个员工可以担任多个角色	角色
权力集中	由管理者行使权力，做出决策	权力真正分散在管理流程中，决策都是由团队和每个角色做出的	权力分散
大型重组	组织架构很少被重新审视，并且从上而下进行授权	组织架构通过小的迭代规律性地进行更新，每个团队进行自我管理	迅速迭代
办公室政治	潜规则延缓了变革，并且促成了那些"善于交际"的人	所有人，包括首席执行官，遵循同样的规则，规则对每个人都是清晰可见的	规则透明

资料来源：罗伯逊. 重新定义管理：合弄制改变世界［M］. 潘千，译. 北京：中信出版社，2015.

新兴的组织形态以协同为基础，从固化角色转向模糊边界。组织主要将职位类别作为管理对象，对企业中相似的职位进行分类，不同职类之间的职位职责和任职者要求差异明显，对职位进行统筹协调和系统性管理，以提高组织的管理效率。与传统的因事设岗不同，在新环境下，组织在战略目标的指导下，可以根据个人能力专门设置相应的职位、安排相应的工作。互联网时代下，任何有能力的员工都有可能成为价值创造的关键。传统的职位设计重点强调职责划分清晰，部分限制了员工的自主创造能力。现代职位的职责不再固定，职位任职者也不再固定在确定的职位上，职位之间的界限逐渐变得模糊，现代的职位设计充分尊重和激发员工的自主性及创新能力，以适应企业内部业务发展和外部环境的变化。

🔎 HR 视野
"干掉 CEO"的合弄制：重新定义管理

软件工程师布赖恩·罗伯逊在 2007 年提出了一个大胆的公司管理模式——"合弄制"。在软件公司的工作经历让他意识到，传统的管理等级制度不够灵活，他认为"这是在浪费员工的潜力，员工本应使用他们的聪明才智为公司做出更多的贡献"。合弄制模式彻底摒弃了传统公司的经理、主管等一系列职位，将市场营销、人力资源、客户关系等具体工作职责分散到一系列工作圈中。

2012 年，Zappos 创始人之一谢家华在一场 CEO 峰会上听到罗伯逊关于"合弄制"的演讲，两人的理念不谋而合。Zappos 从 2013 年开始向合弄制转型，并且从 2015 年

3月全面推行合弄制，同年 4 月开始清退不认可此模式的员工。

在合弄制模式下，Zappos 的员工不再有具体的职位，传统职位的职能被分解为一个个"角色"（roles），每个角色都有特定的职责范围。员工可以自行选择自己的角色（可以多选），并根据角色要求决定工作内容。例如 A 员工原来是 Zappos 的市场营销人员，在公司实行合弄制后，A 员工可以继续做市场营销的工作，并在此之外担任其他角色，做市场营销范围外的工作。传统的公司部门则被不同的"圈子"（circles）所取代，每个圈子独立为政，也有相互重合的部分。以市

场营销圈为例，圈内的角色包括社交媒体、广告、网络营销、品牌发展等。由于每个员工可以扮演多重角色，所以员工的工作也有可能横跨不同的圈子。虽然没有了传统管理模式下的经理，但每个圈子都有自己的"领导链"（lead links），负责制定该圈子的目标、给员工指派角色、监督员工等。通过这样的方式，Zappos 对员工保持一定程度的控制，但这种控制是针对角色而非员工本人的。

实行合弄制以前，Zappos 是一个绿色组织（green organization），它有金字塔形的管理架构，像一个家庭。自我管理式的企业是青蓝色组织（teal organization），每个部分的运作都为整体服务，更像一个有机生命体。而谢家华的目标，就是把 Zappos 打造成一个青蓝色组织。自 Zappos 首先应用合弄制以来，合弄制很快得到了在硅谷的创业公司的推崇。

资料来源：VIJAY K S, SUBHASREE M J. Holacracythe Future of Organizing? The Case of Zappos [J]. Human Resource Management International Digest, 2018, 26(7): 12-15.

3.1.2 职位设计概述

职位设计是组织结构设计最终的体现环节，组织结构设计通过明确公司的管理模式、确定各层级部门职责划分和汇报关系，并最终落实到职位设计上。职位设计能够帮助企业建立起以组织为基础、与流程相衔接的合理的职位体系，建立起企业战略目标、企业文化、流程和组织结构向人力资源管理各大模块过渡的桥梁。职位是组织结构中的最小要素，职位体系是基于职位分类形成的所有职位的集合，明确了职位在组织结构中的角色和职责，实现了组织结构的划分。

1. 职位设计的概念及内容

职位设计是指根据组织需要并兼顾个人的需要，规定每个职位的任务、责任、权力以及组织中与其他职位关系的过程。在企业中，职位设计通过将职位划分为不同的职系、职类、职列、职级等，在此基础上形成职位体系和职业发展通道，目的是满足组织弹性、工作效率、员工激励和职业发展等多方面的需求。职位设计主要面临的是组织向其员工分配工作任务和职责的方式问题，职位设计得当对于激发员工的积极性、增强员工的满意感以及提高工作绩效都有重大影响。

职位设计主要包括以下两个方面的内容。

（1）**职位体系设计**。职位体系是指对企业内的职位进行明确的职责划分，主要包括横向划分职序和职类的分类过程，以及纵向建立职级的分级过程。职位体系的设计应从现实存在的工作出发，同时考虑职位的工作性质、难易程度、工作量、责任轻重以及任职者的任职条件等方面，来对职位进行分类和分级。

职位体系中的相关术语如下。

- 职系：一些工作性质相同或充分相似，而责任轻重和困难程度不同的所有工作职位的集合。
- 职类：工作性质相似的若干职系的集合。
- 职序：工作性质和特征相近的职类的集合。

- 职级：同一职系中职责繁简、难易、轻重及任职条件充分相似的所有职位的集合。
- 职等：不同职系之间，职责的繁简、难易、轻重及认知条件要求充分相似的所有职位的集合。统一职等的所有职位，不管他们属于哪一个职级，其薪金相同。
- 职业生涯：职业生涯是一个人一生中经历的一系列职位、工作或者职业。

横向职位分类。 按照职位的工作性质及特点，将它们划分位若干类别。职位分类是一个由粗到细的过程，首先，将企业全部的职位按工作性质划分为若干序列；其次，根据工作性质的异同对职位进行细分，即将大类细分为中类，把业务相同或者相近的职位归为同一职类；再次，将同一职类中的职位按工作性质进行划分，业务性质相同的职位组成一个职系；最后，根据工艺技术、工具、使用设备和工作对象相似原则，对每一个职系进行细分，形成一个个具体的职位。

⊙ HR 实务

华为的职位分类

华为公司职位类别分为四个层次，分为 5 个族，共 51 个类。部分职位分类见表 3-3。

表 3-3   华为公司职位分类（部分）

职位类别			
管理族	五级管理类	专业族	计划类
	四级管理类		IT 类
	三级管理类		流程管理类
营销族	销售类		财经类
	营销策划类		采购类
	市场财经类		项目管理类
	公共关系类		产品数据管理类
技术族	系统类		销售管理类
	软件类		合同管理类
	硬件类		质量管理类
	测试类		监控类
	机械类		订单管理类
	技术支援类		行政类
	特殊技术类		法律类
	专项技术类		广告宣传类
	技术管理类		编辑类
	资料类		基建类
	制造类		医务类
	电源技术类	操作族	事务类
			技术员类
			检验类
			……

资料来源：华为人字【1999】27 号文件第二部分"华为公司职位类别划分"。

纵向职位分级。按照职位的责任大小、技能要求、劳动强度和环境等进行划分，形成不同的职级和职等。利用科学有效的职位评价机制和方法，衡量和确定不同职位的相对价值，通过对价值进行排序确定职位的等级，并以此作为职位薪酬及其他人力资源管理活动的依据。对职位进行分级的目的在于对人员实现统一管理，一方面，企业中存在工作性质差异很大，但工作的责任轻重、繁简、难易等相似的职位。另一方面，某些职位工作性质相似，但工作的繁简、难易程度，对任职者的要求以及所承担的责任轻重等千差万别。设置合理职位等级，能有效解决上述两种情况存在的问题，并能激发员工的工作积极性。例如，阿里巴巴的职位等级见表 3-4。

表 3-4　阿里巴巴的职位等级

级别体系		
技术职级	岗位定义	管理职级
P1, P2	低端岗位	
P3	助理	
P4	初级专员	
P5	高级工程师	
P6	资深工程师	M1 主管
P7	技术专家	M2 经理
P8	高级专家	M3 高级经理
P9	资深专家	M4（核心）总监
P10	研究员	M5 高级总监

资料来源：阿里巴巴职位等级划分。

（2）职业发展通道设计。职业发展通道是指员工在企业内的职业发展路径，是组织为员工发展设计的自我任职、成长和晋升的管理方案，为其提供多个职业发展空间。职业发展通道的建立要求企业为每个通道的各职位等级建立相应的任职资格要求。目前，大多数企业采用"双轨制"，即设置管理序列和专业技术序列两条职业发展通道，员工可以在两条发展通道内自由选择，从而避免千军万马挤"管理独木桥"的现象（见图 3-3）。职业发展通道能让员工看到自身的职业前景，激发员工的工作动力，实现企业目标。职业发展通道设计包括以下步骤。

- 职级划分，即根据公司的实际情况确定职业发展通道数量，划分哪些职位归于哪条通道；根据对知识、经验、技能、成果等要求的差异，在通道内将职位划分为不同的层级。
- 任职资格设定，即为每个层级设定任职资格标准，包括知识、经验、技能、成果等。
- 通道晋升，即按照任职资格标准的要求对员工进行培训和定期评审，对于达到上一职级要求的员工给予晋升。
- 通道转换，即根据公司发展要求和个人成长需要为员工调整职业发展通道；职系内、职类间和职序间进行转换的难度递增。

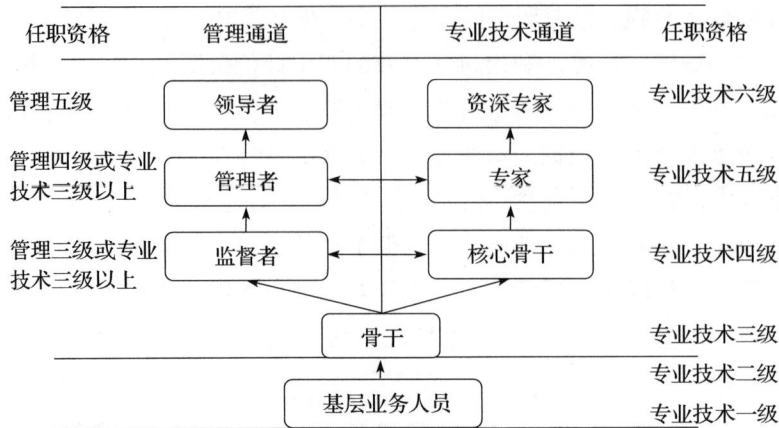

图 3-3　华为的双轨制

2. 职位设计的程序与方法

（1）**职位设计的基本程序**。企业所进行的职位设计分为两种情况：针对组织中存在的问题进行职位再设计和针对新设组织进行的职位设计。两种职位设计都要从组织的角度和职位本身的角度进行考虑。通常，职位设计主要包括三个步骤：组织任务的确定阶段、部门任务的确定阶段和职位工作任务的确定阶段。

组织任务的确定阶段，包括对组织内外部的环境分析、组织定位分析和组织任务分析。该阶段主要分析组织所处的内外环境、明确组织宗旨、行业及领域、战略定位及核心竞争力等。弄清楚以上问题后，就可以确定当前组织的任务及工作重点，进而开展更加详细的工作任务的确定和分析工作。

部门任务的确定阶段，包括业务流程的分析和改进、组织结构设计和部门工作任务的确定。该阶段主要是对现有业务流程进行梳理，明确关键业务流程，对不合理的部门进行调整和重新设计，并按照具体的业务流程将组织任务分解到各部门的工作中，从而确定部门的内部结构和职责。

职位工作任务的确定阶段，包括设计部门内的职位和界定职位工作。该阶段主要是根据部门需要承担的职能和任务，设计相应的职位，具体包括需要什么样的职位、需要多少职位、职位工作量有多少以及职位体系结构怎样设计等内容。该阶段需要将部门任务分解到职位上，对职位工作进行界定，并对职位的性质、职责、职权及任职资格等方面进行具体的设计。

（2）**职位设计理论与方法**。职位设计可以满足企业劳动分工与协作的需要、实现组织目标以及提高员工的工作绩效，同时也要兼顾员工的个人需求，合理地处理人与工作的关系，使得员工真正喜欢目前从事的工作，才能发挥出员工巨大的工作潜能。职位设计的方法多种多样，企业应该在职务设计、人员安排、劳动报酬及其他管理策略方面统筹考虑。

工作特征模型（job characteristics model，JMC），也称五因子工作特征模型，于

1976 年由组织学家哈克曼（Hackman）和奥尔德曼（Oldman）提出（见图 3-4）。工作特征模型详细讨论了五种核心的工作特质：技能多样性、任务同一性、任务重要性、工作自主性及工作反馈性。哈克曼和奥尔德曼利用上述五个维度计算得出一个预测性指标，称为激励潜能分数（motivating potential score，MPS），可以为管理者更好地进行职位设计、激励员工达成组织目标提供富有建设性的分析思路和工具，其计算公式如下：

$$MPS = \frac{（技能多样性 + 任务同一性 + 任务重要性）\times 工作自主性 \times 工作反馈性}{3}$$

根据工作特征模型，对于工作特性的感知可以使员工产生三种心理状态：感知工作的意义、感知工作的责任、了解工作的结果。这些心理状态又可以影响个人和工作的结果，从而给予员工内在的激励，使员工的自我激励产生积极循环。这一模型侧重于个人与职位的互动，显示员工个人对职位反应的差异，强调的是员工与职位之间的心理上的相互作用，并且强调最好的职位设计应该给予员工内在的激励。

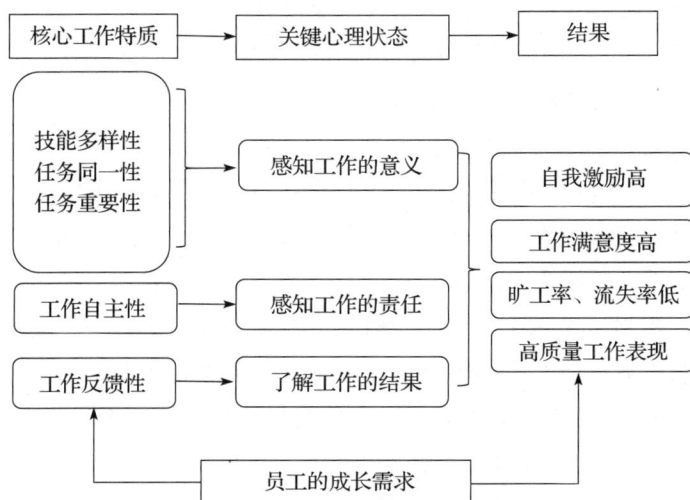

图 3-4　工作特征模型

组织分析法。这是一种应用广泛的职位设计方法，以整个组织的远景为出发点，设计一个基本的组织模型，再根据具体的业务流程需要，设计不同的职位。这种方法适用于具有长远战略来实现明确目标的企业。组织分析法一般分为三个步骤：首先，综合考虑授权方式和服务实现方式，选择适用于总部和分支机构之间的管理模式；其次，对公司各个主要职能部门进行分析，明确各部门的使命和关键职责；最后，在部门内部对职责、任务再进行细化分类，分解到各个职位上。利用组织分析法能够深入解决很多细节问题，并提供广泛的组织和职位的设计，最终取得一个与公司长远战略一致的方案。然而，组织分析法的成果是基于一个比较理想的组织结构而形成的设计，设计过程往往过于复杂和具体。

关键使命法。这是一种仅仅集中于对组织的成功起关键作用的职位进行设计的方法，可以较为灵活地应用于不同的组织中，其成功应用的关键在于对管理和支持部门内关键职位的认定要有准确的判断和坚定的决心。关键使命法一般分为三个步骤：首先，根据已经梳理好的组织结构，分析各部门的关键业务和关键职责，明确需要设定的关键职位；其次，通过职位分析，确定各关键职位的核心角色，并由此界定各关键职位的主要职责；最后，根据现有的组织结构图和确定的各职位的主要职责，制作科学规范的职位说明书。关键使命法能够将注意力集中在关键职位和关键业务领域，以较少的投资换取较高的回报。然而，关键使命法并不是一个综合的方法，对职位之间的衔接处理相对较差，也可能因关键职位的划分而引起组织内部的摩擦。此外，这种方法需要较深的专业知识，以及对组织和员工的需求有深入的了解。

标杆对照法。这是一种在本行业内选取成功的企业作为标杆，并以此作为参考进行本企业职位设计的方法。一些国家的政府部门（如我国的人力资源和社会保障部）每年对本国主要行业的职位、人数、营业额及平均工资等情况进行统计并公布，这些数据也是企业职位设计参考的重要来源。标杆对照法简单易行，可以由企业内部人员设计，能够帮助企业快速完成职位设计工作，但在使用过程中要求企业内部人员对标杆企业或参考数据有深入透彻的了解，不能照搬照抄，否则容易脱离本企业的实际情况，给企业造成混乱。

流程优化法。这是一种根据新的信息系统或新的流程对职位进行优化的方法，需要参与人员十分熟悉工作流程，并且能够跳出原有的、固定的工作流程，提出新的改进意见。流程由投入、过程和结果三部分组成，而流程本身仅能控制过程和结果两部分。因此，必须对过程中经历的时间、花费的成本、可能产生的风险以及结果部分进行控制，才能让流程更合理、更高效。流程优化法注重新的管理信息系统对在岗者的影响，能够根据新的信息系统进行调整。然而，企业并没有真正投入大量资源运用这种方法进行职位设计，可能会导致较差的结果。

工作重塑。瑞斯尼斯基（Wrzesniewski）和达顿（Dutton）（2001）提出工作重塑的概念，即"个体在工作任务和工作关系上所做的身体或认知改变"，将关注点转向员工主动进行的自下而上的工作设计方式。主要内容包括：①任务重塑，指员工改变工作任务的数量、范围和类型；②关系重塑，指员工改变对工作执行中的交往形式、实践以及对象；③认知重塑，指员工改变对工作中任务和关系的感知方式。管理者应该鼓励、引导员工进行与企业目标一致的工作重塑，坚持"以员工为中心"。具体形式有：减少阻碍性工作要求，引导员工参与挑战性工作，实行岗位轮换制度，举办工作分享会及相关的工作重塑培训等。

3.2 职位分析概述

3.2.1 职位分析的概念及相关术语

职位分析是人力资源管理的基础性工作，通过职位分析所得的信息是人力资源管理的其他活动所必需的基础和依据。

1. 职位分析的概念

职位分析（job analysis），又名工作分析、职务分析、岗位分析等，虽称呼不同，但含义相同，因此本书统称为职位分析。职位分析是针对现有职位收集、分析信息的过程，利用科学的手段与技术对现有职位的定位、目标、工作内容、职责权限和人员要求等做出规范性的描述与说明。

职位分析的成果包括两个部分：职位描述和任职资格要求。前者是对某职位的职责的表述，即在岗员工应该完成哪些工作，后者是对任职者的技能、学历、工作经验等的要求。

职位分析收集的数据和信息是联系人力资源各职能的纽带，其为整个人力资源管理体系的建设提供了基础。同时，职位分析可以详细说明并从整体上协调不同职位的关系，避免工作重叠、劳动重复，提高工作效率。

2. 与职位分析相关的基本术语

以下出现的专门术语是职位分析操作过程中经常出现的，也是在职位分析中应当理解的。

（1）工作要素。工作要素是不能再继续细分的最小活动单位，是形成职责的信息来源和分析基础。比如接听电话、能在速记时正确书写各种符号等。

（2）任务。任务是一系列工作要素的结合，是职位分析的基本单位，并且常常是对工作职责的进一步分解。比如回答客户的电话咨询等。

（3）职责。职责是某人负担的一项或多项相互关联的任务的集合。比如人力资源管理者的职责之一就是招聘，其由下列任务组成：发布广告、筛选简历、面试、确定人选、最终录用等。

（4）职位。职位是职责的集合。同一时间内，职位数量与员工数量相等。

（5）职务。职务是指主要职责在重要性上与数量上相当的一组职位的集合或统称，如秘书等。

（6）职业。职业是指不同时间、不同组织中，工作要求相似或职责平行的职位的集合，如会计、工程师等。

3.2.2　职位分析在人力资源管理中的作用

职位分析是人力资源管理的基础环节，起着不可替代的作用。一方面，职位分析是从企业战略、组织文化、组织结构与业务流程向各人力资源管理职能过渡的桥梁。另一方面，职位分析是人力资源管理的基石，几乎所有的人力资源管理活动（人力资源规划、招聘、绩效考核、薪酬管理、培训、职业生涯管理、人才测评等）都需要利用职位分析提供的信息。图 3-5 展现了职位分析在人力资源管理中的地位。

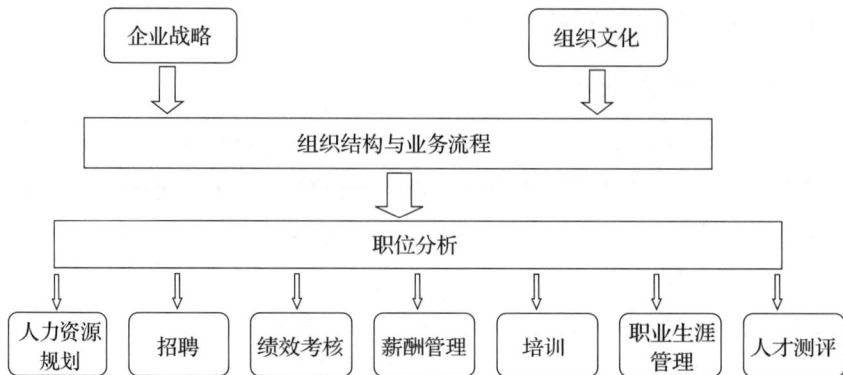

图 3-5　职位分析在人力资源管理中的地位

1. 职位分析与战略和组织管理的关系

职位分析与企业战略。现代人力资源发展越来越强调其战略导向，而职位分析对企业战略的落地有着十分重大的意义。职位分析可以明确职位设置的目的以及该职位如何支撑战略目标的实现，进而推动企业战略的落地。而明确企业的战略目标也会为职位分析指明方向，只有在组织的战略目标明确的前提下，职位分析才能有的放矢。

职位分析与业务流程。职位分析可以理顺职位与其流程上下游的关系，改善由于职位的设置和界定导致的流程效率低下的状况。在职位分析之前对业务流程进行分析，可以帮助管理者回答以下三个问题：第一，为了达成战略目标应该完成哪些任务？第二，不同任务环节的重要性如何？第三，为了完成这些任务应该对任职者提出哪些要求？对业务流程充分理解是我们将每一环节的任务落实到不同职位上的前提。

职位分析与组织结构。职位分析可以明确界定职位的职责与权限，消除职责上的相互重叠，从而获得职位边界更加清晰的组织结构。不同的组织结构也对职位分析提出了不同的要求。对于以职能结构为代表的集权程度高的组织而言，职位分析需要严格界定每一个职位的职责范围且职责应该具备较高程度的专业化。这类组织结构中的大部分员工不需要太大的决策权和自主权，他们只需要服从上级的命令即可，不需要为决策承担责任。相反，对于集权程度较低的企业而言，职责范围则不宜太小，较宽的职责范围和较高的自主权可以促进员工的合作，提升能力。此外，不同类型的组织结构对员工的要求也会不同。集权程度越高的企业，因为职责范围小且日常性质更为突出，所以职位在员工个体之间的差异越不敏感。相比职能制结构，事业部制结构中的管理人员更有经验或者有更高的认知能力。由此可知，管理者应该首先对组织结构有充分的理解和认知，才能做出符合组织结构需要的职位说明书。

综上所述，职位分析应该以企业战略为起点，在充分把握企业战略目标的情况下，分析企业流程和组织架构。

HR 视野
组织管理方式介绍

精益生产。精益生产是建立在对工作流程进行详尽分析的基础上的。只有对企业的生产流程进行精细的研究，才能发现生产中存在的浪费、冗员和低效现象，从而精简流程。企业往往通过消除非增值活动，进行任务整合，简化活动，任务流程自动化，重排环节和增加必要环节等手段获得高效且简洁的业务流程。

虚拟组织。虚拟组织是商业伙伴借助信息技术跨越地理界限而形成的一种合作者网络，这些合作者为了共同的目标而一起努力，在目标达成后，合作者就会解散，然后寻找新的机会，重新形成联盟。在虚拟组织形成的过程中，技术扮演了关键的角色，计算机和信息技术成为将不同的合作者整合在一起的工具。

网络结构。网络结构是目前流行的新型组织结构，其中心企业与网络中的其他组织是以契约为基础进行联结的。企业将制造等业务外包，从而可以将资源聚焦于研发、营销等核心业务上。

2. 职位分析在人力资源管理中的基础性作用

（1）职位分析在人力资源规划中的应用。通过科学的职位分析，可以对企业内部各职位的工作量进行科学的分析和判断，从而为职位的增减提供必要的信息。此外，职位分析对各职位任职资格的要求也有助于企业对人力资源的内部供给进行预测。

（2）职位分析在招聘中的应用。职位分析可以确定企业空缺职位所需承担的工作任务和任职者的任职资格，这些信息可以帮助管理者决定应当招募和雇用什么样的人才。同时，明确的工作描述可以使求职者进行自我评价，确定自己能胜任的工作，这一自我筛选的过程降低了招聘的成本。

（3）职位分析在绩效考核中的应用。职位分析是绩效考核的前提，为绩效考核的内容、指标体系和评价标准的确立提供了依据。通过科学的职位分析，每一职位从事的工作以及所要达到的标准都有了明确的界定，从而为绩效考核提供了明确的标准，提高了考核的客观性和效率。

（4）职位分析在薪酬管理中的应用。在确定一个从事某项工作的员工的工资水平时，其工作的价值有多大是一个重要的因素。这种价值要根据该项工作对员工的要求来确定，例如技能、努力、职责以及工作条件和安全程度等，这些在职位分析中都做出了具体的说明，职位分析中对工作的描述和对员工的要求便可以作为测量工作价值的参考标准。

（5）职位分析在培训中的应用。职位分析可以帮助企业判断员工是否具备完成目前工作或晋升后完成职位工作的能力，此外，对比任职资格说明和任职者间的差距是找到培训需求点的主要手段。但并非所有的差异都要用培训来弥补，若培训成本过高，则应通过辞退、人员轮换来解决问题。

（6）职位分析在职业生涯管理中的应用。职业生涯管理是将员工的技能和愿景与组织内已经存在或将要出现的机会匹配起来，从而实现企业和员工的共同发展。要进行职业生涯管理，需要了解每一个职位对员工的要求，这样才能保证让每一个员工都从事自己能够胜任同时也感到满意的工作。

（7）职位分析在人才测评中的应用。人才测评是针对特定的人力资源管理目的，对人的素质进行多方面系统的测量和评价。这种测量和评价离不开职位分析生成的任职资格说明，因为任职资格说明可以为人才测评提供标准。

3.3　职位分析的程序和方法

3.3.1　职位分析的程序

职位分析是一项技术性很强的工作，需要做周密的准备，同时还需具备与组织人事管理活动相匹配的科学、合理的操作程序。职位分析通常依照如下程序进行。

1. 前期准备

（1）**明确企业战略**。明确企业战略是进行职位分析的第一步，根据企业战略确定职位分析的总体方向。值得注意的是，如果企业近期会有战略的大规模调整，则不适合进行职位分析。

（2）**进行流程梳理**。流程梳理即对企业的生产流程进行分类、描述，以实现对流程的优化。按照企业流程的重要性，可以将流程分为：①核心流程是实现企业价值的关键，往往涉及多个关键部门；②关键流程仅涉及一个主要部门，且其是完成部门工作的关键；③辅助流程主要是为其他流程服务。流程的梳理与优化包括消除非增值活动，进行任务整合，简化过于复杂的活动等。

（3）**审查组织结构**。审查组织结构应该关注整个组织中工作的分工状况，分析职位在组织中的位置及其与组织中的其他职位的关系等。在审查组织结构的过程中，既要充分考虑职位在组织中的层级和纵向的权力关系，又要关注横向的同级职位之间的合作关系。

（4）**确定收集的信息**。在实施职位分析调研之前，需要事先考虑收集哪些信息。职位分析需要收集的信息主要分为三个方面：①工作的外部环境信息，包括组织的战略和结构、行业情况、客户信息等；②与工作相关的信息，包括工作内容、工作情景因素和工作特征；③与任职者相关的信息，包括任职资格要求和任职者的人际关系。这些信息主要来自四个方面：企业所在的行业与产业的职位标杆或职位标准，企业内在的组织层面的信息与期望，组织内部与职位相关的各位人员，以及外部的组织或客户。

（5）**选择收集信息的方法**。选择合适的方法收集职位分析所需要的信息是非常重要的。有些职位分析方法，如职位分析问卷（position analysis questionnaire，PAQ）法，可以计算不同职位的得分，从而根据分数高低将不同工作进行比较，但因其高度结构化的题项，无法为每一个职位提供细致的描述。选择怎样的方法组合应该充分考虑可行性和职位分析的目的。

2. 职位分析阶段

职位分析是收集、分析、综合组织某项工作有关信息的过程，是整个职位分析过程的核心部分。职位分析的过程中主要关注以下内容。

（1）职位名称。该名称必须明确，使人看到职位名称就可以大致了解职位内容。如果该工作已完成了职位评价，在工资上已有固定的等级，则名称上可加上等级。

（2）职位内容。根据收集到的资料提炼出各职位的工作信息，主要包括：职位权责与权限、工作关系、工作量和工作时间等。职位职责就是这项工作的权限和责任有多大，分析人员应尽量采用"量"来确定某一工作所有职责的情况。

（3）工作环境。职位任职者工作所处的外部环境，包括室内、室外、湿度、宽窄、温度、震动、油渍、噪声、光度、灰尘、突变等，各有关项目都需要做具体的说明，以及在从事工作时，所需使用的各种机械、设备、工具等，其名称、性能、用途均应纪录。

（4）任职者的任职资格要求。运用较多的任职资格要求主要有身体素质要求、教育水平要求、经验要求、知识技能要求等。

3. 描述阶段

仅仅研究分析一组工作，并未完成职位分析，分析人员必须将获得的信息予以整理并写出职位描述和任职资格要求。职位分析报告的编排应该根据分析的目的加以选择，并不存在通用格式。在实务中，将职位描述和任职资格要求合并为一份职位说明书是通用的做法。一般而言，职位说明书包括以下部分：职位标识、职位概述、工作职责、工作关系、绩效标准与工作条件、任职资格。

4. 运用阶段

职位分析的价值在于职位分析结果的应用。此阶段是对职位分析的验证，只有通过实际的检验，职位分析才具有可行性和有效性，才能不断适应外部环境的变化，从而不断地完善职位分析的运行程序。此阶段的工作主要有两部分：一是培训职位分析的运用人员。这些人员在很大程度上影响着分析程序运行的准确性、运行速度及费用，因此，培训运用人员可以增强管理活动的科学性和规范性。二是制定各种具体的、可操作的应用文件。

5. 运行控制阶段

控制活动贯穿职位分析的始终，是一个不断调整的过程。随着时间的推移，任何事物都在变化，工作也不例外。企业组织的生产经营活动是不断变化的，这些变化会直接或间接地引起组织分工协作体制发生相应的调整，从而也引起相应的工作的变化。因此，一项工作要有成效，就必须因人制宜地做相应改变。另一方面，职位分析文件的适用性只有通过反馈才能得到确认，并根据反馈的意见修改其中不适合的部分，使之进一步完善以适应企业的发展。职位分析成果在其应用的过程中，可能会存在一些问题，通过反馈，可以为后续的职位分析提供参考。所以，控制活动是职位分析中一项长期的重要活动。

3.3.2 职位分析的方法

职位分析的方法有很多，本书仅仅介绍最重要、最常见的方法。我们将职位分析的方法划分为定性分析方法与定量分析方法。定性分析方法包括访谈法、观察法、问卷调查法、工作日志法等传统经典的分析方法；定量分析方法主要是指职位分析问卷法。在本节的最后，介绍了职位分析的新工具——互联网。

1. 定性分析方法

（1）**访谈法**。访谈是访谈人员就某一岗位，按事先拟订好的访谈提纲与访谈对象进行交流和讨论，由此获取岗位信息的方法。访谈之前，首先要确定访谈的结构化程度，它可以是完全非结构化的，也可以是涵盖数百个问题的高度结构化的访谈。但在实际中，真正合适的访谈往往是介于这两个极端之间的半结构化的访谈。此外，确定接受访谈的对象也非常关键。访谈对象包括：任职者、任职者的直接主管、任职者的下属以及与职位密切相关的人员，要根据实际情况灵活确定被访谈者，且尽量使被访谈者多元化。

（2）**观察法**。观察法是岗位分析人员通过观察将与工作有关的内容、方法、程序、设备、工作环境等信息记录下来，最后将取得的信息归纳整理为适合使用的结果的过程。观察法特别适用于分析标准化的、周期短的、以体力活动为主的职位，但如果是涉及大量的脑力活动的职位，如律师、设计师等，就不再适用了。利用观察法进行职位分析时，应力求做到观察的结构化，根据职位分析的目的和组织现有的条件，事先确定观察的内容、观察的时间、观察的位置、观察所需的记录单等，做到省时、高效。

（3）**问卷调查法**。问卷调查法是通过让员工填写问卷来获得职位分析需要的信息。在实践中，职位分析专家开发出大量的不同形式、不同导向的问卷，以满足职位分析不同的需要。问卷包括结构化问卷和开放式问卷。在实践中，被广泛运用的问卷往往既包括结构化的问题，也包括开放式的问题。

问卷调查法有其特有的优缺点。一方面，问卷调查可以快速、高效地获取职位信息，尤其适用于大规模的职位调查；另一方面，问卷的开发和测试会耗费大量的时间，且一旦问卷设计得不科学，会使收集信息的质量大打折扣。此外，相比访谈法，问卷填写者不需要直接面对职位分析者，此时，职位分析者需要编写问卷填写说明，以保证受访员工明确填写规范，从而保证问卷质量。

（4）**工作日志法**。工作日志法要求任职者将自己每天所做的工作按照时间顺序进行详尽的记录，以此生成一份非常完整的工作图景。这种方法可以提供大量的信息，但是信息可能比较零散，难以组织。另外，这种方法会加重员工的工作负担，因此，要谨慎使用这种方法。

在国外，有些企业采用高科技手段来做工作日志。比如，为员工提供袖珍口述记录器或者寻呼机，企业可以在任何时间呼叫员工，询问其正在进行的工作。这样就可以避免员工事后回忆不完善的弊端。

2. 定量分析方法

（1）**职位分析问卷法**。职位分析问卷法是目前应用得最广泛的一种职位分析工具。该问卷总共有 194 个项目，每个项目都代表了可能在某个职位中起作用，也可能不起作用的基本要素（见表 3-5）。这些项目可以被划分为六大模块：

- 信息输入——任职者从何处获得以及如何获得完成工作所必需的信息。
- 脑力运用——在完成工作任务时需要进行哪些推理、决策、计划以及信息加工等活动。
- 体力活动——任职者在执行工作任务时发生了哪些身体活动，需要使用什么工具、设备。
- 人际关系——在执行工作任务时需要与哪些人发生何种内容的工作联系。
- 工作环境——执行工作任务时所处的自然环境和社会环境如何。
- 其他特征——前面未描述的与执行工作任务相关的其他活动。

表 3-5　PAQ 问卷维度示例

1. 信息输入：任职者从何处获得以及如何获得完成工作所必需的信息		4. 人际关系：在执行工作任务时需要与哪些人发生何种内容的工作联系	
知觉解释	解释感觉到的事物	信息互换	相互交流相关信息
信息使用	使用各种已有的信息资源	一般私人接触	一般性私人联络和接触
视觉信息获取	通过对设备、材料的观察获取信息	监督协调	从事监督协调等相关活动
知觉判断	对感觉到的事物做出判断	工作交流	与工作相关的信息交流
环境感知	了解各种环境条件	公共接触	公共场合的相关接触
知觉运用	使用各种感知		
2. 脑力运用：在完成工作任务时需要进行哪些推理、决策、计划以及信息加工等活动		5. 工作环境：执行工作任务时所处的自然环境和社会环境如何	
决策	做出决策	潜在压力环境	环境中是否存在压力和消极因素
信息处理	信息加工	自我要求环境	对自我严格要求的环境
		工作潜在危险	工作中的危险因素
3. 体力活动：任职者在执行工作任务时发生了哪些身体活动，需要使用什么工具、设备		6. 其他特征：前面未描述的与执行工作任务相关的其他活动	
使用工具	使用各种机器、工具	典型性	典型和非典型工作时间的比较
身体活动	工作过程中的身体活动	事务性工作	从事事务性工作
控制身体协调	操作控制机械、流程	着装要求	自我选择与特定要求着装的比较
技术性活动	从事技术性或技巧性活动	薪资浮动比率	浮动薪酬与固定薪酬的比率
使用设备	使用各种各样的装备和设备	规律性	有无规律工作时间的比较
手工活动	从事手工操作性相关的活动	强制性	在环境的强制下工作
身体协调性	身体一般性协调	结构性	从事结构性和非结构性工作活动
		灵活性	敏锐地适应工作活动、环境的变化

资料来源：彭剑锋. 战略人力资源管理：理论、实践与前沿［M］. 北京：中国人民大学出版社，2014.

职位分析问卷（PAQ）法的使用：

1）计分方法。在应用这种方法时，职位分析人员要依据 6 个计分标准对每个工作要素进行衡量，给出评分。这 6 个计分标准是：信息使用程度、工作所需时间、对各个部门以及各部门内各个单元的适用性、对工作的重要程度、发生的可能性，以及特殊计分。

2）使用 PAQ 法时，用 6 个评估因素对所需要分析的职务一一进行核查。核查每项因素时，都应对照这一因素细分的各项要求，按照 PAQ 法给出的计分标准，确定职务在职务要素上的得分。

PAQ 法对以确定薪酬等级为目的的职位分析非常有用。当确定了每一个职位的总体得分后，就可以依据得分衡量不同职位的相对价值，进而可以确定每一个职位的薪酬等级。

然而，该方法也有其特定的缺陷。其一，PAQ 问卷对受试人的理解和阅读能力要求较高，必须具备大学毕业生的阅读水平才能填写此问卷。其二，PAQ 的标准化和通用化的格式导致了工作特征的抽象化，其难以描述构成工作的特定的、具体的任务活动。

（2）管理职位分析问卷法。所谓管理职位分析问卷（management position description questionnaire，MPDQ）法，是指利用工作清单专门针对管理职位分析而设计的一种职位分析方法（见图 3-6 和表 3-6）。它是一种管理职位描述问卷方法，也是一种以工作为中心的职位分析方法，是国外近年的研究成果。这种问卷法是对管理者的工作进行定量化测试的方法，它涉及管理者所关心的问题、所承担的责任、所受的限制以及管理者的工作所具备的各种特征。

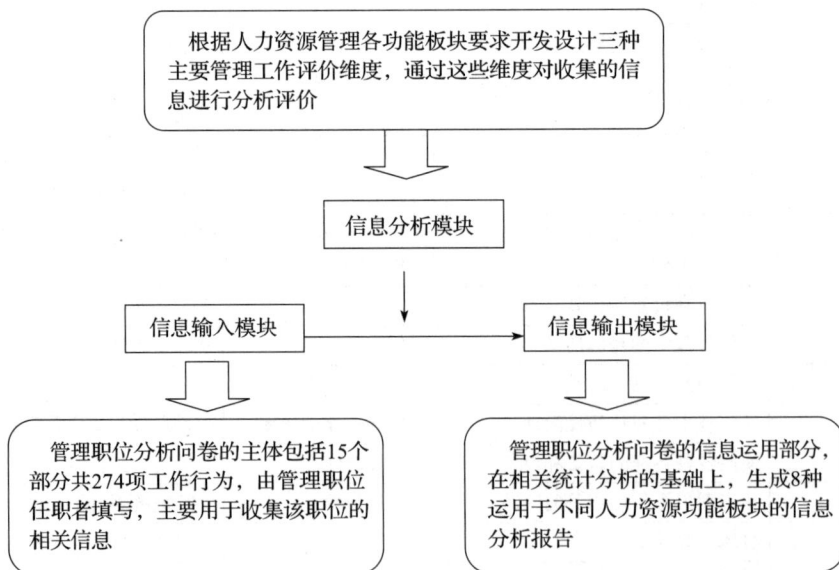

图 3-6　MPDQ 系统模型

表 3-6　MPDQ 维度示例

序号	主要部分	项目释义	题数
1	一般信息	描述性信息，如工作代码、预算权限、主要职责等	16
2	结构图	职位在组织架构中的位置，如上司、平级、下属等	5
3	决策	决策活动描述和决策的复杂程度	22
4	计划组织	战略性规划和短期操作性计划、组织活动	27
5	行政事务	包括写作、归档、记录、申请等活动	21
6	控制	跟踪、控制和分析项目预算、生产、服务等	17
7	监督	监督下属工作	24
8	咨询创新	为下属或其他工作提供专业性、技术性的支持	20
9	工作联系	内部工作联系与外部工作联系，包括联系的对象与目的	16
10	协调	在内部联系中从事的协调性活动	18
11	表达	在推销产品、谈判、内部激励等工作中表达行为	21
12	指标监控	对财务、市场、经营以及政策等指标的监控和调节	19
13	KSA	工作对任职者知识、技能、能力（knowledge, skill, ability，KSA）的要求以及所需的培训活动	31
14	自我评价	上述各项管理功能的时间和相对重要性评价，其中"计划组织"功能分为战略规划和短期规划两方面	10
15	反馈	任职者对本问卷的反馈意见以及相关补充说明	7
	总计		274

资料来源：彭剑锋. 战略人力资源管理：理论、实践与前沿 [M]. 北京：中国人民大学出版社，2014.

与 PAQ 法一样，MPDQ 法因为结构化的项目导致该方法的灵活性不足。此外，MPDQ 法是在国外管理人员实证分析的基础上开发出来的，中国企业若想广泛使用，必将经历一个"本土化"的过程。

3. 基于互联网的职位分析

随着科技的进步，职位分析信息收集工具也日益多元化。信息技术的发展不仅使得信息收集范围不断扩展，而且使得信息收集速度得到大幅度提升，这些优势对提高工作信息准确性和职位分析结果的适用性有着重要作用。然而，先进技术的应用并不是无限制的，对先进技术的使用，研究者应本着合理、适度的原则，使传统分析工具和先进技术有效结合，共同提高职位分析的有效性。本文主要介绍 PDA 和传感器两种新工具。

（1）PDA（personal digital assistant）**工具**。PDA 主要是检查人们如何花费他们的工作时间，即他们执行任务的时间，以及每个任务所占的时间。该工具采用寻呼机（见图 3-7）来发射频率和警报，任职者通过简单的计算机接口直接和极快地输入

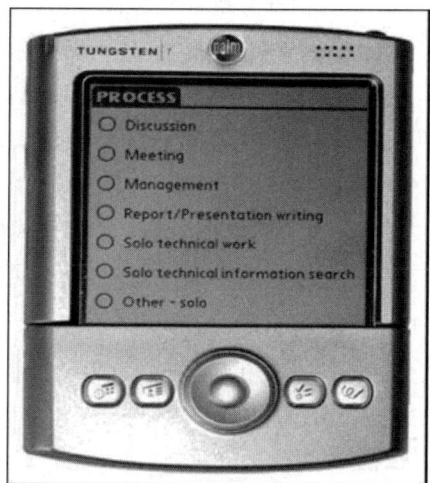

图 3-7　寻呼机

到 PDA 中。由于参与者能够以更快的速度和更高的效率输入数据，因此在过程受到干扰之前，可以获得更多的信息。新方法似乎是一种可靠有效的方法，能够收集关于非常详细的数据。与现有方法相比，它的主要优势在于其实用性，以及它产生的高度详细的多级数据的精度和准确性。该方法最耗时的阶段是开发多级任务类别和伴随的定义，以满足相关标准。

（2）**传感器工具**。越来越多产品，从工厂机器到办公椅，再到可穿戴设备，都内置了传感器，这些传感器产生的大量数据可以帮助人力资源部门改进他们的工作，包括职位分析、员工绩效、员工安全等。传感器的优点在于帮助评估员工实际在做什么，而不是他们应该做什么。例如，康泰纳零售连锁店使用可穿戴技术跟踪员工的活动，以了解他们如何与客户和其他员工进行交流，以及他们把大部分时间都花在哪儿了。通过对这些活动数据的跟踪和处理，企业可以有效地识别出表现优异的员工和普通员工的差异，为职位分析的内容设计提供支持。

3.4　职位说明书

职位分析的结果是形成职位说明书。职位说明书主要包括两个核心的内容：职位描述和任职资格。职位说明书是人力资源管理中一份正式、重要的文件，为企业管理工作提供有效的参考和决策依据。

3.4.1　职位描述

职位描述是指用书面形式对企业中的各类岗位本身的内涵和外延进行规范化的说明，用来说明任职者的工作是什么、怎么做以及什么条件下去做等情形。其主要功能是帮助员工快速全面地了解工作内容、程序和相关的权责，为管理者对员工进行招聘、培训和考核等工作提供依据。职位描述主要包括以下部分。

（1）**职位标识**。职位标识传递了相关职位的基本信息，如名称、代码、薪酬等级、上级、工作地点、所属部门等。

（2）**职位概述**。职位概述又称职位目的，是指用非常简洁和明确的一句话来表述该职位存在的价值和理由。职位的存在价值在于帮助组织实现其战略目标，因此，一般可以通过战略分解方式确定职位目的。对于职位概要的描述一般采用"工作依据＋工作行动＋工作对象＋工作目的"的表达方式，可以尝试回答以下问题来确定职位目的。

- 组织的整体目标的哪一部分与该职位高度相关？
- 该职位如何对这部分组织目标做出贡献？
- 如果该职位不存在，组织目标的实现将会发生什么问题？
- 我们究竟为什么需要该职位的存在？

（3）**工作职责**。工作职责主要指该职位通过一系列什么样的活动来实现组织的目标，并取得什么样的工作成果。对于工作职责的描述一般采用"动作行为＋具体对象＋职责目标"的表达形式。对于工作职责的分析和梳理主要有两种办法。①基于战略的职责分解，侧重于对具体职责内容的界定（见表3-7）。②基于流程的职责分解，侧重于梳理工作职责中的角色和权限，重点回答："该职位应扮演什么角色？如何有效处理与流程上下游之间的关系？"

表 3-7　基于战略的职责分解过程

实施步骤：

1. 确定职位目的。根据组织战略和部门的职能、职责、定位，确定该职位需要达成的目的。

2. 分解关键成果领域。通过分解职位目的确定该职位的关键成果领域。关键成果领域是指职位需要在哪些方面取得成果以达到职位目的，可使用鱼骨图分解职位目的从而划分关键成果领域。

3. 确定职责目标。即明确职位在关键成果领域中必须达成的目标，所有关键成果领域的目标都应从属于职位的整体目标。

4. 确定达成职责目标的行动。即表达了任职者为达成职责目标需要采用哪些活动。

5. 形成初步的职责描述。

资料来源：彭剑锋. 人力资源管理概论［M］. 上海：复旦大学出版社，2017.

（4）**工作关系**。工作关系是职位分析中非常重要的部分，因为任何职位都不是独立存在的，需要与组织结构和工作流程相协调。职位分析不仅仅要考虑本职位的职责是否清晰，是否和组织的战略目标相协调，还应关注其和整个组织架构、和其他职位是否可以无缝对接并进行良好的合作。工作关系清晰地指明了与该职位相关的其他职位和企业外部的合作者，为任职者与他人合作指明方向。

（5）**绩效标准**。绩效标准是企业期望该职位任职者完成工作任务或工作量时需要达到的标准。对于销售、生产类职位较容易确定产品标准，但是对于其他职位直接得出绩效标准可能比较困难，比如文员工作。因此，企业应该根据实际情况，按任职者的操作标准灵活衡量。

（6）**工作条件**。工作条件是指任职者工作所处的外部环境，包括室内、室外、湿度、宽窄、温度、震动、油渍、噪声、光度、灰尘、突变等，各有关项目都需要做具体的说明，以及在从事工作时所需使用的各种机械、设备、工具等，其名称、性能、用途均应记录。

3.4.2　任职资格

任职资格指胜任该岗位的员工需要具备的资格和条件。任职资格说明了对任职者在教育水平、工作经验、必备的知识技能及所需能力等方面的要求。但是，为了提高职位分析的可操作性，我们往往选择与工作绩效密切相关且具有高度稳定性、可测性的因素，作为职位说明书的一部分。人力资源部门可以根据任职资格对组织员工进行有效的招聘、选拔录用及培训与开发。

任职资格的构建方法如下。

（1）以工作为导向的推导方法，基于工作本身的职责和任务，分析为了完成职责和任务，任职者需要具备哪些条件。然后将推导出来的任职者特点与组织事先构建好的素质清单对照，将普通描述的素质要求转化为系统化、规范化的任职资格语言，这样就形成了该职位的任职资格。但是，这种方法主要依赖于准确的职位描述。

（2）以人员为导向的推导方法，从任职者取得高绩效的关键行为或高频率、耗费大量时间的工作行为出发，分析任职者要从事这些工作需要具备什么样的素质特点。然后将素质要求与构建好的素质清单对照，将其转化为系统化、规范化的任职资格语言。这种方法依赖于详细的行为描述和关键行为识别。

（3）基于统计数据验证的方法，包括基于组织实证数据和基于公共数据资源确定任职资格方法。前者主要对任职资格要素与工作绩效进行相关分析，筛选出相关性高的要素，是一种高度精确且有效的方法，但是需要大量样本，成本高，仅适用于通用要素。后者是借助现有管理学、人力资源管理实证研究中的成熟结论来判断任职资格，该方法依赖于公共数据以及职位本身的通用性，成本较低，准确性较高，也仅用于通用要素。

任职资格主要包括以下内容。

（1）**教育水平**。教育水平包括学历和专业，学历要求是指满足该岗位需求的最低学历要求，专业要求体现在任职者需要具备与岗位相一致或关联的专业学习背景。

（2）**工作经验**。工作经验指任职者需要具备与该岗位相同或者相似的最起码的工作经历，而不是该成员全部的工作经历。工作经验可以从社会工作经验、管理经验和专业经验方向进行描述。

（3）**必备的知识与技能**。知识指胜任该岗位所需的专业知识，例如，财务人员需要具备财务管理、国家财税及法规等相关的知识水平及结构，以帮助其更好地完成工作任务。技能水平指胜任岗位所需要具备的基本的技术能力，例如，计算机技能、设备处理技能和办公软件使用技能等。

（4）**能力素质要求**。确定职位的能力素质要求是建立在企业的整体能力模型和分层分类的能力体系上的。企业分层分类的能力体系主要包括：①通用要素，即企业所有职位的任职者都必须具备的能力要素，如学习能力、创新能力、沟通能力等；②共用要素，即企业某一职种（或职簇）的任职者都必须具备的能力要素，但不属于通用要素，如营销类的任职者需要具备公关能力、分析判断能力、思维灵活力等；③特殊要素，即企业某一职位的任职者必须具备的个性化的能力要素，但不在通用和共用要素范围内。

3.4.3　职位说明书示例

有关职位说明书的示例，见表3-8。

表 3-8 人力资源部经理职位说明书

岗位名称	人力资源部经理	岗位编号		所属部门	人力资源部
直接上级岗位名称	人力资源部总监	岗位等级		编制日期	

工作描述

职责概述	根据公司的人力资源战略，负责制定公司的人力资源规划、招聘选拔、培训、绩效考核、薪酬管理和员工激励与开发等相关制度，建立完备的人才库，保证公司人力资源供给和公司经营战略目标的实现			
岗位职责	职责内容（按重要顺序依次列出每项职责及其目标）	工作依据	负责程度（全责/部分/支持）	建议考核内容（考核指标）
	组织编制公司人力资源管理的相关规章制度并监督落实	公司相关管理规定和人力资源管理目标	全责	人力资源管理规章制度的执行情况，领导和员工的综合评价情况
	组织编制并落实人力资源规划	公司发展战略和人力资源管理目标	全责	人力资源规划中年度指标的实现情况
	制订招聘计划，策划招聘程序，组织招聘工作，组织面试、复试、综合素质测试，择优录取新员工	公司人力资源管理制度和部门人员需求计划	全责	人力资源规划中员工素质、数量要求指标实现情况
	对员工实施考勤、考核、晋升、调职、奖惩等全方位的管理	公司人力资源规划和公司管理相关规定	全责	领导和员工满意度综合评价情况
	引进具有竞争力、公平性的薪酬管理制度；负责指导公司员工日常的薪酬福利管理	公司薪酬管理制度	全责	薪酬福利管理效果与员工满意度
	组织制订并实施公司的培训计划	公司培训管理制度	全责	年度培训计划完成情况
	组织制定绩效考评政策	公司绩效考核管理的相关规定	全责	年度员工考核的覆盖情况，领导和员工对考核公正性、合理性的综合评价情况
	组织制定公司统一的劳动合同文本，组织员工办理劳动合同的签订手续，协助法律顾问处理有关劳动争议	国家相关劳动合同管理法规和企业管理制度	全责	劳动合同管理情况
工作关系	内部关系	总经理；各总监；各职能经理		
	外部关系	政府劳动人事部门；社会保障部门；培训机构；人才交流中心；保险公司		
工作条件	工作环境	办公室；室内		
	工作时间	每周 5 天，每天 8 小时		
	使用的设备工具	电脑；打印机		

任职资格

学历和专业	大学本科以上人力资源等相关管理专业		
工作经验	五年以上人力资源管理工作经验，有国内大中型企业或外资企业人力资源部经理经历者优先		
必备知识技能	专业知识	人力资源管理、法律、行政管理、企业管理	
	外语要求	国家英语四级以上	
	计算机要求	熟练使用办公软件	
能力素质要求	能力项目	能力标准	
	识人能力	能够运用专业知识分析员工擅长的工作，并为其提供合适的岗位	

（续）

能力素质要求	协调能力	能组织协调好公司各部门的工作，使各个部门处于一个良好的系统中	
	沟通能力	能与员工和各部门经理保持良好的沟通关系	
	团队合作能力	具备良好的合作倾向，对自我的认知能力较强，并充分发挥不同人的特有角色，有较强的团队意识	
岗位晋升	可直接晋升的岗位	人力资源部总监	
	可相互轮换的岗位	人力资源部总监	

资料来源：孙宗虎，郭蓉. 岗位分析评价与职位说明书编写实务手册［M］. 北京：人民邮电出版社，2018.

3.5　职位分析的新趋势

在个体时代，权威不断消失，组织形态和工作方式也正在发生变革，企业价值创造的主体逐渐转为知识型员工。企业需要重新认识员工的定位和角色，以把握人力资源管理的重心和关键点。工作本身和工作者的变化，使得传统的职位分析在新环境下面临巨大的挑战，我们提出了三种未来职位分析的新思路，以便适应环境的变化。

3.5.1　员工的定位及其角色变化

时代的进步、科学技术的发展和人们知识素养的提升，共同赋予了置身于其中的员工日益先进的劳动工具、日渐丰富的劳动形式以及持续升级的发展需求，促使员工一直处于动态变化之中。这些变化主要集中于员工工作能力、工作态度、目标需求等员工定位方面，以及员工作用、地位状况等员工角色方面。技术和人在不同时期发展水平的差异，必然会对员工产生不同程度的影响，赋予员工不同的定位及角色。

1. 员工自管理模式

作为自管理者，员工经营自我，即成为"SBU"，把自身当作一个独立经营、独立核算的单位。通过经营自我，企业的目标具体分解到每个员工自身，同时，责任也与每个员工直接挂钩，市场效果良好才能获取收入。彼得·德鲁克认为，知识工作者应该自己决定工作内容及其结果，因为他们的工作无法用具体的数据衡量，必须依靠自主。知识工作本质上是模棱两可和不确定的，组织为了应对这种不确定性，赋予员工更多的自由裁量权和自主权。也就是说，组织鼓励知识工作者自定义工作，自己思考工作规划，按照规划执行，并对最终结果负责。在新时代背景下，员工追求个性化和差异化，他们思想开放、自主意识较强，具有极高的成就导向和自我导向，通过员工的自我管理有利于调动和激发员工工作的自主性和创造力，实现个体的价值，推动组织目标和绩效的实现。

传统的员工管理是企业通过一系列制度，将员工的工作职责固定化，员工只需负责执行上级的命令，完成上级指派的任务。这种外在的管理模式，限制了员工发挥其主观能动性。员工自管理模式属于一种内在的管理，主要依靠员工的高度自觉意识，让员工拥有更多的自主空间。在这种模式下，上级主要进行参与式管理，将权力下放给员工，为员工工作创造提供指导和必要的资源。同时，为了保证员工的自我管理与企业目标一致，组织应对内部员工进行自我管理的积极培训和引导，并完善激励措施，激励员工努力为实现组织目标服务。

⊙ HR 实例

为什么每一个海底捞人都是自管理者

近十年来，一个名叫"海底捞"的连锁火锅店占据了中国火锅业领头羊的位置，同时也将"海底捞"这个品牌深深地印在了中国万千消费者的脑海中。海底捞能获得巨大的成功，原因就是借助员工能力的充分发挥，让员工在自己的行动中渗透和表现公司文化。每一个海底捞人都是自管理者，他们所展示出来的风貌，既形成了员工的行为习惯，又让顾客体验了海底捞的企业文化，提高了顾客的忠诚度。

如何形成员工的行为习惯呢？这就需要借助文化的功能来完成，简而言之就是达成共识。海底捞通过四件事来使员工达成共识：共同的事物、共同的语言、共同的举动、共同的感受。海底捞的创始人张勇认为，人是海底捞的生意基石，但仅仅让雇员严格遵守制度和流程，就等于只雇用了他们的双手，而没有发挥其创造力。因此，张勇形成了自己的经营理念：把每一位员工当成家人，让员工把海底捞当成自己的家。而且，海底捞有一套特殊的晋升机制：除了工程总监和财务总监之外，海底捞的所有干部都要从一线服务员做起。因为只有这样，干部才能清楚客户需要什么，才知道如何配合一线员工。

此外，海底捞的员工还有一项独特的权力：一线员工拥有先斩后奏的打折权和免单权。不仅如此，不同层级的管理者各自拥有一定金额的签字权。拥有了权力就意味着在海底捞的管理体系中，每一个基层服务员都是一个"管理者"，对服务品质具有关键的影响，对公司发展也至关重要。而给予权力就意味着海底捞对每一位员工的信任，因为信任，所以授权，这也是张勇将员工视为家人的一个标志。

管理的最高境界是无为而治，而无为而治的核心正是自组织、自管理。海底捞并没有刻意地设置制度去监督员工，但员工们却在无形之中自发地进行自我管理。而且，海底捞允许同乡、朋友和亲戚一起工作，在公司内部形成了一个个小单元体。在这个小单元体内员工互相监督，自己管理，进一步加强了员工的道德自律性，这种环境也促进了员工的自管理。

资料来源：武亚军，张莹莹. 迈向"以人为本"的可持续型企业：海底捞模式及其理论启示 [J]. 管理案例研究与评论，2015，8（01）：1-19.

2. 员工自创业模式

员工自创业模式是指员工定位为自创业者，即成为"CEO"，员工依托企业平台自主创业，自主组建团队和进行日常运营，其为用户创造价值所获得的增值与企业共同分享。当企业规模变大以后，难免会遇到一个挑战，就是不能像小公司一样快速和敏捷。员工若只是拿着工资和奖金而没有其他激励措施的话，难免会有短期导向的打工心态，很难激发创业激情。为了解决这个问题，很多企业通过"内部创业"的形式让员工自己做自己的CEO，一改以往被动的工作方式，让员工将工作看作自己的事业。企业员工不再只是承担整个大规模流程中某个节点的工作，而是用自创业的方式去服务所负责的某一市场，关注客户需求，想方设法提供使客户满意的产品和服务，创造用户价值，实现企业业绩增长。

传统的领导理论以"领导者为中心"，过于强调领导者的特质和行为对企业变革和绩效的影响，而弱化了员工对于组织所产生的巨大作用。在这种理论中，领导者是决策者，拥有绝对的资源、权力和权威，下属或追随者只能被动地执行和服从。同时在传统组织中领导者大多是由组织来任命，在这种任命式的制度下，领导者一旦占据某个位置，就很难再下来，给企业带来严重的官僚主义风气。在一些领先企业的组织实践过程中，领导者不是由上级来任命，而是采取"官兵互选"的方式来筛选和优化，任何人都可以拿出实施方案，公开竞聘，进而组建团队。为了实现"人人都是CEO"，需要颠覆的不仅仅是传统的组织，更需要颠覆传统的领导力模式，重新认识员工的定位和角色，将企业与员工之间传统的雇用关系变成创业共赢的关系。

⊙ HR 实例

海尔的自主经营体发展之路

随着市场环境的变化，很多企业都会在自我发展中不断变革，而海尔始终走在中国企业管理创新变革的前列。总的来看，海尔的整个变革路径可以归结为是自主经营体发展之路。

第一个阶段：通过OEC管理法（"O"代表"overall"全方位，"E"代表"every one/thing/day"每个人/每件事/每一天，"C"代表"control"自我控制和清理）实现个人执行力的引导与管控，具体就是"日事日毕，日清日高"的管理模式。OEC管理法倡导的是员工对自己进行自主管理，通过全面控制把问题控制在最小范围，在最短的时间内解决，把损失降到最低限度。在这个阶段海尔倡导的是一种较小范围的自主经营体，更多关注的是如何提升员工个人执行力，而自主经营体之间的契约关系在该阶段相对较薄弱，主要是依靠公司来推动。

第二个阶段：通过市场链和SBU机制实现企业内部上下游衔接。海尔在1998年开始推行业务流程再造，优化企业价值创造能力，以期能够让员工从被管理者变成自主经营的创新体；2001年在业务流程再造的基础上提出了市场链的SBU理论，用内部市场化的交易取代了原有的科层管理方式，将整个海尔变成无数个可以拆分的单独作战的主体。在这个阶段海尔实现从关注员工个人到关注一个链条的衔接的转变，这时的自主经营体是海尔内部上下游各业务单元，各业务单元以市场为导向，加速内部主体对外部市场变化的响应过程。

第三个阶段：通过倒三角模式来实现"人单合一1.0"。2005年，张瑞敏提出了"人单合一"的模式，搭建一个能够将用户价值创造、员工价值自我实现和企业发展有效融合的崭新管理模式。"人单合一"中的"人"就是海尔的员工，"单"是用户价值，"合一"就是员工的价值实现与所创造的用户价值合一，本质就是每个员工通过自主经营体直接面对用户，创造用户价值，员工是因用户而存在的。根据与用户的距离，从近到远依次为一级、二级和三级，从而构成倒三角经营组织体系。这个阶段海尔的自主经营体强调一切基于用户价值创造，通过倒三角的模式进行倒逼，内部各自主经营体之间通过契约机制进行价值和资源协同。

第四个阶段：通过打造共创共赢生态圈来实现"人单合一 2.0"。在这一模式下，"人"不再局限于内部员工，而是面向全球范围具有创业精神的个体和团队；"单"虽然还是关注用户价值创造，但是在这个阶段用户开始以生产消费者的身份参与流程的价值创造，从单一角色向多重角色转变，实现用户参与设计、用户参与制造。通过"酬"将"人"与"单"进行合一。在此阶段，海尔强调企业平台化、员工创客化、用户个性化，由此在海尔只有三类人：平台主、小微主和创客，进而形成各类小微企业，海尔也因此从制造产品的企业转变为孵化创客的平台，为创新活动赋能。

海尔的自主经营体管理模式从人的定位、企业组织形成等方面不断地进行探索和创新，关注点也从最初对企业内部员工执行力的管控到以市场为导向的上下游协同，再到外部驱动的内部协同，最后到共创共赢生态圈的发展模式，进而实现企业的平台化。

资料来源：曹仰锋. 海尔转型：人人都是 CEO［M］. 北京：中信出版社，2017.

3. 员工自组织模式

员工自组织模式是指将员工定位于自组织者，即成为"partner"（合作伙伴），员工采取弹性就业的方式，与企业构建一种合作契约关系，同时也不再局限于为一个企业创造价值。互联网、大数据、人工智能等数字技术广泛融入各行各业，深度改变传统行业的商业逻辑和运行方式，同时也为就业生态带来革命性改变。借共享文化和平台经济的发展，组织完成由"公司 + 雇员"的雇用关系到"平台 + 个人"的转变，使得个人不再需要通过被组织雇用而获得劳动资格，在新的工作契约关系中，员工与企业的关系变得更加松散。员工需要的是其个体价值实现最大化的结果，至于是为哪个市场主体服务已不重要，重要的是其通过追求个体自由发展能在全社会得到增值。同样，当组织边界被打破时，工作不再仅由企业内部员工来胜任，而是通过多元化的工作主体和方式来完成，管理者完全可以将视野扩展到全球范围。

⊙ HR 实例

Uber：解密独角兽公司的自组织

Uber 是一种连接私家车司机和乘客的"共乘"智能手机应用程序，其定位是"为乘客提供一种高端和更私人的出行方案"。Uber 的模式最大的特点是，Uber 并不拥有任何车辆，而是通过调配系统和规则管理着全世界几百万名汽车司机，让车主通过 Uber 接收订单。Uber 采用"3 人模式"，即 Uber 进入新城市需要 3 名员工：市场经理负责营销，提高服务质量，了解客户需求，与媒体和客户打交道；运营经理负责招募司机，管理与司机相关事宜，保持合作畅通；另有一名员工负责处理其他事务。Uber 公司声称"公司只是做了一个 App，致力于连接乘客和车主，搭建一个中介平台"。Uber 的这种自我定位需要解决一个矛盾的问题：一方面 Uber 声称其提供的平台是为了帮助司机实现自由创业，另一方面公司又需要通过持续监控、实时预约管理、日常绩效评估等工作对司机实施全方位的管控。具体而言，Uber 主要从三个方面来解决这一问题。

1. 管控的基础：信息不对称。Uber 将不同司机的表现进行比较，并做出相应排序，按照排序情况发出订单提示，告诉司机应该何时、去何地，以及如何工作。Uber 通过少许的信息不对称，利用司机"理性人"追求自利的行为，实现对司机的管控和激励的目的。

2. 自动溢价：实现司机的自组织。Uber 通过收集司机和乘客行为相关数据，并根据客户需求调控优化价格，也对司机设定了差异化价值标准，通过平台的数字化连接实现了对司机的不间断的软监督。监控结果每周会通过评级和排名的形式公开发布，给司机造成一种远程压力和有形的推动力，促使司机努力达到公司的预期。所以，通过这种形式，Uber 才能确保必要劳动的供给质量，以提供核心商业服务。

3. 评分系统：让乘客变成管理者。Uber 通过司机评级系统管控司机的行为，在该系统中，乘客充当管理司机的中层管理人员的角色，其评分直接影响着司机的绩效评估结果。将组织的中层管理人员的监督管理权重新分配给消费者是管理"自由"劳动者的一种大趋势：公司或平台通过将服务对象的反馈加入到评级系统中，以确保员工必须达到服务预期。

资料来源：杨学成，涂科. 共享经济背景下的动态价值共创研究：以出行平台为例 [J]. 管理评论，2016，28（12）：258-268.

员工定位及其角色会在技术进步和人的发展双重作用之下朝着高度自治的方向持续发生变化，不同模式的员工定位及其角色变化必然会为企业组织设计带来不同的难题。传统的组织边界的局限性日益明显，层级制度带来的僵化与路径依赖降低了工作效率，打击了员工的工作积极性，阻碍了员工创造性的发挥。面对员工自主程度持续加强的变化走向和不确定性增加的外部环境，企业开始调整自身的组织结构，呈现出去中心化、无边界化和平台化的特点。传统的企业组织致力于通过人 - 岗匹配、培训和开发、考核和激励等管理手段使员工完成岗位工作任务，实现组织目标。随着企业的组织架构越来越灵活，岗位的边界越来越模糊，企业的组织 - 人的关系产生了新的形态：从对职位的关注过渡到对工作任务本身的关注，员工的角色转变也更加明显。

HR 视野
新组织结构下员工的角色变化

在阿米巴模式下，每一位员工都是主角。阿米巴模式是依据职能将组织划分为多个独立经营、独立核算的小集体。它涵盖企业的所有部门和员工，每个小阿米巴就像一个小企业，都是独立的利润中心，阿米巴长可以根据现实情况随时进行调整。阿米巴模式将企业的经营权下放给每位员工，实现全员参与的经营，将员工"要我做"的理念转变为"我要做"的态度，充分调动员工的工作热情。在这一模式下，企业所有者与员工之间不再是传统的雇用关系，而是为了同一目标共同奋斗的同志关系；各部门之间不再是简单的协调合作关系，而是买卖交易关系；企业不再单纯地管理和约束员工，而是积极地挖掘员工潜力和创造力，让他们在各自的领域里发光溢彩，达到"人人都是经营的主角"的目的。

在平台型组织内，员工角色转变为"资源接口人"。与传统的员工定位不同，作为"资源接口人"的员工在以下方面具有显著差异：①工作内容上，传统组织的员工主要从事具体工作。而在知识经济时代，简单依靠个体是不可能完成所有的工作的，特别是对于平台的支持人员而言，每一个人员都成为一个资源接口人，工作内容不再仅仅局限于具体操作本身，而是通过对接资源，根据相应的工作需求选择最佳的解决方案和团队。②胜任特征上，对传统组织的员工来说，其在本领域的工作经验和技能熟练程度尤为重要，即传统组织的员工需要掌握与"如何做"相关的知识。组织多倡导关注市场和用户情况，强调员工应当理解用户需求，掌握与"用户的需求是什么"有关的动态知识，但作为资源接口人，在理解用户需求的基础上，必须学习新型知识："谁拥有满足需求的资源"，并了解如何获取这类知识。谁的岗位竞争力更高取决于谁对接的资源量多。

合弄制是以工作为中心，由角色来承担工作。合弄制将公司组织架构去中心化，将过去由"人和固定岗位"定义工作转变为"围绕工作任务"来定义，并经常更新。一项工作被看作一个"角色"，它打破了传统的组织边界，同一个员工可以拥有多重角色，和其他人配合完成工作，并按照角色分配权力。合弄制的角色，与传统职位说明书里的岗位职责区别在于：职位说明书中一般包括好几条职责，而角色常常是把传统职位说明书中的职责进行细化，把该负责的内容规定得明明白白。同时与传统的岗位职责不同，合弄制的角色随着实际工作变化进行动态调整，这也更符合组织动态变化的特征。

资料来源：
[1] 稻盛和夫. 阿米巴经营 [M]. 曹岫云，译. 北京：中国大百科全书出版社，2016.
[2] 张驰，王丹. 分享经济下的组织变革和员工角色定位：基于海尔车小微的案例研究 [J]. 中国人力资源开发，2016（06）：12-19.
[3] 罗伯逊. 重新定义管理：合弄制改变世界 [M]. 潘干，译. 北京：中信出版社，2015.

3.5.2　职位分析的新思路

社会环境的巨大变化导致了组织结构的变化，组织对自身的战略、结构以及内部的工作流程进行的相应调整，使得组织内部的雇用关系、工作和职业结构以及工作组织的业务流程也受到重大影响。这些变化给传统的职位分析带来了重大挑战，改变了从业者的角色定位，对他们的素质提出了新的要求。因此，为了适应这些变化，职位分析不仅需要体现工作的未来发展变化趋势，同时还需要体现组织特定情境下对工作的特殊要求。

1. 战略性职位分析

企业处于动态的社会环境和组织环境中，这就要求职位分析不仅要体现大背景下工作内容和性质的发展变化趋势，还需要和具体组织特性及发展目标相结合。战略性职位分析弥补了传统职位分析的滞后性，其主要思想是将环境变化因素、企业战略以及特定工作的未来发展趋势纳入到传统的职位分析当中，以充分预测企业的未来需求。

　　战略性职位分析首先采取自下而上的方式，根据岗位的异同来分析工作活动和流程；然后，邀请相关人员进行讨论和研究，包括任职者、任职者上级、人力资源管理人员和职位分析专家等传统职位分析所包含的人员，以及企业战略规划人员、相关领域技术专家和经济学家，通过自上而下的方式设计"如果……那么"的假设情境来确定未来工作对知识、技能、能力和其他特征的要求，以此为基础对现有的KSA进行比较和修正，并将其具体化和详细化；经过不断测试和调整，形成最终的结果。这种自下而上与自上而下方式的有机结合能够满足工作性质变化所带来的工作职责和任职要求的变化。战略性职位分析的步骤和方法见图 3-8。

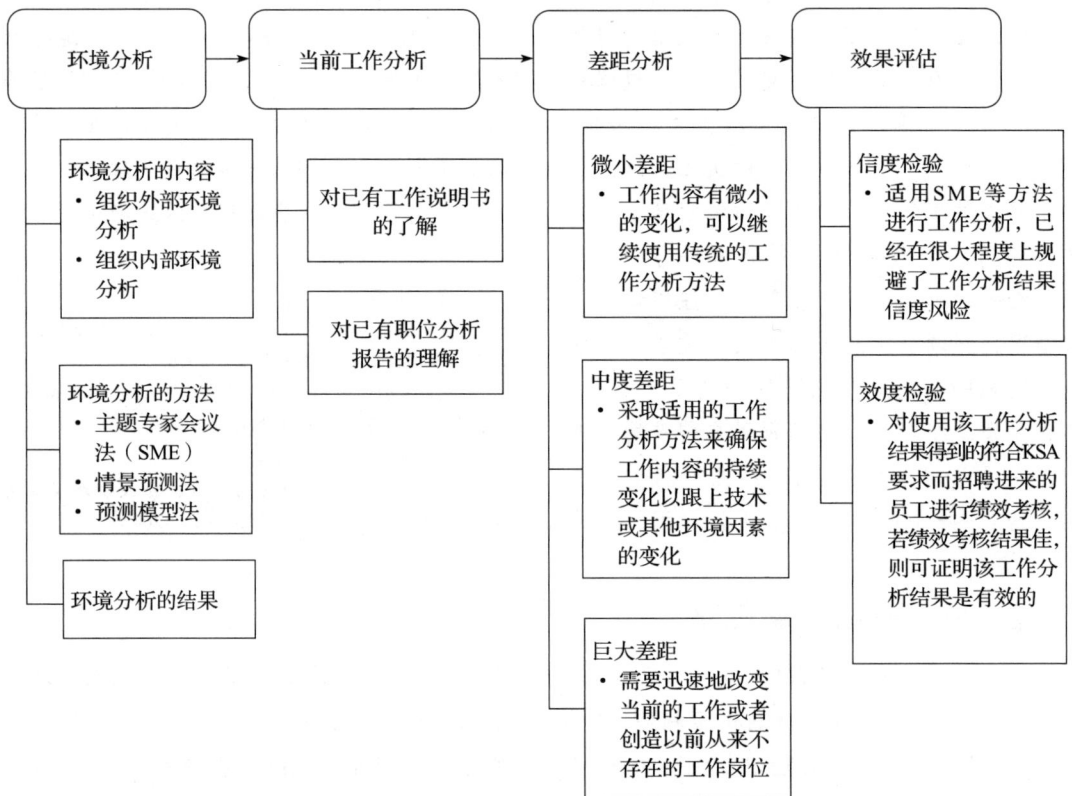

图 3-8　战略性职位分析的步骤和方法

⊙ HR 视野
战略性职位分析应用：某外资商业银行投资项目经理职位分析

环境分析

1. 外部环境分析

（1）威胁。在行业方面，由于金融危机蔓延全球，特别是金融行业受到巨大冲击；在市场方面，国际市场发展进程受阻；在竞争激励方面，各银行在金融产品、业务、服务等方面推陈出新，加剧了竞争态势。

（2）机会。金融行业正在慢慢恢复；该银行在亚太区特别是中国区业绩增长强劲，

2018 年税前利润为 78 亿美元。

2. 内部环境分析

随着该商业银行业务范围的扩大，对银行专属职能人才的需求量急剧上升，其中投资 / 基金项目人才有大量缺口。其主要职责是：①负责组织项目（融资、并购、上市）的开发以及项目洽谈；②积极寻求项目资源，负责跟踪项目的进展情况与联络相关人员，评估项目投资可行性及风险性，制定项目分析报告；③挖掘和引导客户需求，开发新的业务机会及开展业务创新。

由环境分析结果确定的对投融资项目经理所需要的 KSA 要求：硕士或以上；取得金融、财务、法律等专业资格证书；5 年或以上投融资从业经验；具有扎实理论基础和熟练运用专业知识；熟悉公司运作规律和投资管理流程；具备香港、内地与投资业务有关的法律和监管常识；具有开拓及寻找投资商机经验的优先考虑；具有良好的市场意识和客户服务意识；有较强的谈判能力；有良好的团队意识和沟通协调能力；有较强的财务分析能力和投资方案设计能力。

当前职位分析与差距判断

通过环境分析得到的 KSA 的差异主要体现在：学历从本科提高到硕士；要求熟悉香港投资业务。主要是因为公司业务发展和扩张更需要理论功底强及实践经验多的人才，以及由于香港和内地受金融风暴影响较小，该外资商业银行对其市场的扩大难度相对较小。这种中度差距使得主题专家会议（参会人员主要包括职位分析专家、任职者、任职者上级、人力资源管理专家及企业战略制定者、相关技术专家和经济学家）对投融资项目经理所需要的 KSA 做出的判断主要是基于对未来市场的预测，该商业银行投资项目部不断提高的绩效证明，这种预测是合理的。

资料来源：杨仕元，岳龙华. 战略性工作分析：框架与应用——以某外资商业银行投资项目经理职位分析为例 [J]. 浙江金融，2010（01）：56-57.

2. 基于胜任特征模型的职位分析

胜任特征（competence），也称为胜任力、胜任能力或者胜任素质，是动机、特质、自我概念、态度或价值观，知识或认知行为技能的组合以及其他任何能够被稳定测量的、能够区分绩效优秀者和绩效平平者的个人特征。胜任特征模型是指承担某一特定的职位角色所应具备的胜任特征的总和。基于胜任特征模型的职位分析以胜任特征模型的构建为基本框架，通过对绩优员工的关键特征进行分析，同时结合组织战略目标、组织环境变量来提取岗位胜任力，从而确定岗位的胜任要求，以求达到员工 - 岗位 - 组织三者相匹配的状态。基于胜任特征模型的职位分析一般包括六个步骤：

- 确定绩效标准，即用什么标准来衡量一个人的表现；
- 确定效标样本，根据第一步确定的绩效标准，对企业现有的人员进行评价与判断，选择符合要求的员工作为目标样本；
- 收集和处理样本数据，综合所获得的信息，确认区分表现优秀者与表现一般者的胜任素质；
- 建立胜任特征模型，即根据对数据的处理和分析结果进行整理，归纳出表现优秀者与表现一般者的共性与差异特征并进行归类，确定胜任特征项目，再对每项胜任特征进行分级和描述，最后以文字或图表的方式呈现出来；

- 验证胜任特征模型，可以采用已有的表现优秀者和表现一般者的有关标准或数据进行检验；

- 报告职位分析结果，并针对如何运用这些分析结果，给出书面的指导。

与传统的职位分析相比，基于胜任特征模型的职位分析具有以下优势：强调绩优员工的关键特征，注重如何完成工作任务，能够将员工与工作任务有效地结合起来；同组织的战略和经营目标紧密联系，强调员工与组织和岗位的长期匹配；除了注重寻找在胜任力要求上岗位之间的差异外，还注重寻找在胜任力要求上职位、职务系列之间的差异，能够给予后续的人力资源管理工作更明确的指导和帮助；具有较高的表面效度。由于基于胜任特征模型的职位分析是通过分析绩优员工的关键行为特征来确认岗位胜任要求，并且也是用绩优员工的个性特征来描述岗位胜任力，因此更容易被其他任职者接受。

3. 职业信息网络（O*NET）

职业信息网络（occupational information network，O*NET）产生于传统职位分析方法在多方面表现出不足的背景下，是一项由美国劳工部组织发起开发的职位分析系统，吸收了多种职位分析问卷的优点。O*NET系统的核心是它的内容模型，包括六大领域：①任职者特征，能力、职业价值观和兴趣以及工作风格；②任职者要求，基本技能、跨功能型技能以及知识和教育水平；③经验要求，培训、经验以及证书；④职业要求，一般工作活动、工作情境以及组织情境；⑤职业特征，劳工市场信息、职业前景以及薪水；⑥职业特定要求，职业技能和知识、任务和职责以及机械、工具和设备。O*NET系统与基于工作导向或工作者导向单一维度的传统职位分析方法不同，其将工作导向的信息和工作者导向的信息结合在一起。

与以往工具相比，O*NET系统具有鲜明的特点和优势：第一，O*NET聚焦于职业，描述的职业的数量大幅减少并得到更宽泛的定义；第二，O*NET充分借鉴了以往工具的优点，降低了实施成本，并且通过这一系统，企业能够更快速地获得和修改岗位信息，使得成本有效性和及时性大幅提高；第三，O*NET是多层嵌套的指标体系，能让职业描述在不同层次体现出普遍性或者特殊性，以适应不同的使用目的；第四，O*NET的模型引进了大量跨职业的描述指标，从而为比较不同的职业提供了"通用语言"，也能够更及时地获取和更新相关信息。研究表明，这一系统不仅适用于美国，也适用于其他国家。

HR 视野
O*NET 的用途

职业信息网络（简写 O*NET）设计的初　　　衷是给求职者提供帮助：将详细的工作信息

和求职者特征进行比较，使求职者自评自己能胜任哪些工作，帮助其快速找到合适的岗位。通过该系统求职者可以了解理想工作对于员工的要求，有针对性地提升自我能力，确定今后的努力方向。O*NET 的描述是根据大范围实际岗位工作者以及行业专家和职业分析专家提供的信息而形成的，其标准化的职业描述使得企业能在更广泛的职能领域对职位进行比较。企业可以直接从 O*NET 上获取工作职责与对任职者的要求，再根据需要生成个性化的职位描述，帮助企业快速高效地招聘所需员工和提供有效的培训。O*NET 为用户提供数百种职业信息，同时数据全天免费开放，方便求职者和企业获取。

职位信息网的网址为 http://onlion.onet-center.org，该网站在中国境内可直接登录。

3.6　职位分析中的风险及应对

职位分析风险是指在完成职位分析任务的过程中，由于环境变化、人员变动等产生的一系列影响任务完成的问题。在职位分析的过程中肯定要涉及人员、资金等方面的组织与协调工作，同时还面临着环境的变化及不稳定性，这些问题形成了职位分析中潜在的不确定因素。这些不确定因素的存在使得员工按计划完成职位分析任务、达成职位分析目标也具有了不确定性，换言之，职位分析的风险随之出现。工作风险会在很大程度上影响职位分析的进度，甚至造成职位分析结果的偏差，因此，职位分析的负责人必须通过风险分析，将风险控制在尽可能小的范围内。这就需要找出可能存在的风险以及导致风险的原因，更重要的是制定规避这些风险的措施。

3.6.1　风险的特点

（1）风险存在于职位分析的整个过程中。也就是说，在职位分析的准备阶段、实施阶段、结果形成和应用阶段都有潜在的风险。

（2）风险的来源多元化。职位分析过程中风险主要来自三个方面：①职位分析任务本身的不确定性带来的风险，例如职位分析人员对任务的内容或重点不熟悉，那么对分析过程中的风险也就无法预知，风险出现的可能性就会增加。②任务外部环境变化所形成的不可控因素带来的风险，例如公司业务激增，导致员工满负荷工作，职位分析人员没有充沛的时间完成相关任务，相关人员也没有足够的时间配合职位分析人员提供有效的信息。③企业内部与任务相关的因素带来的风险，如职位分析经费不足、人员短缺、设备缺失等。

3.6.2　风险的类型

与风险的来源相对应，风险的类型也分为三种。

（1）系统性风险。顾名思义，系统性风险是由于系统本身的问题而产生的，企业需要配备经验丰富的专业人员对系统进行监控，尽量防止这类风险的发生。

（2）外部环境风险。这类风险不在企业的可控范围内，但职位分析小组可以通过收集相关信息，进行整理和分析，预测这类风险的发生概率，并制订出应对方案。

（3）内部环境风险。职位分析小组要根据以往的经验，针对以往类似工作中出现过的问题或可能出现的状况，提前制定应对措施，以保证任务的顺利进行。

3.6.3　风险分析步骤

（1）风险识别。在职位分析过程中，存在着各种风险，这就要求职位分析人员基于任务的性质，对任务的内外部环境进行分析，确定潜在的风险范围，识别职位分析中可能面临的各种风险，确定可能发生的风险类型。

（2）确定风险发生的概率及潜在后果。针对所识别出的不同类型的风险，根据收集整理的信息分析其发生的概率，以及这类风险会给职位分析带来什么负面影响。

（3）风险评估和方案选择。根据对风险发生概率及其潜在后果的预测，选择最佳的应对方案，尽可能避免风险的发生或者将风险带来的影响程度降到最低。

（4）制订风险处理计划。风险处理计划主要用于描述风险处理的具体方法、措施和实施步骤，职位分析人员要根据可能发生的风险类型，对需要采用的方法和措施进行详细描述，并明确应对措施的实施步骤，确保风险应对方案的有效执行。

3.6.4　职位说明书中的法律风险

需要特别强调的是，职位说明书的编写过程中存在着一定的法律风险，在职位分析过程中需要高度重视。职位说明书是组织内部正式的、书面的文件。因此，保证这些文件的合法性、规避不必要的法律风险是企业面临的重要课题。为了保证职位说明书中措辞的准确性和合法性，应该注意以下两个方面的内容。

首先，职位说明书中应该避免与就业歧视相关的措辞。如果一份职位说明书中出现了就业歧视，则在人力资源管理的其他活动中也难以避免相关的法律风险——这常常会被求职者、社会及执法部门抓住"把柄"，轻则面临赔偿，重则使企业形象受损，影响企业的长远发展。因此，在职位说明书中应尽量避免"限男性""年龄18～50周岁""本地户口优先"这类措辞。

其次，职位说明书应该清晰、准确地描述一个岗位的职责。在与劳动关系相关的诉讼中，企业得以解雇员工的合法原因之一就是"不能胜任工作，经过培训或调整工作岗位后，仍不能胜任工作"，且企业应该承担"员工不能胜任工作"的举证责任。而作为职位分析结果的职位说明书就成为有力的证据之一，倘若企业可以证明员工无法胜任职位说明书上的工作，就会为企业胜诉增加砝码。可以说，清晰、准确的职位说明书不仅仅为招聘、培训、薪酬管理、员工关系管理等人力资源实践提供信息，还是企业面临劳动关系相关诉讼时的防火墙。

本章小结

职位分析是现代人力资源管理所有职能的基础和前提。职位分析是针对现有职位收集和分析信息的过程。其利用科学的手段与技术对现有职位的定位、目标、工作内容、职责权限和人员要求等做出规范性的描述与说明。

本章对组织结构和职位设计进行了简要介绍，对职位分析的程序和方法、职位说明书的核心内容进行了详细的描述，并根据组织结构和员工角色的变化，介绍了职位分析的新趋势，最后探讨了职位分析中的一些风险及应对方式，以此为企业提供参考。

复习思考题

1. 组织结构、职位设计与职位分析之间有什么联系？

2. 什么是职位分析？它的意义和作用是什么？

3. 职位分析的步骤是什么？具体需要怎么操作？

4. 职位分析的方法有哪些？每种方法的具体内容是什么？

5. 职位说明书的核心内容是什么？如何编写职位说明书？

6. 职位分析出现了哪些新思路？其优势体现在哪里？

应用案例

GT 公司职位分析的新尝试

GT 公司是一家从事金融投资理财和一站式电子金融服务的公司。理财分析师是 GT 公司的关键职位之一，因此公司需要对该职位进行系统的分析。GT 公司采用 O*NET 对理财分析师这一职位进行分析，分析工作由人事专员和该职位所属市场部的相关人员合作完成，共采用了四个步骤（见表 3-9）。

表 3-9　理财分析师职位分析步骤

步骤	工作内容	负责人	工作成果
1	利用 O*NET 建立初步工作任务和工作活动清单，获得该职位的知识、技能、能力要求	人事专员	工作任务和工作活动清单初稿；知识、技能和能力要求初稿
2	根据公司情况确定工作任务和工作活动以及具体知识、技能、能力要求（增补或删减）	市场部经理	工作任务和各种活动；具体知识、技能和能力要求
3	利用 O*NET 设计工作情境调查表，并组织市场部员工填写工作情境调查表	人事专员市场部经理	工作情境调查表
4	综合工作内容和任职资格信息生成完整的职位说明书	人事专员市场部经理	规范的职位说明书

1. 人事专员获取职位内容和任职资格的初步信息

人事专员借助 O*NET 数据库的职业搜寻功能，获取了理财分析师的工作内容和任职资格的初步信息，包括工作任务和工作活动，以及对任职者的知识、技能和能力的要求。然后选择自定义报告模式，工作任务复选框显示 10 项与该职位有 50% 及以上相关性的工作任务，并且按照该任务与职位的相关性进行排序（见表 3-10）。O*NET 定义的工作活动是工作任务的分解。工作活动分一般工作活动和具体工作活动：一般工作活动是对工作活动的一般性描述，例如获取并处理信息、与上下级沟通、建立和维持人际关系、制定决策以及解决问题等；具体工作活动是针对特定职位的具体描述，例如向客户推荐投资、制订财务计划或商业计划、确定商品或服务的价值、分析市场状况、把握市场趋势等。

表 3-10   理财分析师关键工作任务描述示例

任务描述	性质	相关性
绘制各种类型的图表，用计算机电了表格程序展示技术报告	核心	95%
密切追踪工业技术、商业、金融、经济理论等领域的新发展	核心	77%
对价格、收益、稳定性、未来投资风险趋势、经济影响等影响投资方案的因素进行解释	核心	74%
分析财务信息，预测行业和经济发展状况，提供投资决策信息	核心	72%
分析金融出版和服务、投资银行、政府机构、贸易出版物、公司或个人访谈等信息，检测基本经济、行业和企业发展趋势	核心	71%
利用财务分析制订投资行动计划	辅助	63%

2. 市场部经理修订工作内容和任职资格信息

为了使职位分析信息符合 GT 公司的实际情况，需要将理财分析师这一职位的工作内容和任职资格初步信息交由该职位所属部门——市场部经理进行修改和完善。人事专员需要与市场部经理进行充分沟通，解释职位信息的相关术语和具体要求，保证市场部经理能够在理解 O*NET 提供信息的基础上，根据 GT 公司的具体情况，对该职位的工作任务、工作活动，所需要的知识、技能、能力等项目进行相应的修改。

3. 填写工作情境调查表

工作情境是指影响工作性质的因素，包括工作场所的物理条件和社会心理条件。人事专员根据 O*NET 数据库提供的信息设计理财分析师的工作情境调查表，并与市场部经理进行沟通，由市场部经理协助现任理财分析师及相关职位的任职者填写工作情境调查表，最后由人事专员进行信息汇总与分析。

4. 生成完整的职位说明书

人事专员将前面三个步骤获得的符合本公司实际情况的理财分析师的工作任务、工作活动、知识、技能和能力要求以及工作情境信息进行汇总，然后根据工作任务撰写工作概要，补充该职位的基本信息（包括职位名称、所属部门、直接上级等），就可以得到理财分析师这一职位的较为完整的职位说明书。

资料来源：云绍辉. 互联网时代职位分析新思路 [J]. 企业管理，2016（04）：93-95.

讨论题

1. 与传统职位分析方法相比，GT 公司采用的职位分析方法有什么优势？
2. GT 公司在这一职位分析过程中有哪些做得好或不好的地方？在借助 O*NET 进行职位分析时，GT 公司应该注意什么？
3. 你认为在职位分析中应该怎样合理选用职位分析的方法？
4. GT 公司的职位分析案例对你有什么启发？

第4章　员工招聘与人才测评

【本章导读】

- ☑ 人才供应链
- ☑ 招募的渠道和方法
- ☑ 现代人才测评概况
- ☑ 人才测评的方法与实施
- ☑ 招聘管理工作需要规避的法律风险

AMO 框架　　　　员工招聘与人才测评

　　未来若干年人力资源面临的挑战是：在企业人才供应链的基础上，招聘和测评符合岗位需求的人才，形成企业可持续发展的高素质人力资本。招聘和测评工作是企业战略人力资源管理的一个基础性环节，是企业获取高素质人才的重要途径，这项工作的好坏会影响到企业的竞争力，进而影响企业的生存和发展（见图4-1）。

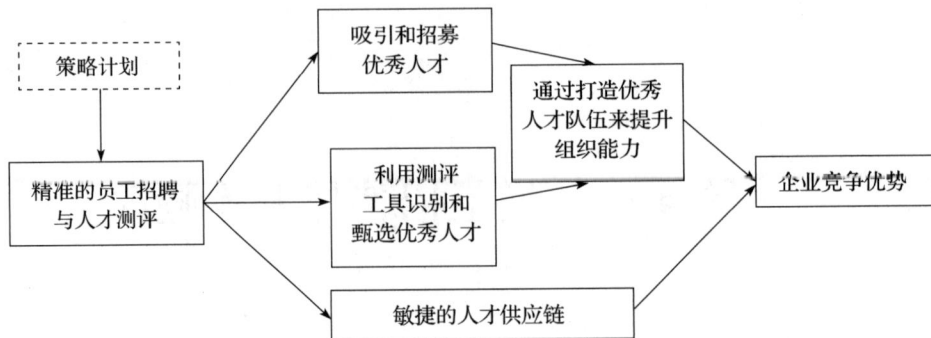

图 4-1 员工招聘与人才测评的 AMO 框架

引例   Google 的人才招聘

Google 公司是尽人皆知的国际互联网公司，在美国、中国等多国设立研发中心，凭借其先进充足的研究资源、丰厚的待遇，吸引世界多国的人才前赴后继加入这个团队。Google 公司的招聘面试深受应试者的关注。

在人才招聘上，Google 会投入大量资金。数据显示，Google 在招聘上投入的资金占人力资源预算的比例是所有公司平均水平的两倍。因为 Google 认为，只有在招聘环节投入更多的时间和金钱，才能找到更为优秀的员工。Google 前任首席人才官 Laszlo 曾说，Google 要招聘的员工水平，应超过 90% 的应聘者。正因 Google 公司认为应聘者中最多只有 10% 会成为行业的顶尖人才，因此会花费大量的时间进行简历筛选，并安排多次的面试。

通常，Google 一开始会使用电话面试；成功后，应聘者将在招聘官的安排下，被邀请在一天内与十个不同的人进行一系列五到十次的面试。在多数情况下，应聘者被要求现场编写代码，进行头脑风暴、角色扮演或者解数学方程式，从而来证明他们的高技能和能力。甚至有其他情况，应聘者会被要求测试他们的营销能力。总的来说，这个过程漫长且具有极大的挑战力，不少应聘者吐槽过 Google 烦琐的招聘面试过程。但对 Google 来讲，这一切都是值得的。

Google 优秀的工作环境、独特的企业文化、较高的薪酬水平和良好的发展前景吸引着全球求职者的关注。Google 每年收到超过 200 万份求职申请。面对每月 10 万多份简历，Google 充分利用其搜索引擎的成功秘诀——计算机算法，建立了一套在大量简历中自动搜索人才的方法。为了描绘高绩效人才的"数字画像"，Google 曾对全公司 1 万多名员工进行了为期 5 个月、共 300 个问题的问卷调查。问卷实体涵盖从生活习惯到学习经验，具体到"养什么宠物""订阅什么杂志""是否出书"等。数据采集完成后，人事部门的数据分析人员建立了一套算法，通过对相关数据的整理和分析，寻找和识别人才，并在此基础上绘制出不同岗位高绩效人才的"数字画像"。最后，数据分析人员会根据招聘岗位的类别制作几份不同的问卷，通过问卷评估对求职者进行分析，从而准确快速地识别人才，自动完成岗位匹配。

有了这个"人才算法"，Google 就有了一块快速测试人才的"试金石"。当就业率达到 130∶1 时，Google 可以轻松高效地找到人才，保持每年每个员工近 100 万美元市场价值的惊人生产力水平。

资料来源：李晓莉. 新互联网时代招聘实战 [M]. 北京：清华大学出版社，2018.

员工招聘是组织持续发展的保证，招聘工作的好坏直接关系到组织人力资源的质量，有效的员工招聘可以加速人才的合理流动、改善人员结构、扩大组织的社会影响力，优秀的人力资源甚至可以为组织带来技术上、管理上的创新和发展。Google 的人才招聘案例也告诉我们：要招聘人才，不仅要有诚心，还要拿出实际行动，更要有招聘人才的技术和策略。

4.1　人才供应链管理

4.1.1　人才供应链与招聘

组织面临着充满易变性（volatility）、不确定性（uncertainty）、复杂性（complexity）、模糊性（ambiguity）的生存环境，即 VUCA，它高度概括了互联网时代的商业世界的格局。在 VUCA 时代，影响人才培养和规划的因素已发生根本性的变化。很多企业面临着招聘不到位、人岗失配、人浮于事等反生产力现象，这是由于人才供应链前端失效，因此所有压力都转移到招聘后方，当人力规划和盘点没有做好时，后端的业务压力与人才缺口会使得下游恶性循环，造成人力死结甚至崩盘。

人才供应链管理理念是精益生产理念的延伸，旨在实现人才的准时制（just-in-time，JIT）管理——在限定管理成本的基础上，构建动态的、及时的、敏捷的、柔性的人才管理模式，达到人岗无时差供给和匹配的效果。在人才供应链的理念下，人才供需双方是利益共同体，企业需要在充分满足业务需求的同时，实现企业人才零库存，达到人才精准招聘和培育的效果。将人才供应链的理念应用于人才甄选、人才测评、人才培育等人才管理的各个环节，能有效提升组织人才管理的动态优化。

企业在进行招聘规划时，要确定企业合适的人员数量及与之对应的人员结构。从理想角度出发，企业期望能通过一系列的工具和方法，定出最合适的人员数量，保证供需平衡。形象化地说，就是人力资源部门应当让组织有可用之人，在需要用人之时能到位，以最短时间进入工作状态，迅速达到高水平绩效。在人才供应方面，必须做好预测工作，结合战略规划和业务发展，预测在未来的一段时间内，公司需要怎样的人才，他们需要具备哪些能力和潜质，是通过外部招聘还是内部招聘的渠道。对于人才供给，企业希望最终能达成的状态是"确保有合适的人在正确的时间出现在恰当的位置"，而不是通过大量储备来满足人员不足，最后又造成人员大量冗余和成本浪费。

　　人才供应链管理用三种基本思维定义人才，分别是人才的产品思维、人才的经营思维以及人才的敏捷思维。首先，产品思维将企业需要的人才比作可生产的产品，其本质是洞察岗位的真实需求并明确人才的量化标准，在对组织和岗位深入分析的基础上构建岗位人才画像，人才画像越清晰，人才产品的供给就越切合岗位需求。其次，经营思维是以业务导向进行人才管理绩效的持续优化，坚持守住上限、不断优化、防控风险、提高上限的人才管理理念，在既有的人才管理框架下不断提高管理效能，以达到高绩效均衡的人才供给效果。最后，敏捷思维是立足于整个商业环境持续变化的挑战，强调人才是反复迭代的，岗位更替加快的现状挑战着人才管理模式的敏捷程度，企业必须及时发现问题和解决问题以适应业务快速发展的需要。

　　组织的人才供应链体系包括内部人才供应链与外部人才供应链。内部人才供应链建设要求最大化利用现存人才资源，实现供给与需求的动态平衡。内部人才供应链的建设可以通过选拔配置（人才选拔及人－岗匹配机制）、人才培养（关键岗位人才培养计划）和人才测评（评价、考核及反馈）这三个方面来实现。外部人才供应链建设需要整合外部的人才资源，实现人才的无时差供给。外部人才供应链的建设主要通过人才招聘来实现，包括利用关键岗位猎头和外部人才地图。

4.1.2　人才供应链的主要内容

　　为将人才供应链的理念应用于企业实际的管理实践中，实现人才供应链管理模式的落地，企业需要将人才供应链的四支柱应用于人才管理工作的全过程。

1. 动态短期的人才规划

　　目前，一般企业的人才规划以年度为周期，但是从动态发展的业务环境来看，几个月内的外界环境和竞争格局可能会大不相同，管理策略和预算通常需要在较短的周期内被重新审视和调整，因此半年甚至更短周期的人才规划预测更能反映动态环境对人才的诉求。动态短期的人才规划是指将企业外部的动态环境与内部的战略规划相结合，科学地预测企业未来所需人才的数量、能力及结构的人才供给策略，并养成短期审视人才管理状态的习惯。这种快速响应的组织能力可以有效避免人才浪费和盲目进行人才流动的现象出现，有助于实现人才需求与供给有效匹配和无缝对接的理想状态。

2. 灵活标准的人才盘点

　　企业基于发展战略的人才规划首先应该从最大化现有存量人才的利用效率出发，通过标准化的工具对现有人才的数量、能力、结构、利用率进行盘点，再基于盘点结果进行人才规划和配置。人才盘点类似于供应链中的库存管理，对企业现存的人才供给与需求现状进行清点，及时掌握二者之间的匹配度，并及时做出审视和调整。合适的人才储备类似于安全库存，储备过多会加重企业的负担，过低可能会存在供给不及时的潜在风险。盘点内容包括人员编制的数量、人才技能的盘点、人才结构的盘点以及利用率的统计。企业不仅要对现有的人才库存状况进行盘点，而且要对未来可能的人才需求进行一定的了解，明确现有人才储备与短期预测之间的差距，并在此基础上展开招聘等工作。

3. ROI 最大化的人才培养

投资回报率（return on investment，ROI）最大化的人才培养是人才规划的长期策略，要求企业建立一种体系化的培养机制，通过人才素质的不断提升来正向推动企业整体效能的提高。这种人才培养模式关注人才培养的投资回报，即企业的人力资源部门定期审查各岗位的需求，有针对性地开展差异化培训，并且培养投入都应该最终落实和反映在企业绩效的提升上。ROI 最大化的人才培养强调成本，不仅关注费用，还关注风险。费用来源于培训支出、薪酬和福利的相应增长，风险来源于培训后的人员流失。

4. 无时差的人才补给

无时差的人才补给关注的是人才需求和人才供给之间的"零时差"，即组织一旦产生人才空缺需求，有能力在最短的时间内提供拥有相应技能的合适人才，提高人才供应效率，缩短供给时间，由做好人才预测转变为有能力及时填补人才空缺。人才供应链的无时差人才补给强调充分利用企业外部资源，将人才库建立和人才储备着眼于外部。首先，学校是企业补充人才和培养人才梯队的重要渠道，企业可以通过校园招聘和管理培训生等方式构建人才库。其次，企业不仅可以在业务上与竞争对手企业展开竞争，同时还可以针对人才进行竞争，通过猎头、招聘网站、各类行业活动等渠道直接从竞争对手企业挖人。

⊙ HR 实例

比亚迪基于胜任力的人才供应链管理

基于胜任力的人才供应链管理是以企业的核心胜任力模型为基础，以人-岗匹配、确定员工价值、提升员工绩效为目标，以成本效益的方式配置、培训和激励人才，使人才的数量、结构和质量满足业务需求，它最终旨在提高企业绩效，通过整合流程协调人才管理活动，评估和衡量活动结果，形成闭环并不断优化。人才管理活动包括人才的获取、使用、培训、激励和保留。在企业中，这些活动往往由不同的团队领导，可能每个活动都做得很出色，然而由于缺乏有效的衔接和整合，资源被浪费或适得其反。比亚迪在人才供应链管理方面有比较成功的实践。

首先，比亚迪在企业管理实践中有自己的价值取向和行为准则，形成了"平等、务实、激情、创新、效益"的企业文化。根据企业文化，比亚迪的"人才标准"应运而生，它为所有的管理人员所熟知。然后，比亚迪按照这一"人才标准"，进行一系列的选拔、培养、使用、留住等人才管理活动。在比亚迪，常说"以人为本"，今天的比亚迪是由众多人才打造的。比亚迪拥有一支 1 万多人的研发团队，在电池领域取得了成功，未来将增长到 3 万人。总裁王传福表示，他将充分发挥研发团队中工程师的优势，并将这一优势扩展到汽车和新能源领域。

比亚迪每年都从北大、清华等高校招收应届大学生，王传福也亲自面试且当过导师。为此，比亚迪专门制定了适合自身的招聘条件和模式，成立了专业团队招聘应届大学生。比亚迪也很重视人才的选拔和提升，部门级以上主管的晋升必须通过严格的360度考核和王传福亲自主持的晋升评审会议，完成规定的课程并取得学分后才能正式任命。系统连贯的人才供应链管理造就了一批能为比亚迪打好仗的人才。

通过以上案例可以看出，实施基于胜任力的人才供应链管理，有助于准确选拔人才，精确地实施培训发展计划，科学管理绩效和奖酬激励，对人才储备和继任者计划做出前瞻性规划，从而造就"训练有素的员工""训练有素的企业文化"和"训练有素的行为"，最终成就高绩效组织。

资料来源：薛莲. HR员工招聘经典管理案例［M］. 北京：中国法制出版社，2020.

4.2   员工招聘

4.2.1   员工招聘的概念

员工招聘（recruitment）是指组织尤其是人力资源部门根据工作需要，为了事业的发展，根据岗位说明书和人才配备标准，通过一系列程序和方法，将符合岗位任职条件的申请者吸引和录用到组织内工作的管理过程。

为了提高人才招聘的效能，组织在实施招聘管理时应当遵循以下两点原则：第一，因岗设人、人-岗匹配，组织招聘要坚持因岗设人而非因人设岗，根据组织的人力资源管理战略与规划制定人才标准与需求，将所录用的员工安排在合适的岗位上，做到人尽其才；第二，公开选拔、公平公正，创造出公平竞争的组织环境不仅有助于优秀人才的选拔，也有利于激励员工的工作积极性。

4.2.2   员工招聘的流程

1. 制订招聘计划

员工招聘计划应根据企业的人力资源规划（人员编制）与岗位说明书制定。企业招聘计划书的主要内容包括招聘团队组建、拟聘用的岗位、应聘人员的条件、招聘组织、招聘时间安排、招聘的程序、招聘渠道的选择、招聘方式的选择、招聘费用预算等内容。

（1）招聘需求分析。根据人力资源需求预测和对现有人力资源配置状况进行分析，明确是否需要进行招聘活动，弄清楚这些问题有利于制订合理可行的招聘计划和招聘策略。

（2）明确招聘工作的特征和要求。根据工作分析以及其他信息资料，明确拟定招聘的工作岗位应具有什么特征和要求，明确这些工作对应聘者的知识、技能等方面的具体要求，以及组织所能给予的待遇条件。只有这样，招聘计划的制订和实施才能做到有的放矢。

（3）制订招聘计划和招聘策略。在上述两方面工作的基础上，制订具体的、可行性高的招聘计划和招聘策略。同时，要确定招聘工作的组织者和执行者，并明确各自的分工。

2. 甄选

员工甄选是指综合运用心理学、管理学和人才学等多学科的理论、方法和技术，对候选人的任职资格和对工作的胜任程度进行系统的、客观的测量、评价和判断，从而做出录用决策。在人员甄选的过程中，不能仅仅进行定性比较，应尽量以工作岗位职责为依据，以科学、具体、定量的客观指标为准绳，避免凭经验、印象进行选择，更不能以领导者的意志或权力来圈定。常用的人员甄选方法有：简历分析、心理测评、人事面试、诚信度分析等。需要强调的是，这些方法经常相互交织在一起并且相互结合使用。

3. 录用

员工录用是对应聘者展开一系列考核测评之后，对应聘者的情况得出一个全面、客观的考核结果，根据考核结果做出录用决策的过程。简单地说，录用（employment）就是组织根据工作需要招用新人的一系列管理活动。员工录用要遵循人－岗匹配原则、平等竞争原则和德才兼备原则。

录用阶段的主要工作内容包括：体检、背景调查（拟录用人员考核）、录用手续的办理、签订劳动合同等。

● HR 实务

录用与未录用通知书

×× 企业的录用通知书

尊敬的_____先生／女士：

感谢您对_____企业的肯定，经过沟通，您的资质、专业素质、面试表现获得了本企业的一致认可，我们热忱邀请您正式加入我们企业！我们将为您提供良好的发展机会、良好的工作环境和优厚的待遇。

希望您能阅读以下内容，并按要求在规定时间内携带相关材料到公司人力资源部办理入职手续。

1. 任职岗位

拟聘用您担任本企业_____（职位），所属部门是_____。

2. 入职报到情况

入职时间：20__年__月__日

报到地点：

报到部门：

联系人：

联系电话：

3. 入职报到相关材料

身份证、毕业证、学位证、相关证书的原件及复印件

一寸照片

近期体检报告

其他材料

很希望您为我们的企业注入新的活力，如果您有任何问题，请尽快联系我们。祝您生活愉快、工作顺利！

×× 企业人力资源部

20__年__月__日

×× 企业的未录用通知书

尊敬的_____先生 / 女士：

　　十分感谢您对我们公司_____职位的兴趣，您对我们公司的支持，我们不胜感激。

　　您在面试中的良好表现给我们留下了深刻的印象，但由于我们的名额有限，这次只能割爱。我们已经把您的相关信息存档了，如果有新的空缺职位，我们会优先考虑您。

　　感谢您理解我们的决定。祝您早日寻找到理想的职位。

　　对您应聘我们公司，再次表示感谢！祝您生活愉快、工作顺利！

×× 企业人力资源部

20__年__月__日

资料来源：任康磊. 招聘 面试 入职 离职管理实操 [M]. 北京：人民邮电出版社，2019.

---

4. 评估

招聘效果评估是指采用科学的方法，对招聘目标的完成情况以及招聘成本、招聘方法、招聘渠道等进行评价，是确定招聘效果好坏的一种方式。招聘效果评估可以为以后的招聘工作提供经验或教训，是改进招聘工作、提高招聘工作效果的重要手段，也是组织人力资源管理部门及其主管部门工作绩效评估的重要依据。

HR 实务

招聘效果评估表

报告撰写人员		
报告编写日期		
季度招聘工作总体概述	本季度需招聘____个岗位，共____人：筛选简历____份；初试____人，初试通过率为____%；复试____人，到岗____人；招聘计划完成率为____%	
关键招聘指标	指标完成情况	指标分析
初试通过率		如果初试通过率低要分析具体原因
复试通过率		如果复试通过率低要分析具体原因
到岗率		如果到岗率低要分析具体原因
到岗后辞职率		哪些岗位辞职率高，原因是什么？具体说明哪些岗位的辞职是由例外因素导致的
招聘计划完成率		截至____年____月____日，共需要招聘____人，到岗____人，暂缺____人，本季度招聘计划完成率为____%
招聘渠道分布	• **网络招聘**：公司选择____网站，下载____份有效简历，电话沟通人数为____人，预约面试人数为____人，参加复试人数为____人，确定录取人数为____人，最终录取人数为____人 • **招聘会**：收到____份有效简历 • **校园招聘**：收到____份有效简历 • **内部推荐**：公司内部推荐____份有效简历	
录用人选信息公布	• **性别分布**：男____人，女____人 • **学历分布**：大专以下____人，大专____人，本科____人，硕士____人，博士____人 • **户籍分布**：本市____人，外省市____人	

（续）

招聘成本分析	• **招募成本**：参加招聘会成本为____，网站下载简历成本为____，内部推荐奖励成本为____，猎头费用____……共计____ • **面试成本**：主要为电话邀约、面试成本，累计____ • **录用成本**：主要为试用期工资、食宿费用等，以及社保公积金、福利费，共计____ • **人员流失成本**：本季度到岗后离职____人，离职手续办理成本约____ • **其他成本**：____ • 本季度招聘成本共计____，人均招聘成本为____
发现的问题及计划改进措施	在本季度的招聘工作中发现如下问题： （1） （2） 计划采取的改进措施： （1） （2）
审核	审批

资料来源：贺清君. 招聘管理：从入门到精通［M］. 北京：清华大学出版社，2015.

4.2.3 招募的渠道和方法

1. 内部渠道

内部招聘是指组织从内部选拔和录用所需人才的过程，其来源主要包括晋升、工作轮换、工作调换、返聘或重新聘用等。组织常用的内部招聘方法主要有以下几种。

（1）**企业人才数据库（人才储备法）**。随着人力资源管理信息系统日渐普及，现在人力资源部门的人员可通过人力资源管理信息系统记录和保持现有员工的背景资料以及知识、技能、能力信息，形成企业的人才数据库和人才池。当出现职位空缺时，人力资源部门的专家将工作需求输入数据库，就可以获得一份符合要求的现有员工名册。许多员工管理软件可根据员工的职业领域、受教育程度、职业兴趣、工作经历及其他因素，对员工进行分类。

企业可以通过增强现有员工的额外技能来建立一支更灵活、有能力应对新的竞争威胁并能利用新机会的员工队伍。这样的员工队伍可确保组织在某个时间点具备所需的技能组合。对这样的员工来说，以承诺为导向的人力资源系统似乎更为合适。人力资源实践的重点应该是培养人才池中的那些人才的动机、承诺，从短期的"交易型"心理契约转向更长期的"关系型"心理契约。

在大型人才池中，企业面临的挑战是区分那些现在在相关职位上有能力完成任务的人，以及那些未来有潜力担任更高级职位的人。传统的组织使用"九宫格"变量评估员工的绩效和潜力，并确定当前和未来的"明星"。然而，考虑到该衡量指标的不稳定性，使用年度评估等级来定义绩效是有风险的。

（2）**员工举荐**。员工举荐，又叫熟人介绍，是常见的招聘方式。员工都有自己的"关系圈"，企业现有员工的熟人、朋友和家庭成员是应聘者的可靠来源，这些人际关系对组织来说也是可利用的资源。企业员工可以通过个人的社会资源进行推荐，如微信、朋友圈、人才论坛、QQ群等。

现有员工会告诉这些潜在申请人在企业工作的好处，提供介绍信，并鼓励他们到企业应聘。员工对应聘者与所空缺职位都比较了解，再加上举荐会涉及他的声望，实际上是以本人的信誉作为担保，所以员工总是举荐高质量的求职者，可信度比较高。这在很大程度上避免了其他招聘方式中应聘者提供虚假信息的可能性，而且员工举荐还能有效降低企业的招聘费用和工作量，因此这种招聘方式能加快组织招聘进度和提高效率。但是缺点是容易产生"近亲繁殖"，在组织内形成"派系"和"小圈子"，因此在采用这种内部招聘方法时一定要把控举荐来源和具体数量。而且，如果企业内受保护员工的比例未达到政府的要求，企业只是单纯用口头宣传或现有员工提名的方法招聘员工，可能会违反平等就业规则。在这种情况下，企业需要进行一些外部招聘以规避这方面的法律问题。

2. 外部渠道

为了招聘到符合需求的差异化人才，企业采用多元化的招聘方法主动寻求和"采购"合适的人才，全面覆盖被动求职者与主动求职者，充分利用企业外部的人才库来吸引和招募人才。组织常用的外部招聘方法主要有以下几种。

（1）**传媒招聘**。传媒招聘是利用各种宣传媒介发布组织招募信息的一种方法，它具有受众面广、时效性快的特点，同时也是宣传企业形象的常用方法。在采用传媒招聘时，不仅要考虑发布招募信息的广告媒介，还需要考虑招聘广告的制作与内容。应该注意到，一个有效的招聘广告应该是符合企业整体形象的，它被看作是企业形象的延伸，所以它必须体现企业在组织中所倡导的价值观。

常用于发布招聘信息的广告媒介有：电视广告、地铁和公交广告、户外广告牌等。它们各有优缺点，最重要的是要识别出哪一种广告媒介能够最高效地将招聘信息传达到组织想要招募的目标人群之中。随着技术的不断发展更替，可以使用的新兴广告媒介越来越多，例如宜家推出的3D立体贴墙广告、以互动式灯箱为代表的交互感应广告、户外激光广告等，组织可以创造性地使用这些新媒介来吸引求职者。一般来说，选择媒体时要考虑下列因素：传播面、容易接受性、专业性、可靠性、时效性、成本等。

（2）**校园招聘**。校园招聘主要是指企业直接到高校、中等职业学校的校园里招聘员工的活动形式，是企业针对应届毕业生最常采取的招聘方法，是人才储备的主要方式。现阶段比较常见的校园招聘主要有以下三种形式。

1）校园宣讲会。校园招聘一般分为9月开始的秋季校招和3月开始的春季校招，校园宣讲会也在此阶段同时进行。在宣讲会的前期准备方面，HR首先要提前与校方就宣讲时间、地点和场次问题进行沟通。与学校协商一致后，企业要协助校方做好宣讲会的宣传，宣传效果直接关系到宣讲会的质量和校招的效果，HR最好不要仅仅依靠学校的就业网站宣传，因为网站宣传本质上属于一种被动宣传，HR 应该利用自媒体或者校友的人际网络主动推送和宣传宣讲信息。最后，企业需要筹备宣讲团队，准备宣讲所需资料和信息，商定好宣讲的主要内容，形成答疑的标准话术。

2）校园双选会。某些高校可能只会邀请一些大型企业进入学校进行独立的校园宣讲会，对许多招聘规模不大的企业和中小型企业来说，可以只参加校园双选会。校园双选会的前期准备与校园宣讲会大同小异，但在现场实施过程中，校园双选会是很多家企业一起进行招聘，HR 要做的就是以合适的方式最大限度地吸引现场学生的注意力，尽可能多地收取简历。

3）校企合作。校企合作的主要形式包括校企合作招聘和校企合作培养，操作性比较强的方法是将学生的实习和就业相结合，其原则是学生在就业之前就与企业建立联系。通过提前实习，不仅 HR 能够对学生的工作能力和工作态度有一定的了解，学生也能提前感受企业的氛围和运作机制。在此过程中，企业还能对学生进行有针对性的培养，缩短入职后的培训周期，降低招聘成本。

企业与学校保持良好沟通、在校内保持高知名度都是非常有益于校招活动的展开的。企业与学校主要可以通过媒体传播和活动传播这两种方式来进行沟通（见图 4-2）。

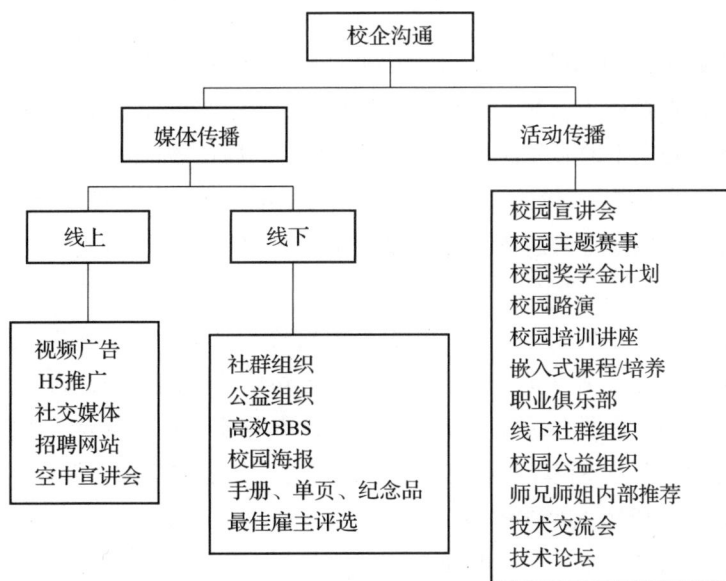

图 4-2　校企沟通方式

⊙ HR 实例

IBM 的校园招聘

IBM 作为世界 500 强企业之一，已有 100 多年的历史。这样一家"百年老店"正在不断寻求新鲜血液加入公司，不断促进企业的健康发展。IBM 的校招一般在每年 10 月开始，招聘对象是即将毕业的本科生、硕士生和博士生。招聘部门几乎涵盖了 IBM 所有的业务部门，应聘成功的学生第二年毕业后会正式入职公司。IBM 每年都会吸引和招募许多生力军。

IBM 中国与国内最大的招聘网站之一——前程无忧合作，建立了专门的校园招聘活动在线申请网站。在这个网站上，大学生可以根据地区和部门搜索不同的职位，方便提交简历和求职。

IBM 会设置一些关键词，招聘网站根据这些关键词自动筛选电子简历，比如学校、成绩、GPA、英语四六级、社团活动等，这些词可以大致反映学生的成绩和专业素养，可以看出是否符合公司的企业文化。这一轮过后，不符合要求的简历会被刷掉。接下来招聘网站会根据学校、学历、奖学金、实习经历、项目经历等各种关键素质进行人工筛选打分。对于已经通过简历筛选的学生，IBM 会通过邮件、短信或电话通知他们下一环节的考核方式和时间。根据招聘单位的需要，比如人力资源部只需要 100 名优秀学生的简历，网站会将成绩排在前 100 名的简历数据库导入公司的系统，最后，公司人力资源部会根据招聘名额选择合适的人参加面试。

笔试通常在 11 月中旬进行。IBM 采用 IPAT 测试，即 information processing aptitude test（信息处理能力倾向测试），主要考查应聘者的英语阅读速度和基本运算反应能力。

关于面试流程，一面由 HR 负责，一般求职者要回答对行业认知、个人表现、兴趣爱好、努力方向等问题；二面由用人部门的经理负责，面试的人数一般是所需人数的三倍以上，这样才能优中选优。部门经理是根据部门的特点来考查求职者的适应能力、工作能力以及发展空间。

资料来源：任康磊. 招聘 面试 入职 离职管理实操 [M]. 北京：人民邮电出版社，2019.

（3）**猎头公司招聘**。猎头公司招聘是引入核心人才的重要方式之一。猎头公司招聘相对其他招聘方式来说有以下两点明显优势。第一，高精准度、高效率。猎头公司都有一套完整的服务体系，可以根据企业的职位需求有针对性地寻找目标人才，不需要企业自身在海量简历中反复甄选，其精准招聘很大程度上能够避免用人失误。同时，许多高端职业经理人更愿意通过猎头公司与企业进行接触，猎头公司的服务不仅包括帮助候选人成功入职，也包括入职后的一系列适应性服务，因此猎头公司招聘的成功率往往比其他招聘方式更高，招聘效率也更高。第二，招募强将会同时削弱竞争对手的实力。企业往往通过猎头公司招募中高端职位人才，此类人才是企业运作的核心。而猎头公司选定的目标人才有可能是从竞争对手内部挖过来的，因此此类人才的引入不仅能够提高本企业的实力，还能够打击竞争对手的实力。

猎头公司招聘也存在劣势。首先，成本较高，猎头公司的收费标准往往是根据所引入人才的年薪按比例收取的，一般是在 20% ～ 30%，甚至更高。其次，容易造成内部信息的泄露，招聘企业和猎头公司在合作过程中，企业势必要将一些不能公开的内部信息提供给猎头公司，这样就容易被竞争对手知晓，所以在沟通过程中一定要注意哪些信息是可以提供的，哪些信息是需要保密的。

对于猎头公司的选择对招聘工作至关重要，猎头公司的服务质量决定了企业人才招聘的质量。目前各种水平的猎头公司良莠不齐，选择一家合适的猎头公司是成功猎取人才的第一步。具体而言，在选择猎头公司时主要考虑以下三点：第一，猎头公司的专业性和擅长的领域。不同猎头公司往往专注于不同的领域，所以在甄选时要关注猎头公司所专注的行业。第二，猎头公司的服务质量和口碑。服务质量和口碑好的猎头公司项目经验丰富，人才库也相对充足，成功招聘的可能性也更高。第三，猎头顾问的资质和专业性。企业与猎头公司的整个合作过程都是通过猎头顾问进行的，与企业对接的猎头顾问的资质和专业性决定了推荐人才的质量。

⊙ HR 实例

猎聘网的多重互动式社会化网络招聘模式

猎聘网是基于职业经理人和猎头实名制的互动网站。基于创新的招聘模式，猎聘网已发展成为中国最大的高端人才专业发展平台。

猎聘网在两个方面对传统的社会招聘进行了改进：一是对求职者的定位，二是引入猎头参与互动。一方面，猎聘网的目标用户定位为高端职业经理人，因为这类人通常对自己的职业和职业发展现状更明晰，并且他们倾向于显示更强的"跳槽"意图；另一方面，传统的社会网络在线招聘往往是局限于企业和求职者之间的交互平台，而内向的和隐式的中国文化让许多求职者表达有限，所以猎头的作用是突出求职者，通过招聘网络，将猎头引入到企业与求职者的互动过程中。与传统社交网络招聘相比，猎头作为关系互动过程中的重要环节，被猎聘网引入后，招聘过程中多了三种互动关系。

（1）猎头公司和企业之间的互动。一方面，猎头会分析企业的招聘要求，以便积累大量的企业客户；另一方面，企业将获得大量求职者的信息和资源，可以根据员工素质和文化匹配，从而降低招聘中高层职业经理人的成本。

（2）猎头公司和社交平台的互动。一方面，猎头可以凭借高水平人才搜索能力和社交平台资源共享能力，在平台上分享职位和人才信息；另一方面，在信息共享的帮助下能更好地实施服务于 C 端的理念，为求职者提供便捷的求职信息。

（3）猎头公司和求职者之间的互动。一方面，猎头可以通过互动准确获得求职者的需求和求职者的价值；另一方面，求职者可以通过猎头公司表达他们自己的职业发展需求，不受制于"声誉"和内敛式的文化。通过这三种关系的互动，猎头公司将成功地将自己打造成为企业、求职者和社交平台的纽带。

猎聘网作为职业生涯的咨询网站、为求职者提供服务调查的平台，求职者可以通过它对自己的职业发展阶段和转型路径有一个更清晰的了解，更准确地定位职业发展并进行更有吸引力的表达，进一步改善这种多重互动式的社会化网络招聘模式。

资料来源：张博，杨婷婷，韩飞. 互联网时代下多重互动式社会化网络招聘模式研究：以猎聘网为案例［J］. 中国人力资源开发，2016（18）：20-25.

3. 新互联网时代的招聘渠道

随着互联网、大数据和人工智能的普及，企业的人力资源招聘也进入互联网时代，招聘方式的不断优化升级和变革为人力资源管理者带来了新体验和新挑战。为了提高招聘的效率、降低招聘的成本，越来越多的企业通过网络进行招聘。

（1）**在线招聘平台**。企业利用在线招聘平台的简历数据库或搜索引擎等工具来完成招聘。招聘者可以在这些专业网站上发布招聘信息，利用网上数据库系统自动管理简历，也可以不发布招聘广告而直接搜索网上的简历库，寻找合适的人才。使用在线招聘平台具有成本低、宣传效果好的特点。然而，有些求职者为了获得更多的面试机会而随意地提交简历，这将导致企业收到大量的无效简历，简历和职位之间的契合性较低，HR 在筛选简历时有困难，应聘者面试成功率较低。

⊙ HR 实例

Adobe：精准匹配

随着时间的推移，媒体社会化不只把每个人都变成了自媒体，更沉淀了大量用户。此时，企业可以利用大数据资源和这些真实信息来精准匹配企业的招聘需求。

Adobe 在全球拥有 1 万多名员工，一般每年大约有 700 个空缺职位，其中 20% 的软件工程师是由外部机构招聘的，但 Adobe 要为每个职位支付 2 万美元的佣金。除了要支付昂贵的佣金外，一般情况下由外部机构招聘的员工留下来的比例不高，公司还要承担人才流失的风险。

之后，Adobe 推出了"寻找天才员工"的竞赛，将负责招聘的 HR 人员分为两组，第一组通过传统方式招募，第二组通过社交媒体网站招募，目标总量是分别招聘 50 名技术工程师。第二组只用了几个小时就找到了足够的候选人，而第一组则耗费了几个星期仍未能完成任务。

在此之后，Adobe 做了精确的数据分析，推出了大规模的社交媒体网络招聘，节省了大量的时间和成本，并且让公司找到更愿意为公司工作的人。互联网数据显示，公司不仅可以知道这些人的从业经历，还能了解到哪些人认同 Adobe 的战略和文化。时至今日，由于互联网的快速发展，外部机构只负责 Adobe 在美国不足 2% 的招聘业务。

互联网的发展，不仅方便了个人生活，还让求职者和企业的供求信息得到更加精准的匹配。人们在互联网或社交网络留下真实的信息，企业通过互联网数据挖掘求职者的工作技能、社会背景、就业经历、爱好、性格特征等信息。因此，企业可以有针对性地安排笔试、面试，找到企业所需的特定人才。

资料来源：任康磊. 人力资源管理实操：从入门到精通［M］. 北京：人民邮电出版社，2019.

（2）**企业官方网络自媒体**。企业官方网络自媒体包括企业官方微博、微信公众号、招聘官网、App 等。企业利用自己的官方网络自媒体，在官方网络自媒体中设立并运营专门的招聘专区，发布招聘信息。企业应把网络自媒体上的招聘和雇用信息视为营销工作的一个组成部分。用人单位网络自媒体上的招聘信息栏必须能有效地"推销"企业的职位和职业，还应概括地介绍企业的情况、企业的产品和服务、企业和行业的增长潜力及企业的运营理念。

通过企业的官方网络自媒体寻找工作信息的人一般都有了在此企业工作的意向，应聘的目标性和针对性较强，简历与岗位的契合度较高，可以减少人力资源管理者筛选简历的时间。但是这样的网络自招聘方式的缺点在于受众相对较少，应聘者人数可能较少。如果企业需要在短时间内补充较多人才，那么这种方法很难满足企业的人才需求。

⊙ HR 实例

阿里巴巴的"微招聘"

SOHO 中国董事长潘石屹在微博上发招聘人才的消息，被大量转载，引起轰动。这种简单却广为传播的宣传方式受到了很多企业的青睐，"微招聘"逐渐成为一种新的招聘形式。阿里巴巴也采取了这种招贤纳才的招聘方式，在发布内容、发布形式、发布时段等方面均做了认真的研究和考量。

发布内容：不仅发布招聘信息，还注重宣传企业文化，甚至更注重于向招聘者展示自己的企业文化。在文化宣传方面，借助名人的影响力提升知名度，发布师兄师姐面试经验，以及通过微博抽奖的形式吸引应聘者。

发布形式：为顺应当前一代读者，尤其是校园招聘中以应届毕业生为主体的年轻人群体的阅读需求，发布形式主要以"话题＋博文＋链接＋图片"为主；同时，在发布时会带上话题，当参与讨论的人数达到一定数量时，还有机会登上微博话题列表，这也是一种较好的推广方式。

发布时段：微博发布的时间段对招聘效果影响很大。从晚上 7 点，微博用户开始活跃持续到晚上 10 点左右。阿里巴巴招聘信息的统计数据表明，发微博时间上午多集中在 10：00 ～ 12：00，下午是 12：00 ～ 18：59 较为分散，晚间则较少发微博。

分析"阿里巴巴校园招聘"的微博内容可以发现，微博遵循着一定的逻辑，主要表现在人文关怀、互动沟通、名人价值等方面。

以人文关怀为核心：无论是直接与招聘相关联的信息，还是展现阿里巴巴企业文化的推广内容，都透露着阿里巴巴具有人文关怀的情感元素。

留下较大的互动沟通空间：微博具有较强的互动性，在微博上发布信息已经不能再以传统思维对待，对于粉丝的问题需要有效地做出回应，对于粉丝普遍关注的问题需要做出具有权威性的回答，以维持粉丝忠诚度与热情。比如阿里巴巴集团在微博上发布校园招聘 FAQ，整理了"笔试通过率如何""面试通过率是多少""如果收到录取意向书，有可能被退回吗"等求职者关注度比较高的问题给予官方权威的回答。

利用名人效应提升价值：意见领袖在微博上的话语权较高，尤其是传播正能量的"大 V"具有一定的引领力。"阿里巴巴校园招聘"在推广企业时，看到了微博的名人效应，从而以此来宣传企业价值、宣传阿里巴巴新产品等。

资料来源：薛莲. HR 员工招聘经典管理案例［M］. 北京：中国法制出版社，2020.

（3）**社群和移动招聘**。在移动互联网和人手一机的时代，手机的便捷性促进了社群的产生，近年来人力资源管理者也开始将社群应用于网络招聘的过程中。社群的目标性和针对性很强，因为社群内都是与行业相关的人或者潜在求职者。HR 不仅可以被动地参与现有的社群，而且可以主动地建立属于自己的社群，吸引岗位所需的人才或相关人员在社群里交流沟通，以便于在这个社群中发布企业的招聘信息。

招聘前端多元化是招聘方法发展的必然趋势，将快捷的移动设备应用于企业招聘中是越来越多企业的选择。社交新媒体是能够将人才招聘与雇主品牌二者相结合的招聘方法。与其他招聘方法相比，社交新媒体的优势在于诚信度高，因为大多数都需要实名认证，登记的信息可信度和真实性较高。同时，很多媒体的系统较为完善，简历的更新率较高，HR 能及时收到通知并做出反馈。微信，作为社群和移动招聘的新势力，不仅是目前中国用户量最大的 App，也是很多企业会使用的招聘媒介。

⊙ HR 实例

强生的社交招聘

社交招聘就是企业利用社会网络作为新的招聘渠道来吸引人才。强生在中国经常使用的社交招聘网络包括微博和微信。

1. 微博招聘

强生公司经过调查发现，大学生对微博的使用率还是很高的。为了吸引优秀的大学生加入，强生开设了强生校园招聘官方微博。这个微博由专人负责和管理，通过它，强生的招聘团队能够发布招聘职位和宣传强生这个雇主品牌，更重要的是可以直接与学生进行互动。强生公司通过举办一些竞猜活动，看看学生是否了解强生，参与者可以获得强生公司的相关产品，这不仅让大家参与了活动，而且能增加大家对强生的了解；同时，强生会在微博上开展公益活动，强生俱乐部的公益活动也会通过这个平台宣传。

关于微博招聘的优势，强生公司中国区的招聘副总监瞿娜女士认为主要有三点：速度快、成本低以及互动多。微博的缺点或者说对企业的挑战是，在微博上言论自由，很可能会有一些对于企业的负面评论，很容易对其他访问者造成潜在的影响。

2. 微信招聘

强生于 2013 年开始使用微信招聘，强生微信招聘仅通过朋友圈转发的形式运营。由于微信只能在好友之间传播，即使是在微信官方公众号中传播，也必须是关注的人群才能收到消息，所以它的传播受到很大的限制。

微信招聘的优势：首先，时间投入少，因为使用微信可以利用碎片化时间，招聘人员可以在闲暇的时间转发招聘信息，而不会占用太多的整块时间，而且能迅速把招聘信息对外传播；其次，资金成本低，传统的招聘网站公布职位都会收费，广告费至少上万元，而微信招聘都是由公司员工自己推广的，成本较低；最后，成功率较高，由于微信好友都是熟识的人，一旦有求职者申请，成功的可能性很大，尤其是对于销售和营销，以及后台支持岗位，成功率较高。

通过强生公司的社交招聘案例可以看出，同样是社交媒体，由于受众和工具的特点不同，所以在招聘过程中使用时应该有所侧重。微博招聘适用于年轻人，特别是大学生，适合做校园招聘；而微信招聘，更多面向的应该是中高层的管理者，一来成功概率更大，二来可以为公司节省大量的招聘成本（减少了猎头的使用）。

资料来源：李晓莉. 新互联网时代招聘实战 [M]. 北京：清华大学出版社，2018.

4. 大数据思维的应用

大数据并非完全颠覆传统人力资源的管理实践，而是旨在运用大数据的新思维及其衍生出的新技术，为人力资源管理活动提供便利并提高管理的有效性。

顺应大数据的时代背景，运用大数据思维和分析技术，通过统计和分析，企业的招聘人员可以结合个人经验和专家的建议创建一个人才招聘模型，通过这个模型帮助组织匹配到一个最有能力胜任此职位的应聘者。并且，面对大量的简历，通过对简历数据的自动筛选和深度挖掘，可以帮助企业准确地找到合适的候选人。最后，招聘过程中最根本的要求是解决企业的岗位和应聘者之间的匹配性问题，而大数据技术能高效且准确地完成这些匹配过程。通过大数据技术对应聘信息中所包含的不同信息进行分析与挖掘，招聘管理者就可以对应聘者的业绩进行理性预测，将招聘依据从"经验＋直觉"转变为"数据＋事实"，促进招聘效果的改善和提高管理有效性。大数据思维使得"少付出，多回报"成为可能，提高数据分析能力是企业顺应时代发展需求的前提。大数据招聘系统由以下四个部分组成，见图4-3。

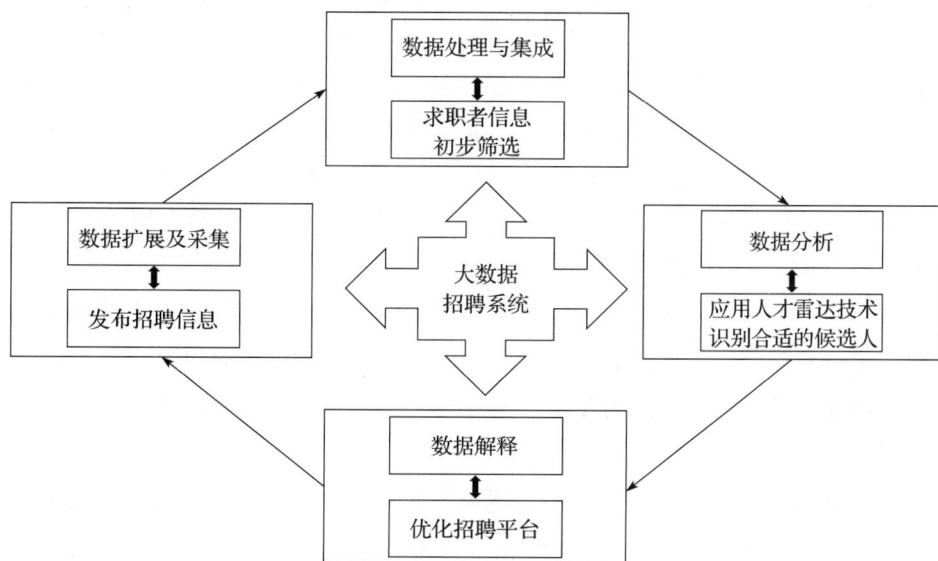

图 4-3　大数据招聘系统

（1）数据扩展及采集——发布招聘信息。单纯依靠企业的在线招聘网站来被动接受求职者的简历，企业与求职者之间缺乏沟通交流，降低了双方选择的有效性。为了增加有效的求职者数量，企业可以搭建社交化的网络招聘平台，利用社交网络使用者门槛这一应聘者细分手段，减少无效申请的数量。将网络招聘渠道与企业内部人员举荐相结合，把部分前期筛选工作授权给企业中有资历的老员工，在降低招聘人员工作量的同时还能提高初选人员与职位之间的匹配性。一旦企业发布招聘信息，大数据招聘系统就会通过面向应聘者和空缺职位的双向匹配算法，对线上网络的简历数据库进行数据挖掘和分析，同时找出与企业内部职员相关的潜在求职者，启动内部推荐程序。将企业内部举荐与社交网络大数据平台相结合开展招聘工作，不仅能够提高招聘的有效性，还可以帮助员工建立人际关系网，提高人力资源的活跃度。

（2）数据处理与集成——求职者信息初步筛选。在接受求职者的简历、申请或推荐后，企业可以采用人机结合的方法初步筛选数据。基于年龄、专业、外语水平等基础参数，增加人格、社会工作经验、户籍所在地等多种参数（称为匹配参数），以基本参数和匹配参数共同累积加分为基准完成求职者的初选，根据数据分析系统赋予的求职者得分，从高到低给予求职者匹配优先权。为了避免筛选关键词的设置问题造成人才错失，在人才的筛选过程中可以采用人机结合的方法。筛选的标准关键词和具体参数设置由用人部门与人力资源管理部门共同承担，用人部门主要从员工能力的角度设置参数，人力资源管理部门着重从求职者的综合素质来设置参数。最终的人才筛选结果由人力资源管理部门和用人部门共同确认并生效。

（3）数据分析——应用人才雷达技术识别合适的候选人。对于通过了初步信息筛选的求职者，还需要更准确地掌握其与空缺职位的匹配程度，企业可以通过人才雷达技术来进一步识别合适的求职者。人才雷达技术是基于云计算，利用大数据系统定向分析和挖掘信息，帮助找到适合企业的人才。例如，企业可以从人格、知识、能力、行为以及行业关系这五个方面来建立职务能力评价矩阵。通过对多来源数据的深度分析，构建起与求职者相关的人格图谱、知识图谱、能力图谱、行为图谱以及行业关系图谱，并进一步从这些图谱中提炼出求职者的人格特征、能力水平和社交圈，以此作为依据同时对求职者从专业匹配、人格匹配、行业影响力匹配等维度进行综合评分，根据此分数确定进入线下面试的求职者名单。

（4）数据解释——优化招聘平台。基于大数据分析技术的人才筛选结果应该在企业中得到充分应用。企业可以将每次的招聘结果在企业的内网公开，包括获取求职者的途径、求职者的能力特征、举荐链上每位推荐人获得的奖励等核心信息，以为后续的招聘工作提供参考。

企业的招聘平台具有发布招聘信息和树立企业形象的双重作用和功能。企业可以根据求职者在招聘网站等媒体的各板块停留的时间来判断求职者的兴趣点和最关心的事项，进而对其进行重点建设。另外，设计者可以依据求职者对文字、图片、视频等内容的浏览次数和停留时间，合理安排这些部分所占的比例；再根据适合求职者的应聘渠道来源，对重点信息平台进行更新和维护，提高招聘信息转发量和关注度，增强应聘数据的可靠性和招聘方式的有效性。

Ⓗ HR 实务

大数据在人力资源管理中的前沿研究

随着互联网技术在人力资源管理中应用程度的不断加深，越来越多的学者致力于研究大数据在人力资源管理中的应用方式，前瞻性地提出了多种实践方向。

1. 基于内容数据的研究

（1）个性评估。基于网络挖掘技术，可以计算客观化网络行为与人格特征行为之间的关系模型，并最终实现基于个体网络行为的个体人格特征的测量。基于微博数据可以预测个体的抑郁和焦虑等情绪。

（2）人力资源供需管理。①劳动力市场供给。例如，基于在线简历的职业经历描绘了企业间的人才流动，并研究了知识工作者的职业流动所带来的知识溢出效应。②劳动力供需的动态匹配。例如，利用实验的方法，研究了工作报酬区间的动态生成。

2. 基于关系数据的研究

（1）邮件网络与知识网络。占据中介中心位置和点入中心位置越多的经理，领导力绩效越好，说明有影响力的领导更容易被信任而处于沟通网络的中心位置。

（2）人力资本社会网络与校友网络。采用大规模在线简历数据构建了企业间人才流动网络，从中心度和结构洞的视角研究不同类型人才流动对企业创新的影响。基于我国上市公司高管简历的教育背景信息构建了企业校友网络，并研究了校友网络对基金业绩的影响。

3. 基于行为数据的研究

基于 Web2.0 的网络招募较 Web1.0 具有强烈的交互特征，个体在浏览招募信息的过程中，可以与后台工作人员进行互动，从而获得更好的使用体验和信息反馈，帮助应聘者对人－岗匹配、个体需求与能力匹配、个体与组织匹配进行更加深入的评估，有利于吸引更多高质量的应聘者浏览招募信息，以及促使其做出工作申请行为。

4.2.4 甄选的方法与技术

1. 履历分析

履历分析是根据被测评对象的个人履历中所记载的事实以及其他材料信息，了解一个人的成长历程和工作业绩，从而对其人格背景、职业兴趣、工作成就和交际能力有一定的了解。通过履历分析，首先可以确定被测评对象是否符合工作所需要的最低资格要求，其次可以判断被测评对象具有或缺乏哪方面与工作相关的属性和能力等，最后还可以发现与被测评对象有关的潜在问题领域。

⊙ HR 实务

识别虚假简历的技巧

- 年龄和学历匹配。HR 如果发现申请人的学历和年龄明显不符，可以进一步询问专业和课程。如果申请人回答不清楚，HR 需要验证这份简历的真实性。
- 简历内容与常识相悖或者矛盾。若求职者在简历中疯狂吹嘘自己的经历，有悖常理，或者前后内容不一致，则简历可能是伪造的。
- 时间点的衔接。HR 不仅要关注简历中的基本信息、工作内容、能力等，还要关注时间段的合理性，注意时间上是否存在前后矛盾的情况。

---

2. 笔试

笔试主要用于测量人的基本知识、专业知识、管理知识、相关知识及综合分析能力、文字表达能力等素质和能力要素。它是一种最古老而又最基本的员工甄选方法，至今仍是企业组织经常采用的选拔人才的重要方法。笔试一般分为两种题型：客观性试题和主观性试题。其中，客观性试题包括是非判断、多项选择、搭配等题型，特点是试题涵盖面广、信息量大、完全标准化，适于考察分散的各种知识点；主观性试题包括填空题、名词解释、简答题、论述题、证明题、计算题、论文题等，其特点是答案自拟、难度较高、耗时较长，适于考查理解与运用知识的能力。

3. 面试

面试是指通过考评者与被测评对象双方面对面的观察和交谈，收集有关信息，从而了解被测评对象的素质状况、能力特征及工作动机的一种人事测量方法。考评者和被测评对象双方在特定场景下以面对面的观察、交谈等双向沟通的方式为主要手段，来了解和获取被测评对象的有关素质状况、能力特征及其动机等方面的情况。

（1）**面试的基本类型**。结构化面试、非结构化面试和半结构化面试，见表4-1。

结构化面试是指按照事先设计好的结构化面试表格中的问题清单依次对求职者进行提问，并且按照标准化的格式记录下求职者的回答。结构化面试主要考查的是一些客观因素，例如求职者的工作经验。

非结构化面试也称为"随机面试"，在面试过程中，不需要面试官按照预先确定好的问题顺序向求职者提问，可以随机地发问，谈话内容也可以任意地展开，过程自然。非结构化面试主要考查的是求职者的主观因素，例如素质、能力。

半结构化面试是介于结构化面试与非结构化面试之间的一种面试形式，面试官提前准备关键性测评问题，但是不必固定问题的提问顺序，并且在讨论过程中针对问题进行合理性扩展，体现了标准化与灵活性相结合的特点。

表4-1　三种结构化面试的选择

面试形式	适用范围	适用候选人
结构化面试	15%	尤其适用于初级候选人，例如客服人员、销售人员等
非结构化面试	5%	尤其适用于中级候选人
半结构化面试	80%	适用于任何水平的候选人

HR 实务

结构化面试问题举例

品质	问题
主动性	你是否曾经付出额外的努力来使某项工作继续下去？你具体是如何做的？其结果如何？
	你工作上最大的成就是什么？你采取了哪些行动？
	你曾经受过何种奖励？你是如何赢得这些奖励的？还有多少人也得到了这些奖励？
	在你的职责范围内，你进行过哪些改变？你是怎样确保它们得以执行的？
	为了改进工作或生产流程，你提出过哪些建议？

（续）

品质	问题
抗压能力	你在工作中压力最大的是哪一方面，为什么？你的反应如何？
	在工作中你和客户、下属或者同事之间压力最大的是什么问题？请给一个具体例子，说明你的行动或反应。
	当你失去了一笔大订单之后，你会怎么做？
	你是否经历过做出最大努力但最终失败了的事情？请举例。
	对于你的上级或同事的批评，你的反应如何？
	对于妨碍你完成工作的阻力，你是如何克服的？
毅力	请举例说明你坚持某一立场的行动直到达到期望的目标，或该目标已经不可能再达到。
	请举例说明你坚持克服反对意见来证明产品或服务是如何能满足客户需求的。
	你是否曾经与他人竞争且失败了？请说明失败后的行动。
忍耐力	客户有时会对你并不友好，对此你是怎么做的？请举例说明。
	你在工作中是否经历过某些冲突？你的反应如何？

资料来源：任康磊. 人力资源管理实操：从入门到精通 [M]. 北京：人民邮电出版社，2019.

无领导小组面试指的是通过情境模拟对应聘者进行集体面试的考察方式，通常由 4～8 位应聘者组成一个面试小组，面试官给定考生在特定情境下的问题，并不指定具体的负责人，要求应聘者对问题进行分析、讨论和论述，面试官针对应聘者的表现以及与他人合作的状况来评判该应聘者是否符合岗位需要，尤其是看在这个面试小组中谁会脱颖而出。无领导小组面试提供给应聘者一个自由发挥的空间，可以最大限度地把求职者的能力素质展现出来，有助于考查应聘者的分析判断、组织协调、团队合作、团队带领等方面的能力。

ⓒ HR 实务

无领导小组面试问题类型及举例

问题形式	问题描述	举例
开放式问题	没有正确答案，答案的范围很广，考查求职者的思路是否清晰、考虑是否全面、是否有新颖观点	你认为什么样的领导是好的领导
两难式问题	要求求职者在两种兼具利弊的答案中选择一种并陈述理由	你认为是以工作为取向的领导好，还是以人为本的领导好
排序选择问题	要求求职者对多个备选答案按重要顺序进行排序	将"德、能、才、勤"按对于工作的重要性进行排序并阐明理由
资源争夺问题	要求求职者对特定情境中的有限资源进行分配	若让你担任各地区分部门的总经理，请你就有限的资金进行分配，并说明理由
实际操作问题	给定求职者一些道具，要求他们利用这些道具设计出面试官要求的物品	给应聘者一些材料，要求他们在有限的时间内构建出一座楼房的模型

资料来源：李晓莉. 新互联网时代招聘实战 [M]. 北京：清华大学出版社，2018.

压力面试是考核候选人对工作中压力的承受能力的一种特殊面试方法。它主要应用于某些经常要承受较大压力的工作的人员选聘中。在压力面试中，面试人员故意设计一系列令人难以接受的问题，将候选人置于尴尬的境地，甚至激怒候选人。观察候选人面对这一切的反应，以考核候选人的应变能力、心理承受能力以及人际关系处理能力等。

HR 实务

面试中的肢体语言

在面试过程中，观察面试者的行为和肢体语言是非常重要的，面试官可以通过面试者的肢体语言反馈的信息做出有效的评估。比如求职者在回答问题时眼神是游移不定的，那么他的回答可能是不真实的，面试官需要多问一些细节。求职者的肢体语言可能传达的信息如表 4-2 所示。

表 4-2　求职者的肢体语言可能传达的信息

求职者的肢体语言	可能传达的信息
面部通红，鼻尖出汗，不敢直视面试官	缺乏自信
目光紧盯双手、双脚或地面，不发言	内心斗争激烈
目光黯淡，双眉紧锁	苦恼、焦急或压抑
双肩微垂，双手持续单调动作	情绪压抑
手颤、抖脚	焦虑、紧张、急躁

资料来源：贺清君. 招聘管理：从入门到精通 [M]. 北京：清华大学出版社，2015.

（2）STAR 面试技巧。STAR 面试的理论依据是，单凭一份简历无法获取有关求职者的能力、素质、经验等更全面和细节的信息，通过求职者对于过去工作实际经历和行为表现的描述，来推测他将来的表现和绩效。此外，还可以考察应聘者是否从过去的实践中总结出经验，并且在此基础上学习和发展。STAR 面试的实质是谈话的顺序和程序，主要由四个部分组成。

1）S——situation（背景）。询问求职者进行某项工作的背景和环境，以了解取得工作结果的前提。通过对背景的了解可以获知工作结果在多大程度上与求职者个人工作能力和素质相关，在多大程度上是由行业特点和市场状况本身所决定的。

2）T——task（任务）。进一步了解为了完成此项工作需要做哪些任务，以及这些任务的具体内容是什么。通过对实际工作任务的了解，可以获取求职者过去的工作经历与应聘岗位之间的契合性信息。

3）A——action（行动）。继续了解为了完成工作所采取的具体行动。通过对这个问题的考察可以获取有关求职者的思维方式、行为方式、工作效率等方面的信息。

4）R——result（结果）。了解这项工作最终的结果是好是坏，是否达到了最初的预期。重要的是还需要分析成功或者失败的原因。

HR 实务

一个 STAR 发问案例

背景或任务 S/T	行动 A	结果 R
"是什么让你决定……"	"你当时的方案，与其他方案的区别是……？"	"这种方法的主要影响是……？"
"你为什么这样决定？"	"这种情况你怎么应对呢？"	"结果与你的方案的直接关系是……？"
"那是在什么情况下发生的？"	"能告诉我你当时是怎么处理的吗？"	"你怎样判断这种措施是有效的呢？"
"项目的背景是……"	"方便说一下你当时采取的方案和步骤吗？"	"大家对你的表现有什么看法？"
"为什么选择这种方案？"	"你的决定主要考虑了哪些因素呢？"	
"这个项目的合作伙伴怎么样？"		
"项目获得成功，你觉得……？"		

资料来源：任康磊. 招聘 面试 入职 离职管理实操［M］. 北京：人民邮电出版社，2019.

4. 心理测验

心理测验是根据被测评对象在特定环境下的行为表现，对于贯穿在人的行为活动中的心理特征，依据确定的原则进行推论和数量化分析的一种科学手段。心理测验可以反映被测评对象的能力特征，预测其发展潜能，也可以测定被测评对象的人格品质及职业兴趣等。从测评目的的角度，可以将心理测验分为智力测验、人格测验、性向测验和心理健康测验。

HR 实例

丰田的全面招聘体系

丰田全面招聘体系的目的是招聘最优秀、最有责任感的员工，公司为此付出了巨大的努力。丰田的全面招聘体系大致可以分为六个阶段。

第一阶段，丰田通常会委托专业招聘机构进行初步筛选。应聘人员通常会观看丰田公司的工作环境和工作内容的视频资料，随后填写职位申请表。一个小时的视频可以让应聘人员对丰田的具体工作情况有一个大致的了解，初步感受到工作要求，也是应聘人员自我评价和选拔的过程。专业招聘机构也会根据职位申请表和应聘者的具体能力及经验进行初步筛选。

第二阶段，评估员工的技术知识和工作潜力。通常要求员工对基本能力和职业态度进行心理测试，以评估其解决问题的能力、学习能力和潜力以及职业兴趣和爱好。如果是技术职位的候选人，需要进行 6 小时的现场实际机床操作测试。通过第一、第二阶段的应聘者的有关资料再转入丰田公司。

第三阶段，评价员工的人际关系能力和决策能力。候选人在公司的评估中心参加一个 4 小时的小组讨论，讨论过程即时被丰田的招聘专家观察和评估。同样在第三阶段，应聘者需要进行 5 小时的实际汽车生产线模拟操作。

第四阶段，应聘人员需要参加一个 1 小时的集体面试，和丰田的招聘专家谈论自己取得过的成就，让丰田的招聘专家充分了解应聘人员的兴趣和爱好，以什么为荣，什么样的职业才能使应聘人员兴奋，从而做出更好的工作安排和职业规划。在这个阶段，丰田可以进一步了解员工的团队互动能力。

通过以上四个阶段，员工基本上被丰田录用，但是在第五阶段，员工需要进行 25 小时全面体检。

第六阶段，新员工需要接受 6 个月的工作绩效和发展潜力评估，还要接受监控、观察、督导等方面严密的培训。

从全面招聘体系中可以看出，首先，丰田招聘的是具有良好人际关系的员工，因为公司注重团队精神；其次，丰田生产体系的中心点是品质，所以员工需要致力于高质量的工作；最后，公司强调工作的持续改进，这也是为什么丰田需要招聘聪明、有过良好教育的员工。基础能力和职业态度的心理测试以及解决问题能力的模拟测试都有助于良好的员工队伍形成。

资料来源：李涛，刘思征，孟德明. 丰田全面招聘体系及启示［J］. 中小企业管理与科技（上旬刊），2018（11）：18-19.

4.3　人才测评

在 21 世纪，人才和科教已被视为构建和谐社会与全面建设小康社会，解决环境、能源、城乡和区域发展差距、社会不平等、人口老龄化和国家安全等新兴问题的关键。有效培训、开发和利用人才是中国转变为创新型社会的关键，在人力资源开发与管理中，具备鉴定与预测等功能的人才测评拥有十分重要的地位。

4.3.1　现代人才测评概况

1. 人才测评的时代背景

当 VUCA（易变性、不确定性、复杂性、模糊性）成为我们这个时代的特征，外部环境愈来愈难以控制与预测时，企业人力资源管理也正在经历巨大的挑战。人才困境（见图 4-4）成为阻碍企业提升竞争力以及实现可持续发展的重要因素。

想要改变人才困境，人力资源管理工作升级是关键突破口。近年来，专家学者们纷纷呼吁，企业人力资源管理亟须升级到人才管理。聚焦人才管理，各级管理者必须并肩作战，共商人才的合理使用方式，创新产品与服务，激发新的企业策略。如何实现转型升级？最终落脚点还是在

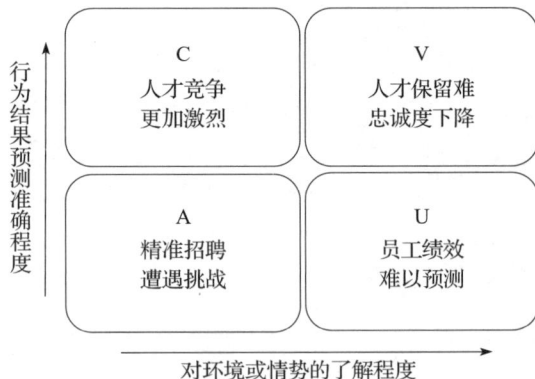

图 4-4　VUCA 时代的人才困境

资料来源：闫巩固，高喜乐，张昕. 重新定义人才评价［M］. 北京：机械工业出版社，2019.

人才的"选用育留"四大核心课题上。而其中人才引进、人才任用与人才培养这三个领域，都离不开人才测评这一重要工作。

人才测评是企业科学识才和选才的重要技术，是对人与事之间的适应关系进行定量和定性相结合的测量和评价。具体地讲，人才测评就是在人力资源管理领域里应用专门的手段和工具，依据科学的测量和评价原理，针对特定的人力资源管理目的，例如招聘、安置、考核、晋升、培训等，对人的素质进行多方面系统的测量和评价，进而为人力资源管理与开发提供可靠的参考依据。

关于人才测评的内容，一般而言，测评的素质包括身体素质和心理素质两大方面。其中身体素质主要是指身体健康状况和体力，心理素质主要是指智力和能力素质、品德素质、认知水平和其他一些个性素质，例如兴趣、动机、气质、性格等。人才测评可以帮助组织避免因为用人不当带来的风险并且获得更多的效益，还可以帮助个人更全面地了解自己的能力与性格，从而有效规划个人职业生涯发展。

◉ HR 视野
搜狐如何探索 VUCA 时代的人才发展之道

搜狐公司是我国的新媒体、通信及移动增值服务互联网公司。2018 年 7 月 27 日，中国互联网协会、工业和信息化部信息中心联合发布了 2018 年中国互联网企业 100 强榜单，其中搜狐位列第七。在业务复杂多变的商业环境下和 VUCA 时代，通过内部访谈建模、外部对标以及数据采集等动作，搜狐公司与外部顾问共同设计完成了搜狐集团领导力素质模型——E3（evision，edge，engage）。

随后，"搜狐未来精英集中营"以 E3 领导力素质模型为标尺，通过定制化测评与绩效评价相结合的方式，精选具有发展潜力并且学习意愿强烈的中层管理人员，为其提供系统训练，其中训练内容包括战略视野、系统思考与管理能力提升。

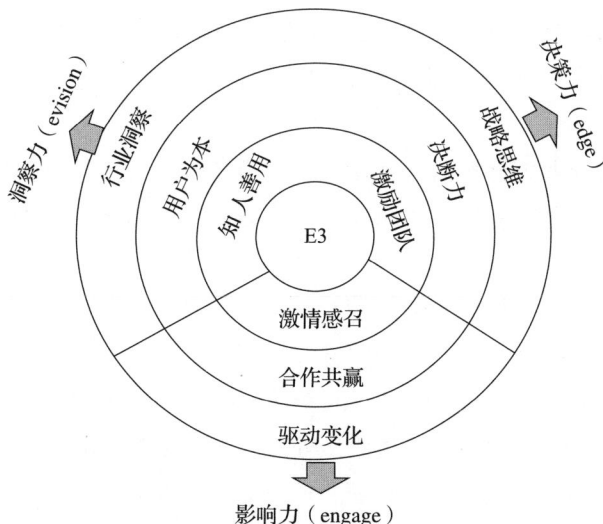

资料来源：李晓莉. 新互联网时代招聘实战［M］. 北京：清华大学出版社，2018.

2. 我国人才测评发展现状

知识经济的兴起促使人们更加注重获取和留住人才，因此用人单位对人才评价的要求越来越高，人才测评也越来越被大众认可。有调查表明，我国企业与毕业生均认同人才测评是最公平且最能有效识别人才素质的评估方式。

传统的人才测评方法主要包括履历分析、面试、笔试、心理测验等。我国中小企业所使用的测评工具一般较为传统且单一，但当前已逐渐出现把多种评价方法结合使用的倾向。用人单位可根据工作性质、时间、成本、文化等，灵活使用各种测评方法的组合，比如将履历分析、测评与行为化面试多种手段综合，分别评价候选人的经历、潜力、技能和外显的能力素质，以确保该候选人是公司想要的人。目前，有些企业甚至还会在内部成立一支专业的测评师队伍，根据实际需求来外采或开发自己的测评工具。

随着互联网的普及与发展，技术变革正在飞速地改变世界。在互联网的浪潮中，人才测评技术也在不断创新。基于人们逐渐将生活行为附着于网络之上，于是这些网络上的行为轨迹就构成了一个动态的、不断增长的数据集合。将大数据思维引入人才测评，能将特定时期的测评环境转换成日常离散数据的收集环境，提高收集全数据样本的可能性，这些数据的有效利用可以帮助提高现有的测评效度。企业可以通过对历史数据建模分析，特别是对高胜任力员工的工作技能、学历背景、个性特征与离职原因等进行综合分析，判断出哪些员工有离职倾向，哪种员工更有可能取得职业成功，从而选拔、留用最优秀的人才。以腾讯公司为例，人力资源管理者把腾讯以往的所有员工按照稳定程度划分成多个样本，对稳定度高的员工的行为大数据进行挖掘，进而找到与稳定性相关的主要特征（如主动发起沟通的邮件次数、工作时长等），建立能够识别候选人稳定性的数学模型，而后运用于招聘，系统会自动根据应聘者的简历做出稳定性评估，给 HR 提供决策建议。在招聘结束后，简历的评级、面试评价的关键词、录用与否等一系列数据又会被放到模型中预测出新的结果，如优秀候选人的影响因素、绩效优秀的员工的特点等。

此外，结合大数据算法，企业还可以通过人工智能技术对图像、语音和机器人等加以利用。综合现有的人才测评工具与方法，可以将人才测评技术划分为四大类型，见图 4-5。

但目前国内只有极少数的大型互联网公司具有相应的，能将大数据真正应用在包括人才测评在内的完整人力资源管理过程中的规模与实力。由李育辉等人与用友联合发布的《2018 年度中国企业 HR 数字化成熟度调查报告》显示，在招聘测评领域，我国仍有 76.5% 的企业通过手工处理业务（见图 4-6）。面对新技术的发展，传统测评最终将会朝着更智能、全面、精准的方向演变。就当前来看，我国在人力资源管理大数据实践方面还有很大的发展空间。

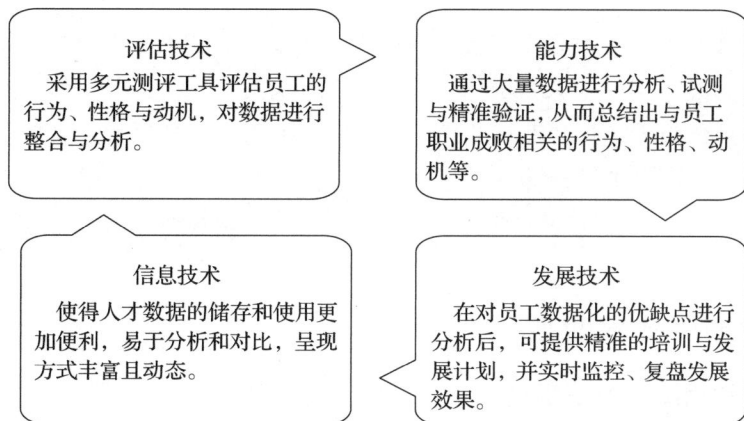

图 4-5　人才测评四大技术类型

资料来源：闫巩固，高喜乐，张昕. 重新定义人才评价［M］. 北京：机械工业出版社，2019.

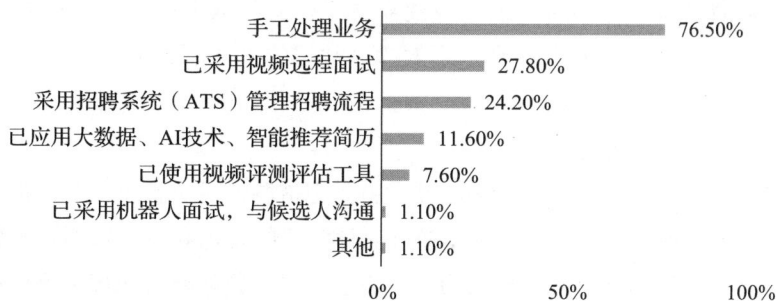

图 4-6　国内企业招聘测评现状

资料来源：《2018 年度中国企业 HR 数字化成熟度调查报告》。

HR 实务

百度文化价值观评价模型

百度作为全球最大的中文搜索引擎，将"简单可依赖"作为企业的价值观，认同企业文化价值观、能胜任自己的工作和具备学习能力是贯穿百度招聘与测评流程的三项标准。"百度文化价值观评价模型"的落地，是通过质性访谈和量化数据相结合的方法完成的。

首先，对文化价值观与学习敏锐度模型进行资料数据的分析、关键人物访谈、听取内部文化"故事"，深度理解与剖析文化价值观。探究通过实践证明的、大家认可的符合企业用人理念的员工自身所具备的核心特质（即"百度基因"），而后将其与胜任力词条库中的专业评价维度对接。

其次，根据质性分析输出模型 1.0，并完成报告 Demo 版的设计，再抽样选取内部员工进行数据收集，对模型进行校验。

最后，校验后上线人才模型和个性化报告，并持续收集外部数据，以拟录取的校招员工作为效标数据对模型做进一步的优化。

在评估结束之后，针对每个候选人会输出三份报告，其中一份是综合面试报告，两份为个人反馈报告。综合面试报告清晰标明学习敏锐度与文化价值观的评价标准，可帮助 HR 快速了解候选人，提高面试效率。个人反馈报告的主要作用是让候选人了解自己是否喜欢并适应百度的工作，这种形式的评估报告在学生群体中备受好评。

资料来源：侯光明. 人力资源战略与规划［M］. 北京：科学出版社，2018.

4.3.2   人才测评技术变革

1. 常用测评方法概述

人才测评在人力资源管理乃至企业管理中均发挥着重要作用，通过人才测评可以帮助企业和员工了解个人的能力，同时为员工的培训提供科学的依据，通过人 - 岗匹配来激励员工，同时帮助企业建立员工信息的数据库，为合理调配人才提供依据，让人才的知识与能力得到合理发挥。常用的人才测评方法有笔试、面试、心理测验、评价中心技术、绩效考核。本章在员工甄选部分已介绍过笔试、面试与心理测验方法，此处不再赘述。

（1）评价中心技术。评价中心技术就是把被测评对象置于一个模拟的工作环境之中，采用多种测评技术，观察和考核被测评对象的心理和行为以测量其各种能力。评价中心技术主要涉及个人的背景调查、心理测评、管理能力和行为评价；测评的主要方式包括投射测验、面谈、情景模拟、能力测验等。但从评价中心活动的内容来看，主要有公文筐测试、无领导小组讨论、角色扮演、演讲、案例分析、事实判断等形式。

评价中心技术比较表见表 4-3。

表 4-3   评价中心技术比较表

	公文筐测试	无领导小组讨论法等	案例分析法
主要内容	针对具体管理岗位，在一定时限内，要求人员处理报告、信函和备忘录等文件（与具体岗位直接相关的、来自组织内外部的典型问题）	就企业某些争议较大的问题（如奖金分配、干部提拔等）进行分组讨论，最后形成书面形式的一致意见	通过让被测评对象阅读一些关于组织中的问题的材料，然后让他提出一系列的建议并提交给更高级的管理部门来考察
优点	与工作相关性强，具有较强的针对性，从而全面反映被测评对象的实际工作能力和素质	可以测评到被测评对象的某一特定素质和潜能，从而全面评价其素质	易于操作，既可以测评一般能力，也可以测评特殊能力
缺点	成本较大，费时，每次只能测评一个人员	评价主观性太强，对测评的题目要求较高	评分标准较为主观
适用范围	适用于中高层管理人员	适合挖掘员工的潜能，适用于测评管理人员	适用于管理人员

资料来源：赵曙明. 人才测评：理论、方法、实务［M］. 北京：人民邮电出版社，2018.

（2）绩效考核。绩效考核作为人才测评的一个组成部分，是针对企业员工的工作表现，采用科学的方法对其进行考核与评价。企业对员工的绩效考核可以从多个角度展开，诸如品德、工作能力、工作效率、工作态度、业绩等都能作为绩效考核的内容。通常，对员工的绩效考核可以划分为三个方面：态度考核、能力考核和业绩考核，主要考核工具有 MBO（目标管理法）考核、KPI 考核、360 度考核以及 BSC（平衡计分卡）考核等。

⊙ HR 实例

360 度考核不能滥用

世界闻名的创新领导力中心（CCL）研究指出，360 度考核是过去许多年来领导力发展的最有效的工具之一。

然而我国对 360 度考核方法的利用存在很多误区。有部分企业直接把 360 度考核结果作为绩效评估，进而造成 360 度考核失去其客观性，还有的企业把 360 度考核结果作为一种考试成绩，直接告诉当事人与他的人事主管、直线领导。这种做法可能造成员工之间、上下级之间更大的矛盾，因此这里有几点应该注意：① 360 度考核技术不可以单独使用；② 360 度考核主要用来增强被测者的自我认知，是一种发展用的工具，而不是评判性工具；③ 360 度考核结果一定要有经过专门训练的顾问帮助解读；④ 360 度考核一般不用在选拔上，若是作为选拔工具，一定是作为选拔标准之一，而不可以是唯一的标准；⑤ 被测人员应该有知情权和选择权，即一定要告知他测评结果可能会影响到他被选拔的概率，并且他也可以选择不参加测评。

资料来源：宋源. 人力资源管理 [M]. 上海：上海社会科学院出版社，2017.

⊙ HR 工具箱

几种测评工具介绍

1. DISC，4 个字母分别代表 4 种类型：D—dominance，支配性；I—influence，影响性；S—steadiness，稳定性；C—compliance，服从性。它是一种性格测评工具，理论起源为马斯顿的"正常人的情绪"。

2. MBTI，全称为 Myers-Briggs type indicator，也是一种性格测评工具，且是当今世界上应用最广泛的性格测试工具。MBTI 一般用于了解被测者的处事风格、职业适应性、特点、潜质等。

3. CPI，全称为 california psychological inventory，是一种人格测量工具。CPI 应用范围非常广泛，在教育心理上，它可以预测学业成就与创造性潜能，还能够对专业的选择提供指导；在管理心理上，它可以预测候选人的管理潜能、工作绩效，还能用于招聘、职业规划、储备领导等。

4. HA，全称为 Harrison assessment，哈里森测评。HA 结合了行为理论（enjoyment-performance theory）与矛盾论（psychologicalopposites theory），它能帮助企业对人力资本进行最优化。HA 可以衡量 4 个方面（个性特征、任务喜好、兴趣以及工作环境喜好）的 78 个适合性因素，现已成为选择、招聘和发展管理者的极好的工具。

资料来源：郭朝晖. 人才素质测评技术 [M]. 北京：北京大学出版社，2018.

2. 新兴测评技术

随着全面深化改革，企业与人才的发展要跟上外部环境的脚步和节奏。大数据、人工智能、云计算等新兴技术已然成为主导产业变革的关键力量，雇主对人才的技能要求随之出现深刻转变。技术的快速迭代重新定义了企业对人才的筛选规则，重塑劳动力市场架构。

（1）**计算机化测评**。计算机化测评是指在计算机上或者与计算机网络相连接的仪器设备上进行的人才测评。它的实现形式包括计算机化纸笔测试、在线测评、计算机情景模拟、计算机自适应测验等。其中计算机化纸笔测试是一种用计算机取代纸笔作为作答工具的测试形式；在线测评就是通过互联网进行的人才测评，测评的形式为文本或音像，它与传统人员测评最大的不同就是测评考官不在现场；计算机情景模拟可以简单地理解为情景模拟测评的计算机化，其测评项目需要借助多媒体来实现，它能够将被测者可能从事的工作中的某些重要情景虚拟化，让被测者扮演特定的角色参与其中；计算机自适应测验是一种为每个测评对象量身定做、因人而异的测验，不仅能够通过计算机呈现题目、输入答案、自动评分、输出结果，而且还能根据被测者对试题的作答情况，自动选取下一条最适宜被测者作答的题目，进而实现对被测者的精准测评。成熟的考试系统快捷方便，成本低但效率高，打破地域的限制，精准的考试结果分析能够节省阅卷的时间和精力。

⊙ HR 实务

阿里巴巴的在线笔试

阿里巴巴每年招聘上千名应届毕业生为公司储备新鲜血液。阿里巴巴为校园招聘建立了专门的官方网站，应聘者不论是在社交媒体上获取的信息还是经老师或前辈推荐，都需在网站上注册，输入个人信息和简历，并选择职位、工作地和面试城市后，才能进行后续的笔试及面试。

作为国内首家进行大规模在线笔试的公司，阿里巴巴每年都在线上测试十万以上人次的应聘者。经过数年的技术打磨，终于实现了数万人同时在线进行笔试的梦想。线上考试不乏质疑其公平公正性者，怀疑有人用手机或电脑作弊，阿里巴巴给出的回答是：

- 出题组每年会精心筹划新题，既能考查应聘者的基础知识，又能考查应聘者的解题能力。换言之，阿里巴巴的笔试题很难在网上查找到答案。
- 利用技术防止作弊，如答题行为数据分析。
- 笔试采用过关制而非排名制，合格分数提前确定好，与应试者排名无关。

成功通过笔试后，应聘者还要经历线上测试和面试，面试形式多种多样，如面谈、电话面试、视频面试等。

线上测试主要是以智力测试和性格测试为主，通常在笔试完成三天内完成，之后才会进入面试环节。

进入面试环节后，第一轮无领导小组面试一般是每组 10 名应聘者，2～3 名面试官。应聘者是按照提交简历、签到的顺序来分组的。第二轮面试是部门领导、HR 来单独面试。

即使通过了面试环节，也不意味着就是阿里巴巴的一员了，应聘者还需进入"百年阿里"进行为期五天的训练，以班级划分，每个班配以班主任。这项考核标准为会议日常表现，包括参与团队活动的具体情况，最后由班主任和班委会成员决定应聘者是否合格。

资料来源：李晓莉. 新互联网时代招聘实战［M］. 北京：清华大学出版社，2018.

（2）**大数据分析技术**。当下大数据席卷人们的工作与生活，各行各业的管理模式与工作方式均迎来了技术变革，大数据时代对人力资源管理者来说是千载难逢的历史机遇。大数据带来的工具与大数据思维的应用能够为人力资源管理工作提供便利并推动变革发展。

缩短简历筛选时间。通过大数据算法可以获得企业用人偏好与候选人求职偏好，将来自外部网络的最新求职者资料与企业简历档案进行双向匹配，再进行智能推荐，可直接提高招聘效率、节约招聘成本。并且简历智能去重功能还能够帮助企业节省猎头费，充分实现简历筛选环节的智能化。

预测人才需求。在 VUCA 时代，企业随时面临着新的机遇与挑战，这些不确定性导致企业难以预测业务发展方向以及人才需求，一旦主营业务发生转变，企业将面临巨大的人才缺口。但是，大数据的应用能够有效改善这种情况。利用大数据算法分析未来行业趋势可以使企业结合战略目标调整业务重点，明确中长期人才需求，做好相应的人才储备工作。同时，人力资源管理者通过对以往岗位信息的分析能够得到人员供需变化趋势，从而预测短期内的人员需求。通过这样的做法企业可以及时通过招聘或是调岗等策略平衡人员供需。

提升测评准确性与预测能力。传统人才测评一般采取专家评估的综合考评方式，主观性较强，容易出现晕轮效应，并且传统测评技术在预测员工的成长曲线与离职倾向等方面存在着局限性。而通过大数据分析，可以敏捷地描述高潜人才的共性特征、行为、标签等人才标准，精准刻画出立体生动的高潜人才画像，为公司发现高潜人才、培育高潜人才、凝聚高潜人才和激发人才活力提供可靠依据。以通用电气的潜能人才规划项目为例，来自工作网络与求职网站上的大数据在该项目中起到了关键的作用。在"接班人培养计划"中，通用电气首先采用行为数据刻画领导者画像，然后对企业内部人才以及外部潜在候选人的工作行为进行数据盘点（具体的维度包含过往绩效、人才潜力），把这些数据指标与同行业进行对标，最后针对高潜人才设计一系列特色培养项目。

⊙ **HR 工具箱**

人力分析的大数据来源

组织内数据	基础数据	年龄、性别、教育水平、收入、家庭情况等
	项目数据	人才培训与开发、组织核心战略、领导力培养、团建及工会等活动和项目参与记录
	绩效数据	绩效评价等级、360 度评价数据、继任人才计划、目标达成数据、出勤记录等"八小时内行为数据"
组织外数据	网络使用	关注、分享、发帖等，消费、社交（频次、内容、语气等）、出行、情感行为等

关于组织外数据的挖掘，国外有学者通过 Facebook、MySpace 等社交应用的个体信息，对个体人格特征进行了评价，并将其与问卷评估的结果相比较，结果发现两者之间具有较高的信度和效度，可以有效区分绩效高低群体。他们指出这种基于社交应用信息的个性评价可以优化员工招募决策。国内同样有学者发现基于微博数据可以很好地预测个体的抑郁和焦虑等情绪。

资料来源：李育辉，唐子玉，金盼婷，等. 淘汰还是进阶？大数据背景下传统人才测评技术的突破之路 [J]. 中国人力资源开发，2019（8）：6-17.

HR 视野
用户画像

大数据技术的研究工作进行得如火如荼，如何利用大数据来精准营销服务，进而挖掘潜在的商业价值已然成为组织关注的焦点。于是，"用户画像"（user profile）的概念在这种时代背景下应运而生。事实上，用户画像来自人员素质测评中的传记式资料测量。100 多年前，著名学者彼得斯（T. L. Peters，1894）在美国芝加哥保险业者大会上首次提出要将"个人履历信息标准化"，并且指出可以通过收集个体以往的工作、生活等诸多方面的行为数据，来对个体的属性特征进行评估。不过，由于统计分析方法受限以及采集个体信息的难度与复杂度较高，这种方法一直被人员素质测评领域冷落。然而，在 100 多年后的今天，随着互联网和大数据兴起，彼得斯提出的方法改头换面，拥有了一个全新的名称——用户画像。

考察属性	具体条目
基本属性	性别、年龄段、地域等
行为属性	购物偏好、观影偏好
社会属性	收入水平、有无车房、职业职位等
心理属性	热衷养生、崇尚自然、注重性价比

时下广受欢迎的人才画像、干部画像以及人才标签等其实都源自用户画像，是当下人力资源行业最热门的术语之一，大数据在人力资源管理中的应用逐步得到重视和探索。以中国电信为例，2015 年起正式启动"小 CEO"人才培养三年规划，首先进行的就是采用专家讨论、访谈和问卷调研等多种方式总结提炼"小 CEO"特质，进而构建"小 CEO"岗位胜任素质模型（即画像），为"小 CEO"选拔和后期能力提升提供了指导依据。通过对数据的深层挖掘和分析，我们发现了参与测评的"小 CEO"的共同特质：有显著的业绩及结果导向；擅长沟通及向人借力；强于做事，疏于带人；学习改变的驱动力不足；等等。这些特质的提炼给"小 CEO"精细化培训提供了方向。

资料来源：徐世勇，李英武. 人员素质测评 [M]. 北京：中国人民大学出版社，2019.

（3）**认知神经科学与神经人因学**。认知神经科学主要是研究阐明人认知活动的脑机制，在大脑生理信号特征和一些基本心理学概念之间建立联系。神经人因学是通过将认知神经科学的理论与技术应用于人因工效学，而后测量和分析人在工作中大脑产生的反应，能够客观、准确、实时了解员工的工作绩效和心理状态。神经人因学主要涉及的技术包括：脑电图、近红外成像、磁共振成像、经颅直流电刺激等。认知神经科学与神经人因学运用于人才测评中可以有效降低评价中心成本，评价中心技术的实施通常需要多个专家作为观察员进行评价，而借助胸卡等轻便设备，采集交谈录音以及体态与距离等便可协助评判候选人在沟通中的影响力、参与度、中心度等指标。此外，通过候选人在完成团队任务期间大脑活动的一致性与否来预测团队中的领导角色，进行团队分析与即时反馈，能够提高团队效能。

◉ HR 视野
眼动追踪技术

眼动仪的发展为人类认知机制的研究提供了可靠的客观数据。它通过采用特定设备与技术以追踪被试者的眼动轨迹，能够记录被测试者在观察客体期间的注视时间、注视次数及第一注视点等信息。这项技术已被广泛地应用于神经科学、心理学、广告营销等不同的领域中，通过其指标不仅可以推断人类内在认知机制，还可以测量创造力。

首先，该技术能够测量人的内隐机制，换言之，就是可以记录个体无意识状态下对创造性材料进行扫视的眼动信息，所以，被

测试者难以伪装，能够比较真实地体现其各种反应。这一功能适合测量态度与情绪层面的东西，例如创造性人格特征和创造性倾向。其次，对于当前创造性测量中存在的较强主观性，应用眼动仪技术能够有效地改善这一情况。最后，相较于传统的纸笔测验，使用眼动仪能更快速有效地完成测验任务。

资料来源：黄龙，徐富明，胡笑羽. 眼动轨迹匹配法：一种研究决策过程的新方法 [J]. 心理科学进展，2020（08）：1-8.

（4）虚拟现实技术与增强现实技术。虚拟现实（virtual reality，VR），能通过计算机生成一种虚拟环境，为人类提供一种身临其境的感觉。在这个虚拟的三维环境中，用户可以与虚拟世界进行交互作用，甚至操纵虚拟环境中的对象，完成用户构想的各种虚拟过程。增强现实（augmented reality，AR），是一种实时计算摄影机影像位置和角度，并辅之以相应图像的技术。通过全息投影，在镜片的显示屏幕中虚拟世界与现实世界相叠加，操作者可以使用设备进行互动。VR 与 AR 技术对人才测评的帮助在游戏化测评上体现得淋漓尽致。

游戏化测评是互联网时代衍生出的一种选拔人才的创新工具，通过让候选人参与一系列的小游戏，来测评其逻辑推理、反应速度、专注度、风险偏好等能力。在面向"90 后""95 后"的年轻求职者时，游戏可以给他们带来更好的掌控感，增强求职者的个性化体验，通过大脑最原始的反应系统，能够给出最真实的选择决定。企业通过在专业测评过程中添加适量游戏化元素（如决策过程、反应时间、点击频率等），收集候选人各种细微的差异数据点，然后描绘出候选人真实性格特征并将其转化为人 - 岗匹配程度的有效建议，从而筛选出更符合企业要求的求职者。当前，国

内外各企业或机构所采用的游戏化测评技术主要有四种：题库型游戏、动作游戏、模拟经营型游戏、项目竞赛型游戏，见表4-4。

表4-4　游戏化测评的形式与测评要素

测评要素	主要形式			
	题库型游戏	动作游戏	模拟经营型游戏	项目竞赛型游戏
主要测评要素	推理能力、创新思维、开放意识；专注度、风险偏好；情绪智力、利他性偏好、责任心、事业进取心、记忆跨度、人格特质等	专注度、认知能力；竞争意识、控制能力、细致周密；任务导向、适应性能力等	责任心、情绪智力、批判性思维、风险偏好、竞争意识、团队协作能力、组织领导能力、适应能力；专业技能、实际操作能力、洞察力、乐观性、外向、亲和力、服务意识等	专业技能、实际操作能力；创新能力、想象力、团队协作能力
共同测评要素	信息搜集与分析能力、理解能力、问题解决能力、快速反应能力、压力承受与社交能力			

资料来源：李志，谢思捷，赵小迪. 游戏化测评技术在人才选拔中的应用［J］. 改革，2019（04）：149-159.

HR 实务

12 项小游戏协助联合利华招募人才

联合利华（Unilever）曾在校招中采用了 Pymetrics 测评工具（一个由麻省理工学院的神经学博士开发的在线游戏网站，所设计的游戏以神经学为支撑，目的是招募人才并对其进行有效评估）。在 Unilever 的测评中，候选人需要完成 12 项小游戏，如气球充气游戏、数字记忆游戏、金币交换游戏等，除数字记忆游戏以外，每个小游戏的完成时间在 1～3 分钟，游戏的玩法都比较简单。其中，在气球充气游戏里面，每一个气球都设置了一个爆炸点，候选人可以通过点击屏幕上的按钮对气球进行充气，直到气球爆炸。一旦爆炸则金币归零，但是候选人在此期间随时可以停止充气并拿走钱币，这项小游戏的目的主要是考查候选人的风险评估能力。在游戏结束后，系统会自动生成一份详细的性格分析报告，匹配出被试者适合的职业等，HR 可以根据测评结果显示的性格匹配度直接、快速地做出决策。

资料来源：李志，谢思捷，赵小迪. 游戏化测评技术在人才选拔中的应用［J］. 改革，2019（04）：149-159.

（5）**人工智能技术**。人工智能，简称 AI，是计算机科学的一个分支，它试图了解智能的实质，并生产出一种能够以人类智能相似的方式做出反应的智能机器，这一领域的研究包括机器人、图像识别、语言识别、自然语言处理与专家系统等。目前，人工智能与大数据算法正逐渐渗透到专业的人力资源领域。

机器人运用。人力资源主管可以使用聊天机器人解答内部员工或应聘者的疑问，还能简单地处理入职等请求。通常聊天机器人会是首先被联系的"人员"，然后由人事专员解答更复杂、更专业的问题和进行更深入的谈话。另外，聊天机器人还可以快速审查人员背景，能够在招聘筛选过程中提供帮助。

自然语言处理。AI 技术能够对人类情感与个性特点进行评估并采取相应行动，例如，招聘网站 Jobaline 利用智能语音分析算法来评估求职者。该算法会对求职者说话的副语进行分析，如语气、语调的抑扬顿挫等，预测某种特定语音所反映出的个人情绪，并据此确定该求职者可能胜任的工作类型。

预测离职等行为。一些 AI 平台可用于识别有离职意愿的员工，通过跟踪员工在电脑上的活动，分析数据，确定一个常规活动基准。任何显著偏离正常基准的活动都会被通知到雇主。

🔘 HR 视野
聊天机器人担任首轮面试官

随着人工智能的快速发展，越来越多的公司开始使用聊天机器人来寻找符合条件的求职者。求职者必须通过机器人这一关，方能得到进入第二轮面试的机会。

公司在招聘时使用人工智能聊天机器人，可以在很短的时间内搜索到求职者，然后通过分析他们的技能来与公司的招聘需要进行匹配，从而安排下一步的面试程序。还有一些公司会通过视频面试与人工智能核心数据库分析两种方法相结合来考察求职者的回答和表现。

希尔顿（Hilton）的招聘副主管斯马特谈道："人工智能会分析求职者的语调、眼神以及回答的表情，以此判断求职者是否对工作富有热情，从而来帮助我们筛选合格的求职者。"2018 年，求职者雷伊在申请希尔顿的职位时，第一轮面试的面试官就是聊天机器人。雷伊说："和聊天机器人对话时，我不用担心自己会分神，而且机器人不会带有个人偏见，而是相对公平公正一些。我的第二轮面试是一个视频面试。"据报道，聊天机器人目前一般应用在低水平入门级别的工作招聘中。在零售业季节性招聘时，大部分公司都在使用聊天机器人进行面试。

资料来源：徐世勇，李英武. 人员素质测评［M］. 北京：中国人民大学出版社，2019.

3. 未来发展趋势

（1）大数据及人工智能与人才测评的结合。当前，随着新兴技术的崛起，大数据及人工智能与人才测评的结合已然成为企业管理者考量的一个重要方向。一方面，新兴技术的发展可帮助企业实现简历的自动筛选以及应聘者与空缺岗位的匹配，企业可依托大数据以及人工智能技术建立岗位胜任模型，从性格、知识、技能等多角度对应聘者进行全面考察，确认应聘者与岗位的匹配度，从而决定是否录取该应聘者。另一方面，企业可运用大数据等新兴技术建立人才库，增强企业人才储备力量。

（2）测试视角由"过去"变成"未来"，提升测试目的和功能。目前人才测评过程中，企业大多数是从个体过去的成就以及经验来判断是否为企业合适的人选。而每个人的过去成就不代表未来，并且每个个体的潜力以及能力各不相同。因此未来的人才测评应该更具有前瞻性，发现人才潜力，重新审视和盘点人 - 事匹配情况，根据实际情况做出适当的调整以达到人 - 事动态适应。

（3）测量体系更加系统化、规划化。未来的人才测评应建立一个更加完善、规范、科学的流程体系。在收集大量数据的基础上，采用大数据技术和统计分析方法，确立以定量分析为主、定性分析为辅的量化标准，明确测评目标，减少管理者的主观性，去除模棱两可的笼统评价，最后得出精确的结果分析，同时也为后面接手的企业管理者提供了规划化的流程体系，大大提高了上手的效率。

（4）全方位多角度、多层次地进行评价考核。企业是一个多水平、多层次的系统，深处其中的员工更是受多种因素的影响。对企业来说，员工个体绩效固然重要，但更看重企业团队、组织整体目标的实现。因此未来企业在招聘以及进行人才测评时，会更加注重个体的组织团队适应性，从多角度、多层次对个体进行考核测评，以便更好地构建高效组织团队，实现组织团队人员配置的最优化，帮助企业获得团队、组织的最大产出和最大效能。

⊙ HR 实务

京东集团：无边界人才共享

第四次零售革命即将到来，京东集团开创性地打造了一套"无边界人才共享、技术引领人才管理、个性体验共创升级"的人才发展模式。

2016年，京东人才盘点系统上线使用，覆盖员工1.3万余人，创建700余场盘点会。2017年，京东上线360度评估项目的评价关系收集流程，评价对象达1.6万余人，采用员工线上填写、直接上级审核、HR BP确认的方式，节约线下收集的时间成本。2018年，进入开发测试阶段的京东人才档案系统覆盖了全部员工的所有信息（每位员工有近60项基本信息，共计780万余条员工数据），让管理者以及HR快速了解每一个员工的"人才画像"；人才搜索功能可以让管理者与HR一键定位到所需人才池，相比以往耗时许久的线下搜索及沟通，如今在系统内可以实现1秒直接定位到目标人选；人才分析功能可以让管理者及HR随时看到团队的动态数据，如人才结构与年龄结构分布、入职离职流动状态和各员工能力对比，为HR节约了大量线下计算整理数据的时间。

技术颠覆时代已经来临，云计算、大数据以及AI都在深刻影响着HR工作，人力资源管理科技化能够有效节约时间成本。运用科学技术为员工提供不断升级的个性化体验，实现无边界人才共享，将是未来的人才发展趋势。

资料来源：姚裕群，杨俊青. 人力资源管理 [M]. 6版. 北京：中国人民大学出版社，2018.

4.3.3 人才测评的实务与应用

1. 测评指标体系概述

测评指标是测评指标体系中最小的单位，一般反映被测评者的某一特征，是对测评项目的更细致、更具体的分解，更具有可操作性。它从更深层次揭示了员工素质的数量特征和质量特征。一个完整的人才测评指标应该包括三方面的内容：测评要素、测评标志和测评标度。人才测评指标通过测评要素、测评标志与测评标度的形式，把测评对象物化为指标内容或条目式要素，把测评标准物化为测评标志与标度，使测评对象与测评标准联结起来，进行比较与评定。

测评要素是指测评内容的细化条目，它确定出测评的内容到底有哪些。确立测评指标的第一步就要根据对测评对象的分析结果拟定一些测评内容，制定测评要素。分析测评对象是设计指标内容的基础，虽然指标设计的方法有很多种，但是在不同程度上均要依据对测评对象的认识与分析，否则设计出来的指标很可能不切实际。

测评标志是为每一个测评要素确立的关键性考核标准，要求必须具有可辨别、易操作的特征，通常一个测评要素要由多个测评标志来说明。测评标志的形式多种多样，从它表达的内涵来看，有客观式、主观评价式和半客观半主观式三种。如果从测评标志表述的形式来看，有评语短句式、问题提示式和方向指示式三种。

测评标度是指描述测评要素或要素标志的程度差异与状态水平的顺序和度量。对于这种程度差异或状态水平的刻度表示，可以是数量的也可以是语言的，可以是精确的也可以是模糊的。

⊙ HR 工具箱

如何识别高潜人才

高潜人才识别不能从某一个单位的维度去衡量，而要从思维层面、行为层面和结果层面三个层面去评价。其中，思维层面包括个人抱负、创新思维和归纳思维；行为层面包括好奇心、自我学习和人际敏感；结果层面包括结果导向和高效执行。这三个层面、八大维度，形成了高潜人才识别模型（见表 4-5）。

表 4-5　高潜人才识别模型

层面	维度	判断事例
思维层面	个人抱负	第一，他们是否有自己的目标与行动计划，最重要的是看他们是否已经行动。第二，他过去 1 年是否持续地对自我成长进行投入
	创新思维	可问候选人：在过往的经历中，从事某一项具体工作，是否有过跟别人不一样的想法，并付诸实践，且取得成功
	归纳思维	可将一段零散的文字信息给候选人，让候选人试着去进行归纳总结，看看最终的结果
行为层面	好奇心	关键看对待一件事物是否有两个行为：第一，对待新事物的态度，如果他只对自己的"一亩三分地"感兴趣，说明他的好奇心是比较小的；第二，对待跟自己有密切关系的问题是否有"打破砂锅问到底"的行为，他是否总希望能够弄懂问题背后的逻辑
	自我学习	可问候选人一个问题：面对一项新任务，他是如何来完成的
	人际敏感	判断一个人的人际敏感，主要看候选人是否有高情商。从与候选人沟通交流的过程中，观察他能否敏感地感受到你的情绪变化，并具有同理心，能够和你达成良好的沟通结果
结果层面	结果导向	可问候选人：举一个例子说明他在过往的工作中，遇到很多困难，但最终克服困难，并取得成功
	高效执行	可问候选人一个问题：举个能证明他具有高效的执行力的例子

资料来源：彭剑锋. 人力资源管理概论［M］. 3 版. 上海：复旦大学出版社，2018.

2. 测评方案的设计与实施

人才测评的组织与实施一般要经过四个步骤：准备阶段、实施阶段、测评结果分析阶段和测评结果反馈阶段。

（1）**准备阶段**。准备阶段具体要做的工作主要包括以下几个方面：确定测评目标，预先确定本次测评应在机构改革、人员配置和变动、员工激励、人力资源开发、制度建设等方面起到哪些具体的作用，以使测评真正服务于人力资源管理的大目标；收集必要的测评数据，包括测评对象的基本信息，还有已测得的信息或个体档案中可以为当前测评提供参考的信息；成立强有力的测评小组；制订测评方案。

⊙ HR 工具箱

根据不同测评目的进行测评设计

在人才测评实际中，测评的目的往往不是单一的，需要对测验的内容、对象和用途等进行综合分析，从而设计成套的测验方案，包括从已有工具中挑选合适的，或者选取其中的某些部分，甚至重新编制一些新的测评工具。

分类	职务或岗位	测评要素	测评方法
不同对象	基层员工	个性特征、操作能力、工作经验	履历分析、人格测试、结构化面试
	中层管理者	能力特点、个性特征、职业适应性、专业知识、管理能力	结构化面试、人格测试、职业适应性测验、管理风格测试、评价中心技术
	高层管理者	管理和领导能力、创造性思维能力、成就动机、沟通能力、心理素质、开放和变革意识	评价中心技术、管理风格测试、领导行为测试、管理潜能测试、人格测试、动机测试
不同岗位	销售岗位	沟通能力、人际交往能力、适应能力、情绪控制能力、应变能力	职业适应性测验、敏感性与沟通能力测验、性格测验、无领导小组讨论
	财务岗位	专业技能、判断力、决策力	数量分析能力测验、DISC 个性测试、面试、职业价值观测验
	研发岗位	问题解决能力、创造性思维能力、操作能力	逻辑推理测验、抽象推理测验、创造测验、专业知识测验
	售后服务岗位	沟通与应变能力、专业技能	交往能力测验、工作等级测验、职业价值观测验
	行政岗位	沟通能力、适应能力、分析能力、专业知识	DISC 个性测验、无领导小组讨论、沟通能力测验、职业适应性测验
	生产岗位	时间管理能力、操作能力、适应能力	操作能力测验、面试、专业技能测验

资料来源：赵曙明. 人才测评：理论、方法、实务 [M]. 北京：人民邮电出版社，2018.

（2）**实施阶段**。在测评实施阶段，首先要进行测评前的动员。由人力资源管理部门负责向员工宣传测评的功能及用途，鼓励员工积极地参与测评，力求测评达到最佳效果。另外，测评的时间应根据测评的不同内容来确定，选择测评时间还应考虑是否会引起被测评对象的疲劳或厌烦等因素。测评操作阶段是测评人员对被测评对象进行实际测量，从测评开始到回收测评数据的过程。此阶段中要注意保持测量的标准化，让每个被测评对象都在同等的条件下接受测评。

（3）**测评结果分析阶段**。经过测评的具体操作得到测评数据以后，要对所获取的原始数据进行分析、评价。通常数据的处理是由计算机完成的，有专门的统计方法和标准。处理结果可以通过数字、图表等形式表现出来，然后对其进行综合分析。

（4）**测评结果反馈阶段**。一个成熟的人才测评方案常常需要进行多次反复的校正或修订，而收集、确定校正或修订的依据就是测评结果反馈阶段要完成的任务。因此，该阶段的任务就是在测评结束后通过一些反馈途径来检查测评的效果。

HR 实务

测评结果分析

某公司拟招聘员工人员素质测评的个人报告

第一部分：个人信息

姓名：×× 性别：男 年龄：46 岁 职称：高级工程师

第二部分：素质测评结果雷达图

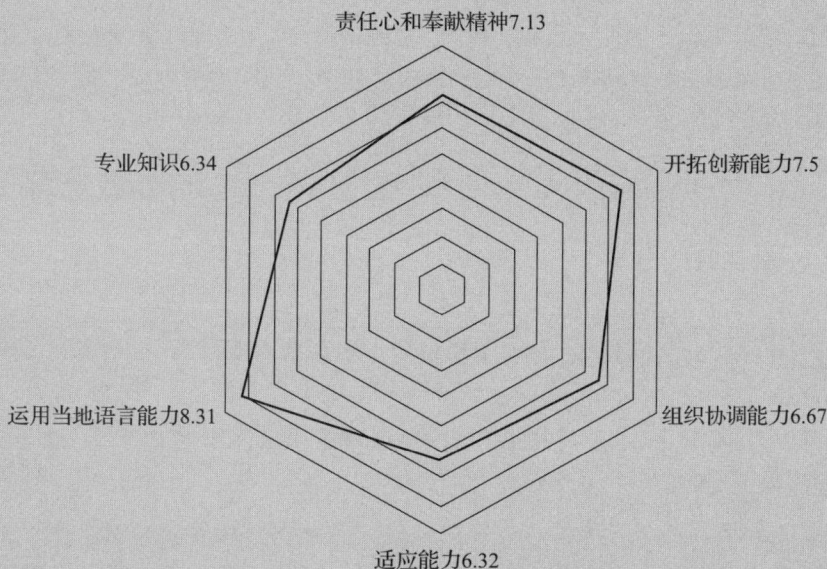

责任心和奉献精神7.13
开拓创新能力7.5
专业知识6.34
组织协调能力6.67
运用当地语言能力8.31
适应能力6.32

第三部分：素质评价

组织协调能力：具有一定的行政工作经验，能够协调争议，并且能够换位思考去分析和讨论问题。能较敏锐地察觉不同群体的需求，能较好地协调各方利益关系。组织能力强，常常可以组织相关人群开展常规以及非常规工作。

责任心和奉献精神：在工作职责不清晰的情况下，能发现并承担各种任务，辛苦付出也没有怨言。在个人利益和组织目标相冲突时，不会考虑个人得失。能较大程度保持工作积极性。事业心和责任心非常强，能主动设定详细的工作目标。

开拓创新能力：具备一定的开拓精神，预测其在工作中比较敢于涉足对公司有帮助的非常规活动与项目，但有时会犹豫不决。有时能够较为灵活地应对复杂情况。工作中，有时能从相互联系的任务中找到解决问题的方式。

适应能力：候选人如果在国外工作的话，预测其基本能够尊重当地文化和生活习惯，经过努力可逐渐融入其中。但是在从事具体的工作时，有时会忽视文化差异，凭借惯有做法寻找解决方案。

专业知识：专业知识存在不足，会影响到日常常规工作的顺利完成。候选人没有相应岗位的工作经验，难以预料其工作绩效。

运用当地语言能力：英语测试成绩较好，英语能力强。在日常工作中，候选人能够较好地使用英语与对方交流。

第四部分：组织管理使用与开发建议

候选人在组织协调能力、运用当地语言能力、责任心和奉献精神上有较高得分，但是适应能力和开拓创新能力一般，并且专业知识有所欠缺，综合素质一般。整体来说，在所有候选人中排名中等偏下。从测试分来看，候选人组织协调能力相对突出，且做过一线领导并得到一致好评，说明其具备一定的管理技能；具有较强的责任心和奉献精神，因此应该能胜任公司的行政管理工作。但是，此人专业知识与经验不足，可能达不到岗位的专业要求。另外，虽然候选人表现出较好的语言运用能力和适应能力，但缺乏国外生活和工作的经历。总体来看，此人综合素质尚可，在所有候选人排名中下，且有明显弱项，建议慎重录用。

资料来源：徐世勇，李英武. 人员素质测评 [M]. 北京：中国人民大学出版社，2019.

3. 最佳实践分享

人才测评助力中粮可口可乐实现人才腾飞

企业背景

中粮可口可乐集团（以下简称中可集团）现已成长为可口可乐系统全球十大装瓶集团之一。为了更加高效地开展内外部招聘、领导力发展、员工培训以及员工职业发展等工作，企业高管全面掌握内部员工的能力、潜力、职业兴趣等核心信息变得尤为重要。中可集团根据人才测评与盘点结果，对不同层级、不同区域的人才进行了针对性培养，扎实有效地提升了集团的人才管理与组织能力建设。

项目目标

明确人才高地与人才洼地具体信息，为下一步人才管理行动计划提供重要数据参考。

方案执行

1. 确定人才管理的方法论

（1）以集团的商业战略与人力资源战略为基础，确定组织能力需求、人才需求和人才标准；为后续工作的有效开展确定能力素质模型与岗位胜任要求。

（2）员工业绩结果通过持续开展的绩效评估来获得，人才行为表现和潜力表现以360度评估结果来确定。

（3）将人才需求与人才盘点的结果进行比较，获得人才差距之后确定针对性的后续计划：扩大外部人才供应项目，员工职业生涯管理项目，关键岗位继任计划与能力提升项目，等等。

（4）整合人才管理全流程，所有工作需要围绕人才战略而开展，以便发挥所有资源的最大效能。

2. 统一人才标准，建立人才管理的基础

（1）核心价值观。中可集团重新定义核心价值观："以人为本、共创多赢、言而有信、业绩至上"。核心价值观也是人才盘点中的重要考察内容。

（2）"八大力"。中可集团的"八大力"模型是全公司所有层级员工的胜任力标准，八大力分别为：影响力、培育力、超越力、学习力、专业力、决断力、执行力与协作力。

（3）潜力。鉴于高潜人才具有持续的学习导向、发展意愿行为，因此"超越力"和"学习力"被抽选出来作为员工的潜力指标。

3. 自下而上的人才盘点，掌握人才地图

集团和各装瓶厂在人才盘点开始前就采集了各员工近 3 年来的业绩结果，组织了基于"八大力"、核心价值观和潜力的 360 度评估，并将评估报告提供给各层级管理者，帮助管理者综合了解员工的信息，评估员工的优劣势以及发展需求，再结合集团的用人需求和培养资源提供有针对性的发展建议。

4. 培养发展项目与员工职业发展相结合，加强人才梯队建设

（1）在人才培养方面，从"胜任"与"晋升"两条线对人才进行培养：胜任线分为以胜任为目标的领导力、管理能力提升的项目系列和各部门专业能力发展系列；晋升线是针对后备人才进行的，被命名为"中可阳光班"（目的是提前储备高层级的管理岗位和培养接班人）。

（2）在员工方面，为每个员工量身定制个人发展计划（IDP），并进行阶段性的追踪，切实保证员工能力提升。

小结

盘点项目在规划时一定要纳入盘点结果的反馈和应用；人才盘点实施周期不宜过长，高效的人才管理平台是提高效率的重要保障。在整个盘点过程中，HR 都要及时跟进，如果管理层和员工看不到效果，那么未来对盘点项目的支持与投入便会大大降低，反之则能形成良性循环，从而充分发挥盘点的作用。

资料来源：任康磊. 招聘 面试 入职 离职管理实操 [M]. 北京：人民邮电出版社, 2019.

4.4 招聘管理工作中的法律风险与对策

在人力资源管理的实践中，许多企业引进人才时，自认为握有录用员工的主动权，加上缺少法律意识，因此常常忽视招聘过程中的法律风险，为企业之后的正常运营和用工管理埋下了隐患。为此，企业应依法做好员工招聘工作。

1. 招募宣传中的法律风险与对策

企业在招募宣传中如果有涉嫌就业歧视的内容，比如在招聘广告中包含对招聘者"性别、婚姻状况、民族、户籍、身体健全"等方面的不合理限制，则刊登该广告的企业将可能面临侵权诉讼，并将承担相应的法律责任。根据《中华人民共和国就业促进法》的规定，劳动者享有平等就业的权利，如遭受用人单位就业歧视，劳动者可直接向人民法院提起诉讼。

若劳动者在试用期间被证明不符合录用条件，按照《中华人民共和国劳动合同法》（简称《劳动合同法》），单位可以立即解除劳动合同。因此，明确的录用条件是企业行使合法解除劳动合同权利的前提。

2. 入职审查中的法律风险与对策

《劳动合同法》明确规定了用人单位对与劳动合同直接相关的劳动者的基本情况有知情权，因此，企业人力资源管理部门应利用好法律赋予的这项权利，做好对拟录用员工的入职审查和管理工作，从根本上防范用工法律风险，把好第一关。

对拟录用员工的入职审查和管理，重点在于对招聘过程中得到的劳动者相关信息的整理，这不仅有利于规范企业的用工管理，更重要的是为将来可能发生的劳动争议留存证据。这些审查包括：年龄审查，即身份证明验证；资质审查，审查与应聘职位相关的学历证明和各种资格证明；劳动关系状况审查，查验应聘者与原用人单位解除或终止劳动合同的证明；身体状况审查，要求应聘者提供正规的体检报告或者要求应聘者到指定医院参加体检。

◉ HR 视野
企业如何使用"不符合录用条件"来辞退新员工

北京某公司在一家网站上同时刊登了数十个岗位的招聘启事，招聘条件统一为"同行业两年以上从业经验；如果应聘的是管理职位，还需有同行业管理职位两年以上从业经验"。张某看到招聘广告后决定应聘该公司行政主管一职，经面试合格后该公司与张某签订了一份劳动合同，合同约定试用期为2个月。试用期满前，公司通知张某，由于其未通过公司试用期的考核评估，因此，公司决定与其解除劳动合同。张某认为，公司的行为属于违法解除劳动合同，遂向劳动争议仲裁委员会申请仲裁，要求公司支付违法解除劳动合同的经济赔偿金。

仲裁委员会经审理认为，公司以张某试用期的工作表现不符合录用条件为由要求解除劳动合同，首先应当拿出经双方确认的或已向张某公示的具体的录用条件。本案中，由于公司对符合法律要求的具体录用条件无法举证，因此，仲裁委员会认定公司招聘广告中写明的招聘条件即为公司的录用条件，鉴于张某完全符合该条件的要求，仲裁委员会支持了张某的申诉请求，要求公司承担违法解除劳动合同的赔偿责任。

资料来源：周丽霞. HR全程法律顾问：企业人力资源管理高效工作指南［M］. 北京：中国法制出版社，2019.

3. 录用中的法律风险与对策

经过招募和测评后，企业一般会在决定录用应聘者后向其发出录用通知书。录用通知书中一般包括工资待遇、试用期、社保、福利、报到时间等与工作相关的主要事项。但是，关于录用通知书的性质和法律效力，《劳动合同法》没有作出明确规定，在许多用人单位看来录用通知书不是正式的劳动合同，没有法律效力，因此，在录用通知书的设计、发送及撤销方面都很随意，这很容易造成大量的法律风险。

🔍 HR 视野
录用通知书具有法律效力吗

刘某是上海某大学的大四学生，经过两轮面试，他被一家知名外企看中。第二次面试结束后，负责面试的人力资源部领导直接向刘某出具了录用通知书，该通知书上写明了刘某的职位、月工资标准、年终奖、其他福利待遇和报到时间。刘某觉得很满意，因此便没再参加其他招聘，开开心心地过完了在学校最后的一段时光。毕业后，刘某如期去公司报到，可意想不到的事情发生了，他被告知公司因故需要临时裁员，对于新一批的员工都将不再聘用。刘某无论如何也接受不了这样的事实，于是，向劳动争议仲裁委员会申请了劳动仲裁，要求公司承担赔偿责任。

劳动争议仲裁委员会认为，该公司向刘某所发的录用通知书是一个内容具体确定的要约，于送达刘某时即已生效，用人单位就应该受到该要约全部内容的约束。刘某在该通知书上写明的报到日期前如期报到，即表明双方已经就该录用通知书的全部内容达成了合意，该合意对双方当事人都具有法律约束力。本案中，刘某放弃继续求职，完全是基于对该通知书的合理信赖，因此，该公司出于自身原因不履行订立劳动合同的义务，构成违约，应赔偿刘某因此遭受的全部损失。

资料来源：周丽霞. HR 全程法律顾问：企业人力资源管理高效工作指南［M］. 北京：中国法制出版社，2019.

上述案例给我们的启示是：第一，企业在发出录用通知书时，应十分谨慎，在确需录用该员工的前提下，才能发出录用通知书。人力资源部应在录用通知书中逐一列明不予录用的除外情形，以保留一定的录用主动权。录用通知书一旦发出即具有了法律效力，企业就不能随意单方面变更其中的内容。

第二，企业在制作和签发录用通知书时，首先，要明确应聘者应予承诺的期限。如收到录用通知书的应聘者不能按期确认，公司有权取消此职位或另招新人。其次，要明确约定违约责任。双方就录用通知书达成合意后，应聘者未在通知书规定的时间内报到，公司可要求其承担相应的违约责任。

第三，录用通知书只表明企业愿意以一定条件接纳劳动者为其工作的意向，它和正式的劳动合同还是有区别的。因此，企业一旦录用员工，就应尽快和员工签订劳动合同，依据劳动合同来规范双方的权利和义务，以避免企业承担不利的法律责任。

本章小结

人才供应链管理用三种基本思维定义人才，分别是人才的产品思维、人才的经营思维以及人才的敏捷思维。为将人才供应链的理念应用于企业实际的管理实践中，企业需要将人才供应链的四支柱应用于人才管理工作的全过程。

员工招聘是指组织尤其是人力资源部门基于工作需要，为了事业的发展，根据岗位说明书和人才配备标准，通过一系列程序和方法，将符合岗位任职条件的申请者吸引和录用到组织内工作的管理过程。根据应聘者的来源，招募渠道可被划分为内部招募和外部招募两类。内部招募是指组织从内部选拔和录用所需人才的过程；外部招募是指组织从外部招募和录用人才的过程。随着互联网、大数据和人工智能的普及，企业的人力资源招聘也进入互联网时代，招聘方式的不断优化升级和变革为人力资源管理者带来了新体验和新挑战。

人才测评是企业科学识才和选才的重要技术，是对人与事之间的适应关系进行定量和定性相结合的测量与评价。常用的人才测评方法有笔试、面试、心理测验、评价中心技术、绩效考核等。在互联网的浪潮中，人才测评技术也在不断创新。将大数据思维引入人才测评中，能够将特定时期的测评环境转换成日常离散数据的收集环境，提高收集全数据样本的可能性，有效利用这些数据可以帮助提高现有的测评效度。

复习思考题

1. 简述人才供应链的主要内容。
2. 简述员工招聘的本质与流程。
3. 描述内部招聘相对于外部招聘的优点和缺点。
4. 描述企业可通过哪些方法更有效地利用互联网招聘。
5. 你认为互联网时代下利用新兴技术招聘与测评会比传统方式更有效吗？
6. 简述测评方案的设计与实施流程。
7. 论述招聘管理工作中存在哪些法律风险以及该如何应对。

应用案例

笑招：网易在召唤

网易公司，1997 年由丁磊在广州创办，2000 年在美国 NASDAQ 股票交易所挂牌上市，是中国领先的互联网技术公司。在互联网这样高度依靠技能和知识的行业，人才争夺战往往都非常激烈。而借助校园招聘，企业除了能够完成招聘任务，还可以抢先对手锁定人才。因此，校园招聘承载着提升企业知名度、促进企业发展的重任，如何将校园招聘做好一直是各大企业思考的问题。网易的做法如下。

1. 以"笑招"打造亲民形象

网易对外一直称呼自己为"笑招组"，这是利用了"笑招"和校招同音，与校园招聘的本职工作相接近，且便于理解。同时，笑招也是网易努力的方向——通过更加符合"90 后"审美偏好、更接地气、更有趣的形式与同学们交流，拉近网易和学生之间的距离，让其获得更好的、更独特的应聘体验。例如，在七夕，笑招组创作走心笑招诗集《不可能错过你》来对学生告白，让学生直呼这是"第一次被一家公司的校招组，而不是钱撩到"；2018 年网易校园招聘宣传中推出的原创歌曲《笑招：网易在召唤》，看似是网友的恶搞作品，却获得了极高的关注度；在延续一本正经地胡说八道的风格中，网易陆续又推出了笑招电台和短视频《面试宝典》，一上线就获得上百万的播放量，网易一直在努力保持与学生的黏性。

2. 多元化宣传，多渠道覆盖

网易 7 月就开始了内部推荐，虽然阿里巴巴和腾讯也在同一时间段开启了校招，但是它们的宣传期主要是在 8 月。也就是说，在 7 月的时候，由网易带起了互联网的校招节奏。网易校招面对的主要人群是"90后"学生，大数据时代的各项特点在这些学生身上得到了充分体现：载体移动化、时间碎片化与触网多元化。基于以上特点，网易开始摒弃传统的校园宣讲会，而是将主要精力放在线上宣传，以自黑、搞怪、反"鸡汤"式的风格推出"90后"喜爱的神曲、短视频、漫画、直播等，并且覆盖其所能接触的大部分网络平台。

3. 内推码促进全员内推

每一个网易员工的朋友圈都被视作一个优质人才库，因此网易非常重视内推，并特地搭建了一个内推系统，成立专业的招聘运营团队，以此保障内推的良性发展。在 2018 年校园招聘中，内推则是网易宣传的重头戏，但是也有很多学生因为不认识在网易的学长而错过内推机会。据此，网易便从 2016 年校招开始推出内推码这一玩法，每一位在职的网易员工都拥有一个内推码，并且内推码不限制使用次数。即使学生不认识网易的员工，也可以通过网易招聘的各大网络平台找到内推码，在内推期间注册简历并填写内推码，就能跳过简历筛选这一

步，享有直接进入笔试的特权。此外，为了鼓励员工推荐人才，网易还推出了一系列奖励措施，只要内推的同学收到了录用通知（offer），推荐人就能立刻获得神秘福袋、Beats 耳机、PS4 等礼品。所以，在这样低门槛、高奖励的情况下，网易员工参与内推的热情很高涨。

4. 人才漏斗帮助选才

为了在众多简历中将合适的人才筛选出来，网易建立了"简历筛选+笔试/测评+面试"的人才漏斗（技术类人群在内推中可以免去筛选）。据研究，每年约有 200 万份简历没有通过筛选，其中存在 30 万份简历被误杀。对于技术岗位，笔试是最公平的初筛考察方式。为降低人才录用的风险，网易还借助外部测评机构建立了技术类与非技术类两大类岗位胜任力模型，以此洞察学生的整体素质并挖掘其潜力。

资料来源：李晓莉. 新互联网时代招聘实战 [M]. 北京：清华大学出版社，2018.

讨论题

1. 网易为什么要摒弃传统的校园宣讲会？
2. 为何网易如此注重内推？你认为内推有什么好处？
3. 你喜欢网易的"笑招"方式吗？通过此案例，你觉得企业在进行校园招聘时应该注意什么问题？

第5章　绩效管理

【本章导读】

- ☑ 绩效和绩效管理的概念及发展趋势
- ☑ 绩效管理系统的四大环节
- ☑ 绩效考核的常见手段及其操作方法
- ☑ 关键绩效指标的设计与建立
- ☑ 绩效管理过程中的法律风险及其规避对策

AMO 框架　　　　　　　　绩效管理

随着信息技术的变革、大数据的运用以及雇用形式多样化的发展，单一的人力资源管理形式很难适应现如今复杂的环境。人力资源管理必须将战略融合到管理过程中。战略人力资源管理是把人力资源问题放到了战略管理的框架中，人力资源管理成为实现组织战略的核心职能，而绩效管理则在人力资源管理中处于核心地位。

首先，组织的绩效目标是由公司的战略、发展规划和公司目标决定的，绩效目标要体现公司发展战略导向，公司结构和管理控制是部门绩效管理的基础，岗位工作分析是个人绩效管理的基础。

其次，绩效考核结果在人员配置、薪酬管理等方面都有非常重要的作用，如果绩效考核缺乏公平公正性，上述各个环节的工作都会受到影响，而客观公平的绩效管理将对上述各个环节的工作起到促进作用。

最后，通过薪酬激励激发组织的活力和个人的积极性，通过培训开发提高组织和个人的技能水平并带来组织和个人绩效的提升，这将直接影响组织整体运作效率和价值创造。因此，构建和完善绩效管理系统是人力资源管理部门的一项战略性任务。

由此可见，绩效管理不只是实现组织战略目标、提升核心竞争力的重要手段，更是企业战略管理过程的重要管理环节。因此，企业的绩效管理必须以企业战略目标的实现作为依据，只有建立以公司战略为导向的绩效管理系统，绩效管理才能更好地在提升公司核心竞争力和实现公司战略目标的过程中发挥其应有的关键作用（见图 5-1）。

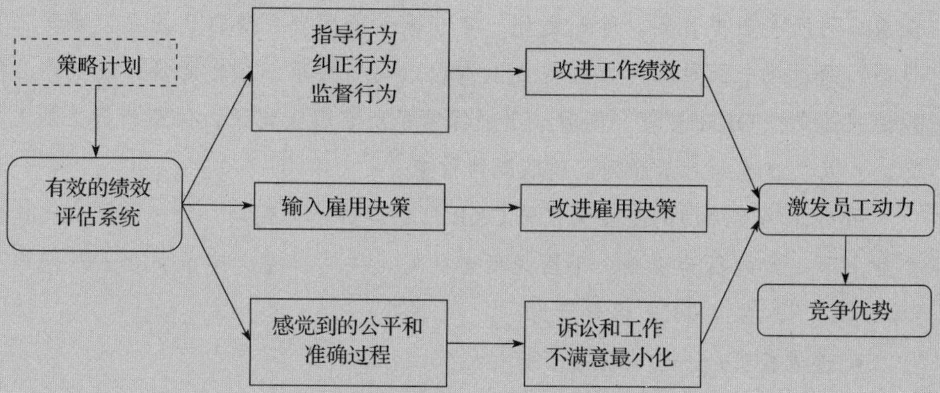

图 5-1　获得竞争优势的绩效管理设计过程

引例　字节跳动如何玩转 OKR

字节跳动公司于 2012 年成立，短短 8 年时间，已经成为中国最大的独角兽公司之一，目前估值已超千亿美元。作为年轻企业，字节跳动借鉴了古今中外企业的优秀绩效考核经验，创建了较为成熟的绩效考核体系。总体而言，字节跳动的绩效考核频率为每年两次，一般在 3 月和 9 月，考核方式借鉴 Google 的 "OKR + 360" 模式，绩效考核结果一共有 8 级，从低到高分别为 F、I、M-、M、M+、E、E+ 和 O。员工的绩效考核结果需要按照等级严格划分，并影响员工年终奖、月薪和晋升面试。

字节跳动认为 OKR 的实质是 "自驱的目标 + 弹性的结果"，旨在帮助团队实现目标聚集，提高执行效率。OKR 和员工绩效无直接联系，适用于自我驱动型员工。在字节跳动整个管理体系中，OKR 处于 "承上启下" 的位置，通过将企业的愿景、战略和策略具象化，进而指导任务、项目的制定和执行。字节跳动对公司战略的承接方式分为三种：分解式承接、转换式承接和直接承接。一般来说，第一种方式主要应用于宏观目标，后两种适用于微观目标。

在字节跳动内部，OKR的实施有"自上而下"和"自下而上"两种方式，实施过程遵循OKR的基本规则，即"在自下而上途径里，上级OKR不能单纯是下属OKR的汇总，且上级应确保自己的OKR中能够体现团队中重要且最关注的事项"。"自上而下"适用于宏观类型的目标，比如2017年字节跳动决定布局短视频领域，公司和业务团队成员可以将总目标逐级理解和承接，形成各自小目标；"自下而上"适用于微观类型的目标，假设抖音决定提高日活和用户时长，业务团队成员可向上发起目标的制定，之后由部门负责人统一对下属的目标进行选择、认定和总结，形成自身的目标。

字节跳动OKR的顺利实施离不开高度开放透明的信息化。字节跳动的员工可以在内部查到任何员工甚至包括CEO张一鸣的OKR。新员工可以在内部平台WIKI上查看公司所有历史资料。除此之外，字节跳动还拥有一套自己的办公协同工具——飞书。通过飞书，员工可以实现线上沟通、文档共享、日历同步、线上办公等，高效协同地支持OKR管理。同时，飞书保留了所有聊天记录，保证新员工加入某项目时，可以快速进入对话序列，获取既往信息。

最后，字节跳动的企业文化与OKR所倡导的行为高度一致，企业文化能够强化企业上下一致的行为准则。下面是两者的对比关系，左为字节文化——他们称之为"字节范儿"，右为OKR倡导行为：

- 追求极致——追求困难目标；
- 务实敢为——自下而上设定目标；
- 开放谦逊——与他人协同合作；
- 坦诚清晰——保持信息快速流动，互相透明；
- 始终创业——不设边界，自主思考。

区别于结果至上的KPI，OKR对目标的追踪，对关键结果的引入，以及对员工的工作状态的全方面评估，可以避免扼杀员工的创新性，促使每一次制定目标更加科学。

资料来源：虎嗅网. 别和字节跳动讲管理［EB/OL］.（2020-03-13）［2021-01-15］. https://www.huxiu.com/article/344321.html.

5.1 绩效与绩效管理

5.1.1 绩效与绩效评估

绩效是对企业价值创造有贡献的所有要素的综合，主要包括两方面内容：①直接要素，即结果指标，如数量、质量、客户满意度等；②间接要素，一是行为指标，如出勤率、服务、支持和合作情况，二是能力和素质指标，如沟通能力、学习能力、创新能力、责任感和主动性等。除了员工个人绩效外，绩效还包括组织绩效。组织绩效可能是一个生产或运作过程、一项职能、一个工作团队或部门的绩效，通常指组织的工作行为、表现和结果。组织绩效考核的基础是个人考核。

在实际应用中，按照层次的不同，对绩效形式的理解有能力指标、行为指标以及结果指标三种。能力指标包括工作知识、身体力量、协调能力、成就欲、社会需要、可靠性、忠诚、创造性、领导能力等。行为指标包括服从指令、报告难题、维护设备、员工工作记录、规则遵守、按时出勤等；人际行为也可以体现为团队协作、组织文化等团队层面的输出要素。结果指标包括销售额、生产水平、生产质量、客户满意度、服务客户数量、企业的经济效益或利润等。

5.1.2　绩效管理

1. 绩效管理的概念

绩效管理是指管理者和员工为了达到企业的战略目标，共同持续参与的绩效目标与绩效计划的制定、绩效考核、绩效沟通、绩效结果应用、绩效目标提升的管理过程。绩效管理的最终目的是持续提升个人、部门和企业的绩效。

绩效管理本身代表着一种观念与思想，代表着对于企业绩效相关问题的系统思考，其过程一般包括以下四个部分：绩效管理的准备、绩效考核的执行、绩效沟通与反馈、绩效考核结果的应用（见图 5-2）。

2. 绩效考核与绩效管理

绩效考核也被称为绩效评价、绩效评估或绩效考评，指的是在企业战略目标下，对照职位目标和绩效标准，对员工的工作完成情况、工作职责履行情况和员工的发展情况进行评估，并将评估的结果反馈给员工，对其将来的工作行为和工作业绩产生正面引导的过程和方法。绩效考核是绩效管理体系中的关键环节，在绩效管理体系中起着承前启后的作用，既能够检验绩效管理前期的计划和促进工作的成果，也能够为今后的绩效沟通与改进工作提供参考和依据。

图 5-2　绩效管理系统模型

在实际应用上，要注意绩效管理和绩效考核的区别。绩效管理是一个涵盖企业战略、绩效、竞争力和人力资源管理的完整系统，而绩效考核则是一种接收与提取信息的手段，是绩效管理系统中的一个环节。绩效管理关注的不仅是结果，更注重过程，并且能够帮助企业前瞻性地看待发展中的问题；而绩效考核则只关心过去一个阶段的工作绩效，是一段时间内工作完成的结果。绩效管理是一种绩效导向的管理思想，其最终目标是建立企业特有的绩效文化，形成具有激励作用的工作氛围；绩效考核则在这一过程中起到监督员工工作、督促员工改进绩效的作用。

近年来，关键绩效指标（KPI）、平衡计分卡（BSC）、目标管理法（MBO）等绩效考核方式颇受争议，KPI 所受争议最大。越来越多的企业参与了"放弃绩效考核"的

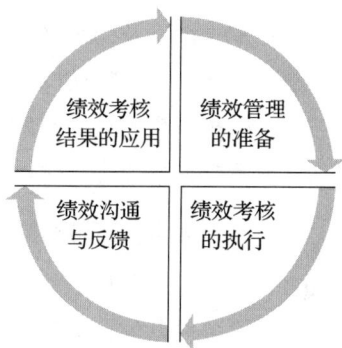

斗争，它们认为绩效主义的施行，一方面使每个人的工作只关心自己的考核业绩指标是否完成，而不考虑团队合作与为公司做多大贡献；另一方面增加了公司的管理成本，让公司的主要精力被用来监督与考核，使公司失去了"自由、豁达和愉快"的氛围。同时，KPI指标设计难度较大，难以界定，也缺乏弹性，并非适用于所有岗位。

但绩效管理实施的效果，很大程度上与绩效考核方法选用是否合理有关。若选用得当，KPI确实能够实现个人利益与组织利益的一致，推动企业战略目标的实现；而且KPI考核方法可操作性强，管理成本低，并在一定程度上保证了绩效考核的客观公正。所以，我们不是不要绩效管理，而是要持续优化绩效管理，让绩效管理能发挥其应有的优势，并有效规避其弊端。对于绩效管理，我们要注重管理而非考核，注重长远而非眼前，注重文化而非业务，重新认识KPI，走出KPI误区，确保KPI不跑偏、不走样，真正体现公司的战略意志和发展方向。

5.1.3　战略导向的绩效管理体系

1. 从战略管理到绩效管理

企业的战略目标是绩效管理实施与开展的前提，是绩效管理的目的所在。实施绩效管理前必须明确企业的战略。战略导向的绩效管理体系具有战略性、协同性、差异性以及公平性，与企业人力资源规划、薪酬管理、招聘培训等板块具有密切的关系。战略导向的绩效管理应在企业战略的指导下，对绩效管理体系进行科学、全面和系统的计划、监控、评价与改进，使企业管理的效果和效率持续提升，确保员工行为与企业目标相一致。

2. 绩效管理的发展趋势

组织是随着企业战略的发展而不断演变的，所以组织一方面要随着企业愿景及业务的开发而调整自身形态，另一方面要通过不断优化自身的形态架构来支持企业战略的实现。近几年的绩效管理主要有以下趋势：①更加关注团队绩效与个体绩效有机结合；②更加注重考核的过程而非结果；③更加注重绩效考核与企业长远发展的关系；④更加注重提升员工的能力和企业的绩效；⑤让员工有效参与绩效考核指标设定的过程；⑥设立更加灵活的考核周期；⑦绩效考核更趋个性化。

新的发展趋势对组织的绩效管理提出新的要求，为适应这样的发展趋势，组织进化演变出一些新的形态，形成扁平化、网络化、小型化、柔性化的管理格局。

（1）平台型组织。平台型组织是指企业将自己变成提供资源支持的平台，并通过开放的共享机制，赋予员工相当的财务权、人事权和决策权，使其能通过灵活的项目形式组织各类资源，形成产品、服务、解决方案，满足用户的各类个性化需求的组织形式。

（2）网络型组织。网络型组织是一种很小的中心组织，依靠其他组织以合同为基础进行制造、分销、营销或其他关键业务的经营活动的结构。网络型组织结构是利用现代信息技术手段发展起来的一种新型的组织结构，它使管理当局对于新技术、新时尚，或者来自海外的低成本竞争能具有更强的适应性和应变能力。

（3）小组制组织。小组制组织是由跨职能的自组织小组组成的，每个小组像一个迷你创业公司；组织整体会建立机制促进工作协调，同时尽可能减少彼此对他人的依赖。小组制的最大好处在于它把不同部门、不同职种的员工聚集起来，实现全方位、全过程、有利于协调和沟通的管理模式。

在绩效管理过程中也涌现出一些新的绩效考核方法，如目标与关键成果法（OKR）、360 度绩效考核方法、个人业务承诺法（PBC）、经济增加值考核法（EVA）等，绩效考核方法逐步从通用化向定制化发展。

⊙ HR 实例

GE 绩效管理：从通用化到定制化

通用电气公司（GE）拥有一套与其战略目标和企业文化相匹配的绩效管理模式，而在 GE 发展的过程中，绩效考核工具并非一成不变，而是在不断"升级进化"，从通用化向定制化转变。

1. 360 度考核：对优秀员工不吝奖励

早期 GE 绩效考核主要采用 360 度考核方式，薪酬与工作表现高度关联。GE 根据公司战略目标与价值观选定一系列考核点；参与评价的四方力量分为 4 组，每组至少包括 6 人，考评人根据员工表现给出评分；外聘咨询公司根据评分制作评价报告，该报告与员工自评一并交由人力资源部门留存，作为薪酬变化的依据。

2. 活力曲线：人才价值分类初具雏形

韦尔奇接管 GE 后，对绩效管理进行大刀阔斧的改革，引入"活力曲线"。"活力曲线"将员工分为三类：前 20% 的 A 类员工是公司的重要财富，具备积极向上的潜力；中间 70% 的 B 类员工专注于本职工作，但缺乏激情和潜力；处于底层 10% 的员工，无法胜任工作且给周围人带来消极影响。除了薪资水平和股票期权不同，这三类员工还会在晋升、培训等发展机会上受到差异化对待，第三类员工甚至可能被淘汰。

3. GE 九宫格：定制化的人才分类管理

伊梅尔特时期，GE 公司从绩效和成长价值两个维度，开发了"GE 九宫格"。该九宫格将员工细分为九个区域、七种类型，对每一区域的员工都进行分类和定制化绩效管理。

4. PD@GE：精确到个人的"个性化"绩效管理

为适应日益激烈的外部竞争环境，GE 摒弃了"末位淘汰制"，进行全面的绩效管理变革，转而采用个性化、点对点的 App 绩效管理系统。App 名为 PD（performance development）@GE，各级经理和员工可以在 App 上设置近期的工作目标，并在目标实现过程中保持频繁的交流和反馈，及时回顾目标的完成情况。App 的主要模块包括"员工的职责""年度目标""完成目标所需资源""完成目标会面临的障碍"等。PD@GE 模式通过对话和目标迭代来完成既定工作，尊重员工个性化需求，并为全体员工规划了独一无二的成长道路，实现差异化管理。

GE 绩效管理的变革之路经历了从通用化的绩效考核到个性化、定制化的人才激励培养的过程，其管理方式也越来越接近人力资本异质性的本质。

资料来源：金玉笑，周禹. GE 绩效管理：从通用化到定制化 [J]. 企业管理，2018（8）：68-70.

5.2 绩效管理系统

5.2.1 绩效管理的准备

1. 战略目标的分解

绩效管理是为了实现企业的战略目标，所以绩效管理准备阶段最首要的是对企业战略目标进行分解，为绩效指标的设计与确定提供基础，从而使得绩效指标能够有效反映影响企业价值创造的关键驱动因素。

战略目标通常可以被分解为三个层面的目标，分别是组织目标、流程目标和任务目标。这三个层面的目标是自上而下的，数量也是由少到多的。最上层的组织目标通常是具体的、可以被量化的结果。流程目标是对达成组织目标起关键作用的工作流程要求。最底层的任务目标是为了达成流程目标而需要具体完成的工作任务。战略目标的分解细化一般要遵循 SMART 原则（详见本章后续内容）。

绩效管理系统战略目标的分解见图 5-3。

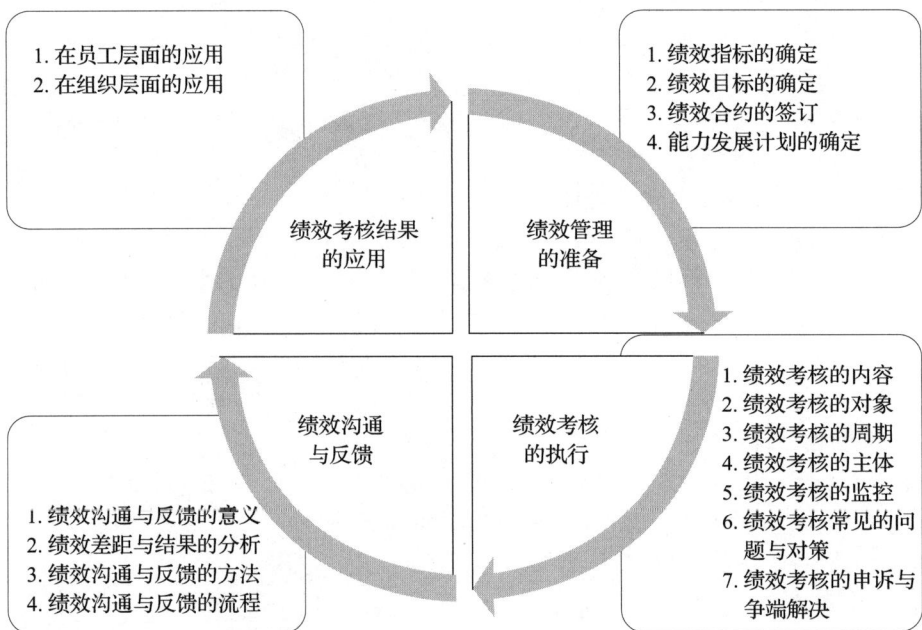

图 5-3　绩效管理系统战略目标的分解

2. 绩效指标的确定

绩效指标的设计与确定是被考核人和考核人之间达成的一种对于目标和结果的默契，是考核双方都认可的未来的行动方向。对绩效指标的初步设计和分解的过程，是将企业目标分解后，自上而下地分配给各部门，由各部门分配给各职位，再自下而上地沟通、调整、确认的过程。通过这一系列过程最终确认的绩效指标，能够保证企业整体目标的实现。完整通用的绩效指标通常包含指标定义、指标设置目的、指标评价标准、指标统计周期、指标数据来源、指标权重等项目。

3. 绩效目标的确定

管理者在设定部门目标时，一般根据公司目标或上一级部门目标，围绕本部门业务重点或部门职责，制订本部门的工作目标计划，这样才能保证本部门的工作目标与公司的总体目标相一致。在部门内部，管理者再根据部门内不同岗位的责任，将部门目标层层分解到具体责任人。具体来说，绩效目标有三个来源：一是公司战略目标或部门目标，二是部门及职位职责，三是客户的需要。

4. 绩效合约的签订

绩效合约是绩效计划的书面载体，是岗位任职人与其上级主管之间签署的一种内部协议。签署绩效合约是岗位任职人竞聘上岗后首先要履行的必要手续，聘任期中和期末要依据绩效合约对岗位任职人进行绩效考核。

绩效合约的内容主要包括：受约（聘）人与发约人、岗位绩效指标、指标权重、绩效目标值、实际完成情况及评分等。

⊙ **HR 实例**

某公司绩效合约

在下一年中，我理解我们组织的目标是_____

我们部门的目标是_____

我们业务单元的目标是_____

我的内部核心顾客是_____

他们的需求和期望是_____

为了让我的努力促成以上目标的达成，我知道我要做如下一些事情：

我的个人绩效目标是_____

我改进工作方法的目标是_____

我改进具体的人际行为的目标是_____

我需要改进与哪些人的人际行为_____

我相信这些目标是可接受的，也是能达成的。我也知道多个评价者（上级、同事、内部和外部顾客）会对我进行绩效评估。

我的绩效加薪将会基于我的绩效是否优秀、工作是否全部完成或令人满意。我知道可能会采用如下一些薪酬方式：①我圆满完成个人绩效后获得奖金；②技能的提高和充分利用；③我的业务单元或团队绩效的完成情况（利益分享）；④组织的绩效（利润分享）。

你的签名：　　　　　　　　　　　　　　　　　　　　主管的签名：

资料来源：德斯勒. 人力资源管理（第 14 版）[M]. 北京：中国人民大学出版社，2017.

5. 能力发展计划的确定

在绩效管理的准备阶段，还需要对被考核者进行能力发展计划的确定。具体内容包括：①根据个人关键绩效指标与工作目标的设置，确定所需发展的能力；②根据个人目前水平及企业具体情况，制订行动计划，包括如何发展（如培训、轮岗、参与相关项目）、何时发展、如何考核（如合格证书、专业资格证书、轮岗工作表现考核结果、项目表现考核结果）等内容；③跟踪并指导能力发展计划的实施。

5.2.2　绩效考核的执行

1. 绩效考核的内容

绩效考核的内容按层次与对象的不同可划分为潜在绩效、行为绩效和结果绩效三种。

（1）潜在绩效。个体层面的潜在绩效主要包括个人的知识、技能和素质等；团队层面的潜在绩效主要包括团队的知识、技能和素质等团队品质；组织层面的潜在绩效主要包括人力资源、技术、组织结构及组织资源等组织核心素质。

（2）行为绩效。个体层面的行为绩效主要指个人工作的方式与方法；团队层面的行为绩效主要指团队成员间的互助合作；组织层面的行为绩效主要指组织内的共享价值观、信念、态度和行为。

（3）结果绩效。结果绩效主要包括员工个人产出的数量和质量、团队的生产率和收益率，以及组织的利润率、市场份额等财务指标。

2. 绩效考核的对象

（1）面向员工的考核。面向员工的考核是针对员工个人进行的考核和评价，包括他人考评和自我考评。员工绩效考核是企业绩效管理中的一项重要内容，通过考核可以对员工过去的工作表现做一个标准的量化，从中找出问题，帮助员工进行改进。

（2）面向管理者的考核。管理人员的工作基本以脑力为主，工作量的伸缩性很大，需要就工作计划、进度、结果等达成共识，促进公司计划的顺利实现。所以面向管理者的考核是一项重要且综合的工作，一般由企业的人事、纪检等部门共同对考核进行监督和检查，考核工作的具体实施由人力资源部门承担。

（3）面向团队的考核。团队绩效是指团队实现预定目标的实际结果，主要包括三个方面：团队生产的产量，团队对其成员的影响以及提高团队工作能力。面向团队的考核必须兼顾团队和个人，设立考核个人的指标，让团队成员之间形成竞争，设立考核团队的指标，又让成员之间形成协作。

3. 绩效考核的周期

确定绩效考核周期需考虑以下几个因素：①根据员工层次来确定，一般来说员工层次越高，考核的周期应该越长；②根据职能类型来确定，生产、营销和客户服务等直线部门或直接面对消费者的部门的考核周期可以短一些，而人力资源、计划和安全管理等职能部门的绩效考核周期可以适当拉长。除此之外，还可以根据周期性、可控性或资源限制等因素来确定考核周期。

4. 绩效考核的主体

一个组织的绩效考核能否成功关键取决于参与绩效管理的相关人员。由于绩效考核方案的设计具有一定的专业性和整体性，对绩效考核的具体实施需要有具备一定绩效管理理论知识和经验的人员，才能确保方案实施有效，所以绩效考核主体的配置以及考核平台的构建极为重要。

（1）考核委员会。参与绩效管理方案的相关工作人员除了公司领导、各职能部门经理以及人力资源部工作人员之外，还应当尽力地提高普通员工的考核参与度，挑选出一些骨干员工来承担考核工作，设立考核委员会。它的职责主要包括：①审批人力资源部对员工的考核和奖惩建议；②审批人力资源部对绩效测评体系的调整建议；③处理被考核员工的投诉；④将考核结果反馈被考核人；⑤对考评人进行约束监督。

（2）人力资源部。人力资源部的工作目标就是负责公司人力资源的管理，为公司提供和培养合格的人才。因此，在绩效管理方面，人力资源部主要起到组织与沟通协调的作用。它的主要职责包括：协助考核委员会开展考核工作；建议考核流程；统筹考核工作等。

（3）平台化考核。在整个绩效考核期间，需要多个系统从不同方面对绩效考核的实施提供相关的支持。这些系统主要包括：①绩效合同监控系统，以绩效计划作为考核依据。②绩效沟通支撑系统，绩效辅导、绩效考核、绩效反馈等工作贯穿绩效管理的各个环节。③绩效审核改进系统，通过定期召开绩效审核会议，审核、总结上一绩效周期各部门或员工的绩效完成情况，分析未完成目标的原因，在此基础上找出存在的问题，提出改进措施，形成本绩效周期的工作重点及目标，并分析本期各项工作计划及存在的行动障碍。

5. 绩效考核的监控

（1）绩效监控的目的和内容。绩效监控贯穿整个绩效管理周期，是考核人为了预防和解决绩效管理中可能存在的问题，持续地观察和记录被考核人工作的关键行为、关键事件和绩效进展情况，为绩效评价提供依据的同时，更好地帮助被考核人完成绩效计划的过程。绩效监控的全过程包括组织协同的绩效监控、关键流程的绩效监控和个人绩效监控：

- 组织协同的绩效监控，是管理者对组织系统的协同性进行监控，是企业的最高管理层对整个企业绩效的监控；
- 关键流程的绩效监控，是企业的相关管理层对企业中的关键流程影响绩效情况的监控，并根据企业、部门或员工个人的绩效运行情况，有目的性、有针对性地对相关流程进行完善和修改；

- 个人绩效监控，是考核人对被考核人个人绩效进展情况的监控，整个绩效监控体系的落脚点是个人绩效的监控。

（2）管理驾驶舱。管理驾驶舱（management cockpit，MC）是一款为企业内部领导及相关高管提供的指标分析型系统。它通过详尽的指标体系，将采集的数据形象化、直观化、具体化，实时监控企业的运行状态。最大化地发挥高层经理了解、领导和控制公司业务作用的管理室（即驾驶舱），实际上是一个为高层经理提供的"一站式"（one-stop）决策支持的管理信息中心系统。

企业建立管理驾驶舱的过程本身就是一个按综合评估体系建立企业战略管理模型的过程。按照该理论建立的关键绩效指标（KPI）被以最佳接收方式显示在管理驾驶舱中，供决策者分析。管理驾驶舱是综合评估体系理论的优秀载体。而且管理驾驶舱充分考虑了如何最大限度地利用和拓展人的智能。

6. 绩效考核常见的问题与对策

（1）绩效考核中常见的问题，具体如下：

1）考核标准不明确。工作绩效考核标准不明确是造成工作绩效考核工具失效的常见原因之一。不同的主管对绩效标准如"良""中"等的理解可能不同，不同的考核者对考核项目如"工作质量""决策能力"等的理解也可能不同。

2）晕轮效应。晕轮效应意味着如果考核者对某个员工某方面的绩效要素考核评分很高的话，他对该员工其他方面的绩效要素可能形成一种偏见，认为也是较高的。

3）集中趋势。在确定考核等级时，许多考核者的考核结果很容易出现集中趋势。过于集中的考核结果，会使工作绩效考核变得扭曲，从而对企业的管理工作不能起到很好的作用，失去了它原有的意义。

4）偏见效应。员工之间的个人差异，主要是指年龄、种族、性别等，有时候会影响考核者对他们的评价。另外，员工过去的绩效状况也可能会影响他们当前所得到的绩效考核水平。考核者有可能会全面地高估一位低绩效者的绩效改善状况，也可能会将一位高绩效员工的绩效下滑程度看得过于严重。

（2）避免常见绩效考核问题的方法。上述几种问题是绩效考核中最经常出现、最具广泛性的问题，要想避免其产生严重的后果，考核者要从以下六方面做出努力：

- 与员工进行持续的绩效沟通，包括工作进展情况、潜在的障碍和问题、可能的解决措施以及管理者如何才能帮助员工等；
- 确保你已经了解了工作绩效考核过程中易出现的以上几种问题，因为弄清楚问题有助于你避免这些问题的出现，并有针对性地做出预防；
- 考核者应事先了解被考评者的工作内容，对其工作加以随时观察、记录，详细阅读已有记录资料，有完整的记录才不会受到近期绩效或主观感情的影响；

- 尽量使用客观的、量化的衡量标准，减少主观因素的影响；
- 选择正确的绩效考核工具，必要的时候可以综合使用几种方法形成互补来对员工进行考核；
- 对主管人员进行如何避免晕轮效应、集中趋势等问题的培训。

7. 绩效考核的申诉与争端解决

（1）绩效考核申诉。产生考核申诉的主要原因有：被考核者对考核结果存在不满；员工认为考核标准设立不当、有失公平。因此，绩效考核要设立申诉程序，促进绩效考核工作的合理化。大部分组织往往只是把考核结果反馈给员工，而忽略了考核申诉程序的重要性。这就导致当部门或员工对绩效考核结果有异议时没有合理的途径进行申诉，这会降低员工对绩效考核结果的信任程度，打击员工的积极性和对工作的热情。

（2）绩效评估争端解决。图 5-4 是以企业生产线为背景设计的争端解决程序。职员的绩效一般由班长垂直评估，由线长负责审核。如果职员认为班长的评估和线长的审核均出现严重不公正现象，职员可以向考核委员会提起申诉，若申诉的结果并不能真正解决实际问题，或者职员有证据证明他们之中或两者有打击报复行为，则职员可以启动争端解决机制，有权利直接将争端提交主管，主管能够协调解决的则终止争端解决流程，如果不能协调解决，则提交企业内部争端解决小组。以此类推可得班长、线长等的绩效评估争端解决程序。

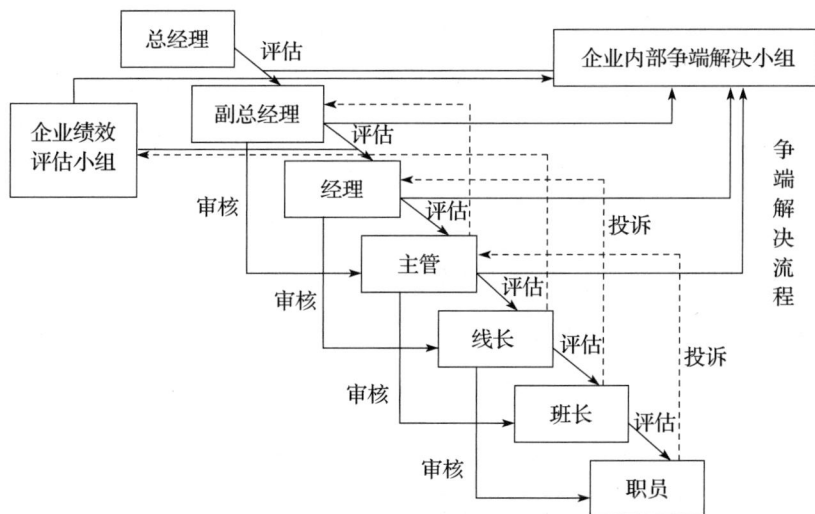

图 5-4 企业内部争端解决的流程

5.2.3 绩效沟通与反馈

1. 绩效沟通与反馈的意义

绩效沟通与反馈是指部门主管与下属员工之间共同针对绩效考核结果所做的检

视与讨论，其主要目的是把员工的绩效考核结果反馈给他，同时与员工共同确定员工个人下一步的绩效目标。绩效沟通与反馈的意义主要有以下三点。

（1）可以提升绩效。反馈者的主要目标是与被反馈者讨论其职业发展计划，为被反馈者进入新的工作岗位制订教育和职业发展方面的行动计划。

（2）可以维持绩效。反馈的目标主要是维持被反馈者的现有绩效水平。

（3）可以改善绩效。进行沟通与反馈的目的是制订一个行动计划来改善当前的无法令人满意的绩效。

另外，还有一种是不令人满意的：绩效无法改善型的员工，这种情况一般不需要再反馈给考核者了，因为他的绩效已经无法改善了，对他要解雇或放任自流。

2. 绩效差距与结果的分析

（1）绩效差距分析。绩效差距分析，是绩效改进的前提，是指企业根据当前表现出来的绩效问题，找到绩效差距、深入探索、发现原因的过程，目的是解决绩效问题。

实践中，管理者往往使用鱼骨图法（见图 5-5）来分析绩效问题的原因，具体步骤如下：①明确问题；②列出影响该问题的因素类别；③把产生该问题可能的原因按照类别填到各个分支中；④检查整理，查缺补漏，合并重复的内容；⑤对原因进行充分比较和探讨，对可能性最大的几个原因进行进一步的数据收集和整理。

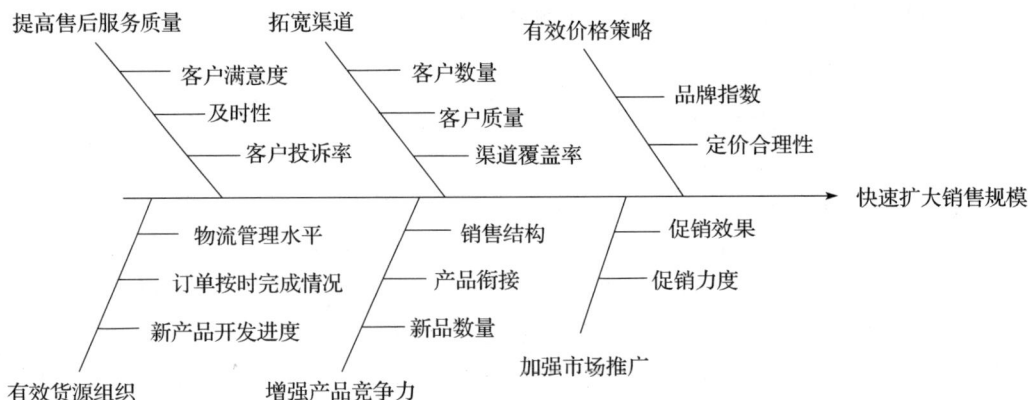

图 5-5　鱼骨图示例

资料来源：MBA 智库百科，https://wiki.mbalib.com/wiki/%E9%B1%BC%E5%88%BA%E5%9B%BE%E6%88%98%E7%95%A5%E5%88%86%E8%A7%A3%E6%B3%95.

（2）绩效结果分析。绩效结果分析是企业对绩效结果进行的全面分析。常见的绩效结果分析可以分为企业绩效结果分析、部门绩效结果分析和员工绩效结果分析。

企业绩效结果通常是以绩效管理覆盖率的数据体现出来的，因为绩效管理在企业员工中的覆盖情况代表了企业整体绩效管理的实施范围和质量。

部门绩效结果反映了部门经营管理的质量。如果部门之间业务类型相近，资源也相近，那么通过部门绩效结果的分析与部门结构组成等要素的比对，部门可以迅速发现自己的长处和短板。

员工绩效结果分析是通过员工之间的比较，查找问题并采取一定行动的过程。对绩效持续较好（差）的员工，企业应当分析其绩效好（差）的原因；对绩效有波动的员工，企业应当分析其绩效波动的原因。

3. 绩效沟通与反馈的方法

采取何种沟通方式在很大程度上决定着沟通的有效与否。我们将沟通的方式分为正式沟通和非正式沟通。

（1）正式沟通。正式沟通又可以分为书面报告、管理者与员工的定期面谈、管理者参与的小组会议或团队会议、咨询和进展回顾，这里仅介绍前三种。

1）书面报告。书面报告是绩效管理中比较常用的一种正式沟通的方式，它是指员工使用文字或图表的形式向管理者报告工作的进展情况。

2）定期面谈。在面谈中，重点要放在具体的工作任务和标准上。要给员工充分的时间来说明问题，必要的时候，管理者可以给予一定的引导和评论。面谈的最终结果是要在管理者和员工之间就某一问题达成共识并找到解决方案。

3）管理者参与的小组会议或团队会议。书面报告不能提供讨论和解决的手段，而这一点对及早发现问题、找到和推行解决问题的方法又必不可少。一对一的面谈只局限于两个人之间，难以对公共问题达成一致意见，因此，有管理者参与的小组会议或团队会议就显示出了它的重要性。

（2）非正式沟通。在日常的工作中，随时随地都可能发生沟通：非正式的交谈、吃饭时的闲聊、郊游或聚会时的谈话，还有"走动式管理"或"开放式办公"等，都可以随时传递关于工作或组织的信息。

4. 绩效沟通与反馈的流程

绩效沟通与反馈的流程主要包括三个阶段。

（1）绩效反馈准备。绩效反馈准备的主要工作包括：明确绩效面谈要达到的目标，并对员工的绩效表现获得一致的看法；决定最佳的时间、场所、资料，以及计划开场、谈话和结束的方式；收集考核相关资料，员工做好自我评估工作，把面谈的内容事先准备好。

（2）绩效反馈过程。绩效反馈的过程是沟通的过程，如果言辞、行为处理不当，容易引起员工的不良反应，若要达到预期的效果，必须注意以下六点沟通技巧。

1）谈话要直接而具体。开始进行谈话时，最好先谈反馈记录表中双方容易达成共识的问题，把容易引起对方不同或反对意见的问题留在最后。谈话的内容应该比较具体，如缺勤、迟到、质量记录、检查报告、残次品或废品率等。

2）不要直接指责员工。反馈时既要指出进步又要指出不足。对员工的批评越厉害，员工的抵触情绪就越大。批评应该在私下场合进行，而且应当具有建设性。可以向下属提出一些具有关键性的问题，并引导性地提供一些关于如何做的建议和这么做的理由。

3）鼓励员工多说话。绩效反馈一定要是双向的沟通。在反馈过程中，考核者的主要角色是倾听者、引导者，引导反馈的方向和主题，多提一些开放型的问题，鼓励下属多发表自己的观点，鼓励他们对自己过去一段时间的工作进行考核。

4）记住反馈的重点和目的。在反馈过程中，考核者要牢记重点和目的，围绕重点和目的来进行。反馈的内容以绩效、激励为主。反馈时，如果下属提出好的看法或意见，应立即给予肯定和赞扬，激发他的谈话兴趣；当下属提出不足时，要给予指导意见。

5）该结束时立即停止。当谈话该结束时，无论进行到什么程度都不能迟疑，否则既会影响到这一次的反馈效果，还可能使双方产生厌烦心理，影响到下一次的反馈效果。

6）对待具有防御心理的下属，理解并解除其防御心理是一种很重要的面谈技巧。不要攻击一个人的防御心理，应该尝试将谈话集中在员工的行为本身，而不是集中在人身上。

（3）确定绩效，提出改进计划：①确定考核结果。双方就考核结果达成一致，并签字确认。②提出改进计划。就被考核者的工作弱项或升迁等人事调整进行讨论，提出相应改进计划。③改进计划。改进计划是采取具体的行动来改进下属的工作，包括做什么、谁来做和何时做等。改进计划要求具有实际性、时间性、具体性的特征。

HR 实务

IBM 绩效管理中的双向沟通

IBM 特别强调绩效管理中的双向沟通，若员工对年初的绩效考核结果有异议，可以通过四条制度化的通道申述。

第一条通道是与高层管理人员面谈（executive interview）。员工可以与比直属经理职位高的高层经理进行正式的谈话，且不暴露个人身份。面谈内容包括自己关心的问题和对问题的建设性意见，整个谈话内容将记录在册交由有关部门集中处理。

第二条通道是员工意见调查（employee opinion survey）。该路径虽然不是直接面对员工的绩效问题，但 IBM 可以通过员工征询意见，了解员工对公司管理人员、薪资待遇、绩效考核等方面的反馈，协助公司营造一个更加公开和谐的工作环境。

第三条通道是直言不讳（speak up）。在 IBM，即使是一个普通员工的意见也完全有可能会被送到总裁的信箱里。"speak up"提供了一条直通通道，可以使员工在不牵涉其直属经理的情况下与高层领导沟通。未经员工同意，"speak up"的员工的身份只有负责通道的协调员知道，大大降低员工建言行为的风险。

第四条通道是申述，即"门户开放"（open-door）政策。如果员工对工作或公司有意见，IBM 鼓励他们首先与自己的直属经理面谈。与自己的直属经理面谈是解决问题的捷径，但若仍无法解决问题，或者员工认为绩效考评问题不便于和直属经理讨论，可以通过 open-door 向各事业单位主管、公司的人事经理、总经理或任何总部代表申述，上级将对这种申述进行调查落实。

资料来源：林新奇. 绩效管理［M］. 3 版. 大连：东北财经大学出版社，2016.

5.2.4　绩效考核结果的应用

绩效考核结果的应用包括两个层次的内容：一是直接根据绩效考核的结果做出相关的奖惩决策；二是对绩效考核的结果进行分析，从而为人力资源管理其他职能的实施提供指导或依据。

具体来说，绩效考核结果可以应用在以下几个方面（见图 5-6）。

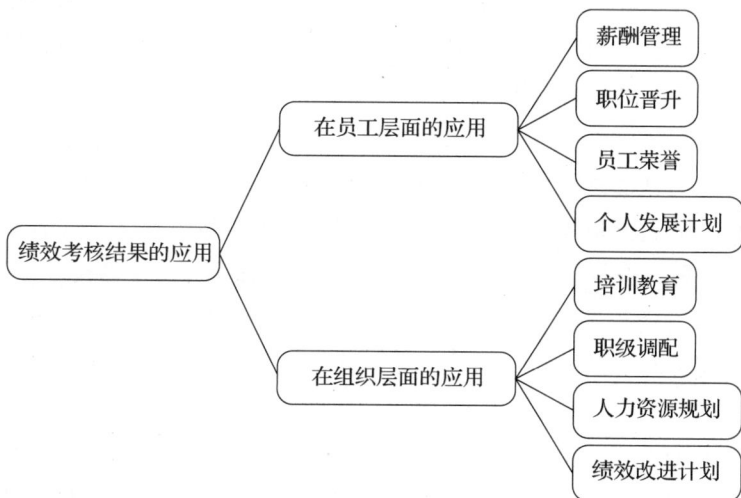

图 5-6　绩效考核结果的应用

1. 绩效考核结果在员工层面的应用

（1）薪酬管理。它主要包括：

1）确定绩效工资。绩效工资是以绩效考核结果为依据计算确定的，通过对员工绩效成绩的强制分布，使员工的绩效成绩落入一定的评价等级，每个等级都与一定的考核系数挂钩。

2）工资调整。考核结果应用于工资调整主要表现在两个方面：一是用于年度工资额的调整，即对考核结果较差的员工，体现负向的绩效，下调其下年度的工资，如扣减其下年度工资额的 5% 等；二是工资的定期调级，即依据年度的考核结果，决定工资是否调级以及调级的幅度，如年度考核为 A 等，则下一年起加一等工资。

（2）职位晋升。绩效考核结果同样可以应用在员工的晋升中。企业需要建立有效的基于绩效评价的员工晋升体系，这不仅可以激发员工的工作热情、提升创造力和执行力，还将直接影响员工的满意度和流失率。

（3）员工荣誉。绩效考核结果可以和员工的荣誉管理相关联。员工荣誉指的是奖项、奖状、证书、奖杯等企业内部的荣誉，这些荣誉可以给员工提供精神层面的满足，能够更好地激励和激发员工的创造力和积极性。

（4）个人发展计划。通过绩效考核，公司可以了解员工的能力和潜力，据此做出人才规划。对公司来说，可以促进人才的合理流动和配置，并找出领导后备力量；对管理者而言，有助于找到理想的助手，也可以管理和发展好员工；对员工而言，在组织目标的引导下，员工不断提高工作能力，开发自身潜能，有助于个人职业目标的实现，也有助于个人职业生涯的发展。

2. 绩效考核结果在组织层面的应用

（1）培训教育。通过分析累积考核结果的记录，公司可以发现员工群体或个体与组织要求的差距，从而及时组织相关的培训教育活动。如工作态度上的落后分子，须参加公司适应性再培训，而对于能力上的不足，公司可组织有针对性的知识和技能培训，以提高员工的工作能力。

（2）职级调配。连续的考核结果记录为职务晋升和干部选拔提供依据，通过对员工在一定时期的连续绩效的分析，选择连续绩效比较好且稳定的人员纳入调配或晋升名单。通过分析累积考核结果的记录，公司可以发现员工工作表现与其职位的不适应性问题，查找原因并及时进行调配，真正做到人－职匹配。

（3）人力资源规划。绩效考核结果可以为组织提供总体人力资源质量优劣程度的准确情况，获得所有员工晋升和发展潜力的数据，以便为组织的未来发展制定人力资源规划。

（4）绩效改进计划。绩效沟通给员工带来的信息会使可能一直蒙在鼓里的员工真正认识到自己的缺点和优势，从而帮助其改进工作。所以，绩效改进工作的成功与否，是绩效管理过程是否发挥效用的关键。

⊙ HR 实例

亚马逊如何处理低绩效员工：从 PIP 到 Pivot

亚马逊曾采取 PIP（performance improvement plan），该计划要求绩效考核排名中处于末端 10% 的员工制订一个详细的绩效目标计划，且必须在时间期限内改善绩效，否则将面临被公司解除劳动合同的风险。亚马逊"淘弱留强"的绩效管理模式饱受争议，以解雇危机鞭策员工，甚至鼓励同事互相揭短，这导致员工压力巨大，身心健康受到严重威胁。

2016 年，亚马逊放弃了年终员工绩效评级排名的做法，实施 Pivot 计划。该计划主要针对那些虽然接受了辅导帮助但绩效仍然保持较低水平的员工。该计划为员工提供了三个选择：①接受公司提供的离职补偿，自愿离开公司；②接受专家辅导，通过完成预先设定的绩效目标，证明自身价值；③进行视频"审判"会议，与会成员包括员工自己、担任类似职务的同事以及上级经理，形式类似于法庭，与会成员作为"陪审团"决定该员工是否真的需要参与 Pivot 计划。

加入 Pivot 计划的员工，将接受一个全职团队的绩效辅导和支持。全职团队由各个领域的专家组成，他们被称作"职业大使"，负责帮助员工激发潜能，完成绩效任务。职业大使必须在人力资源管理、协商调解、员工关系或社会服务领域拥有超过 7 年的工作经验。

通过 Pivot 计划，亚马逊逐渐改变人们对其高压绩效文化的印象，并重新引导员工正确认识公司的绩效文化。

资料来源：张霞. 绩效考核与薪酬管理 [M]. 西安：西安电子科技大学出版社，2019.

5.3　绩效考核的常见手段

5.3.1　面向个体的方法

1. 排序评价法

排序评价法是一种生活中比较常见的、简单易行的辅助性综合绩效评价方法。这种方法通常是上级或者考核人对下级或者被考核人的工作表现按照优劣的顺序从第一名到最后一名进行排序。

排序评价法的操作方法比较简单，其核心就是建立一个排行榜，把员工按照排行榜的规则从高到低进行排列。也可以根据岗位工作内容进行适当的分解，按照分解后的分项进行排序，再求出平均数排序，作为绩效评价的最终结果。排序评价法可以分成两种，一种是客观强制排序法，另一种是主观强制排序法。客观强制排序法指的是排序过程用到的数据是量化的财务、生产统计等客观的数据；主观强制排序法是根据上级的评价、同级的评价或者评价小组的评价等主观判断进行排序的方法。

客观强制排序法可以直接通过收集量化数据，根据数据量值的高低进行排序。

主观强制排序法实施时，要先确定评价人选，可以是员工的直接上级，也可以成立专门的评价小组。然后选择评价因素，可以设置细分因素直接排序，也可以设置不同的因素主观打分后排序。最后收集主观打分情况，汇总后得出最终的评价结果。

排序评价法被广泛应用在组织结构稳定、人员规模较小的企业。当企业既希望节约管理时间或管理成本，又期望达到绩效评价判断优劣的目的时，排序评价法就是一种比较好的选择。它具有以下优点：操作简单，容易执行；可以避免管理中的趋中倾向；能够分辨出优劣等级。但同时它也存在以下缺点：只适合于考核评价相同岗位类别和职务的人员；当员工的绩效情况相近时，很难进行排序；不能对员工进行行为反馈，缺乏对员工的指导；有时具备一定的主观性，缺乏公正性和科学性；主观排序时，无法有效判断相邻名次之间的差距；运用这种方法的部门人数有限制，一般不超过 20 人。

2. 配对比较法

配对比较法也称相互比较法、两两比较法、成对比较法或相对比较法。它就是将所有要进行评价的职务列在一起，两两配对比较，其价值较高者可得 1 分，最后将各职务所得分数相加，其中分数最高者即等级最高者，按分数高低顺序将职务进行排列，即可划定职务等级。由于两种职务的困难性对比不是十分容易，所以在评价时要格外小心。

配对比较法的基本做法是：将每一位员工按照所有的评价要素与所有其他员工进行比较。在运用配对比较法时首先要列出一个如表 5-1 的表格，其中要标明所有需要被评价的员工姓名及需要评价的所有工作要素。然后将所有员工依据某一类要素进行配对比较，再用加号和减号也就是好和差标明谁好一些，谁差一些。最后，将每一位员工得到的好的次数相加。

表 5-1　配对比较法应用举例

员工	对比人					"+" 的个数
	A	B	C	D	E	
A		-	-	+	+	2
B	+		+	+	+	4
C	+	-		+	+	3
D	-	-	-		-	0
E	-	-	-	+		1

配对比较法一般只是对被考核者工作成绩总的方面进行评定，对相同工作人员的成绩评定比较一致。但如果参加评定的人数过多，进行配对比较的工作量就很大，会给评定工作带来很大困难。因此，此法只适用于小单位或参加评定的人员少的情况，而且适用范围较窄，无法对不同性质的工作岗位上的人员进行评定。

3. 图解式评价法

图解式评价法也叫作图表评估尺度法、业绩评定表法。图解式评价法是指用一张列举了达到成功绩效所需要的不同特质（如适应性、合作性、工作动机等）的表对员工进行考评的一种方法，每一项特质给出的满分是五分或七分，评估结果一般是"普通""中等"或"符合标准"等词语。

图解式评价法的操作步骤大体如下：首先，分析职位工作的性质和特点，选择与绩效有关的若干评价要素，如判断能力、适应性、积极性等特质因素，合作精神、工作态度等行为因素，还有工作质量、工作完成及时性等工作因素。其次，以这些评价因素为基础，确定具体的考评指标，每个项目分为五或七个等级，用数字或文字表示，如"优秀、良好、一般、较差、极差"或"1、2、3、4、5"这样的等级尺度，并做出具体说明。最后，制成专用的考评量表，考评者根据对下属工作的观察和了解，在量表的每个项目等级评估的尺度上做记号，待全部项目考评完毕后，加总各个项目的得分，就可以得到考评的结果。

由于图解式评价法涉及范围较大，可以涵盖员工个人的品质特征、行为表现和工作结果，因此具有广泛适应性，同时该方法具有设计简单、使用方便、汇总快捷等优点，但考评的信度和效度取决于考评因素及项目的完整性和代表性，以及考评人评分的准确性和正确性。在考评要素确定且考评人存在绩效问题的情况下，本方法极容易产生晕轮效应或集中趋势等偏误。

4. 个人业务承诺法

个人业务承诺（personal business commitment，PBC）法最初由 IBM 提出并作为绩效管理的基础手段，国内多改称为个人绩效承诺。其核心思路为：以经营目标为基础分解指标；由个体成员"认领"指标，作为"业务承诺"；根据业务承诺的达成状况与绩效考核策略，做出绩效评估。

确定 PBC 有以下三个原则：

- 结果（win），指明业务承诺的目的。个体对于赢得该结果必须具有较大的主观意愿和决心。
- 执行（executive），为了赢得结果而必须采取的相应措施。
- 团队（team），部门为了确保结果的实现而为某位成员提供的具体支持。

确定后，由部门管理者与每位成员签订业务承诺书，并根据 PBC 各级达成状况做出绩效评估。

⊙ HR 实例

海尔集团 PBC 绩效管理体系

海尔的每个员工都以个人业务承诺（PBC）的形式做出个人对海尔集团的业绩承诺。在整个海尔集团里，各层员工经理和下属员工都会以自上而下的方式签订个人业务承诺书，将公司总的战略目标逐步分解并落实到每个员工身上，以实现组织绩效和个人绩效的有机联结，从而推动集团事业发展和个人发展的统一。

一般员工的 PBC 由业务目标以及个人发展目标组成，经理级别的员工增加员工管理目标。

业务目标（business goal）：在员工经理的指导和帮助下，每位员工根据所从事岗位工作性质、职责和企业年度工作计划的要求制定个人的业务目标。

员工管理目标（people management goal）：为了引导员工经理关注团队建设、下属培育，培养员工经理的领导能力并支持业务目标的达成，需使员工经理设置员工管理目标。

个人发展目标（individual development goal）：在经理的指导和帮助下，每位员工设置个人的发展目标并制订个人发展计划（IDP），不断提高自己的工作能力，支持业务目标的达成。

海尔集团的绩效考核指标分为以目标完成率为基础的定量指标和与绩效水平相关的定性指标。整个绩效评价周期分为定期回顾辅导、季度业绩评价和年度绩效考核。其中年度绩效考核的 PBC 绩效评价结果分为五个等级，分别是 A、B+、B、C 以及 D。直线经理首先对员工绩效进行评估，然后交由二线经理审核。在评价结果中，PBC=A 即非常出色的年度顶级贡献者；PBC=B+ 即出色的高于平均的贡献者；PBC=B 即胜任的扎实的贡献者；PBC=C 即需要改进提高的最低贡献者，连续的 PBC=C 绩效即不可接受的，需要提高；PBC=D 即不能令人满意的员工，在连续被定级为 PBC=C 之后仍未显示出提高迹象。绩效评估等级主要根据员工履行工作职责情况、绩效表现、知识技能水平、发展潜力、对同事的帮助和支持等方面进行定义和区别。

资料来源：HR 人力资源案例网. 海尔集团 PBC 绩效管理体系案例［EB/OL］.（2017-12-07）［2021-01-15］. http://www.hrsee.com/?id=545.

5. 360 度绩效考核法

360 度绩效考核法又称全方位绩效考核法或多源绩效考核法，是指从与被考核者存在工作关系的多方主体那里获得被考核者的信息，以此对被考核者进行全方位、多维度的绩效评估的过程。

上述信息的来源包括：来自上级监督者的自上而下的反馈（上级），来自下属的自下而上的反馈（下属），来自平级同事的反馈（同事），来自企业内部的支持部门和供应部门的反馈（支持者），来自公司内部和外部的客户的反馈（服务对象），以及来自本人的反馈。

360 度绩效考核法适用于协作性和流程性强的企业，或中层干部和职能服务部门业绩考核，或员工能力素质培养。它具有以下优点：可以提高考核的全面性和公正性；员工参与感强；强调对内外部客户的服务，提升组织运营效率；对员工的能力素质进行全面考核。但是它也存在考核成本高、容易流于形式等缺点。

🔘 HR 视野
360 度绩效考核法的缺点和实施注意事项

1. 360 度绩效考核法的缺点

（1）考核成本高。当一个人要对多个同伴进行考核时，时间耗费多，由多人来共同考核所导致的成本上升可能会超过考核所带来的价值。

（2）成为某些员工发泄私愤的途径。某些员工不正视上级及同事的批评与建议，将工作上的问题上升为个人情绪，利用考核机会"公报私仇"。

（3）考核培训工作难度大。组织要对所有的员工进行考核制度的培训，因为所有的员工既是考核者又是被考核者。

2. 360 度绩效考核法实施注意事项

（1）正确看待 360 度绩效考核法的价值。360 度绩效考核最重要的价值不是评估本身，而是能力开发。简单地将 360 度绩效考核法用于评估目的（无论是人才评估还是绩效考评），不仅不能给企业带来预期的效果，而且还有可能产生许多诸如人际关系矛盾、劳民伤财以及降低人力资源部和高层领导的威信等负面影响。

（2）得到高层领导的支持。360 度绩效考核涉及组织中各个层面的人，甚至还包括组织外部的人员。因此，实施 360 度绩效考核只有得到高层领导的全力支持，才有可能真正顺利地开展起来，开展过程中出现的问题也才能及时地得以解决。否则，就可能使员工之间的问题升级，影响员工正常工作绩效，甚至造成组织中不可控制的混乱局面。

（3）企业具有稳定性。实施 360 度绩效考核的组织应该有一定的稳定性。因为事实上，这种新的工具本身很可能会成为一把双刃利剑，当企业面临重组、裁员或者合并时，员工的不安全感本身就比较高，这时采用 360 度考核很可能加重这种体验，从而导致负面的影响。

（4）建立信任。360 度绩效考核法通过操作细节和整个实施过程中的不断沟通，使员工建立起对上级的信任和对考核中组织所承诺的程序公平的信任，从而对考核保持开放接受的态度，克服对该技术的抵触情绪。

资料来源：张霞. 绩效考核与薪酬管理［M］. 西安：西安电子科技大学出版社，2019.

5.3.2　面向团队和组织的方法

1. 经济增加值考核法

经济增加值（economic value added，EVA）考核中的经济增加值指的是企业净经营利润减去所投入资本的机会成本后的差额。EVA 认为，不包含资金成本的利润不是真正的利润，要正确评价企业的业绩，就必须把资金成本考虑进去，只有收回资金成本后的 EVA 才是真正的盈利。如果 EVA 刚好等于补偿投资风险的必要回报，则投资人所投资本的经济增加值为零。

如果 EVA 是正数，说明企业创造了价值。如果 EVA 是负数，说明企业发生价值损失。所以 EVA 更能体现投资者的利益和企业的运作状况，是一套度量企业业绩的评价体系。

EVA 考核要达到以下几点基本目标：

- 把对管理业绩的激励和股东财富的增长紧密联系起来。
- 为经营管理、计划、业绩度量和员工报酬制度建立一个统一的目标。
- 营造业绩导向的企业文化氛围。EVA 激励制度的核心要义就是要使员工切实感受到，为企业创造更多价值是增加个人收入的唯一途径，从而提高绩效。

EVA 管理体系越来越受到国内外企业的追捧，使得员工像所有者一样去思考和行动，可以更合理地优化资源配置。EVA 不仅是一种业绩评价工具，也是一种会计管理手段或财务管理手段，更是一项涉及组织内部战略定位、结构调整与流程再造、价值控制、持续改进与业绩评价、薪酬体系与激励管理的内部管理体系，是整合企业内部管理的重要手段。

⊙ **HR 实例**

国资委的 EVA 绩效考核

国务院国有资产监督管理委员会（简称"国资委"）从 2010 年开始全面推行 EVA 考核（见表 5-2），旨在引导中央企业关注风险控制，提升发展质量，增强价值创造和可持续发展能力。在年度考核指标中采用经济增加值（EVA）替换原来的净资产收益率，并用完成值与目标值比较的方法进行考核，在目标值的设定方面则强调 EVA 的持续改善。同时，将经济增加值的改善情况与经营者的中长期激励挂钩，鼓励经营者的长期价值创造。

表 5-2　2010 年国资委对电信行业考核指标

考核指标	权重
利润总额	30
经济增加值	40
成本费用占收入比	15
数据业务收入比重	15

资料来源：王恬. 基于 EVA 指标的企业业绩评价 [J]. 新经济, 2016（06）: 120-121.

2. 对标考核管理法

对标考核管理法是指企业以最强的竞争企业或那些在行业中领先的、最有名望的企业的关键业绩行为作为基准对自身的关键业绩行为进行评价与比较，分析这些基准企业的绩效形成原因，在此基础上建立企业可持续发展的关键业绩标准及绩效改进的最优策略的程序与方法。

标杆基准法选择指标的基本程序如下：

- 详细了解企业关键业务流程与管理策略，从构成这些流程的关键节点切入，找出企业运营的瓶颈；
- 选择并研究行业中几家领先企业的业绩，剖析行业领先者的共性特征，构建行业标杆的基本框架；
- 深入分析标杆企业的经营模式，从系统的角度剖析与归纳其竞争优势的来源（包括个体行为标杆、职能标杆、流程标杆与系统标杆），总结其成功的关键要领；
- 将标杆企业的业绩与本企业的业绩进行比较与分析，找出存在的差异，借鉴其成功经验，确定适合本企业的、能够赶上甚至超越标杆企业的关键业绩指标。

5.3.3　无定向方法

1. 目标管理法

目标管理法（management by objective，MBO）最早是由管理大师彼得·德鲁克（Peter F. Drucker）提出的。德鲁克指出，并不是因为有工作才有目标，而是因为有目标才有了工作岗位。管理者应该通过目标管理下级，当企业目标确定后，各级管理者必须将其有效分解，转变成每个部门和岗位的子目标。企业中的各级管理者根据部门和岗位子目标的完成情况对下级实施评价、考核和奖惩。

目标管理法的特点，主要表现在以下几个方面。

（1）具备明确的目标。目标要符合 SMART 原则（详见本章 5.4.2）。

（2）各层级参与决策。与传统企业中上级向下级直接下达命令、传达任务目标不同，目标管理的方法强调让下级参与到目标的制定过程中，通过上下协商的方式，让上级和下级共同制定企业整体、业务单位、经营单位、部门直至个人等各层级目标，让目标的制定过程不仅是"自上而下"，也是"自下而上"。

（3）规定出具体时限。根据 SMART 原则，目标管理中的每项目标都有时效性的要求。一般情况下，越靠近企业层面的目标，目标设置的时间越长；越靠近个人层面的目标，目标设置的时间越短。目标期限一般有一个月、一季度、半年度、年度、三年度、五年度之分。

（4）反馈目标的结果。目标管理强调员工的上级领导和员工一起定期检查、评估目标的完成情况，并持续将结果反馈给员工。在整个过程中，上级领导要持续地引导员工自己评价预先设定好的目标，鼓励员工自我发展的意识，激发员工的内在动力。

目标管理法具有以下优点：能够帮助企业、部门和员工明确工作任务和目标；能够切实提高企业的管理效率，保证目标的达成；通过目标对比，能让企业内部管理实施有效控制；通过目标和奖励之间的关联，能够形成有效激励；通过明确岗位的具体目标，帮助员工实行自我管理。但目标管理法有时过于强调短期目标的实现，对企业长远发展不利；目标有时难以选定或难以量化，且目标执行过程中难以调整，无法适应变化的环境。

◉ HR 实务

佳能（中国）公司的目标管理法

佳能（中国）公司同总公司一样，实行"目标管理法"，该方法应用于公司绩效计划和员工组织贡献绩效评价。与其他在华日资企业不同，佳能（中国）公司的绩效管理时间段是在每年的 1 月 1 日到 12 月 31 日。

佳能（中国）公司目标管理的流程具体如下。

- 目标设置：发送目标管理—设置目标—沟通—最终确认。
- 组织贡献管理：自身问题—上级回顾—沟通—最终确认。
- 组织贡献评价：自我评价—沟通—上级评价—最终确认。
- 反馈：沟通—能力开发—往后努力方向—发送目标管理实施结果。

公司基于全球战略目标制定绩效考核目标。全球战略目标可以往下依次划分为区域目标、分公司目标、部门目标、科室目标，最后到个人目标。每一层次的管理者都需要明确如何通过个人目标实现企业目标。员工的个人目标由上级领导帮助设立或者员工参照科室目标自行设立，并且其个人目标需要与公司战略相联系。所有目标的制定都遵循

SMART 原则，同公司整体战略目标、部门目标相符，并取得上下级双方共同认可，排除争议。

除此之外，佳能（中国）在实施目标管理法的过程中强调"沟通"与"尊重"，保证管理者与员工之间平等顺畅交换意见，保证绩效管理系统透明公开地运行。

资料来源：王冠琳. 对在华日资企业的绩效管理优势分析：以佳能（中国）公司为例［J］. 西部皮革，2018，40（03）：130-132.

2. 平衡计分卡

平衡计分卡（balance score card，BSC）是一个绩效考核系统，能够多方面、全方位地评估组织的绩效水平。

平衡计分卡的"平衡"体现在几个方面：短期与长期目标的平衡，财务与非财务指标的平衡，结果性指标与动因性指标的平衡，企业组织内部群体与外部群体的平衡，领先指标与滞后指标的平衡，指标间的平衡。

平衡计分卡的框架体系分别从四个角度来设定：财务角度、客户角度、内部流程角度以及创新与学习角度（见图 5-7）。

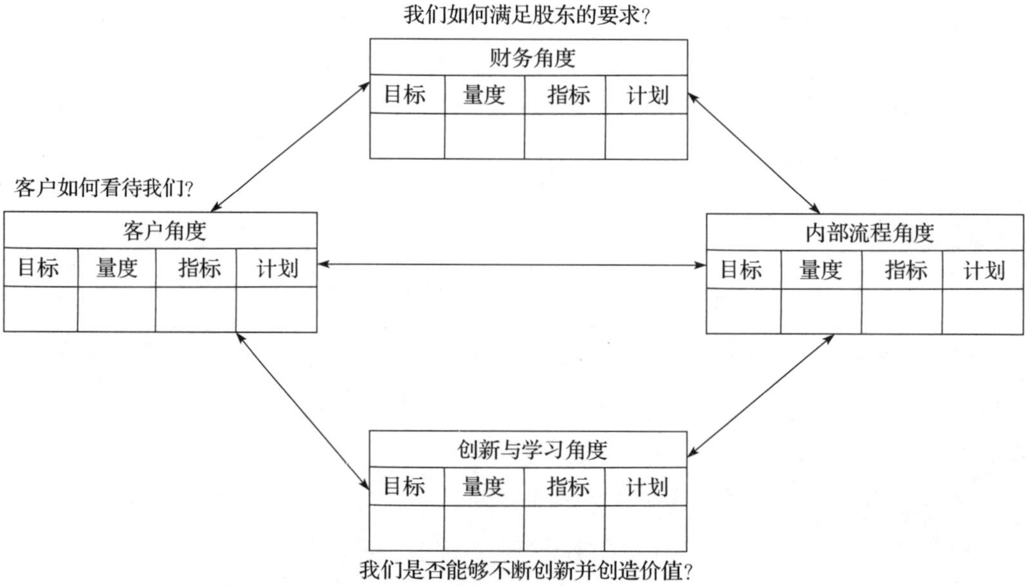

图 5-7　平衡计分卡与各种绩效考核指标的联系示意图

3. 目标与关键结果

目标与关键结果（objectives and key results，OKR）法是在传统绩效管理基础上进行改善优化后形成的一种有效的现代绩效管理手段。它由"目标"和"关键结果"这两大主要部分组成。首先，要设定一个"目标"，这个目标务必是确切的、可衡量的；然后，设定若干可以量化的"关键结果"，用来帮助自己实现目标（见图 5-8）。

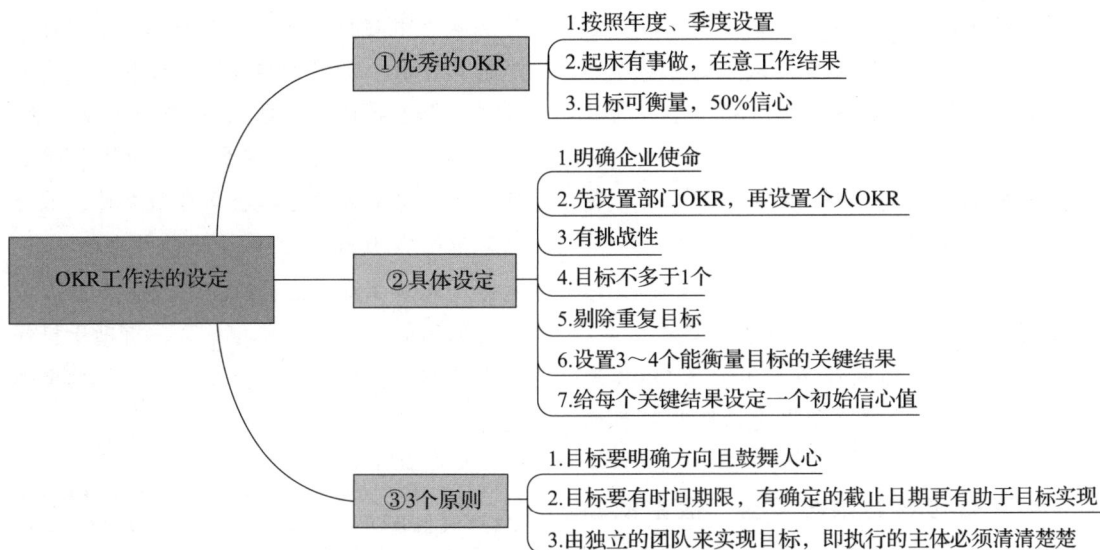

图 5-8　OKR 工作法的设定

资料来源：沃特克. OKR 工作法［M］. 明道团队，译. 北京：中信出版集团，2017.

　　OKR 要求目标是可量化的（时间和数量），比如不能说"使 Gmail 达到成功"，而是"在 9 月上线 Gmail 并在 11 月有 100 万用户"；目标要求是有野心、具备一定挑战性的。一般来说，1 为总分的评分，达到 0.6～0.7 是较好的，这样才会激励员工不断为达成目标而奋斗，而不会出现期限不到就完成目标的情况。

　　OKR 有两个典型特点：一是让每个岗位都能明确工作的重心，而不是设置大量的 KPI；二是实现对全员的公开透明，这能让团队的目标统一化，方便团队之间的合作，体现评估的公平性，还能对员工形成一定的激励。

　　OKR 具有以下优点：能够充分调动员工的积极性和主动性；能够让职位的工作内容更加丰富灵活；有利于强化企业整体的创新和创造力。但是它往往更适合于高新技术企业或知识密集型企业，不太适合生产经营比较稳定的传统制造业企业，而且需要员工具备较高的职业素养和职业技能。

⊙ HR 视野

Facebook 的 OKR

　　Facebook 的 OKR 绩效管理主要有四个特点。

1. 基于结果，而非任务，关注对团队与个人有重大影响的事项

　　在 Facebook，采用 OKR 法制定员工、团队以及公司的目标时，要以结果或者以影响力为导向，关注对团队和个人有重大影响的事项。公司会在每个季度开始之前让员工进行思考，有哪些事情从影响力的角度来说是值得做的，有哪些事情是员工想做的，然后取两者的交集，再列举若干有 2/3 以上的概率能达成目标的手段。

2. 由同事评审（peer review）进行绩效考核

　　Facebook 把绩效考核交给同事评审来做，一般每 6 个月做一次，主要是分成四个部分：自评、同事评价、直属上司评价和老板评价。员工可以决定考核结果是否对外开放以及公开范围。数据表明，85%左右的员工会选择开放。

3. 较为宽松的OKR制度

Facebook没有强制要求全公司所有员工严格执行OKR，只是要求员工形成目标驱动思维，并提供相关的OKR管理工具。事实上，大多数团队都不使用专用OKR工具来管理目标，而是选择某些软件列举目标和跟踪目标。

4. 绩效考核结果与奖金、股票激励挂钩

Facebook每年6月和12月会进行一次个人绩效评估，经理们要通过绩效校准会议对同事评审的结果进行必要的修正。6月底的绩效评估会对奖金和股票、晋升有一定的影响，但主要还是根据12月底的绩效评估。年底的绩效评估将决定员工追加的股票数额；奖金与个人绩效和公司业绩有关，奖金浮动范围在10%～25%，若公司业绩不错，所有人的薪水都会上升。这种绩效考核方式将员工利益与公司利益相结合，有助于提高员工工作积极性，达到员工"心流"的理想状态。

资料来源：

[1] HR人力资源案例网. Facebook的OKR绩效管理案例［EB/OL］.（2017-12-12）［2021-01-15］. http://www.hrsee.com/?id=556.

[2] 上海佐佳企业管理咨询有限公司. OKR最佳实践案例：FACEBOOK［EB/OL］.［2021-01-15］. https://www.docin.com/p-1943361524.html?docfrom=rrela.

4. 强制分布法

强制分布法（forced distribution）也叫强迫分配法或硬性分布法。它是把被评价人按照不同的绩效、行为、态度、能力等标准归到不同的分类中。

强制分布法就是根据正态分布"两头小、中间大"的规律，先确定并划分好评价等级以及每个等级中员工的数量占比，然后按照每个员工的绩效和能力情况，强制按照比例列入其中的某一个等级。

强制分布法便于公司高层统一管理和控制，当企业被评价人员的数量较多时，适合采用强制分布法；尤其是对于需要引入淘汰机制的企业，采用这种绩效评价方法具有一定的激励作用和鞭策功能。

强制分布法具有以下优点：操作简单，等级清晰；奖惩关联，刺激性强；执行严格，强制区分。但如果员工的绩效和能力事实上并不符合企业预想的正态分布规律，那么采用这种方法将会受到员工的排斥，同时，评价的客观性和准确度也会大打折扣；而且强制分布法只能把员工分成有限的几类，不能比较同一类别中员工之间的具体差异。

⊙ HR实务

雅虎的末位淘汰制

强制分布法最直接的运用就是末位淘汰制。末位淘汰制因GE的推广而闻名，众多美国公司都曾采用过这种方法，但这项制度一直存在较大争议。雅虎前CEO梅耶尔入

职公司后，便大力推行末位淘汰制，却收效甚微。在雅虎，员工们甚至开始对抗这种制度。比如，根据末位淘汰制，每位员工每个季度要被考核一次，连续两个季度排在末位的员工就得被淘汰。有的团队安排大家轮流去当这个"末位"，这样就不会有人"连续"两个季度成为末位。

末尾淘汰制容易引起团队内部的不健康竞争，破坏团队合作关系。现在很多公司已废除末位淘汰制，尤其是科技公司。对以创新为主的科技公司来说，员工需要发挥团结互助精神，展现团队力量，群策群力，为共同的创新目标而奋斗。同时，团队管理应主要依靠管理者的放权和赋能而不是严格管控以激发员工创造最佳绩效。以上是很多科技创新公司放弃末位淘汰制的原因。

资料来源：环球人力资源智库. 雅虎的 HR 策略，犯了哪些错？［EB/OL］.（2016-08-01）［2021-01-15］. https://www.sohu.com/a/108460975_117482.

5.4　关键绩效指标的设计

5.4.1　关键绩效指标概述

关键绩效指标（key performance indicators，KPI）是通过对企业内部流程的输入和输出的关键参数进行设置、取样、计算、分析，以衡量流程绩效的一种目标式量化管理指标，是把企业的战略目标分解为可操作的工作目标的工具，是企业绩效管理的基础。

KPI 是对公司及组织运作过程中关键成功要素的提炼和归纳，是将公司愿景、战略与部门员工的工作相连接，通过层层分解、层层支持，使每名员工的个人绩效与部门绩效、公司的整体效益直接挂钩。KPI 必须具备如下几个基本特征。

（1）关键性。所建立的 KPI 必须对企业的战略目标、企业价值和业务重点的影响相对重要，考核工作一定要将主要精力放在关键结果和关键过程上。

（2）可衡量性。KPI 必须建立在明确的定义之上，不容易产生歧义，还要有科学的计算方法、评分标准以及可操作的数据采集方法。

（3）可控性。KPI 的责任主体应对指标具有较强的控制能力，员工能通过行动来影响指标结果，促使指标值朝着战略指引的方向发展。

KPI 还可以进一步形成 KPI 库。KPI 库指的是一个企业或部门所有 KPI 的集合。好的 KPI 库应该具备如下特征：

- 系统性。所有职位的 KPI 都应包含在 KPI 库中，而且库中的指标组合应能全面、完整地反映企业或部门及各职位的战略目标和业务重点。
- 唯一性。KPI 库中的各个指标是唯一的，同时，每一个 KPI 应能独立地反映一项战略目标或业务重点的全部或某一方面。

● 关联性。KPI 库的各指标之间应具有一定的关联性，而不是孤立地存在，指标之间应具有承接或支持关系。

⊙ HR 实例

某公司指标库

某公司以部门职能为标准将关键绩效指标划分为五大类，见表 5-3。

表 5-3 某公司指标库概况

部门	指标侧重	指标名称
市场部	市场份额指标	销售增长率、市场占有率、品牌认知度、销售目标完成率
	客户服务指标	投诉处理及时率、客户回访率、客户档案完整率、客户流失率
	经营安全指标	货款回收率、成品周转率、销售费用投入产出比
生产部	成本指标	生产效率、原料损耗率、设备利用率、设备生产率
	质量指标	成品一次合格率
	经营安全指标	原料周转率、备品周转率、在制品周转率
技术部	成本指标	设计损失率
	质量指标	设计错误再度发生率、项目及时完成率、第一次设计完成到投产前修改次数
	竞争指标	在竞争对手前推出新产品的数量、在竞争对手前推出新产品的销量
人力资源部	经营安全指标	员工自然流动率、人员需求达成率、培训计划完成率、培训覆盖率
财务部	财务会计指标	万元工资销售收入比例、产品毛利率、利润总额、利润总额增加率、集团利润贡献率、资金沉淀率、资金周转率、投资收益率、资产负债率

资料来源：张霞. 绩效考核与薪酬管理 [M]. 西安：西安电子科技大学出版社，2019.

按照不同的划分标准，关键绩效指标可以被划分成不同类别。不同类别的绩效指标在不同场景、不同环境、不同层级和不同岗位中有针对性地应用。

如果按照绩效指标能否被量化，可以把绩效指标分成定量指标和定性指标。例如产值、人均产值、生产计划完成率、周生产计划变更次数等指标都属于定量指标；工作疏忽错误、工作完成即时性、员工的工作态度等指标都属于定性指标。

如果按照绩效指标是否体现在财务数据上，可以把绩效指标分成财务指标和非财务指标。例如销售额、利润额等指标都属于财务指标；顾客满意度、员工流失率、生产计划完成率等这类指标都属于非财务指标。

如果按照绩效指标来源于企业的内部还是外部，可以把绩效指标分成内部指标和外部指标。例如商品损耗率、商品盘点差异率、产品毛利率等指标都属于内部指标；市场占有率、顾客满意度、供应商满意度等指标都属于外部指标。

如果按照绩效指标是结果导向的还是过程导向的，可以把绩效指标划分成结果类指标和过程类指标。例如产品营业收入、客户成交量、毛利率提升幅度等指标都属于结果类指标；拜访客户数量、与客户电话沟通次数、合同签订数量等指标都属于过程类指标。

如果按照绩效指标的时间长度，可以把绩效指标分成短期指标和长期指标。例如培训评估的及时性、档案存档的及时性等指标都属于短期指标；季度毛利额、年收益、员工一段时期后的转正率等指标都属于长期指标。

如果按照绩效指标是业绩导向的还是行为导向的，可以把绩效指标划分成业绩类指标和行为类指标。例如销售额增长率、成本降低率、利润提升率等指标都属于业绩类指标；会议召开次数、顾客投诉处理次数、培训次数等指标都属于行为类指标。

如果按照工作任务的重要性以及发生的频率划分，可以把绩效指标划分为重要任务指标和日常任务指标。例如完成企业的融资计划、完成企业的上市计划、完成 ERP 系统上线计划等任务都属于重要任务指标；完成安全培训计划、完成质量检查计划、完成设备检查计划等任务都属于日常任务指标。

5.4.2　关键绩效指标的设计

1. SMART 原则

根据洛克的目标设置理论，为员工设定工作目标时，目标应当是具体的，目标应当是难度适中的，目标应当被个人接受，必须有对达成目标的进程及时客观的反馈信息，个人参与设置的目标比别人为他设置的目标更有效。根据目标设置理论，绩效指标的设定要遵循 SMART 原则。SMART 是 5 个英文单词首字母的缩写，具体含义如下：

S（specific）是明确具体的，即各项绩效目标要明确描述出员工在每一工作职责下所需完成的具体任务，应避免模糊不清的目标。

M（measure）是可衡量的，意思是指各项绩效目标应尽可能地量化，要有定量数据，如数量、质量、时间等，从而可以客观地衡量。

A（attainable）是可达成或可实现的，包含两方面的含义：①任务量适度、合理；②绩效目标的设立必须是管理者与被管理者就被管理者的工作目标、完成期限和衡量标准进行讨论并达成共识的过程。过高和过低的绩效目标都是不合适的。

R（relevant）是相关性，即绩效目标必须是与组织战略相关的。它也有两层含义：一是上级目标必须在下级目标之前制定，上下级目标保持一致性，避免目标重复或断层；二是员工的绩效目标需与所在团队尤其是与个人的"主要工作职责"相联系。

T（time-bounded）是有时间限制，没有时限要求的目标几乎跟没有制定目标没什么区别。

2. 关键绩效指标的分解

绩效指标来自对公司战略目标的分解，是对公司战略目标的进一步细化和发展。因此，绩效指标是对真正驱动公司战略目标实现的具体因素的发掘，是公司战略对每个职位工作绩效要求的具体体现。

当确定构建指标体系的方法后，下一步工作就是要逐级细化 KPI。如图 5-9 所示，KPI 的分解基本分成三个层面：依据公司的战略目标设置公司级 KPI、部门级 KPI、员工个人 KPI。

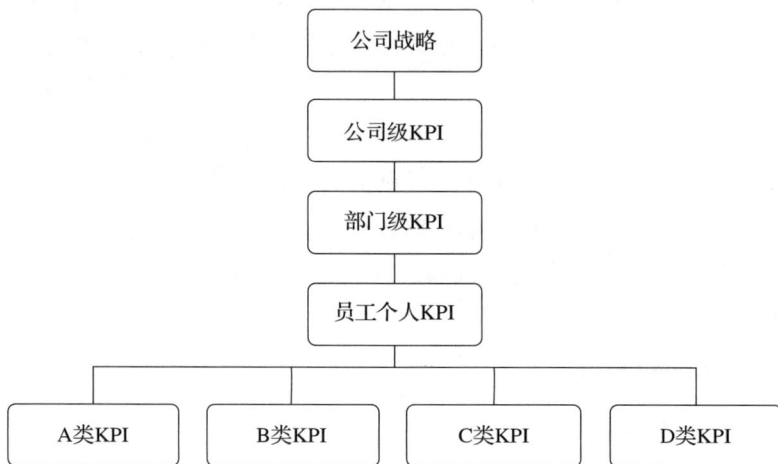

```
          ┌──────────┐
          │  公司战略  │
          └──────────┘
               │
          ┌──────────┐
          │ 公司级KPI │
          └──────────┘
               │
          ┌──────────┐
          │ 部门级KPI │
          └──────────┘
               │
          ┌──────────┐
          │ 员工个人KPI│
          └──────────┘
      ┌────────┼────────┬────────┐
  ┌──────┐ ┌──────┐ ┌──────┐ ┌──────┐
  │A类KPI │ │B类KPI │ │C类KPI │ │D类KPI │
  └──────┘ └──────┘ └──────┘ └──────┘
```

图 5-9   KPI 的分解

一般来说，分解 KPI 的方法主要有格里波特四分法、业务流程图、杜邦分析法等。

（1）格里波特四分法。格里波特四分法是将多数岗位划分为四个关键的业绩领域：①数量维度——总量、单位数量（包括比率）；②质量维度——包括精确性、优越性和创新性；③成本维度；④时效维度——任务完成的及时性。它通过这样的四个维度将指标库中的指标进行归类整理，不仅能帮助使用者寻找指标，还能深层次解决绩效的制衡问题。

（2）业务流程图。业务流程图是一种描述管理系统内各单位、人员之间的业务关系以及作业顺序和管理信息流向的图表。它用一些规定的符号及连线表示某个具体业务的处理过程，帮助分析人员找出业务流程中的不合理流向。

（3）杜邦分析法。杜邦分析法是利用几种主要的财务比率之间的关系来综合地分析企业的财务状况，通过财务关系进行分析，从计算公式入手，用追根溯源的办法分解这些财务指标，达到细化目的，并且利用财务运算关系容易找到指标间的因果关系，便于构建指标体系。

5.4.3   关键绩效指标体系的建立与设计

1. 关键绩效指标体系建立方式

KPI 体系建立过程大致如下：利用价值树法或鱼骨图分析法等方法找出企业的业务重点，找出这些关键业务领域的 KPI，即企业级 KPI；接着，对企业级 KPI 进一步分解，建立部门级 KPI，确定相关的要素目标，分析绩效驱动因素（技术、组织、人员等），确定实现目标的工作流程；然后，将部门级 KPI 进行个别性指标分解，根据各岗位关键业务活动，建立员工具体的绩效考核指标，从而建立完整的企业 KPI 体系。

确立 KPI 体系主要包括以下五个步骤。

（1）确定绩效指标。明确部门和员工在一定时期内应该完成的职责和任务，确定与组织目标相一致的绩效指标，绩效指标应尽量体现某项活动的关键结果或关键行为。

（2）审查 KPI。确定所选指标是否属于 KPI，KPI 是否能全面、客观地反映被考核者的工作绩效，以及是否适用于实际的绩效管理与考核操作。

（3）建立评价标准。KPI 的建立应选择最能反映被考核者应该完成的工作绩效的评价指标，而且这些指标应该有比较客观、可靠、全面的评价标准和依据。建立评价标准时应同时考虑基本要求与卓越指标，以区分员工的不同绩效表现。

（4）分配指标权重。指标权重的分配一般有两种方法：一种是将指标按照重要性原则进行排序，然后依据排序确定相应的权重；另一种是采用权值因子法，即运用权值因子判断表对各个指标进行两两比较并评估分值，以此确定相应指标的权重。

（5）确定评价主体。应对不同的绩效指标安排相应的评价主体。没有合适、可靠的评价主体，再好的绩效指标设计也无法得到很好的执行。

2. 关键绩效指标体系设计程序与常用方法

（1）价值树法。价值驱动树模型（value driver tree）是在指标之间寻找对应的逻辑关系，在价值驱动树模型图上分别列出公司的战略主题、对应的关键绩效指标、关键驱动流程及其对应的流程绩效指标，还可以列出与该指标相关的部门。

（2）关键成功要素分析法。关键成功要素分析法就是基于企业愿景、战略和核心价值，对企业运营过程中的若干关键成功要素进行提炼与归纳，从而建立企业关键绩效管理指标体系和绩效管理系统的程序及方法，其关键就是要寻找企业成功的关键要素，并对企业成功的关键要素进行重点监控，通过寻找企业成功的关键要素，层层分解从而选择考核的 KPI。通过关键成功要素分析法选择 KPI，分为三个步骤。

第一，通过鱼骨图分析，寻找企业成功关键要素，即确定企业级 KPI 维度，也就是明晰获得优秀的业绩所必需的条件和要实现的目标（见图 5-5）。寻找企业成功关键要素，基本上要涉及三方面的问题：

- 这个企业为什么成功，过去成功靠什么，过去成功的要素有哪些；
- 要分析在过去那些成功要素之中，哪些能够使企业持续成功，哪些要素已经成为企业持续成功的阻碍；

● 研究作为一个企业，要面向未来，根据企业的战略规划，未来的目标追求是什么，未来要成功的关键究竟是什么。

第二，进一步分解，对模块进行解析和细化，即确定KPI要素。KPI要素为我们提供了一种"描述性"的工作要求，是对维度目标的细化。

第三，确定KPI。对于一个要素，可能有众多用于反映其特性的指标，但考虑到KPI考核方法的要求和便于考核人员的实际操作，我们需要对众多指标进行筛选，以最终确定KPI。

3. 关键业绩指标手册

关键业绩指标体系确定和建立之后，还需要保证该体系能在组织内部有效地分解和推行，从而真正实现企业的战略目标。关键业绩指标手册就是关键业绩指标体系载体化、项目化的呈现，它相当于管理制度的制度，不仅是对企业绩效管理体系的文字呈现，也是绩效管理得以逐级开展的文件说明。

关键业绩指标手册的内容涵盖绩效管理体系设计及建立的过程，并包括如何在企业实施该管理体系。手册内容大致上包括以下几方面。

（1）绩效管理的说明性部分，包括实施绩效管理的目的、适用范围与对象、绩效考核原则、相应的管理规定等的办法说明。

（2）关键业绩指标的词典，包括关键业绩指标的操作定义、指标的分解及分类说明、各类指标的权重与计算规则等，还可以附上对应的各种评分表。

（3）关键业绩指标的流程性说明，包括绩效考核周期、绩效沟通的形式与途径、绩效考核结果的应用、绩效考核的申诉等的制度说明。

⊙ HR 实例

索尼（中国）的 5P 绩效考核体系

索尼（中国）采用的是5P绩效考核体系来全面评估员工的业绩。5P具体是指person（员工）、position（职位）、past（过去）、present（现在）、potential（潜力）。整个体系主要基于以下考虑：员工（person）的绩效考核一般基于其任职的职位（position），每个职位都有相应的岗位说明书，其岗位职责往往对应其绩效考核的指标。员工的绩效由三部分构成：过去的业绩（past）、现在的业绩（present）和将来的业绩。将来的业绩采用员工潜力（potential）进行衡量。

5P绩效考核体系在一定程度上可延伸至8P，即通过员工过去、现在和未来的业绩可以预测员工"当期"的业绩（performance），通过员工"当期"的业绩给予员工精神和物质上的激励，具体体现在：精神上的激励——"晋升"（promotion），物质上的激励——"回报"（pay）。晋升是对员工工作的认可，回报则是向优秀员工发放绩效奖金，鼓励其继续努力工作。索尼（中国）采用自上而下的绩效奖金发放原则，即公司的整体业绩情况直接影响部门绩效奖金的分配和发放，而部门内部根据不同员工的表现再进行二次分配。

资料来源：HR人力资源案例网. 索尼在中国进行的绩效管理［EB/OL］.（2016-11-13）［2021-01-15］. http://www.hrsee.com/?id=150.

5.5　绩效管理过程中的法律风险及其规避对策

　　绩效管理在整个人力资源管理中具有重要的作用与地位，但是绩效考核的公平性、效度和信度经常受到质疑，甚至绩效考核的某些细节还可能与劳动法律的规定相冲突，从而导致管理实践中绩效考核所引发的纠纷时常发生，这些法律风险不仅耗费人力资源管理工作者的精力，也损害了企业形象。

　　本节梳理了几种比较常见的法律风险，以及相应的规避对策。

5.5.1　考核指标的法律风险

1. 考核指标的标准欠缺

　　如果某个职位的考核指标并非围绕该职位的主要工作内容设定，与实际的岗位职责存在较大差距，导致岗位职责模糊，或绩效考核的标准并没有可以判断该标准完成情况的客观依据，这样的考核结果的说服力将被大大削弱，以这样不科学的绩效结果来对员工加以约束，容易导致员工不服结果而起诉企业。

2. 考核指标客观性不强

　　有些企业的考核指标设置可能大部分都是以主观评价为主，即采用大量的定性考核标准，然而在实践中，无法量化或行为化的主观评估难以作为证据被相关部门采纳，所以若以此标准作为衡量劳动者能否胜任工作的依据，往往会受到员工和司法部门的质疑。

5.5.2　绩效管理过程的法律风险

1. 绩效考核相关内容未经考核对象确认

　　如果企业要以未完成绩效指标为理由对考核对象进行处理，则必须首先证明自己已经将考核相关的方式、内容和具体目标等情况告知考核对象，且及时将绩效考核结果告知被考核人，并经被考核人签字确认，否则考核结果很可能无效。

2. 辅助证明材料不足

　　在劳动争议中，企业一般都负有举证责任，如果仅有绩效考核结果，却缺乏与之相应的辅助证明材料，如相关的工作业绩统计表、投诉信、绩效面谈时的影音资料等，将会影响绩效考核结果的证明力度。

5.5.3　绩效考核结果应用的风险

1. 试用期的考核风险

　　《劳动合同法》规定，"在试用期间被证明不符合录用条件的，用人单位可以解除劳动合同"，尽管这样的法律规定给予企业在试用期间较大的解除权，但企业也不可以随意在试用期内解除员工的劳动合同，否则企业可能会面临违法解除劳动合同的法律风险。在试用期解除劳动合同需要经过对员工合理的绩效考核来证明该员工不符合录用条件，而且录用条件的指定必须保证符合法律规定且不违背公序良俗，若录用条件设置得不合理，企业也可能无法在试用期解除劳动合同，抑或出现违法解除劳动合同的情况。

⊙ HR 实务

试用期内考核不合格能否解除劳动合同

案例： 小刘是一名市场部的员工，2017 年 2 月应聘进入一家外企从事营销策划工作。小刘与该公司的劳动合同中约定的劳动合同期限是 3 年，试用期为 2 个月。入职当天，该公司的人事专员就对小刘进行入职培训，包括员工手册的讲解、公司规章制度等，同时也将营销策划的具体职责以及考核标准告知了小刘，并鼓励他好好工作。在试用期届满前一周，公司通知小刘，说他试用期考核不合格，公司决定不再聘用他。小刘则认为自己在工作期间做好了分内的工作，并不存在不符合录用条件的情况，公司的做法有问题，严重地损害了自己的利益。在与公司协商无果后，小刘向劳动争议仲裁委员会申请仲裁，要求恢复与该公司的劳动关系。

分析： 根据《劳动合同法》的规定，用人单位在试用期内解除劳动合同有三种情形，即不符合录用条件、过失性解除、非过失性解除。在本案例中，公司并没有将录用条件明确地告知劳动者，也没有将录用条件和绩效考核相关联，故公司所说的小刘不符合录用条件是不成立的。因此，公司不能以此为借口与小刘解除劳动合同。劳动争议仲裁委员会经审理做出裁决，责令该公司与小刘恢复劳动关系。

资料来源：任康磊. 人力资源法律风险防控：从入门到精通 [M]. 北京：人民邮电出版社，2019.

2. 调岗降薪的法律风险

对于绩效结果不佳的员工，企业在很多情况下会单方面采取调整岗位的做法，这个过程中通常也会调整劳动报酬。《劳动合同法》规定："用人单位与劳动者协商一致，可以变更劳动合同约定的内容。变更劳动合同，应当采用书面形式。变更后的劳动合同文本由用人单位和劳动者各执一份。"所以任何一方当事人不与对方协商、单方面变更劳动合同的行为都是不合法的，用人单位不能单方面强制地变更劳动合同。而且《劳动合同法》只允许在员工不能胜任工作时，用人单位才可以变更劳动合同，重新调岗。所以企业的绩效考核体系必须在程序正当性、结果合理性上都要有充足的证据认定员工的"不胜任"，否则不得擅自调整岗位或降低工资。

HR 实务

调岗降薪的法律风险

吕某于 1997 年 3 月到 T 公司工作，T 公司于 2018 年进行人事调整，T 公司在吕某没有任何过错的情况下恶意将吕某降职降薪，并且拖欠吕某工资。吕某在 2018 年 4 月 17 日向 T 公司邮寄送达《解除劳动关系通知》，书面通知 T 公司解除劳动关系并要求 T 公司支付拖欠的工资及经济补偿金等，但 T 公司一直未予支付。吕某不服济南高新技术产业开发区劳动争议仲裁委员会作出的济高新劳仲案字（2018）439 号裁决书，为维护原告的合法权益，特诉至法院。

法院经审查认为，关于 T 公司对吕某调岗的合法性问题，吕某 2012 年 5 月 1 日被任命为基建办副主任，后被任命为基建副总监，而吕某离职时为基建主任，原二审中 T 公司亦认可对吕某降薪的事实。因 T 公司并未提交证据证实系双方协商一致将吕某的职位予以变更，工资予以减少，根据《中华人民共和国劳动合同法》第三十五条规定，用人单位行使用工自主权应合法合理，在双方未协商一致的情况下，T 公司亦未提交证据证实其调岗降薪的合理合法性及已将职务任免决定送达吕某，故原审认定 T 公司对吕某调岗降薪行为明显不当于法有据。

资料来源：山东省高级人民法院民事裁定书（2020）鲁民申 845 号；济南高新技术产业开发区人民法院民事判决书（2018）鲁 0191 民初 1801 号。

3. 不胜任认定的法律风险

"不能胜任工作"是指劳动者不能按要求完成劳动合同中约定的任务或者同工种、同岗位人员的工作量。要认定劳动者是否胜任工作首先要看用人单位是否明确了劳动者的工作任务或工作量，用人单位不得故意提高定额标准，使劳动者无法完成。要认定劳动者不胜任工作，企业必须有充分的证据证明。

在劳动合同解除方面，用人单位享有一定限度的单方解除权，但该权利的行使须严格依法进行。用人单位以不胜任为由单方面解除劳动合同的操作流程大概如下：①不胜任工作；②培训或调岗；③再次考核仍不胜任工作；④培训或调岗；⑤解除劳动合同。

培训或调岗是第二次考核之前的必经程序，是认定员工两次不胜任工作的必经之路。没有经过培训或调岗，用人单位不能只以两次绩效考核结果不合格为理由单方解除劳动合同。而且用人单位关于不胜任的举证责任比较大，须证明员工知悉岗位职责的内容；证明员工考核不胜任的绩效考核结果；证明依法履行培训或调岗的流程等等。因此，实践中，大多数用人单位在不胜任解除劳动合同与协商解除劳动合同之间通常倾向于协商解除。但是面临不胜任的员工不同意协商解除时，HR 也不得不选择以不胜任为由单方解除。

4. 末位淘汰制度的法律风险

末位淘汰制度是一种激励员工最大限度完成业绩指标的管理手段，但是如果企业简单地用末位淘汰作为解除劳动合同的直接依据，这样是属于违法解除劳动合同的情形。因为末位淘汰是员工绩效考核的序列指标，而不胜任的判定主要是以员工的业绩指标为参考依据，员工考核处于末位，不代表员工不胜任工作，只要员工完成了最低的业绩标准，那他就不能被认定为不胜任工作。如果末位的员工未达到标准，也不可以立即辞退，而是需要经过培训或调岗，当第二次考核结果仍是不能满足岗位的标准，企业才能够以不胜任为由辞退该员工。

◉ HR 实务

"末位淘汰"的法律风险

2016 年 8 月，李某进入 J 公司工作，双方签订了书面劳动合同，从事销售岗位，J 公司为李某办理了社会保险。2019 年 7 月，李某自愿调入新岗位工作。2020 年 1 月 20 日，J 公司因李某连续多月业绩不达标，要求与原告解除劳动合同，李某向法院提起诉讼，要求继续履行合同。

二审法院认为，本案的争议焦点为 J 公司是否系违法解除与李某之间的劳动合同。因李某系自愿向 J 公司申请调任安池城市群经理岗位，法院认为其对于公司该岗位的工作职责及考核机制应是明确知晓且自愿接受的。J 公司基于公司经营管理制定考核指标，李某在连续几个月考核排名靠后的情况下，自愿签署《绩效改进计划表》，承诺完成经营目标并接受公司规章制度管理。但后因业绩仍不达标，J 公司遂向李某发送《工作调动征询事宜》电子邮件。J 公司的调岗行为应属于用人单位用人自主权，且双方签订的劳动合同中也明确约定，甲方（J 公司）可根据业务发展的需要以及乙方（李某）的业务能力、工作表现及身体状况等，在合同期限内合理调整乙方的职位或工作地点，乙方接受甲方的工作安排和调动。故 J 公司因李某业绩未达标，将其调至薪资不变的其他岗位并未违反法律规定和合同约定。因双方就调岗事宜未协商一致，2020 年 1 月 20 日，J 公司向李某下达《解除劳动合同通知书》，要求解除双方劳动关系并给予李某解除劳动关系经济补偿金及额外支付一个月工资的行为并不违法，不符合《中华人民共和国劳动合同法》第八十七条的规定。李某主张 J 公司违法解除劳动合同的理由不成立，法院不予支持。

资料来源：安徽省合肥市中级人民法院民事判决书（2020）皖 01 民终 7927 号。

5.5.4　绩效管理过程中法律风险的规避对策

绩效管理必须在法律的框架下进行，一方面相关的管理人员必须熟悉《劳动合同法》等一系列规定，明晰绩效管理的界限；另一方面对于法律尚未明确规定的领域，企业应该在劳动法律的精神下探寻绩效管理合理运作的空间，以最大限度优化管理模式。除此之外，为了尽量避免因绩效考核引起劳务纠纷的情况，企业人力资源管理工作者应在工作开展中尤其注意以下几点。

（1）绩效考核应尽量采用客观标准，慎用主观标准。

（2）采用民主测评、强制分布以及末位淘汰等方法所得到的绩效评估结果不能作为辞退员工的唯一依据。

（3）尽量使用客观工作标准评判员工是否胜任特定工作岗位，管理者及人力资源管理部门要按时收集员工是否胜任工作岗位的信息，特别要注意收集员工不能胜任岗位、调整岗位或培训之后仍不能胜任岗位的信息，最好要有员工当事人的签字确认。

本章小结

绩效管理是根据整个组织（企业）的战略目标，为了实现一系列中长期的组织目标而对员工、部门及组织的绩效进行管理，一般包括绩效管理的准备、绩效考核的执行、绩效沟通与反馈以及绩效考核结果的应用四个阶段。本章还列举了绩效考核面向个体、面向团队和组织以及无定向的常见手段，并介绍了关键绩效指标设计与建立的操作方法。最后对绩效管理过程中的法律风险进行描述，并提出相应的规避对策。

复习思考题

1. 什么是绩效？什么是绩效管理？
2. 绩效管理系统包括哪些环节？
3. 绩效考核常见手段有哪些？它们各有什么优缺点？
4. 绩效考核中常见的问题有哪些？如何解决？
5. 构建关键绩效指标体系的基本程序是什么？
6. 绩效考核结果的应用有哪些？
7. 绩效管理过程中可能会遇到什么法律风险？如何规避？

应用案例

惠普的双层绩效管理

惠普的绩效管理让员工相信自己可以接受任何挑战、可以改变世界，这也是惠普独特的"车库法则"的精神体现。惠普的绩效管理可以分为两个层面：一是组织绩效管理，以公司作为绩效管理对象；二是员工绩效管理，以员工作为绩效管理对象。

1. 组织绩效管理

惠普的组织绩效管理需要经过计划、执行、评估和改进（PDCA）四个周而复始的阶段。惠普采用 BSC 和 KPI 相结合的方式，用四个指标来衡量组织绩效管理，分别是员工指标、客户指标、流程指标和财务指标。员工指标包括员工满意度、优才流失率和员工生产率等因素；客户指标则包括市场份额、老客户挽留率、新客户拓展率、客户忠诚度和客户满意度等因素；流程指标包括响应周期、产品开发周期、总缺陷率和成本改进率四个因素；财务指标则包括销售收入、经营利润和经济附加值三个因素。

惠普特别重视员工满意度，惠普认为除薪资需求外，员工的满意度还取决于老板素质、岗位的适配性、员工能力的增长性、工作挑战性和休假长度及质量等其他因素。因此，惠普采用待遇适配度（offer fit index，OFI）、满意度（satisfactory，SAT）和重要性（importance，IMT）三大指标，进行员工满意度调查，对员工满意度进行量化考核。

在客户忠诚度方面，惠普每年都要对

现实客户和潜在客户进行调查，每年年初调查明年计划购买产品数量，年底再次调查客户实际购买数量，把客户的忠诚度转化为可衡量的数据。这种利用具体的数据把客户忠诚度直接和公司销售业绩相关联的做法，能使公司员工对忠诚度这一难以衡量的指标拥有直观的感受，也促使员工有目标、有方向地采取实际措施去努力提高客户忠诚度。

2. 员工绩效管理

惠普的员工绩效管理框架包括四个步骤：绩效标准、绩效执行、绩效面谈和绩效评估。通过以上四个步骤的循环，惠普员工绩效管理的最终目标是：培养绩效文化、制订最优计划、建设高效团队、保持激发先进和追求卓越成果。为了达到这5个目标，惠普的员工绩效管理又可分为以下5个关键点。

（1）制订上下一致的计划。一个公司有许多不同职位上的人员，惠普要求每个层面上的人员制订各自的计划。核心管理团队和股东制订战略计划，各业务单位和部门制订策略计划，部门经理和其团队制订实施计划，通过各个层面人员的相互沟通，公司上下制订出高度一致的计划，从而促进计划的实施。

（2）合理、科学地制定业绩指标。关于员工的业绩指标，公司采用六个英文字母来表示：SMTABC。具体的含义是：S（specific，具体性），要求每个指标的每个实施步骤都要具体详细；M（measurable，可衡量），要求每个指标可从成本、数量、质量和时间四方面进行综合的考察衡量；T（time，定时），制订业绩指标完成进度计划，管理层定期检查；A（achievable，可实现），员工业绩指标需要和直属上司、事业部及公司的指标相一致并且具有可实施性；B（benchmark，以竞争对手为标杆），指标需要有竞争力，保持领先对手的优势；C（customer oriented，客户导向），业绩效指标应当达到客户和股东的期望值，满足其需求。

（3）向员工授权。惠普特别重视经理如何向员工授权，强调因人而异的授权方式。根据不同的员工类型、不同的部门类型以及不同的任务，惠普将授权方式分为以下五种：act and vise（先斩后奏），recommend（先奏后斩），act on your own（斩而不奏），ask what to do（问斩）和 wait until told（听旨）。

（4）绩效评估。在评估员工业绩时，惠普会综合考虑以下指标：个人技术能力、个人素质、判断力、工作可靠度、工作效率、团队合作能力、客户满意度、计划及组织能力、灵活性创造力和领导才能等。在评估过程中，惠普遵循以下八个步骤：协调评估工作，检查标准，确定期望值，确定评估时间，员工评估，确定工作表现所属区域，检查分发情况并得到最终许可，最后将信息反馈给员工。

（5）分类激励。根据员工的"工作意愿"和"工作能力"，惠普把员工分成四个类型并分类教导。对于既有工作能力又有工作意愿的最好员工，惠普只做微调和点拨，注重奖励，让员工保持良好状态；工作能力强但工作意愿弱的员工，公司主要提供思想上的开导和鼓励，提高员工工作积极性；工作能力和工作意愿处于中等水平的员工，公司提供工作辅导以及思想开导；对于既无工作能力且工作意愿消极的底层员工，惠普将毫不犹豫地解聘或者强迫他们提高工作能力或增强工作意愿。

综上所述，惠普的绩效管理具备三大特色。

第一，可衡量、可实现的绩效标准。关于员工的业绩指标，惠普有具体的要求：一是具体，要求每个指标的每个实施步骤都要具体详细；二是可衡量，要求每个指标从数量、质量、成本和时间四个方面进行综合的考察衡量；三是时效性，业绩指标需要指定完成的日期从而确定进度，在实施的过程中，管理层还需要对业绩指标进行定期的检查；四是可实现，员工业绩指标应当和主管、事业部及公司的指标相一致并且可实施；五是以竞争对手为标杆，指标需要具备竞争力，需要保持领先对手的优势；六是客户导向，业绩指标应达到股东和客户的期望值。

第二，考核结果定级区分，按绩付酬。

惠普绩效考核的主要依据是个人结果、团队精神、客户满意度和自我发展等。惠普通过相对定级（PRB）划分员工考核结果，公司的薪酬委员会将全公司汇报上来的绩效等级进行最终汇总，从而定出等级。PRB 总共分为五级，惠普要求员工至少达到 PRB2 等级。完成业绩考核后，惠普根据岗位价值和员工业绩等级，奖优罚劣、横向对比以定薪酬。

第三，组织绩效与个人绩效相结合。组织绩效是员工个人绩效组合的结果，只有每个人的个人绩效优异，组织绩效才能拥有突出表现。惠普的组织绩效管理和员工绩效管理在程序上大同小异，都要经过 PDCA 四个阶段。由于管理要素不同，组织绩效管理主要从财务、客户、流程以及学习与发展四层面定义绩效指标，而员工绩效管理则从价值观、能力和绩效三个层面进行综合评定。在组织绩效中，惠普把员工满意度、流失率、生产率作为重要内容，体现了二者有机结合、相互促进的管理哲学。这种多层次、多角度、有步骤的绩效考核，使得惠普形成了科学的绩效考核体系。

惠普的全面系统的绩效管理体系有效地提高了公司绩效管理水平，从而提升了员工的工作满意度和工作表现，其组织绩效管理和员工绩效管理的双层绩效管理，对国内企业有较大的借鉴意义。

资料来源：张霞. 绩效考核与薪酬管理［M］. 西安：西安电子科技大学出版社，2019.

讨论题

1. 惠普的绩效管理有哪些优势和不足？
2. 惠普的绩效管理有何借鉴意义？
3. 如果你是惠普的管理人员，你将如何进一步地改进惠普的绩效管理？

第 6 章　薪酬管理

【本章导读】

- ☑ 薪酬与薪酬管理体系
- ☑ 基于职位的薪酬体系设计
- ☑ 职位评估的主要方法
- ☑ 典型的激励模式与创新
- ☑ 员工奖金与福利设计
- ☑ 薪酬管理相关法律问题

AMO 框架　　　　　　薪酬管理

在当今变革激烈的经营环境中，薪酬管理早已不再只是人力资源管理体系中的一个末端环节或者仅仅充当一种保健因素，它的作用和影响已经超越了人力资源管理乃至企业管理框架的范围，直接影响到企业的经营战略。有效的薪酬管理实践源于与企业经营战略目标密切相关的薪酬战略。企业若要充分发挥战略性薪酬管理体系对其竞争优势提升的作用，应关注有效的薪酬战略设计。

图 6-1 描述了使企业获得竞争优势的战略性薪酬管理体系的设计过程。企业战略选择分为三个层次：①公司层次，如企业应选择经营的业务是什么；②业务层次，如企业某事业部如何在竞争中获胜并获得竞争优势；③职能/系统层次，如应该怎样设计薪酬管理体系来帮助和支持企业获得竞争优势。企业应将这些战略性选择与追求竞争优势结合起来。

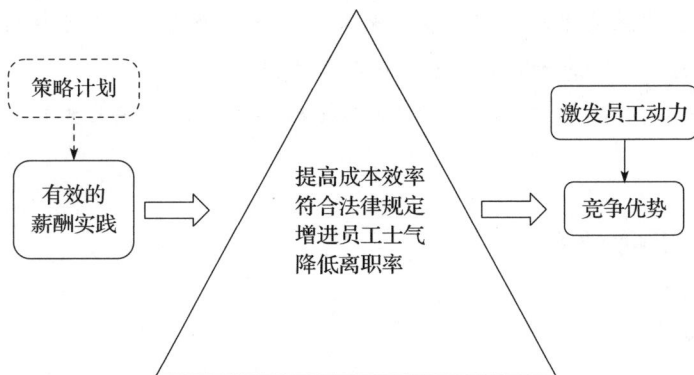

图 6-1　获得竞争优势的薪酬战略设计过程

引例　　　　　宜家：全面且公平的薪酬福利体系

宜家集团是全球顶尖家具家居用品零售商，其经营业务遍及 44 个国家，拥有超过 15 万名员工。为了有效管理和激励全球员工，宜家实施全面且公平的薪酬福利体系。

宜家薪酬体系的全面性一方面体现在保障员工的工资、奖金和补贴，另一方面体现在为员工提供人性化的工作环境、日常生活福利、各类培训和学习发展机会等。宜家每年都会进行薪酬市场调研，以确保其薪资具有市场竞争性。宜家还设计弹性福利制度和独特休假制度，满足员工多样化的需求，帮助员工兼顾生活。同时，宜家在工作场所布置沙发、自助咖啡机、茶饮、橱柜等设施，还为女性员工专门设置哺乳室并配备专门储奶的小冰箱，打造人性化的"FIKA 时光"休息区。除此之外，宜家还为员工提供多样化的学习和培训途径。宜家建立员工图书馆，以满足宜家员工日常充电学习的需要；宜家为一线新员工提供一系列培训，并为每位新员工配备一位商场工作经验丰富的导师，由导师向新员工传授技能以及传播宜家文化，帮助新员工快速适应新工作；宜家支持与鼓励员工挑战不同类型的工作任务，不限制他们的职业发展模式，允许员工根据自己的兴趣和未来目标自行规划职业发展。员工可以在不同部门和岗位之间转换，从而发现最适合自己的岗位。此外，宜家会优先向内部员工开放全球工作岗位，以提供员工前往不同地方工作的机会。

公平性体现为宜家致力于为所有员工提供相对一致的福利，营造公平的工作环境。以日本地区的薪酬设计为例，宜家为兼职和全职员工提供平等的工资、福利和员工体验。此前，日本当地的法规要求企业应当区分兼职与全职员工的薪酬和福利结构，而宜家雇用大量的兼职员工，这给宜家的运营带来巨大挑战。为解决这一问题，宜家呼吁日本政府改善非全日制员工的法律地位和权利，并最终促成了具有里程碑意义的立法，使兼职和全职员工都能平等地享受福利。

宜家全面且公平的薪酬福利体系大幅降低了企业员工的流转率，提高了员工幸福感与归属感，帮助宜家荣膺优秀雇主称号。

资料来源：高霞. 宜家中国员工低离职率现象研究：以宜家家居天津门店为例［J］. 当代经济，2017（07）：60-61.

6.1　薪酬与薪酬管理

6.1.1　薪酬概述

1. 薪酬及其功能

薪酬是指员工因为雇用关系的存在而从雇主处获得的各种形式的酬劳。狭义的薪酬通常是指由雇主对受雇者为其已经或将要提供的服务或劳动，经过共同协商并以货币结算的方式所支付的报酬。其主要特点包括：①有多种名称，如工资、薪水、收入等；②有多种支付方式，如现金支付、银行代发、延期支付等；③基于雇用关系；④因服务或劳动而支付；⑤通常以货币形式结算；⑥雇用双方共同约定。广义的薪酬则是指除了包括狭义的薪酬外，还包括员工获得的各种非经济形式的报酬。

薪酬既是员工的收入，也是企业的一种成本支出，它体现了企业与员工之间的一种经济利益交换。因此，理解薪酬的功能需要从员工和企业两个层面考虑。

（1）员工层面。对员工而言，薪酬的功能主要表现为薪酬的补偿功能、激励功能和信号功能。首先，员工所付出的体力和脑力劳动需要得到补偿，从而保证劳动力的再投入。其次，薪酬能够激励员工根据组织目标提高自身劳动力素质、提升劳动质量、增加劳动成果，以获取更多的薪酬，最终推动组织绩效的提升和社会经济的发展。最后，合理的薪酬是企业对员工的工作能力和成果的肯定，能够增强员工对企业的信任感和归属感。薪酬也是识别员工的组织内部地位和层次及其个人价值和成功的一种信号。

（2）企业层面。对企业而言，薪酬主要具有以下功能：一是引导功能，主要表现为引导员工在市场中的合理流动，引导员工朝着企业战略目标的方向努力等。二是合理的、具有激励性的薪酬制度有助于塑造或是强化良好的企业文化。若薪酬制度与企业文化或价值观相冲突，会对组织的文化和价值观产生不利影响。三是控制经营成本。如何在保证薪酬水平外部竞争性的同时，有效地控制企业的薪酬成本，对大多数企业而言都具有重要意义。

⊚ HR 视野
新生代员工的薪酬观

智联招聘《2019 春季人才流动报告》显示，2019 年春招平均薪酬为 8 165 元，较 2018 年同期有所上升；北上广等一线城市平均薪酬居于领先水平，东北地区薪酬水平居于末尾；基金、证券、期货、投资等金融行业的平均薪酬最高，印刷、包装、造纸行业的平均薪酬最低；高级管理人员平均薪酬"傲视群雄"，为全国平均薪酬近 3 倍，行政、后勤、文秘薪资最低。从企业规模和企业性质来看，企业规模越大，平均薪酬越高。外商独资企业、上市公司和国企的平均薪酬较高，民营企业平均薪酬垫底。

此外，新生代员工（"90 后"群体）在工作需求方面也与传统员工有些许差异，具体见表 6-1。

表 6-1　新生代员工与传统员工的需求对比

新生代员工需求	传统员工需求
高素质的同事	稳定的组织
良好的工作环境	和谐的同事环境
获得新体验和新挑战的机会	发展前景
发展前景	金钱激励
公司或雇主的认可	能力提升
弹性的工作日程	公司认可
稳定的提升速率	弹性日程

面对多变的外部环境和多样化的员工构成，在 VUCA 时代，解决新时代员工的薪酬激励困局，需要更加全面且系统的思考，需要管理者进一步转变薪酬管理思维。

资料来源：

[1] 智联招聘. 2019 春季人才流动报告 [EB/OL]. http://www.tophr.net/news/index.asp?id=20899.

[2] 张小锋. 全面认可激励：数字时代的员工激励新模式 [M]. 上海：复旦大学出版社，2018.

2. 薪酬的主要构成

根据薪酬的不同功能，可分为四大类：基本薪酬、奖励薪酬（奖金）、附加薪酬（津贴）和福利。

（1）基本薪酬是以员工的劳动强度、劳动熟练程度、工作复杂程度以及责任大小为基准，根据员工完成定额任务（或规定时间）的实际劳动消耗而计付的薪酬。基本薪酬是企业员工劳动收入的主体部分，也是确定其他劳动报酬和福利待遇的基础。

（2）奖励薪酬（奖金）是企业对员工超额完成的任务以及出色的工作成绩而计付的薪酬，其作用在于鼓励人员提高劳动生产率和工作质量。与基本薪酬相比，奖金具有非常规性、浮动性和非普遍性等特点。奖金具有极强的灵活性，是一只看得见的手，引导员工为企业目标而努力。

（3）附加薪酬（津贴）是为了补偿和鼓励员工在恶劣的工作环境下工作而计付的薪酬，其主要形式包括补偿员工特殊或额外的劳动消耗的津贴、补偿额外生活费用支出的津贴和地区差异津贴等。

（4）福利是为了吸引员工到企业工作或维持企业骨干人员的稳定而支付的一种补充性薪酬，包括法定社会保险、带薪休假、优惠购房、免费或折价工作餐、免费或优惠的生活用品等。

3. 全面薪酬

在知识经济时代，薪酬作为激励的关键要素，具备了前所未有的功能与特征。全面薪酬战略应运而生。

全面薪酬，又称360度报酬，其表现形式包括物质的与精神的、有形的和无形的、货币的和非货币的、内在的和外在的等。具体而言，全面薪酬模式由薪酬、福利、工作与生活、绩效与认可、职业发展机会五大要素构成（见图6-2）。其中，薪酬是指雇主支付给雇员的经济性报酬，如基本工资、奖金、津贴、利润分享、股票期权等；福利是指企业补充员工经济性报酬的项目或支付计划，如福利性服务、福利设施、医疗保险、带薪年假、带薪旅游等；工作与生活是指组织通过政策引导、具体方案实施等手段，帮助员工实现工作和家庭双赢的员工管理活动；绩效与认可涉及为实现企业目标而对组织、团队和个人的努力进行整合，以及对于员工的行动、行为或表现给予承认或特别关注；职业发展机会包括学习机会、晋升机会等。

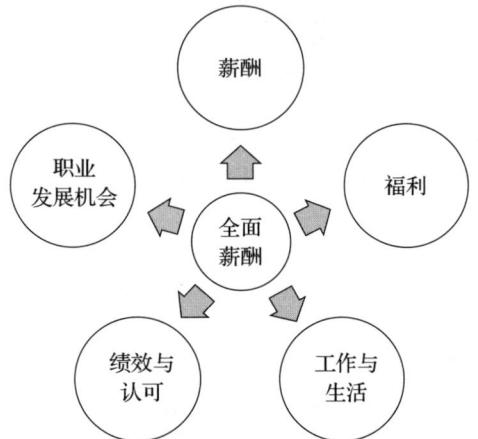

图 6-2   全面薪酬模式的构成要素

全面薪酬涵盖了经济性报酬和非经济性报酬，融合了内在薪酬和外在薪酬，强调物质与精神的并重，还加强了对员工的人文关怀。全面薪酬可根据员工需求的变化来对企业的薪酬制度进行设计。虽然各企业的薪酬管理实施条件不同，但朝着员工认同的激励方式努力，是现代薪酬管理的本质与核心所在。

6.1.2   薪酬管理概述

1. 薪酬管理的含义和主要内容

企业的薪酬管理就是企业在战略思维的基础上，根据内外部各种因素的影响以及员工提供的劳动或服务，对企业员工薪酬的支付标准、发放水平、要素结构等进行确定、分配和调整的过程，或者说，就是对工资、奖金、佣金和利润分成等薪酬要素的确定和调整的过程。这些具体的管理过程体现出企业的战略方向、管理者的决策意图和企业对不同员工群体的行为引导。

薪酬管理主要包括以下三个方面的内容（见图6-3）：一是根据企业战略制定企业的薪酬战略和薪酬策略；二是设计制定企业的薪酬制度；三是全面实施薪酬管理。

薪酬管理必须以企业战略为出发点，以激励（包括负激励）为手段，引导、塑造员工行为，并且在一定的薪酬预算范围内，做到吸引、激励和保留企业关键员工。

```
┌──────────────────────┐
│       企业战略        │◄──────┐
└──────────────────────┘       │
         │                     │
         ▼                     │
┌──────────────────────┐       │
│     人力资源战略      │◄──────┤
└──────────────────────┘       │
┌ ─ ─ ─ ─ ─ ─ ─ ─ ─ ─ ─ ─ ─ ─ ┐│
 ┌────────────────────┐        │
││  薪酬战略和薪酬策略 │◄──────┤│  ┌───────┐
 └────────────────────┘        │  │企      │
│        │                    ││ │业 信息 │
         ▼                       │业  酬  │
│┌────────────────────┐        ││ │薪 反馈 │
 │      薪酬制度       │◄──────┤  │酬      │
│└────────────────────┘        ││ │管      │
         │                       │理      │
│        ▼                    ││ └───────┘
 ┌────────────────────┐        │
││      薪酬实施       │◄──────┘│
 └────────────────────┘
└ ─ ─ ─ ─ ─ ─ ─ ─ ─ ─ ─ ─ ─ ─ ┘
```

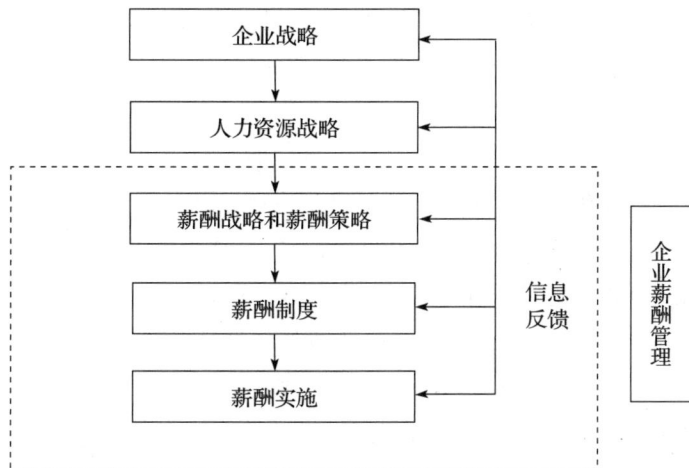

图 6-3　企业薪酬管理的三方面内容

2. 薪酬管理与其他模块的关系

薪酬管理是人力资源管理体系中的关键环节，是企业实现管理公平性和员工激励的重要方面。薪酬管理与绩效管理之间有着密切联系。绩效管理的主要目的是持续提升员工、部门和组织的绩效。基于绩效管理，企业能够针对员工的不同绩效给予差异化的薪酬激励，从而激励员工绩效的不断提升。而有效的薪酬管理有助于员工获得公平感和归属感，从而激励员工绩效目标的达成。绩效管理与薪酬管理有效配合，能够增强对员工的激励效果，最终提升企业整体的绩效，形成良性循环。

此外，有效的薪酬管理还能够通过企业整体的薪酬体系建设，实现薪酬的合法性、相对公平性、合理性和有效性，从而满足员工的个人利益需求和企业的效益需求，以及达成企业的战略目标。总的来说，薪酬管理模块与人力资源管理的其他模块紧密关联、相互作用，通过模块之间的有效配合，共同促进企业战略目标的实现。

6.1.3　典型的薪酬体系

1. 基于职位的薪酬体系

基于职位的薪酬体系是在职位分析和时间研究的基础上，按照员工在工作中的职位来确定薪酬等级和薪酬标准的一种基本薪酬制度。基于职位的薪酬体系是一种传统的确定员工基本薪酬的制度，它的最大特点是员工担任什么样的职位就得到什么样的薪酬。基于职位的薪酬体系隐含这样一种假定：担任某种职位工作的员工恰好具有与工作要求相当的能力，它未鼓励员工拥有跨职位的其他技能。

（1）基于职位的薪酬体系的特点。基于职位的薪酬体系按照员工的职位等级规定薪酬等级和薪酬标准，而不是按照员工的技术能力规定薪酬标准。员工在哪个职位工作，就执行哪个职位的薪酬标准。在这种情况下，同一职位上的员工，尽管能力与资历可能有所差别，但执行的都是同一薪酬标准，即所谓的同工同酬。这有利于按照职务等级进行薪酬管理，操作比较简单，管理成本较低。

（2）基于职位的薪酬体系的设计。为了建立基于职位的薪酬体系，企业必须进行以下相关工作。

1）设立专门的机构，配备一定的人员，进行相关培训。

2）职位标准化。建立职位薪酬体系的重要基础就是职位的标准化，即对企业所有的职位进行研究，进行时间和动作分析，以求达到最大限度地提高效率的目标。

3）职位分析。职位分析是对特定工作进行研究，以确定各个职位的工作职责、工作内容、工作标准、工作范围，以及该工作与其他工作的关系，并确定任职资格要求的过程。

4）在职位分析的基础上进行职位评价。以统一的标准对组织内部所有的职位进行定量化评定和估价，对职位进行分类和分级，从而确定各个职位的相对价值。然后根据职位的薪酬总额、职位等级、职位数目计算出各个职位的薪酬标准，并做到与市场薪酬水平相平衡。职位薪酬标准确定之后，还必须结合市场薪酬水平的变化做相应的调整。

5）完成了所有工作以后，就可以制定具体的实施细则了。职位薪酬体系实施细则的内容包括薪酬标准的运用、职位评价定期检查和更新等。

⊙ HR 实例

德国大众的工资制度

德国大众是当今世界排名第五的大型汽车工业跨国公司，在美国《财富》杂志按营业额评选的世界 500 强中排名前 30 位。德国大众的动态薪酬体系包括基本报酬、参与性退休金、奖金、时间有价证券、员工持股计划、企业补充养老保险等六项，其中动态薪酬体系中的基本报酬采取了职位工资制度。

实行职位工资制度，首先要建立职位分析和岗位评价制度。其次，建立以职位分析和岗位评价制度为基础的职位等级工资制，共分 22 级，其中，蓝领工人基本报酬是 1～14 级，白领是 1～22 级。最后，根据员工业绩和企业效益建立奖金制度。按照劳资协定，德国大众的蓝领工人绩效奖金约占工资总额（基本报酬＋奖金）的 10%；白领占 30%～40%；高级管理人员占 40%～50%。

资料来源：张霞. 绩效考核与薪酬管理［M］. 西安：西安电子科技大学出版社，2019.

2. 基于技能的薪酬体系

基于技能的薪酬体系是按照员工达到的技术等级标准确定薪酬等级，并按照确定的薪酬等级标准计付劳动报酬的一种制度。这种薪酬体系通常适用于所从事的工作比较具体而且能够被界定出来的操作人员、技术人员以及办公室工作人员。

基于技能的薪酬体系的设计关键在于将技能和基本薪酬联系起来，其设计所要遵循的大体流程和步骤如下。

第一，建立技能薪酬体系设计小组。制定技能薪酬体系通常需要建立两个团队：指导委员会和设计小组。此外，还有必要挑选出一部分员工作为"主题专家"（subject-matter experts），在设计小组遇到各种技术问题时提供帮助。

第二，工作任务分析。基于技能的薪酬体系的付酬要素应当是那些对有效完成任务来说至关重要的技能。因此，设计基于技能的薪酬体系的第一步是要系统描述所涉及的各种工作任务。为了清楚了解这些工作任务，有必要依据一定的格式和规范将这些工作任务描述出来。根据这些标准化的任务描述，我们就能理解为了达到一定的绩效水平所需技能的层次。

第三，确定技能等级并确定每一等级的薪酬标准。具体包括以下方面。

一是技能等级模块的界定。所谓技能等级模块，是指员工按照既定的标准完成工作任务而必须执行的一个工作任务单位或一种工作职能。

二是技能模块的定价。对技能模块的定价实际上就是确定每一技能等级的薪酬标准。虽然这一步骤的重要性得到了广泛的认同，但是技能等级定价至今也没有一种标准的方法，即不存在一种能够将技能模块和薪酬联系在一起的标准方式。

第四，技能的分析、培训与认证。设计和实行基于技能的薪酬体系的最后一步是关注如何使员工置身于该体系中，并对员工进行培训和认证。

3. 基于绩效的薪酬体系

基于绩效的薪酬体系是依据不同人员的贡献、能力、责任，并结合企业当期经济效益及未来可持续发展状况，决定不同的薪酬水平，使所有员工都能够一同分享公司发展所带来的收益，把短期收益、中期收益与长期收益有效结合起来。基于绩效的薪酬体系，从广义上理解，是将个人、团队或企业的业绩与薪酬明确联系，薪酬依据个人、团队和企业业绩的变化而具有灵活的弹性；从狭义上理解，是员工个人的行为和业绩与薪酬的联系，薪酬根据员工的行为表现和业绩进行相应的变化。员工自身的业绩和行为在较大程度上受自己控制，因此，员工可以控制他们自己薪酬总量水平的高低，从而达到薪酬对员工业绩调控的目的。

由于职位的不同，基于绩效的薪酬体系可以分为六种不同类型：一是与年度整体经营业绩相关的高层管理人员工资制度；二是与部门管理相关的中层管理人员和与各项具体事务相关的一般职能人员工资制度；三是与营销业绩相关的营销人员工资制度；四是与技术相关的技术人员工资制度；五是与生产相关的生产、操作人员工资制度；六是临时聘用人员工资制度。

（1）基于绩效的薪酬体系的特点。从个人层面看，将薪酬与员工绩效紧密联系，能够使企业的薪酬支付更具客观性和公正性；从组织层面看，将绩效与薪酬相结合，能够有效地提高生产率。同时，由于将人工成本区分为可变和固定部分，有利于组织进行成本控制，减轻成本压力。

然而，在绩效标准不公正的情况下，绩效薪酬可能流于形式。同时，过分强调个人绩效回报会对企业的团队合作精神产生不利的影响。另外，如果没有相关的管理支持，绩效薪酬的效果很难得到充分的发挥。最后，管理层也很难确定提高员工绩效所需要的薪酬水平是多少。

（2）基于绩效的薪酬体系的实施。一是基于绩效的薪酬体系的实施要点。为了能够科学地实施绩效薪酬体系，需要注意绩效评价方法的有效性、绩效发生的时间性、绩效评价的层次性以及组织的选择性这几个要点。二是绩效薪酬体系实施的前提条件。

- 首先，需要内部配合条件。绩效薪酬计划只是总薪酬计划的一部分，与其他薪酬形式相辅相成，共属于一个薪酬管理系统。因此，基于绩效的薪酬体系若要得到较好的落实，还需要依赖于组织整体的薪酬管理。
- 其次，需要横向配合条件。基于绩效的薪酬体系的成功实施必须有良好的绩效管理制度与人力资源开发制度。
- 最后，需要纵向配合条件。绩效薪酬计划要与企业战略目标相一致，为企业的战略目标服务。

4. 组合薪酬体系

组合薪酬体系是指依据员工的综合因素（如职位、技能、绩效等）来确定薪酬等级和薪酬标准的一种基本薪酬制度。它平衡考虑了各种激励因素，综合考虑了员工对企业的各方面投入。组合薪酬体系所包含的具体工资内容由各个企业根据自身实际情况确定。企业中典型的组合薪酬制有职位技能工资制、薪点工资制、职位效益工资制。

组合薪酬由多个工资单元构成，如职位工资、技能工资、绩效工资、年资等，每个工资单元可以从不同角度反映员工对企业的实际贡献，具有很强的灵活性。同时，组合薪酬体系能够从多层次、多方面激励员工，给予员工保障和肯定。此外，组合薪酬体系避免了其他薪酬体系单一、僵化的缺点，为企业提供了更多样、更灵活的选择，能够适应各行业、各企业的不同特点。

当然，由于组合薪酬由多个工资单元构成，基于企业的不同职位、不同职级、不同目标，对每个工资单元的设计、彼此之间比例关系的确定等，都需要非常高的专业性，设计难度较大。并且，组合薪酬体系的日常管理难度大，系统性强，执行难度也较大。

6.2　战略导向的薪酬体系设计

薪酬体系设计是指在严密调查、征求意见和系统分析的基础上，明确薪酬设计的目标和原则，确定薪酬设计的内容，制订薪酬体系的实施方案和流程，使其形成一个用文字表述的，各组成部分之间具有内在联系的有机整体的工作过程。

薪酬体系设计的内容一般包括薪酬战略和策略、薪酬制度和薪酬实施。从战略视角来看，薪酬体系是一个能够支持和保障企业战略目标实现的利益分配机制；从薪酬管理角度来看，薪酬体系是一个为企业的利益分配提供科学合理依据的薪酬政策文件，是处理日常薪酬管理问题的准则和操作规范。薪酬体系设计与管理应该被看作是一个动态的过程，因为组织的内外部环境是经常发生变化的。因此，一个有效的薪酬体系不应是僵化和死板的，而应该根据需要随时进行监控、调整和优化，它是一个持续改进的过程。

企业薪酬体系设计的基本流程见图 6-4。

明确企业薪酬战略	根据企业自身的战略、发展阶段等制定薪酬战略
制定企业薪酬策略	确定企业的价值判断原则和企业的薪酬分配策略
职位设计与分析	确定企业的职务结构图，形成企业的职务说明书体系
职位评估	评估企业内各职务对企业的相对价值
薪酬调查	调查同行业其他企业的薪酬水平，及时确定和调整本企业薪酬
薪酬结构设计	确定各项职务的相对价值及其对应的实付薪酬之间的关系
薪酬制度的实施、控制与修正	修正薪酬制度实施中出现的问题；根据环境变化和企业战略调整及时调整薪酬方案

图 6-4　薪酬制度设计流程

6.2.1　薪酬战略和策略的制定

1. 薪酬战略的制定

薪酬战略是企业为了实现战略目标、合理配置资源、激发员工积极性而制定的薪酬策略、薪酬体系、薪酬计划等一系列的综合，是企业薪酬管理的整体工作思路和行动方案，是对人力资源配置、激励和开发的一种远见性和全局性规划。薪酬战略的核心内容是在动态变化的环境中，通过一系列薪酬方案的制订和选择帮助企业赢得并保持竞争优势。

企业战略是制定薪酬战略的基础和依据。不同的企业战略具有不同的定位，因此，对应的薪酬战略也应有不同的侧重点。为了帮助企业实现战略目标，薪酬战略应与企业的战略相适应。例如，可以根据企业的总体战略、竞争战略或发展阶段等制定薪酬战略。

企业的总体战略可分为发展型战略、稳定型战略和收缩型战略。企业总体战略与薪酬战略的对应关系见表 6-2。

表 6-2　企业总体战略与薪酬战略的匹配

企业总体战略	薪酬战略
发展型战略	实行高弹性的薪酬策略，员工与企业共担风险、共享收益 适合透明度高的薪酬体系，强调员工参与，注重收益分享 可实行较低的固定薪酬和宽带薪酬制度 实行与业绩相关的短期激励和长期激励激发员工的积极性和创新意识 注重内部激励性的同时，还要注重外部的公平性和规范化
稳定型战略	薪酬战略以保留人才和维稳为目的 保持薪酬的内外部稳定性，保证对内的公平性以及对外的追随性 薪酬和福利水平一般取中位值 适合综合型的薪酬体系和较高集中度的薪酬管理决策 薪酬管理强调标准化和连续性
收缩型战略	薪酬战略更注重成本的控制 适合窄带薪酬和短期激励 绩效和奖金以经营业绩和成本节约为导向 注重核心员工的稳定性，有一定的收益分享和长期激励计划

资料来源：任康磊. 薪酬管理实操：从入门到精通［M］. 北京：人民邮电出版社，2018.

企业的竞争战略可以分为成本领先战略、差异化战略和重点集中战略。企业竞争战略和薪酬战略的对应关系见表 6-3。

表 6-3　企业竞争战略与薪酬战略的匹配

企业竞争战略	薪酬战略
成本领先战略	薪酬战略注重成本控制，关注竞争对手的人力成本变化及构成 薪酬水平受成本和竞争对手影响 浮动薪酬应与生产运营效率提升和成本降低关系密切 薪酬管理通常可以采取集权型的方式
差异化战略	薪酬战略注重人才的吸引、培养、开发和保留 薪酬水平可以考虑高于或等于市场水平或竞争对手 浮动薪酬更注重生产运营中的创新和研发结果 薪酬管理通常可以有一定的放权和灵活性
重点集中战略	薪酬战略注重专业技术人才的激励和保留 核心人才的薪酬水平应当高于市场水平或竞争对手 浮动薪酬更注重顾客评价和满意度 薪酬管理需要有一定的放权和灵活性

资料来源：任康磊. 薪酬管理实操：从入门到精通［M］. 北京：人民邮电出版社，2018.

企业的发展阶段可以分为初创期、成长期、成熟期和衰退期四个阶段，企业不同的发展阶段适合不同的薪酬战略，其对应关系见表 6-4。

表 6-4　企业发展阶段与薪酬战略的匹配

组织特征	企业发展阶段			
	初创期	成长期	成熟期	衰退期
人力资源管理重点	创新、吸引关键人才、刺激企业	招聘、培训	开发内部人才，保持员工团队，奖励管理技巧	减员，控制人力成本
薪酬战略	重外轻内，提高弹性，注重个人激励	内外并重，结构灵活，个人与集体激励相结合	重公正、促合作，个人与集体激励相结合	奖励成本控制
固定工资	低于市场水平	相当于市场水平	高于、相当于市场水平	相当于、低于市场水平

（续）

组织特征	企业发展阶段			
	初创期	成长期	成熟期	衰退期
短期激励方式	绩效激励	绩效激励福利	利润分享福利	—
长期激励方式	全面参与股权	有限参与股权	股票购买	—
奖金	高	高	相当于市场水平	视财务状况
福利	低	低	高于、相当于市场水平	视财务状况

资料来源：任康磊. 薪酬管理实操：从入门到精通［M］. 北京：人民邮电出版社，2018.

⊙ HR 实例

可口可乐（中国）的薪酬战略变化

可口可乐作为全球知名的跨国企业，在进入中国市场后，根据公司的发展阶段不断调整自己的薪酬战略，并颇有成效。

1. 重返中国之初

可口可乐在中国经历水土不服的状况后，采用强调外部竞争性的高薪政策。当时，"买得到，买得起，乐意买"是可口可乐公司全球统一的经营战略，基于该经营战略及公司目标，针对当时中国经济不发达、员工收入水平低的现状，采取高薪政策来吸引和激励人才。采取由基本工资、奖金、津贴和福利构成的薪酬结构，其基本工资为当时国内饮料行业的2～3倍。工资等级分为17级，强调内部均衡，具备平均制薪酬的特色。在当年，中国员工的生活需求层次较低，处于满足基本生存需求的阶段，因此高竞争性的货币性报酬政策吸引了众多中国优秀人才。

2. 快速发展阶段

在"南方谈话"后，来华投资的跨国公司之间、跨国公司和国内企业之间的竞争日益激烈，为了在人才资源抢夺上占据领先地位，可口可乐采用内外部结合的薪酬政策。对外，公司沿用高薪政策以吸引国内人才加盟；对内，公司完善绩效考核制度，加强对优秀员工的奖励，优胜劣汰，奖罚分明，培养提拔公司内部优秀人才。对外更具竞争力、对内更具激励性和导向性的新薪酬制度，一方面满足员工的物质需要，另一方面符合员工的成长和发展需求，使可口可乐公司更能适应人才市场竞争的变化。

3. 稳定发展阶段

在这个阶段，公司采用关注员工多层次需求的全面薪酬政策。为了应对外部激烈的产品和人才市场竞争，解决内部不尽合理的薪酬制度而导致的公司人员流失率提高、工作积极性下降的问题，公司再次对薪酬制度做了重大调整，推行全面薪酬制度。公司将经济性和非经济性的薪酬政策融为一体，将薪酬范围扩展至工资、奖金、福利、股权、培训计划、职业生涯开发、员工沟通、员工参与和员工满意度提高等方面。薪酬既被看作是一种成本支出，也被视为一种能带来价值回报的良性投资。可口可乐的全面薪酬政策成功降低公司内部离职率，切实提高了员工归属感和工作积极性。

资料来源：MBA 智库. 可口可乐薪酬制度的变化［EB/OL］. https://doc.mbalib.com/view/ff5e5ada9cb86c1ad077e7530a0b533c.html.

2. 薪酬策略的制定

当薪酬战略随着企业的战略不断调整时，企业薪酬策略的制定与选择也需要与薪酬战略相匹配。薪酬战略需要通过具体的薪酬策略和制度落实，其核心是基本薪酬的核定方法、薪酬要素、薪酬结构和薪酬水平的确定等。

薪酬要素一般包括基本薪酬、奖金、津贴、福利四大部分，对薪酬要素进行设计时需要将这些要素都考虑进来，明确各要素的具体方案以及薪资总额在各要素之间的分配。

薪酬结构设计需要明确各职位薪酬要素的构成，结构的差别反映了企业不同职位、不同技能、不同业绩的重要性及其价值的差别。薪酬结构策略是指通过调整薪酬的构成部分及其比重以促进企业薪酬战略的落实，通常包括固定或变动薪酬结构、短期或长期薪酬结构、非经济性或经济性薪酬结构等。

薪酬水平指的是企业内部各职位和人员平均薪酬的高低状况，其对企业薪酬的外部竞争性有着直接的影响，此外，还可能包括特殊劳动群体薪酬、特殊情况下的薪酬支付或扣除政策、薪资调整方案等内容的设计。薪酬水平策略是指基于企业自身的战略规划所采取的相较于外部薪酬水平的定位策略，通常分为领先型、追随型、滞后型和混合型四种薪酬水平策略。

6.2.2 薪酬调查与薪酬定位

1. 薪酬调查概述

建立合理薪酬制度的前提是准确掌握目前市场薪酬水平的情况，薪酬调查就是获得市场薪酬情况最有效的途径。企业可以通过薪酬调查了解当地其他企业中相同或相似工作的雇员平均薪酬水平，同时可以将自己企业的雇员薪酬与行业内一般薪酬水平做比较，调整企业的薪酬水准与薪酬结构，保持企业的竞争地位，避免人才的流失，特别是保持关键职位的人员稳定。

薪酬调查的主要方式有：政府部门薪酬调查、行业协会薪酬调查、专业第三方机构薪酬调查（如咨询公司、专业调查公司、人才服务机构等）、非正式薪酬调查。

2. 薪酬调查范围

低薪或无专长的普遍工种岗位，薪酬调查以企业所在地为调查地区，因为这一类的劳动力流动区域一般局限在当地，这样的调查也比较节省费用。

至于企业所需的高新技术人才和行政、管理岗位的复合型人才，由于这些人的学历一般较高，流动性比较大，一般进行全国性的工资调查，以利于留住这些人才。

介于两者之间的中级技术人员和管理人员，可结合当地薪酬调查水平和全国薪酬调查水平综合确定。

3. 薪酬调查的过程

（1）**调查前的准备。**调查前的准备工作主要包括工作规划、职位或职业分类、薪酬结构分析、劳动力市场鉴别、竞争组织的影响分析、调查对象的选择以及确定所需收集数据的种类这七步。

（2）**数据收集方法**。如果调查是非正式的或仅涉及少数几个职位，那么打电话调查是最简单也是最广泛使用的方法。其他更为复杂的方法包括调查问卷、面对面的访谈或讨论会等。

（3）**数据的统计分析**。整个调查过程的有效性取决于统计的有效性，几乎不可能也没有必要对整个劳动力市场进行调查，取而代之的是抽样调查方法，它可以用来获取所需的工资数据。

1）统计抽样。统计抽样是用来研究选定的变量之间关系的一种方法。这些样本组成一个特定的样本组，他们代表了整个群体。

2）数据计算。两个最常用的计算市场薪酬数据的方法是取平均值和中位数。平均值可以通过不同的方法算出，其中一些计算平均值的方法有加权平均、修正加权平均、原始数据或非加权平均和剪头去尾平均数等。

（4）**形成薪酬调查报告**。企业通过薪酬调查，可以获得一套完整的工资福利的统计数据来撰写薪资调查报告。规范的薪资调查报告内容包括：

1）基本资料概述，其中包括所调查企业的常规数据、人事聘用制度、薪资和福利保险政策。

2）职位薪资水平，包括所调查的每个职位的数量及简要职位说明、薪资范围即薪资最高和最低值、以平均数或百分位数来体现的薪金数额。

企业在进行薪酬管理时，如能科学地使用薪资报告中的数据，就可以最大限度地发挥薪资调查报告的效用，使企业的人事成本结构最优化，否则，将会事倍功半。

⊙ HR 实例

某公司薪酬调查案例

某公司是科技生产型企业，近几年发展迅速，但是由于管理层将管理重心放在技术和工艺职能方面，造成公司在其他职能管理方面水平较弱，尤其是薪酬管理。目前公司只有部分技术人才的薪酬水平与市场水平相当，其他职能部门的薪酬水平与同地区和同行业的市场水平相比普遍较低，这导致公司大部分员工对薪酬体系非常不满。因此，一些职能部门开始出现离职潮，严重影响到了公司的正常运营。

为解决薪酬问题，公司决策层决定对全公司员工进行全面的薪酬满意度内部调查，同时选取所在地区、相近产业、类似规模的 25 家企业进行外部市场薪酬水平调查。根据薪酬满意度内部调查和外部市场薪酬水平调查结果，说明该公司存在以下问题。

（1）该公司员工对薪酬水平满意度普遍较低，认为自己的薪酬水平低于市场平均水平。

（2）基层员工普遍认为岗位等级工资制度只能反映员工绩效和能力之间的联系与差别，并不能客观地体现岗位之间的劳动差别。

（3）中基层管理者普遍认为现行的职务等级工资制不能体现自身的绩效水平。

（4）高层管理者对薪酬的满意度普遍较低，说明对高层管理者现行的薪酬激励制度无法提高他们的工作积极性。

（5）与市场劳动力平均水平相比，该公司财务岗位和行政管理岗位的薪酬水平普遍低于市场水平，部分岗位层级甚至处于市场水平的 25 分位以下。

根据当前暴露出的问题，该公司实施了如下办法：

- 全面调整公司的薪酬水平，技术岗位薪酬达到市场 90 分位的水平，其他薪酬岗位达到市场 75 分位的水平。
- 重视人力资源管理，完善薪酬管理体系，实施职位管理、职位分析和价值评估，为制定合理科学的薪酬政策提供有效的依据。
- 全面修改公司各级人员的薪酬等级。建立体现岗位特点和技能水平的薪酬等级，匹配绩效评定结果。
- 对高层管理者考虑短期激励和长期激励相结合的方式，实施年薪制。

以上办法实施后，该公司的员工的薪酬满意度有了明显提升，各个部门的工作绩效也相应提高。

资料来源：任康磊. 薪酬管理实操：从入门到精通 [M]. 北京：人民邮电出版社，2018.

6.2.3   薪酬水平、幅度和级差

1. 薪酬水平内涵和策略

薪酬水平是薪酬体系的重要组成部分，是指某一领域内员工薪酬的高低程度，它包括企业内部各岗位薪酬水平和企业在劳动力市场中的薪酬水平，反映了企业薪酬的外部竞争力，对于吸引和保留优秀人才具有重要影响。薪酬水平侧重于分析组织间的薪酬关系，即相对于竞争对手而言企业整体的薪酬支付能力。

在薪酬体系设计过程中，薪酬定位是其中一个关键环节，在该环节中，需要先明确企业的薪酬水平策略。薪酬水平策略是指基于企业自身的战略规划所采取的相较于外部薪酬水平的定位策略，通常分为领先型、追随型、滞后型和混合型四种。

（1）领先型薪酬策略。领先型薪酬策略是指企业采用高于竞争对手或领先于市场平均水平的薪酬水平的策略。采用该策略的企业一般具有投资回报率较高、薪酬成本在企业经营总成本中占比相对较低等特征。该策略在吸引和留住优秀人才方面具有明显优势，还有助于提高企业招募到的员工质量，提高员工满意度以及降低离职率，节约监督管理费用，塑造企业的良好形象和提高知名度。该策略的主要缺点是使企业的劳动力成本增长较快，带来巨大的管理压力。

⊙ HR 视野
龙湖地产的领先薪酬策略

龙湖地产成立于 1995 年，2009 年 11 月在香港上市，截至 2019 年，连续 5 年获得"中国房地产开发企业综合实力 10 强"。

龙湖地产一直以来秉持人力资源领先策略和领先型薪酬策略，管理层认为企业成功的关键是高标准、高活力、高绩效、高回报和高

劳动生产率，因此每到一座城市对本地人才进行高薪掠夺式吸纳，实施"一个人，两份工资，三倍努力，四倍成长速度"的策略。龙湖地产领先型薪酬策略最典型的例子就

是在当时以远超同行业水平的千万年薪引进 CFO 林钜昌、CHO 房晟陶和 CSO 秦力洪。

资料来源：孙晓平. 解密"345"薪酬策略［J］.人力资源，2017（3）：68-69.

（2）追随型薪酬策略。追随型薪酬策略是指企业始终维持与市场平均薪酬水平相匹配的薪酬水平，使本企业吸引员工的能力与竞争对手相类似。追随型薪酬策略是企业最常用的策略，也是目前大多数企业所采用的策略。因为若企业的薪酬水平低于竞争对手会制约企业的招聘能力，还可能引起现有员工的不满；薪酬水平高于竞争对手则会使人力成本过高，影响产品成本和定价；而当薪酬水平与竞争对手或市场水平基本一致时，可以使企业避免这两难的问题。但是该策略并不能使企业在竞争性劳动力市场中处于优势地位，且自身薪酬水平受竞争对手的影响较大，在吸引一流优秀人才方面的竞争力不足。

（3）滞后型薪酬策略。滞后型薪酬策略是指企业的薪酬水平定位于比竞争对手或市场平均水平低的薪酬水平。采用该策略的企业，大多数是处于竞争性的产品市场，边际利润率较低，成本承受能力较差。缺乏支付能力是企业采取滞后型薪酬策略的一个主要原因。采用该策略的企业往往难以吸引高素质人才，员工满意度较低，流失率较高，员工的工作积极性和对企业的承诺感都较低。除了支付能力，企业的支付意愿、薪酬模式、发展阶段等因素都可能影响其对此策略的偏好。

（4）混合型薪酬策略。混合型薪酬策略是指企业根据不同的职位类别或员工类别分别制定不同的薪酬策略，或是根据不同的薪酬要素制定不同的薪酬策略，实现上述三种薪酬水平策略的有效结合。混合型策略的显著优势是其灵活性和针对性，既有助于企业保持自身在劳动力市场中的竞争力，也有利于合理控制企业的薪酬成本。此外，对薪酬构成中的不同组成要素采用不同的市场定位策略，还有助于传递企业的价值观和经营目标。

2. 薪酬水平的影响因素

上述四种薪酬策略的共同特点是根据竞争对手或外部市场的薪酬水平来对本企业的薪酬水平进行定位。然而，企业的薪酬水平并不能绝对依赖于外部市场。实际上，影响薪酬水平的因素有很多，这些因素可以简单地分为三类：企业外部因素、企业内部因素和企业员工个人因素。图 6-5 概括了影响薪酬的各种因素。

3. 薪酬水平的外部竞争性

薪酬水平的外部竞争性，实质上是指企业薪酬水平的高低以及由此导致的企业在劳动力市场上的竞争力大小。具体而言，在对企业薪酬的外部竞争性进行分析时，应该落实到不同企业的类似职位或类似职位族之间，而不能单纯地比较不同企业的平均薪酬水平，另外还需要考虑不同地区的物价水平。有时候薪酬的外部竞争性可

能会与薪酬的内部公平性相矛盾。例如，根据企业内部的职位评价所设计的某职位的薪酬水平可能与当前外部劳动力市场上的薪酬水平有明显差异，在这种情况下，就需要企业做出选择，是将外部竞争性还是内部公平性置于优先级。

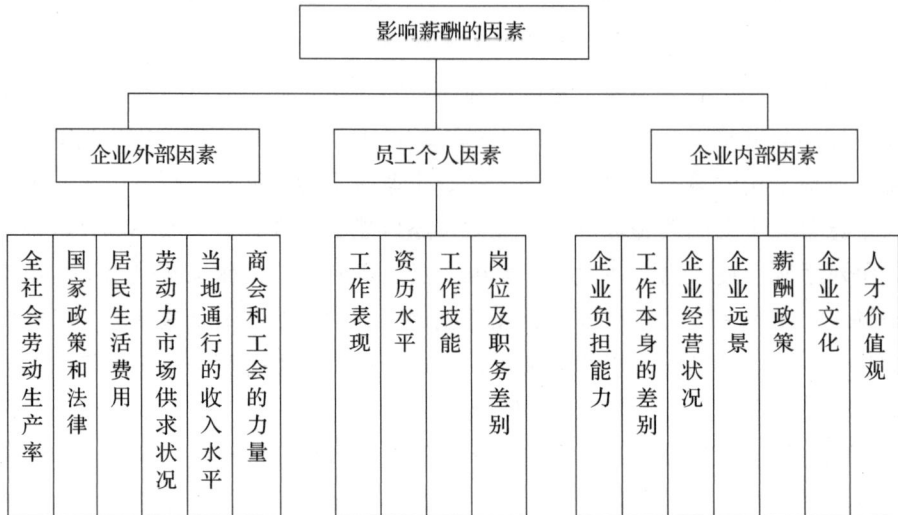

图 6-5　影响薪酬的各种因素

薪酬水平外部竞争性的重要性主要体现为以下方面。

（1）吸引、激励和保留员工。对大多数员工而言，薪酬始终是首要考虑的就业要素。企业若能够支付具有外部竞争性的薪酬，那么在招募人才时会比较容易吸引到企业所需人才，同时可以降低员工流失率。

（2）控制劳动力成本。薪酬水平的高低与企业的总成本支出紧密关联，尤其是对一些劳动密集型行业或是一些以低成本战略作为竞争手段的企业来说，有效控制劳动力成本至关重要。

（3）塑造企业形象。薪酬水平不仅直接反映了企业在特定劳动力市场中的相应定位，还体现了企业的支付能力以及对人才的重视程度。支付具有外部竞争性薪酬的企业不仅有利于树立企业在劳动力市场中的良好形象，还有利于企业在产品市场中的竞争。

4. 薪酬幅度的设计

薪酬幅度实际上是指在同一薪酬等级中，薪酬最高值与最低值之间的差距所形成的薪酬浮动范围，即同一薪酬等级中允许薪酬变动的最大幅度，也称为薪酬区间、薪酬等级宽度等。设计薪酬幅度一般有两种做法，根据不同的薪酬等级确定不同的薪酬浮动范围，根据经验数据进行确定。薪酬幅度的大小并没有明确的规定，常见的影响因素包括三点：一是职位级别，一般职位级别越高，幅度就越大；二是职位任职资格的复杂程度，一般职位要求的能力越复杂，幅度就越大；三是职位绩效的影响，一般管理类职位的影响较大，所以薪酬幅度较大，而生产后勤类职位的影响较低，所以薪酬幅度较小。

5. 薪酬等级的划分

在设计好薪酬幅度后，还需要对同一职位族的薪酬水平进行级数划分。一般而言，不同企业、不同职位的薪酬等级数量差异较大。企业薪酬等级的划分主要取决于企业的规模、性质、组织结构及工作复杂程度，其数量没有绝对的标准。具体而言，可以根据各企业的职位等级对薪酬等级进行设计。例如某企业的某个经理岗位，共划分为 12 级，1 ～ 4 级为见习，5 ～ 8 级为执行，9 ～ 12 级为高级。

划分好级别之后，还需要设计每级的带宽。其中一种方法是平均法，即每级的递增都是平均递增，如从最低等级的 5 000 元到最高等级的 17 000 元，中间共有 12级，那么每级的递增为 1 000 元。另一种方法是递增法，即随着等级增加，递增幅度增大。示例见表 6-5。

表 6-5　递增法示例

职位	等级薪酬（元）											
	见习				执行				高级			
	1 级	2 级	3 级	4 级	5 级	6 级	7 级	8 级	9 级	10 级	11 级	12 级
经理	5 000	5 800	6 600	7 400	8 400	9 400	10 400	11 400	12 600	13 800	15 000	16 200

资料来源：焦学宁，王强. HR 硬实力［M］. 北京：中国法制出版社，2020.

6.2.4　薪酬结构设计

1. 薪酬结构概述与类型

（1）薪酬结构概述。薪酬的构成一般包括基本薪酬、奖励薪酬、附加薪酬、中长期激励和福利等。这些基本要素在不同薪酬体系中侧重点会有所不同，所起到的作用也不同，这就形成了不同的薪酬结构。薪酬结构设计是根据企业的实际情况，将各薪酬要素有机结合起来的过程，它决定了是否选取以及如何使用某类薪酬要素。

一般而言，薪酬结构设计包括三个步骤：确定薪酬结构策略、分析薪酬要素、制定薪酬结构。在薪酬结构设计过程中需要重点考虑的问题有：不同职级岗位的薪酬构成、各类薪酬要素占薪酬总额的比重、特殊岗位的薪酬结构设计等。

（2）常见的薪酬结构类型。典型的薪酬结构包括高弹性薪酬结构、高稳定性薪酬结构、调和性薪酬结构等，它们各自的特点见表 6-6。

表 6-6　薪酬结构类型及各自的特点

	薪酬结构		
	高弹性薪酬结构	高稳定性薪酬结构	调和性薪酬结构
特点	奖励薪酬所占比例很高，基本薪酬所占比例很低	基本薪酬所占比例很高，奖励薪酬所占比例很低	奖励薪酬与基本薪酬各占一定的合理比例
优点	激励性强，薪酬与业绩密切相关	员工收入波动小，员工的安全感较高	既有激励性，也能给员工一定的安全感

（续）

	薪酬结构		
	高弹性薪酬结构	**高稳定性薪酬结构**	**调和性薪酬结构**
缺点	员工收入波动大，导致员工缺乏安全感和归属感，易产生不公平感	缺乏激励作用，易导致员工惰性	专业性强，设计难度大

资料来源：

[1] 邹善童. 薪酬体系设计实操：从新手到高手 [M]. 北京：中国铁道出版社，2015.

[2] 闫轶卿. 薪酬管理：从入门到精通 [M]. 北京：清华大学出版社，2015.

[3] 张宝生，孙华. 薪酬管理 [M]. 北京：北京理工大学出版社，2018.

[4] 万莉. 薪酬管理 [M]. 上海：上海财经大学出版社，2014.

2. 薪酬结构的影响因素

薪酬结构的影响因素包括企业经营战略、企业发展阶段、企业实际支付能力、市场薪酬情况、企业的不同职位类型和职位层级等。薪酬结构策略是指通过调整薪酬的构成部分及其比重以促进企业薪酬战略的落实。薪酬结构策略通常包括固定或变动薪酬结构、短期或长期薪酬结构、非经济性或经济性薪酬结构等。

薪酬结构设计要与企业的经营战略相适应。企业的经营战略通常包括成本领先战略、差异化战略和创新战略，经营战略的不同会直接影响企业的薪酬结构。在成本领先战略之下，企业注重生产效率的提高，将薪酬战略目标定位于薪酬成本控制，同时为了维持员工的工作稳定性，往往更强调薪酬的内部一致性，主张用基本薪酬稳定员工，此时，企业倾向于推行弹性较小、薪酬差距较小的薪酬结构，更注重薪酬的保障功能；在差异化战略下，企业更强调独特性和竞争优势，引导员工提升服务质量，此时，企业倾向于推行弹性较大、薪酬差距较大的薪酬结构，更注重薪酬的激励功能；在创新战略指导下，企业将薪酬目标定位于吸引和维持创新型员工，更重视员工参与及内部知识共享，此时，企业倾向于推行弹性较大、薪酬差距较小的薪酬结构，以实现保障功能的同时发挥激励作用。

薪酬结构设计还要与企业发展阶段相适应。不同的发展阶段，需要制定不同的薪酬结构策略。初创期，企业难以支付过高的基本薪酬，可以通过加大短期激励比重的方式，将员工视野集中在企业未来发展的收益上。成长期，企业需要快速提升业绩时，可以对部分销售岗位采取高激励性薪酬结构，以加强激励性，还可以适当提高长期激励的比重，促使员工和企业形成发展共同体。成熟期的关键是稳定核心人才，所以各薪酬要素的设计都需要具有市场竞争力。衰退期，企业需要注重成本的控制，倾向于采取具有基本保障作用的薪酬结构，可通过降低奖励薪酬比例的方式维持企业的稳定发展。

3. 薪酬结构的设计原则

（1）内部公平性。薪酬结构需要与职级体系之间形成对等、协调的关系。具体而言，薪酬结构的设计要让员工感到公平，要体现员工的职位价值。不同职位价值的员工，其薪酬应有所差别，以便让员工在内部薪酬比较中能够获得公平感。当工作任务强调团队合作时，团队中各成员间的薪酬应尽量缩小差距，以避免薪酬问题所带来的矛盾，并适当加大团队绩效薪酬的比例以鼓励团队协作；当工作流程围绕个人任务开展时，可适当拉开员工间的薪酬差距，并以此激励员工提升绩效。

（2）外部竞争性。外部市场薪酬的变化主要影响企业的薪酬水平，进而影响企业的薪酬结构。随着企业间核心人才的争夺日益激烈，外部竞争性原则也逐渐成为薪酬结构设计的主要原则之一。

（3）动态调整性。薪酬结构不是一成不变的，它会受到企业外部环境和内部条件变化的影响，不同职位对企业的价值的变化也会影响薪酬结构。因此，需要持续跟踪实施情况，适时调整薪酬结构。在职位薪酬体系中，调整的依据是职位价值。

4. 典型职位的薪酬结构

企业一般会根据不同的职位序列设计相应的薪酬结构。本节以企业通常采用的五类职位序列为例，来说明企业的职位序列设置。

（1）管理职位序列，指企业中从事管理工作的职位。管理职位有基层、中层、高层的级别区分。

（2）销售职位序列，指企业中从事市场、销售等业务类工作的职位。一般来说，销售职位有相应的销售任务，并以任务完成情况作为主要考核指标。

（3）技术职位序列，指企业中从事技术研发、开发、实施及提供售后服务等工作的职位。一般而言，企业依据技术职位所需技能确定薪酬，也有部分与部门或企业的效益挂钩。

（4）职能服务职位序列，指企业中从事职能服务与管理的职位。一般来说，职能服务职位包括财务管理、人力资源管理、行政管理、后勤管理等。企业根据职位服务的内容和岗位要求支付薪酬，也有部分与部门或企业的效益挂钩。

（5）生产职位序列，指在企业中从事生产作业的职位。生产职位以生产或现场操作性工作为主，企业一般依据产量以计件或计量的方式支付薪酬。

5. 宽带薪酬结构

（1）宽带薪酬结构的含义。宽带薪酬是一种始于 20 世纪 80 年代，与组织扁平化、流程再造等新管理理念相配套的新型薪酬结构。相较于传统的窄带薪酬，宽带薪酬是一种薪酬浮动范围较大、薪酬等级较少的薪酬结构。宽带薪酬以绩效和能力为本质内容，弱化员工对职位名称和等级的重视，注重员工的个人成长和多种职业轨道的开发。

宽带薪酬用少数浮动范围较大的薪酬层级来代替传统数量较多、跨度较小的薪酬等级，弱化了原本窄带薪酬所产生的职位间明显的等级差别。传统窄带薪酬结构通常适用于职能型、事业部型或其他偏纵向型的组织结构，而宽带薪酬结构更适用于流程型、网络型或其他偏横向型的组织结构。图 6-6 呈现了传统薪酬结构与宽带薪酬结构的差异。

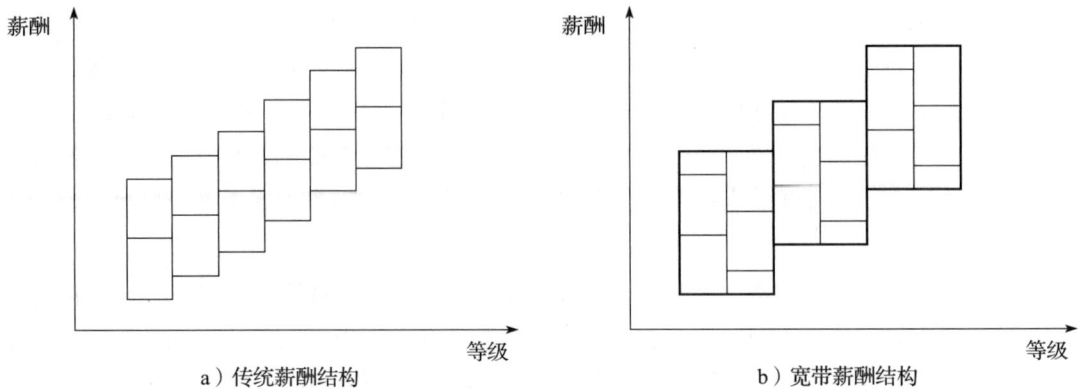

图 6-6　传统薪酬结构与宽带薪酬结构的差异

（2）宽带薪酬结构的优缺点。宽带薪酬的优势包括以下方面。

1）利于企业战略的快速调整。宽带薪酬结构最大的特点就是淡化了传统薪酬结构所维护的严格等级制，增强了薪酬体系的灵活性和弹性，更强调市场的导向作用，有利于企业提高效率以及更有效地适应市场环境的变化，还有利于企业打造学习型组织。

2）利于员工职业生涯的发展。在传统薪酬结构下，员工的薪酬水平与职位等级相挂钩，当员工被调至低一级或变动到同级别职位时，员工的薪酬可能会下降或无显著提升，工作积极性和工作绩效可能会下降。宽带薪酬则让员工的薪酬有了更灵活的升降幅度，能够促进员工个人价值更好的发挥，更大限度地调动员工的积极性。

3）利于企业整体绩效的提升。宽带薪酬结构的薪酬浮动范围大，可通过将薪酬与员工的能力和绩效表现紧密联系的方式更为灵活地激励员工，有助于员工将更多的注意力从争取职位晋升方面转移到提升企业发展所需的技能以及实施对企业有价值的事情上。宽带薪酬不仅有助于向员工传递一种个人绩效文化，还有利于培育积极的团队绩效文化，从而推动企业整体绩效的提升。

4）利于企业内部管理。宽带薪酬结构能够使部门经理在薪酬决策方面拥有更多的决定权和责任，可以对下属的薪酬定位给出更多的建议，允许上级对于有突出绩效表现的下属拥有更大的加薪影响力，这有利于强化部门经理对员工的人力管理工作。

当然，宽带薪酬也有其天然缺陷：对实施宽带薪酬的扁平化组织而言，员工的晋升会变得更加困难；在宽带薪酬结构下，即使不晋升，员工的薪酬上限通常也是较高的，因而使企业的人力成本有可能大幅度上升；宽带薪酬结构并不适用于所有企业。

（3）宽带薪酬设计流程。宽带薪酬的设计流程可以分为以下三步。

1）明确宽带薪酬数量。要确定宽带薪酬数量，首先要做好薪酬对应职位层级的合并与设计。合并的依据可以是职位类型、职位角色、职位属性等，具体操作时可依据企业管理需要和惯例。宽带之间的分界线往往是在工作或技能要求存在较大差异的地方。

2）确定宽带薪酬级差。确定薪酬级差需要确定不同薪酬等级之间薪酬差距的幅度。一般而言，职位价值的区别决定了薪酬级差，即不同职位之间的价值差距越大，薪酬级差也越大。

3）确定宽带薪酬区间。宽带薪酬的浮动范围允许较大程度的跨度。一般来说，每个薪酬等级的最高值与最低值之间的区间变动比率可以达到200%～300%，而且不同等级之间可以存在一定的交叠。

⊙ HR 实例

H 公司宽带薪酬体系

H 公司经过职位盘点、分析和评估，将职位类别划分为综合事务类、专业管理类、经营决策类、中层管理类和专业技术类，然后根据报酬要素和职位类别进行打分，得到 5 个职位类别的薪酬点数。员工工资水平计算公式为：职位工资 = 职位薪酬点数 × 薪酬点值，薪酬点值 = 薪酬总预算 ÷ 总薪酬点数。根据职位类别打分的统计结果，将 H 公司职位薪酬结构分为 11 个等级（3～13级）和 5 个系列，即综合事务类（3～6级）、专业管理类（3～8级）、经营决策类（4～10）、专业技术类（5～11）和中层管理类（9～13）。为了保证薪酬结构的合理性，又将这 5 大系列职位进行二次职位细分，以专业管理类为例，销售专员 3 500～5 000 元、会计专员 5 500～7 000 元、工程技术专员 6 500～10 000 元、人事专员 4 000～8 000 元。

资料来源：韩靖雯. 浅谈宽带薪酬在我国国有企业的应用：以 H 企业为例 [J]. 现代经济信息，2020（01）：16-17.

6.3 职位评估的主要方法

6.3.1 排序法

排序法是由评价人员对各个职务的重要性做出判断，并根据职务相对价值的大小按升值或降值顺序来确定职务等级的一种评价方法。排序法的主要优点在于理论与计算简单，容易操作，省事省时，因而可以很快地建立起一个新的工资结构。同时，每一个职务作为一个整体比较，凭人们的直觉来进行判断的，因而可以吸收更多的人员参加，并且容易在职务数量不太多的单位中获得相当满意的评价结果。排序法的缺点也很明显，首先，职务等级完全靠评价委员或主管人员的主观判断，因此职务等级标准不可避免地要受到评价委员个人观念的影响。其次，不易找到熟悉所有工作的评价人员，评价结果有时差异很大，容易导致错误。最后，排序法在大企业中使用时，因为相比较的对数随所要评价职务数目的增加而翻番增长，工作量将大大增多。

6.3.2 分类法

分类法，也称分级法，是事先建立起一个等级系列，并为各个等级设定明确的标准，各标准中明确本等级职务的难易程度和责任要求，然后将各职务与标准进行比较，将其归入与之相符合的等级之中。其优点是简便易行，容易理解，同时不会花费很多时间，也不需要技术上的帮助。缺点是划分职务类型和编写职务说明比较困难，在使用时也要求做出相当多的主观判断，这将导致出现较多争论。

6.3.3　因素比较法

因素比较法是将职位评估与职务工资的确定同时进行的方法，可以看作是对排序法的一种改进。因素比较法的优点是能让各种不同职务获得公平的评价，同时简化了评价工作。因素比较法的缺点在于因素定义模糊；容易受到现行工资的影响，产生不公平现象；职务比较尺度的建立步骤复杂，难以向员工说明。

6.3.4　因素评分法

因素评分法是先确定影响所有职务的共有因素，并将这些因素分级、定义和赋予点数，从而建立起评价标准。依据评价标准，对所有职务进行评价并汇总得出每一职务的总点数。最后，将职务评价点数转换为货币量，即岗位工资率或工资标准。因素评分法的步骤主要分为下面两大阶段（见图6-7）。

图6-7　因素评分法的工作步骤

6.3.5　海氏系统评分法

海氏系统评分法又称"指导图表–形状构成法"或"三要素评估法"，是由美国工资设计专家爱德华·海伊（Edward Hay）于 1951 年研究开发出来。海氏系统评分法本质上是一种职务评估系统方法，它首先对管理职务进行评价，确定各个职务的相对价值，然后以此为依据来确定工资额。它有效地解决了不同职能部门的不同职务之间相对价值的相互比较和量化的难题。

6.4　企业典型的激励模式与创新

6.4.1　面向基层员工的典型激励模式

1. 计时或计件工资制

计时工资制是按照职工的技术熟练程度、劳动繁重程度和工作时间的长短来计算和支付工资的一种分配形式。它由两个因素决定：工资标准和实际工作时间。

计件工资制是按照工人生产的合格产品的数量或完成的一定作业量，根据一定的计件单价计算劳动报酬的一种工资形式。它由工作物等级、劳动定额和计件单价组成。它是计时工资的转化形式。

2. 超时或超工作量补贴（津贴）

超时补贴或津贴指员工工作时间超过正常工作或法定工作时间后，企业给予员工或经过工会谈判获得的一定数额的超时加班补贴或津贴。超工作量补贴或津贴指员工超过岗位要求的正常工作或法定工作量后，企业给予员工一定数额的超工作量补贴或津贴。

3. 利润分享计划

利润分享计划又称利润分红或劳动分红制，是指企业每年年终时，首先按比例提取一部分企业总利润构成"分红基金"，然后根据雇员的业绩状况确定分配数额，最后以红利形式发放的劳动收入。利润分享计划将员工薪酬与企业的利润联系起来，增强了员工的责任感。此外，利润分享计划所支付的报酬不计入基本薪酬，有助于企业薪酬水平的灵活调整，在经营状况良好时支付较高红利，而在经营困难时可以支付较低或不支付红利。

4. 收益分享计划

收益分享计划是指企业将因为生产率提高、成本节约或质量提高等而获得的收益按照一定比例奖励给员工的一种激励模式。一般而言，员工按照一个事先确定好的收益分享公式，根据所在部门的总体绩效改善状况获得奖金。典型的收益分享计划如斯坎伦计划（Scalon plan），这是一种企业将员工节约的成本按照一定的比例奖励给参与该计划的全体职员或部门的激励模式。该模式的基本框架如下：首先，确定成本分享计划的对象，包括部门、人员、时间、范围和其他相关概念；其次，确定成本分享计划的总体方案，例如成本分享的启动线在哪里、分享比例、分享成本后的使用权与使用方向，以及持续发展中的成本分享启动线的变化率等；最后，确定成本分享计划与岗位或部门薪酬之间的关系。

6.4.2　面向管理层的典型激励模式

1. 可变年薪制

所谓可变年薪制，就是不按照年薪制那样给企业经营者一个固定的年薪收入，而是在确定某项基本报酬的基础上，根据经营者的实际效益按照一定比例提成；同时，根据经营者的长期行为给予一定数额的未来收益即期兑现，由此来激励经营者的行为长期化。可变年薪制的基本操作框架如公式所示：

$$可变年薪 = 基本年薪 + 效益年薪 + 战略年薪 + 延期收入$$

2. 可变延期收入

目前一些企业开始试行可变的延期收入制度，通过税前利润、总资产（或净资产）、国有资产保值增值率和销售额等指标的增减幅度，相应地提高或减少延期收入的绝对值，使延期收入变成像股票期权一样可以升降，部分实现了激励的目的。

可变的延期收入不能从根本上解决中国企业中的"59岁现象"，但是可以在一定层面上较好地控制企业经营者的短期行为，特别是企业经营者离任后2年内的延期收入的可变性，可以在一定程度上控制现任经营者将"烂摊子"丝毫不负责地丢给继任者等行为。

3. 承包制

承包制是在委托人与代理人之间信息非对称状况相当显著，委托人面临较高的市场不确定性风险，代理人收入水平有待迅速提高等条件下较好的激励机制模式。生产承包制的基本框架是：承包人向上级主管部门上缴一定数额的利润，扣除应缴各种税费款后，其他经营所得按照一定比例归个人所有。

然而，随着改革进程的深入，承包制的弊端也日益显现出来。它最主要的缺陷是承包者行为的短期化，他们往往将企业未来的资源在聘任期内就提前消耗完毕，或者不注重企业的长期发展的后劲，如新产品研究与开发，对战略市场和人才的培育等。

4. 管理层收购

管理层收购（management buy-outs）是指公司的经理层利用借贷所融资本或股权交易收购本公司的一种行为，这种行为会引起公司所有权、控制权、剩余索取权、资产等变化，从而改变公司所有制结构。通过收购，企业的经营者变成了企业的所有者。由于管理层收购在激励内部人员积极性、降低代理成本、改善企业经营状况等方面起到了积极的作用，因而它成为20世纪七八十年代流行于欧美国家的一种企业收购方式。国际上对管理层收购目标公司设立的条件是：企业具有比较强且稳定的现金流生产能力，企业经营管理层在企业管理岗位上工作年限较长、经验丰富，企业债务比较低，企业具有较大的成本下降、提高经营利润的潜力空间和能力。

5.构筑利益共同体

不少民营企业家在实际工作中都有意识地在企业内部建立某个圈子的核心管理层，并将这种做法称为"建立企业的利益共同体"。企业利益共同体的激励模式包括：给核心圈子的成员悄悄地发年终大红包，或者发放高额的奖励酬金等。这种做法对核心圈子内的成员有一定的激励作用，但负面影响也相当明显，如可能使没有进入圈子的职员或有能力但不愿意"折腰"的职员感到事业发展无望而离开企业。

6.4.3　无定向的激励模式

无定向的激励模式是指对基层员工和管理层都较为合适的激励模式。

1.效益计提制

效益计提制一般分为两种：第一种是固定效益计提制，即从部门或企业税前利润中按照一定比例提成奖励给个人，无论税前利润是多少，提成比例都固定不变。第二种是判别效益计提制，效益计提比例随着税前利润档次的提高而降低或提高。

效益计提制更多地重视对个人的激励，它无论是对基层业务员或销售人员，还是对中高层管理者来说都具有较为明显的激励效果。

2.股权激励

（1）**员工持股计划**。员工持股计划属于一种特殊的报酬计划，是指企业为了吸引、激励和保留公司员工，通过让员工持有股票，使员工享有剩余索取权的利益分享机制和拥有经营决策权的参与机制。员工持股计划本质上是一种福利计划，适用于公司所有员工，由公司根据工资级别或工作年限等因素分配公司股票。

（2）**股票期权**。股票期权一般是指经理股票期权，即企业在与经理人签订合同时，授予经理人未来以签订合同时约定的价格购买一定数量公司普通股的选择权，经理人有权在一定时期后出售这些股票，获得股票市价和行权价之间的差价，但在合同期内，期权不可转让，也不能得到股息。在这种情况下，经理人的个人利益就同公司股价表现紧密地联系起来。股票期权制度是上市公司的股东以股票期权方式来激励公司经理人实现预定经营目标的一套制度。

⊙ HR 实例

美的集团不同层次的股权激励

美的集团会针对不同岗位的员工进行股权激励，从而不断加强内部股权激励的效果。2015～2019 年，美的集团在原来的股权激励基础上，又增加了两期限制性股票以及四期核心管理团队持股计划。美的集团不同层次的股权激励形式具体如下。

1. 针对高管层级的合伙人计划

不同于华为推行的虚拟股票，美的采用的合伙人持股是一种业绩股票，面向公司的总裁以及总经理级别的员工。集团从公司的利润中提取部分作为专项基金，用于在二级交易市场上购买公司的股票，然后根据业绩的考核结果分发给高管。这样的方式会将企业的长远利益与员工的利益相捆绑，激励高管通过提高每年的业绩来获取公司股票。同时，长期的股权激励计划能够减少人才流失的现象，保持企业核心高管的稳定性，避免因经营方针频繁调整造成损失。合伙人计划保证高管的考核指标与股东的利益是一致的，也有利于提高委托代理关系中的信任度。

2. 针对中层管理者的限制性股票计划

2017年3月，美的集团首次推出了限制性股票激励计划，面向中层管理者这类激励对象，通过员工自筹资金，以发行新股的方式将股票分配给员工。这种模式，使员工每年都能看到激励的力度和激励的形式。与合伙人计划相比，以市场价格的一半给予激励对象股票，激励力度比较强。与期权计划相比，员工出资的方式使得员工与企业的联系会加强。作为对于企业全方位的激励模式补充，限制性股票计划在一定程度上能够让美的内部的股权激励计划更完善。

3. 针对核心骨干的期权计划

2014年，本着"产品领先、效率驱动、全球经营"的战略转变，美的推出了第一期的股票期权激励计划方案。方案侧重于惠及研发、制造相关的科技人员以及中基层人员，筹措的资金是员工的自有资金。美的第四期的期权激励计划总计发行了9 898.2股，占到美的集团已发行股本总额的1.53%。期权计划实施的时间长，更具普惠的性质，也能与企业的战略计划相匹配。除此之外，为了避免搭便车的情况发生，美的内部的期权计划考核指标弱化集团指标，加强单位经营的指标，形成企业、事业部以及个人三层次结构。

美的集团的股权激励方案给予我们两方面的启示：一是根据企业自身战略背景，推出符合企业实际发展需求的激励政策，制定合理、科学的考核指标，并且根据发展规划做出调整；二是根据不同层次对象来制定不同的激励政策，如合伙人计划、限制性股票期权激励、期权激励计划。

资料来源：王妤. 美的集团动态化股权激励策略与绩效研究［J］. 会计师，2020（15）：33-34.

（3）仿真股票期权。 仿真股票期权是股票期权的一种变异，它借鉴了股票期权的一些特性与操作方式，是针对上市公司和非上市公司都能适用的一种改进型的股票期权计划，是一种纯激励的方式。仿真股票期权是企业决策机构赋予期权持有人一种选择的权利，持有该种权利的人，可以在特定时期内行权，在行权时，如果企业EVA上升，持有人就获得差价收益，放弃行权就没有任何利益。

（4）延期支付计划。 延期支付计划是指公司将管理层的部分薪酬，特别是年度奖金、股权激励收入等按当日公司股票市场价格折算成股票数量，存入公司为管理层人员单独设立的延期支付账户，在既定的期限后或在该高级管理人员退休以后，再以公司的股票形式或根据期满时的股票市场价格以现金方式支付给激励对象。

激励对象通过延期支付计划获得的收入来自既定期限内公司股票的市场价格上升，即计划执行时与激励对象行权时的股票价差收入。如果折算后存入延期支付账户的股票市价在行权时上升，则激励对象就可以获得收益。但如果该市价不升反跌，激励对象的利益就会遭受损失。延期支付模式比较适用于那些业绩稳定型的上市公司及其集团公司、子公司。

6.4.4　企业激励模式的创新

1. 阿米巴模式

"阿米巴"（amoeba）在拉丁语中是单个原生体的意思，也叫作"变形虫"，其最大特性是能够随外界环境的变化而变化，通过不断的自我调整来适应生存环境。阿米巴模式是指将企业分割成多个小型团体，各个团体通过与市场直接联系的独立核算制进行运营，以促进企业每一位员工的积极性和潜在创造力，并以一种相对灵活的方式适应企业所面临的快速变化的经营环境。该模式的首创人是日本京瓷公司创始人稻盛和夫。

具体而言，阿米巴经营企业在年度目标中为各小型团体设定挑战目标，完成挑战目标后为他们提供额外奖金，并根据目标任务的不同完成情况对阿米巴团体的高、中、基层员工实施不同的奖金分配策略。其次，阿米巴模式建立公开透明、与绩效相关的员工薪酬等级晋升机制和公正公平的岗位晋升机制，打通员工上升空间，激发员工上进心，阐明员工可能的成长路径及需要付出的努力。阿米巴模式通过这些正向的牵引力，全方面激励员工的工作积极性。

2. 对赌激励模式

对赌激励模式是一种基于委托 – 代理关系、员工参与分享的模式，旨在实现员工以知识作为资本，成为企业"事业合伙人"，共担风险、共享收益的目标。首先是企业实施以"小团体"为基本运作单元的平台型结构，实现员工创客化，使得小团体与企业之间不局限于原来的劳动雇用关系，还包括市场化的资源对赌关系。小团体与企业事前确定对赌承诺，承诺目标价值及分享空间，在达成对赌目标后，按约定分享对赌价值。这种主体对等的价值分享模式以及小团体拥有的高度自主经营权，有效地驱动了小团体的自演进和自发展，也进一步激发了企业员工的积极性和主人翁意识。

3. 认可奖励计划

认可奖励计划作为全面薪酬的重要组成部分，是企业战略与组织文化的综合体现和有力支撑，也是实现员工与企业共同发展的重要保证。认可奖励计划体现了企业对员工的努力和贡献的特别关注，其特点是"事后性"，即根据员工表现，在事后对符合企业战略、对组织有价值的员工行为表示认可并进行奖励。认可奖励的方式多种多样，通常是非货币性的，包括书面文字、对员工表示关注、鼓励员工发展、工作本身、礼物、象征和荣誉等具体方法。认可奖励计划在实施过程中若能顺应员工的心理特点、满足员工的内在心理需求，就可以发挥出远远超出其财务成本的效果。

⊙ HR实例

美国西南航空的认可奖励计划

美国西南航空以"廉价"而闻名，是民航业"廉价航空公司"经营模式的鼻祖。2005年度，全球著名的航空杂志《航空公司商务》评选出该年度全球最佳航空公司五大奖项，美国西南航空公司赢得了最佳成就和最佳市场营销奖两项大奖，令各界人士惊叹不已。西南航空公司能够取得如此辉煌的成绩的一个重要原因是，公司重视并很好地执行了认可奖励计划。

西南航空公司的薪酬管理包括固定工资、浮动报酬和认可奖励计划三个部分，依靠一系列认可奖励项目（包括基蒂霍克奖、精神胜利奖、总统奖和幽默奖以及当月顾客奖等）来鼓励和支持员工优秀的职业化行为。以著名的"心目中的英雄奖"为例，它用来褒奖那些后台工作对客户服务产生了重大积极影响的员工团队。这些可能来自设备养护部门，也可能来自直接服务部门或其他支持性部门，经过提名和评审挑选出来的"心目中的英雄"——他们的名字会被喷涂在飞机上并至少保持一年。同时，从成立之初，西南航空就形成了浓厚的赞赏和庆祝文化。西南航空的总裁非常重视对员工工作的认可和鼓励，他每年会亲笔签发上万封感谢信，同时还经常邀请优秀员工与自己进餐。虽然西南航空公司的员工薪酬在航空业中仅处于一般水平，但是它对员工的认可和激励，让员工感受到高度的归属感与满足感。

资料来源：李继先. 快乐职场营造策略：以美国西南航空公司为例 [J]. 企业研究，2020（01）：24-26.

6.5 员工奖金与福利设计

6.5.1 员工奖金设计

1. 员工奖金的种类

奖金是企业对员工超额完成任务和取得出色的工作成绩而计付的薪酬，是激励员工的重要手段。根据不同的划分标准，奖金可以分为不同的种类。

（1）按照奖励群体的不同，可以分为集体奖和个人奖。集体奖的对象往往是一个集体，既可以是企业全体员工，也可以是某个部门或某个项目组。集体奖通常基于集体绩效或是企业给予某特定项目的奖金。个人奖则是基于员工个人表现给予的奖励。

（2）按照奖励条件的不同，可以分为单项奖和综合奖。单项奖是指以工作中的某项指标作为计奖条件的奖金形式，如质量奖、节约奖等。综合奖则是指以多种工作指标作为计奖条件的奖励形式。

（3）按照发放周期的不同，可以分为一次性奖金和定期奖金。一次性奖金是指对于完成特定工作目标或对企业做出特定贡献的个人或团队所发放的奖金。定期奖金则是指为了持续性激励员工或团队而设置的奖励，如月度奖、季度奖等。

2. 奖金设计的步骤

（1）设定奖励项目和条件。企业根据自身目标和需要确定奖励项目。例如，某企业的产品质量是影响整个生产的关键，为此，可设立质量奖，然后根据企业内部各单位的不同情况以及员工工作的特点设置奖励条件。奖励条件是对奖励指标实现程度上的要求，如为产品质量指标而设立的奖励指标可以是合格率、优良品率等。同理，也可以设立如销售冠军等奖项，以激励员工达到甚至是超额完成销售指标。

（2）明确奖励范围和周期。奖励范围是指在既定的条件下，参加奖金分配的人员范围和奖励幅度。

奖励周期是指支付奖金的时间单位。奖励周期应根据奖励项目的性质和工作需要确定。例如，与企业整体经济效益和社会效益有关的奖励，可采取年度奖金的形式；针对持续的、有规律的生产和工作所设置的奖励项目，可采用月度奖、季度奖等形式。

（3）确定奖金总额。企业一般采用以下三种方法确定奖金总额。

1）按企业超额利润的一定百分比提取奖金。奖金额的计算公式如下：

本期新增奖金额 =（本期实际利润 – 上期实际利润）× 超额利润奖金系数

2）按产量（销售量）、成本节约量来确定奖金总额。

a. 按企业实际经营效果和实际支付的人工成本两个因素确定奖金总额。

企业将节约的人工成本以奖金的方式支付给员工，计算公式如下：

奖金总额 = 生产（销售）总量 × 标准人工成本费用 – 实际支付工资总额

b. 按企业年度产量（销售量）的超额程度提取奖金。

奖金根据目标产量（销售量）的超额程度等比例提取，或按累计比例提取，其计算公式为：

奖金总额 =（年度实现销售额 – 年度目标销售额）× 计奖比例

c. 按成本节约量的一定比例提取奖金总额。

主要目的是奖励员工在企业生产和经营成本节约中所做贡献，计算公式如下：

奖金总额 = 成本节约额 × 计奖比例

3）以附加值（净产值）为基准计算。该方法也称拉卡计划。拉卡通过对 1899 ～ 1957 年美国制造业的统计数字进行分析，发现在这 59 年中工资含量几乎始终保持在附加值的 39.395%，相关系数为 0.997。如果已发工资总额低于按这一比例提取的工资总额，少发的部分应以奖金形式发给员工，其计算公式如下：

奖金总额 = 附加价值 × 标准劳动生产率 – 实际支付工资总额

（4）制定奖金分配办法。奖金分配的办法有很多种，常见的主要有计分法和系数法两种。

1）计分法。计分法的实施步骤为：第一，规定各项奖励条件的最高分数。第二，根据制定的奖励条件标准对员工的工作表现进行评分。对有定额的员工按照定额完成情况进行评分，对无定额的员工按照任务完成程度进行综合评分。第三，根据总分和各员工的得分求出每位员工的奖金额，其计算公式如下：

个人奖金额 = 企业奖金总额 / 考核总得分 × 个人考核得分

2）系数法。系数法是指在职位评价的基础上，先根据岗位贡献大小确定岗位奖金系数，然后根据个人完成任务情况按系数进行奖金分配，其计算公式如下：

$$个人奖金额 = [企业奖金总额 / \sum (岗位人数 \times 岗位系数)] \times 个人岗位计奖系数$$

3. 主要奖金类型的设计要点

下面将重点介绍绩效奖金、提成奖金和年终奖这三种奖金类型的设计要点。

（1）绩效奖金。绩效奖金是指企业根据员工绩效目标的完成情况而支付的奖金。绩效奖金的设计能够让员工的努力与企业的目标达成一致，其设计要点如下。

1）绩效目标要明确、合理。企业在进行绩效奖金分配时，应事先确定绩效目标，在考核周期结束时根据部门或员工的绩效目标达成情况进行奖金分配。

2）绩效考核标准要公平、一致。任何员工达到既定的绩效目标后都应获得同等待遇的奖励。

3）绩效奖金要与企业经营业绩挂钩。一般来说，小型企业可以直接根据自身的经营业绩和员工个人的业绩表现为员工评定奖金。在大中型企业中，由于部门众多，一般采用奖金包分配的形式，即将企业的总体目标分解到各个部门，再对各个部门的经营业绩进行考核，从而得出每位员工的绩效奖金。

（2）提成奖金。提成奖金通常是指与企业某项业绩直接相关的奖金，其设立目的是鼓励员工达成某项业绩目标。一般而言，提成奖金的核算可以简单归纳为以下公式：

$$提成奖金 = 提成基数 \times 提成比例$$

提成基数可以是销售额、毛利额、成本额、利润额等指标。

常见的提成奖金通常有两类，一类是固定提成奖金，另一类是浮动提成奖金。固定提成奖金是指提成奖金额与业绩增长呈二元线性关系的提成形式。业绩每增加 X 个单位，提成奖金将增加 aX，其中 a 是提成比例。浮动提成奖金中的提成比例是根据业绩的变化而上下浮动的。

（3）年终奖。年终奖一般是企业在年终总结完成后向员工发放的一种特殊酬劳，这不仅是对员工过去一年努力工作的承认，同时也是为了激励员工继续保持努力工作的状态。年终奖的发放形式主要有双薪、分红、总经理特别奖等。

1）年终奖的发放依据。没有制订年度目标计划的企业，其年终奖金可以根据员工的年度工作总结所归纳的业绩表现进行发放。绩效管理体系较为完善的企业，可以根据年初制定的绩效目标来发放年终奖金。

2）年终奖的核算方法。一般而言，年终奖的核算方法可以分为以下五步：确定奖金发放基数；确定奖金池的金额标准；确定各部门的奖金分配系数；计算各部门的奖金分配总额；得出各岗位和个人的奖金额。

4. 员工奖金的管理

员工奖金的管理主要包括以下两方面内容。

（1）企业奖金总额的提取。企业要按照国家有关规定提取奖金总额（或称奖励基金）。企业的奖金来源主要有以下三种：

- 实行工资总额同经济效益挂钩的企业，其奖金来源于效益工资。
- 未实行工资总额同经济效益挂钩的企业，其奖金来源于企业利润中按规定比例提取的奖励基金。
- 国家统一规定的奖金，如原材料、燃料节约奖等，从节约价值中按一定比例提取。

（2）奖金制度的日常管理。奖金制度的日常管理工作主要包括以下几个方面的内容。

1）检查奖金制度执行情况。检查奖金制度的执行情况，并按企业有关规定审核和审批企业内部各部门的奖金总额，避免出现错发、滥发奖金等问题。

2）完善奖金制度。要及时搜集、了解奖金制度执行中出现的相关问题，分析其原因，并采取相应的解决措施。

3）解释奖金制度。在奖金制度的实施过程中，对于企业员工提出的问题进行详细的解释和说明。

6.5.2　员工福利设计

1. 员工福利的类型

企业组织员工福利的类型归纳起来主要有以下几种。

（1）法定福利。该福利是指国家法律规定的一些福利项目，主要有医疗保险、失业保险、养老保险、工伤保险和生育保险等。

（2）员工福利。它是指企业根据自身的发展需要和职工的需要选择提供的福利项目，主要包括以下方面。

1）向职工提供福利性的服务事业，比如建立幼儿园、学校、浴室、食堂、职工医院等。

2）提供集体福利设施，例如兴建文化宫、俱乐部、图书馆、影剧院、体育场馆等文化娱乐设施。

3）建立职工生活困难补助制度。

4）建立福利补贴制度，以减轻职工因特殊需要而增加的额外经济负担，如上下班交通补贴、工作午餐或一定数额的工作午餐补助费、职工宿舍冬季取暖补贴、职工探亲补贴等。

5）建立住房津贴制度。住房津贴是指企业为了使员工有一个较好的居住环境而提供给员工的一种福利，主要包括以下几种：根据岗位不同每月提供住房公积金；企业购买或建造住房后免费或低价租给、卖给员工居住；为员工的住所提供免费或低价装修；为员工购买住房提供免息或低息贷款，全额或部分报销员工租房费用。

6）带薪假期制度。它是指员工在有报酬的前提下，不来上班工作时的一类福利项目。公休是主要的带薪假期形式，是指员工根据企业的规章制度，在一段时间内不来上班工作但仍享有相应工资的一种福利项目。企业一般都规定了其员工每年都有一定时间的公休、探亲假、国家法定的节假日。

⊙ HR 视野
向京东学习如何关爱员工

京东作为大厂，其福利体系非常令人向往。那么，作为京东一线员工的福利情况具体如何呢？

（1）薪酬福利篇。京东的一线员工享有全员补贴和特殊补贴。其中，全员补贴有餐费补贴、全勤补贴、工龄补贴；特殊补贴包括夜班补贴、防寒防暑补贴、通信补贴、住房补贴、风雨同舟补贴、高原补贴等。

（2）员工关怀篇。京东每年为 6 万名员工体检，同时为家属提供优惠体检；员工结婚生子都有相应的关怀；成立爱心互助基金，帮助家境困难或适逢灾难的员工；此外，还有一线员工救助基金和春节子女团聚项目。

（3）员工培养篇。京东与北京航空航天大学合作，启动"我在京东上大学""我在京东读硕士"项目，本科、硕士都可以考，奖学金、助学金样样有。

（4）文化活动篇。每天每班次增加品种不少于 10 种的零食供给，保证一线员工每周可以吃到不同的零食，年费用超过4 000 万元，而其他类似于价值观行为积分卡计划、全国运营线员工业务技能大赛、我

和东哥做校友等福利更是不胜枚举。

除了一线员工外，京东还在 2017 年 4月正式开张了京东幼儿园，名为"京东初然之爱托幼中心"，京东员工的子女可以免费入学，不仅托育、饮食免费，还为员工提供免费母婴用品，托幼中心接受 4 ～ 24 个月的小宝宝，提供专业的看护设施和师资条件，员工可以带着宝宝一起上下班，午休时一起吃饭聊天。同年 10 月，刘强东又宣布与中国人民大学签订协议，后者的附属小学、附属中学以及幼儿园集体落户亦庄，也可以解决京东员工的子女教育问题。这还不够，京东又同中国幼儿园品牌达成合作，在亦庄建立面积近 3 000 平方米的京东幼儿园，可以解决将近 200 名员工的子女入学问题，配套有国际班与双语班，拥有塑胶跑道、沙池、大型玩具游玩场地、儿童游戏区、读书堡等设施，同时还涉了京东自主研发的人脸识别系统进行 360° 全天监控，确保孩子的安全。

资料来源：张小锋. 全面认可激励：数字时代的员工激励新模式［M］. 上海：复旦大学出版社，2018.

2. 员工福利的管理

福利管理主要涉及以下几个方面：福利的目标、福利的成本核算、福利沟通、福利调查以及福利的实施等。

（1）福利的目标。福利的目标主要包括：必须符合企业长远目标；满足员工的需求；符合企业的报酬政策；要考虑到员工的眼前需要和长远需要；能激励大部分

员工；企业担负得起；符合当地政府的政策法规。

（2）福利的成本核算。成本核算是福利管理中的重要部分，管理者需要在这方面花费较多的时间与精力。福利的成本核算主要涉及以下方面。

1）通过销量或利润计算出公司最高的可能支付的福利总费用；与外部福利标准进行比较，尤其是与竞争对手的福利标准进行比较。

2）做出主要福利项目的预算，确定每一个员工福利项目的成本，制订相应的福利项目成本计划。

3）尽可能在满足福利目标的前提下降低成本。

（3）福利沟通。要使福利项目最大限度满足员工需要，福利沟通至关重要。研究显示：并非福利投入金额越多，员工越满意。员工对福利的满意程度与对工作的满意程度呈正相关。

（4）福利调查。福利调查对福利管理来说十分必要，主要涉及三种调查：制定福利项目前的调查，主要了解员工对某一福利项目的态度、看法与需求；员工年度福利调查，主要了解员工在一个财政年度内享受了哪些福利项目，各占比例多少，满意程度如何；福利反馈调查，主要调查员工对某一福利项目实施的反应如何，如是否需要进一步改进、是否要取消等。

（5）福利的实施。福利的实施是福利管理的一个重要环节。实施中应注意：根据目标去实施；预算要落实；按照各个福利项目的计划有步骤地实施；有一定的灵活性，防止漏洞产生；定时检查实施情况。

3. 弹性福利计划

弹性福利计划也叫作自助餐计划，是指员工在企业核定的福利额度内，从企业提供的不同类型和水平的福利项目中，根据自己的需求和偏好自由选择，从而建立自己专属的福利组合的一种福利管理模式。

弹性福利计划大致可以分为以下几种类型。

（1）附加型弹性福利：在现有的福利计划之外，再提供一些福利项目或提高原有的福利水准，由员工选择。

（2）核心加选择型弹性福利：核心福利是所有员工都享有的基本福利，不能随意选择；选择福利包括所有可以自由选择的项目，并附有购买价格，每个员工都有一个福利限额，如果总值超过了所拥有的限额，差额就要折为现金由员工支付。

（3）弹性支用账户：员工每年可以从其税前收入中拨出一定数额的款项作为自己的"支用账户"，并以此账户去选购各种福利项目。由于拨入该账户的金额不必交所得税，因此对员工具有吸引力。

（4）福利"套餐"：由企业提供多种固定的福利项目组合，员工只能自由地选择某种福利组合，而不能自己进行组合。

（5）选择型弹性福利：在固定福利的基础上，提供几种项目不等、程度不同的福利组合供员工选择。这些福利组合的价值不等，如果员工选择比原有固定福利价值低的组合，就会得到其中的差额，但是员工必须对多得差额纳税；如果员工选择了价值较高的福利组合，则需要扣除一部分直接薪酬作为补偿。

⊙ HR 实例

视源股份"年轻化"的福利体系

广州视源电子科技股份有限公司（以下简称 CVTE）成立于 2005 年 12 月，总部设在广州市黄埔区，公司主营业务为液晶显示主控板卡和交互智能平板的设计、研发与销售，于 2019 年入选《财富》中国 500 强。公司目前总人数超过 4 890 人，其中约 60% 为技术人员，员工平均年龄约为 29 岁，因此视源科技的福利体系与传统企业不同，更加符合年轻员工的需求。视源科技的员工福利体系可以分为四个层次：基础保障、健康生活、无忧生活和快乐生活，见表 6-7。

表 6-7　视源股份"年轻化"的福利体系

基础保障	• 五险一金：CVTE 为员工购买社会保险（养老、医疗、工伤、失业、生育）、住房公积金。 • 重大疾病支持：CVTE 员工单次因重大疾病住院或手术时，在个人医保统筹基础上，超出月薪 10% 的医疗费用可凭病历及医疗单据向公司申请报销部分合理费用。 • 巴布儿童基金：CVTE 成立特别基金会，为因子女突发性伤病、灾祸造成经济负担的员工提供资助。 • 工龄补贴：入职满一年的员工，可每月享受工龄补贴，补贴金额将逐年提升。 • 差旅补贴：对需要经常出差的岗位，公司会提供出差补贴及误餐补贴。 • 通信补贴：定岗后，公司将依据岗位给予通信补贴。
健康生活	• 员工体检：CVTE 专门组建了专业医疗机构——视源健康管理中心，每年为员工提供 2 次全面健康体检。 • 父母体检：老吾老以及人之老，CVTE 希望每一位员工的父母都身体健康，每年都为员工的父母进行全面健康检查。 • 健康指导：CVTE 为员工和员工家人提供健康管理服务，包含体检、健康教育、中医理疗、门诊全科医疗、口腔保健、母婴保健、慢性病管理等。 • 医疗资源：健康管理中心将成为各大区域总部及研发中心的标配，为全国各地的员工及家人提供更优质便捷的医疗资源。 • 理疗服务：CVTE 有专业的理疗师为员工提供医疗保健，预防白领的常见职业病。 • 心理咨询：CVTE 设立 EAP 服务部门，为员工及家人提供压力应对、情绪管理、关系冲突等多种咨询服务。 • 健身房：健身房配备齐全、专业的健身器具，共建员工的健康体质。 • 瑜伽室：瑜伽室有优雅的环境、齐全的设施，丰富员工的业余生活，让身心保持愉悦。 • 孕妈餐厅：CVTE 为怀孕的女员工设立专门的孕妇餐厅，提供专业的营养搭配。
无忧生活	• 带薪年假：依据不同工龄，员工享有 5～15 天带薪年假，以保证工作、生活平衡。 • 星级餐饮：CVTE 星级餐厅与专业后勤团队致力于研究膳食搭配，保障饮食安全和营养均衡，每个休闲区都备有小零食，员工可随时享用。 • 员工班车：CVTE 提供每日上下班的多趟班车接送服务，让交通变得更加简单便捷。 • 住房补贴：CVTE 每月提供住房补贴，如果租住员工公寓，公司提供洗衣机、空调、衣柜、床等设备。另外落户公司所在地广州市黄埔区，享有 2 万～5 万元不等的人才引进住房补贴。 • 休息室：为员工准备舒适的休息室，可根据个人情况，随时休息以调整状态。 • 开工利是：每年春节后上班的第一天，CVTE 为每位员工提供"开工利是"大红包，愿每个人新年新气象，更上一层楼。 • 结婚补贴：已定岗员工结婚享有婚庆补贴。 • 法务服务：CVTE 为员工提供法律事务咨询，在员工需要时给予专业的服务。

（续）

快乐生活	• 员工旅行：CVTE 鼓励员工每年至少进行 1 次长途旅游，2 次短途旅游，并根据年度绩效差异给予相应的补贴。 • 集体婚礼：每年 CVTE 都会为新婚的员工筹备集体婚礼，这是爱的见证，新人们在全体员工和父母的见证下，共结连理。 • 兴趣协会：CVTE 现有游泳、网球、桌球、摄影、读书、街舞等协会，通过共同的兴趣爱好丰富业余生活。 • 文艺晚会：CVTE 定期组织文艺晚会，在享受完星级标准的自助晚餐后，齐聚一堂，展示节目，欢度时光。 • 电影院：CVTE 自带高配置电影院，不用出公司就能享受大片视听盛宴。 • 日常活动：CVTE 鼓励员工享受丰富的业余生活，定期组织运动、聚餐、看电影等活动，同时公司还会提供一定的活动费用。

资料来源：CVTE 公司官网，http://campus.cvte.com/working/benefit.

6.6　薪酬管理中的法律风险及规避

一个科学合理的薪酬设计可以起到良好的激励作用，然而，由于薪酬涉及劳动者的切身利益，因此，如若不注意薪酬中的法律问题，很可能引起不必要的法律纠纷，从而给企业或个人带来麻烦。在薪酬设计过程中，企业需要遵循国家法律的相关规定，在合法的前提条件下制定具有企业自身特色的薪酬制度。薪酬管理中要规避和防范的法律风险，归纳起来大概有以下几个方面。

6.6.1　工资管理的法律风险防控

1. 工资总额

《关于工资总额组成的规定》于 1989 年 9 月 30 日由国务院批准，于 1990 年 1 月 1 日由国家统计局令第一号发布执行，企业在进行薪酬设计时需要严格遵循相关规定。其中，《关于工资总额组成的规定》的第四条规定：

工资总额由下列六个部分组成：（一）计时工资；（二）计件工资；（三）奖金；（四）津贴和补贴；（五）加班加点工资；（六）特殊情况下支付的工资。

2. 最低工资

最低工资是指员工在法定工作时间或依法签订的劳动合同约定的工作时间内提供了正常劳动的前提下，企业依法应支付的最低劳动报酬。具体可参照《最低工资规定》《劳动合同法》《劳动部关于贯彻执行〈中华人民共和国劳动法〉若干问题的意见》（劳部发〔1995〕309 号）等相关规定。即使是在试用期或实习期，企业支付给劳动者的工资也不得低于当地最低工资标准。在实操时，企业应当遵从当地政府的具体法规政策。

3. 加班工资

加班是指除法定或国家规定的工作时间以外，正常工作日延长工作时间或双休日以及国家法定假期期间延长工作时间。企业需要依据《中华人民共和国劳动法》（简称《劳动法》）正确核算员工的加班薪酬。加班管理要求企业建立健全加班管理制度，明确审批流程和监督办法，依法清晰界定加班范畴、工资基数、核算方法和支付方法等内容。企业可以合法利用调休来有效控制加班费用。

⊙ HR 实例

加班工资问题

小凡在一家汽配厂工作，该企业主要生产汽车所需零部件。因此，企业利润往往取决于订单的多少。2019 年 3 月，公司接到一份加急订单，要求在一个月内生产 28 万零部件。

因为企业员工有限，加上时间紧张，招聘新员工来不及且不划算，所以公司决定在这一个月内规定员工每天加班 4 小时，取消周末休假，所有员工不能请假，必须在一个月内完成订单。虽然员工们怨声载道，但是迫于公司压力还是同意了。

三周过后，小凡每天的工作时间都是 14 小时左右，他明显感觉到身体严重透支，于是最后几天每天上 8 小时的班。在结算工资时，公司对小凡做出了处罚决定，扣发了小凡的所有加班工资。小凡不服，最终将汽配厂告上了法庭。

在该案例中，汽配厂的做法显然是不符合法律规定的，严重侵害了劳动者的休息权。根据《劳动法》的规定，若企业由于生产经营的需要确实得加班的，应与工会和劳动者协商一致，企业不得强迫员工在法定工作时间外延长工作时间。企业应该立即给小凡和其他员工补发加班工资，并且周末的加班工资应是平时工资的两倍。劳动行政主管部门还应对该公司予以行政处罚。

资料来源：任康磊. 人力资源法律风险防控：从入门到精通 [M]. 北京：人民邮电出版社，2019.

4. 扣除和拖欠工资

企业能够扣除工资的情形包括：依照国家法律在劳动合同、规章制度中合理明确规定的；工作不达标、未完成工作任务的；违反规章制度、劳动纪律或劳动合同约定的，如迟到、早退等。

企业可以代扣工资的情形有：个人所得税、社会保险个人部分、法院判决的抚养费、法律规定的其他可代扣部分。如果员工给企业造成经济损失，企业可以代扣工资作为赔偿，但是需要符合以下条件：要有数据和法律依据，扣除额度不超过员工当月工资的 20%，员工剩余工资部分不低于最低工资标准。

《劳动法》和《劳动合同法》明确规定企业不得无故拖欠劳动者的劳动报酬。企业只能在具有"正当理由"时，在征得工会或员工同意并约定好支付时间的情况下，才能延迟支付工资。法律意义上的正当理由包括：企业遇到非人力所能抗拒的自然灾害，确实因生产经营困难、资金周转受限，征得工会同意的。

此外，《刑法修正案（八）》还增设了"拒不支付劳动报酬罪"。企业拒不支付劳动报酬，其直接主管和直接责任人将被追究刑事责任，可依法判处 3 年以上 7 年以下有期徒刑，并处罚金。

6.6.2　休假管理的法律风险防控

关于常见假期的薪酬核算事宜，具体如下。

1. 带薪年假

带薪年假是指劳动者每年享受的连续休假期间，在年休假期间，工资照付。国务院公布了《职工带薪年休假条例》（2008 年 1 月 1 日起施行），以保障劳动者带薪年休假的权利。

2. 事假

事假不属于法定的带薪休假，事假的周期一般是以小时或天为单位进行核算。关于事假期间员工的待遇，通常是企业与员工签订劳动合同时在合同中约定的，或者在企业的规章制度中做出明确规定。一般而言，当月事假应减工资的计算公式为：

当月事假应减工资 =（月标准工资 ÷ 当月应上班天数）× 事假天数。

关于员工事假的申请有以下注意事项：①员工请事假时间较长的，企业发放的工资可以低于最低工资标准；②企业并不是必须得批准员工的所有事假申请。员工应当遵守企业合法合规的规章制度和劳动合同中关于事假的相关规定。

3. 病假

病假的核算方式可根据病假的相关规定执行，包括《企业职工患病或非因工负伤医疗期规定》（劳部发〔1994〕479 号）、《劳动部关于贯彻执行〈中华人民共和国劳动法〉若干问题的意见》（劳部发〔1995〕309 号）等相关规定。关于病假工资的具体核算方法，不同省市有不同的规定，须按照各地区具体规定执行。

4. 婚丧假、探亲假

根据《劳动法》，在员工婚丧假期间，企业应当依法支付工资，即视为员工出勤正常计算工资。根据国务院《关于职工探亲待遇的规定》（国发〔1981〕36 号），员工在规定的探亲假期和路程假期内，按照该员工的标准工资发放工资。对于超出法定婚丧假或法定探亲假时间标准的假期，企业一般应按照事假核算工资。

5. 产假

具体可参照《女职工劳动保护特别规定》的相关规定。在不违反《女职工劳动保护特别规定》的前提下，各企业可根据各地区的具体规定和企业自身的制度给女员工发放相应的产假工资。

6.6.3　保险福利管理的法律风险防控

1. 社会保险

社会保险是国家运用立法形式，以全体社会劳动者为保护对象的强制推行的社会保障制度。国内习惯上称社会保险为劳动保险，是保护劳动力的一种措施。保障劳动者的健康，可促进生产发展、社会安定，提高人们的物质文化生活水平。

社会保险主要包括养老保险、失业保险、医疗保险、生育保险和工伤保险等。

社会保险的一些重点事项如下：

- 企业应足额购买员工的社会保险，原则上应严格遵守《中华人民共和国社会保险法》，不得与员工单方面签订任何关于社会保险的协议，无特殊原因不得拖欠社保费。
- 社会保险包括养老、失业、生育、工伤、医疗五个险种，但具体操作时，各个地方的做法可能有所不同，所以对于社会保险事宜，建议实操时充分咨询当地劳动部门。
- 清楚详细地界定工伤范围以及工伤情形。
- 正确理解"上下班途中"的界定范围。
- 明确发生工伤事故时用人单位需承担的费用。

2. 社会福利

社会福利具体可分为一般社会福利、职工福利和特殊社会福利。

一般社会福利是指国家和有关团体举办的社会文化教育卫生事业以及公共福利措施、津贴补助（如住房公积金等）、社会服务等。

职工福利是指职工所在单位通过建立集体福利设施、发放各种补贴等，满足本单位职工某些带普遍性和共同性的消费需要。

特殊社会福利又称为民政福利，即国家和社会为残疾人或无劳动与生活能力的人举办的福利工厂、养老院、孤儿院等。

本章小结

薪酬是企业对员工为企业所做贡献支付的相应回报，按其不同的功能角色可分为基本薪酬、奖励薪酬、附加薪酬和福利。企业的外部因素和内部因素，以及个人因素，均会对员工的薪酬水平产生影响。

本章围绕薪酬管理、典型的薪酬体系和激励模式、薪酬调查、薪酬体系设计、奖金及福利等方面对薪酬进行了简要介绍。

另外，本章最后还探讨了薪酬管理中的一些法律风险，给企业提供一些参考。

复习思考题

1. 薪酬是什么？它的功能有哪些？
2. 如何确保薪酬分配中的公平性？
3. 职位评估的方法有哪几种？试比较各种方法的优缺点。
4. 薪酬管理中的影响因素有哪些？如何进行薪酬水平和结构的调整？

应用案例

独具特色的海尔薪酬管理

海尔集团创立于 1984 年，始终以用户体验为中心，坚持"人的价值第一"的发展理念，从濒临倒闭的集体小厂发展成为引领物联网时代的生态型企业，成为 Brandz 全球百强品牌中首个且唯一的物联网生态品牌。海尔的薪酬模式经历了"职务酬""人单酬""对赌酬"三个阶段，极具借鉴意义，下文将从薪酬战略、薪酬结构和薪酬制度三个层面探讨海尔独具特色的薪酬管理。

1. 薪酬战略层面

海尔的自主经营战略是以用户需求为导向，在企业内部搭建一个"我的用户我创造，我的增值我分享，我的成功我做主"的员工自我实现平台，强调经营者与员工立场相同，组织目标与员工目标相融合，员工参与经营并成为主动创业者，构建利益共同体。然而，这一模式存在消极怠工的潜在风险。为了解决委托代理问题，海尔在薪酬战略的四大目标中选择侧重雇员贡献，并将"三公原则"作为指导思想，即公平、公正和公开。首先，对所有员工实施统一的可量化绩效考核。其次，将绩效与员工升迁制度相关联，根据绩效高低将员工在优秀、合格、试用三个等级内进行转换。最后，在公司内部公开绩效考核方式、考核结果和薪酬结果。

2. 薪酬结构层面

海尔借鉴 IBM 公司的经验使用宽带薪酬结构——一种薪酬浮动范围较大、薪酬等级较少的薪酬结构。宽带薪酬以绩效和能力为本质内容，弱化员工对职位名称和等级的重视，重视员工的个人发展和多种职业轨道的开发。宽带薪酬结构适用于扁平化的组织结构，促进员工适应结构变革，有利于海尔提高企业管理效率以及高效地适应市场环境的变化。

3. 薪酬制度层面

在海尔的组织变革过程中，合适的薪酬制度起到了激励和筛选的杠杆作用。

海尔推行了"人单合一"体制下的"人单酬"。"人单合一"体现在将员工与客户融合为一体，员工在为客户创造价值的同时体现自身价值。在客户付薪的原则下，"单"展现员工为客户创造的价值，以"单"计"酬"，将员工的薪酬和为客户创造的价值合二为一。为客户创造的价值越高，员工的薪酬越高。

除此之外，海尔实施"超额利润共享"计划，海尔基于员工为客户创造的价值把薪酬基数分为分享、提成、达标、保本和亏损五类，员工的绩效达到提成以上就有资格参与价值共享。这种高度参与式的利润分享能够激发员工为客户创造价值的积极性，实现员工利益与企业利益的一致性。

海尔还采用了"对赌酬"推动企业平台化和小微（即海尔内部的创客团队）的发展。海尔构建"贯彻三环，四阶联动"对赌激励系统，设计企业与员工的对赌共享机制，企业与员工达成对赌目标后，按约定分享对赌价值，获得不同薪酬。具体而言，员工与公司达成一致的目标，制订落实到具体的年月日的计划，根据达到的目标获取"四阶"薪酬，即进入阶段的生活费、持续迭代阶段的拐点酬、跟投阶段的利润分享和风投配股阶段的股权红利。激励层次也依次贯彻了"生存权利""利益分享"和"事业成就"从低到高的三环过程。对赌激励以小微为基本单位，员工实质上是创客，可以利用公司的平台和资源进行自主经营，成为该项事业的主人。海尔会根据员工的贡献，为小微员工配股，小微可以脱离海尔成为独立公司上市。公司股份跟投的数额与创客（即自主创业的海尔员工）创造的客户价值相匹配，并以跟投的形式实现利益共享、风险共担，跟投股份按价值动态的升降进出。海尔的"三环四阶"对赌激励系统实现了由组织激励向员工自我激励的转变，提升了员工的自主性和参与度。

上述的薪酬管理措施，给海尔带来的影响可以总结为以下三条。

（1）树立"自挣自花"理念。海尔强调"自挣自花"的理念，不仅改变了员工受组织的层级制和岗位的限制，被动地听从组织安排，在以企业为主导的薪资设计结构中处于被动地位的既成事实，而且充分激发员工的创造性，让每个员工都面对市场，与用户互动，理解用户的需求，用价值引导行为，根据创造的市场价值确定薪酬。员工为用户创造的价值越多，薪酬越高。

比如，从小微项目孵化开始，小微主（即小微项目负责人）就需要负责制定年度人工成本预算，自主分配资源，自筹成员月度生活费。当项目进入市场后，只有达到一定用户量和财务指标，团队才能享受拐点酬。同时，每一个目标都有相应的时间限制，若未能完成阶段目标，小微主就要考虑结束或重新竞单，进入官兵互选程序，因此小微主及其成员必须时刻关注项目发展。

（2）建立利益共同体。海尔实行与小微共享超利润，与合作方利润共享，小微内部也实行共享利润，整个利益共同体实现利润共享，真正实现利益最大化。海尔在与小微的对赌过程中，在不同的节点设定了超利润分享的利润率。比如，假如小微的预期利润为1 500万元，超过预期利润的0～500万元，小微享受的超利润分享可能会是30%；500万～1 000万元，超利润分享可能会设定为45%；1 000万～1 500万元可能会设定为60%。薪酬收入与价值的非线性联系，激励小微不断创造更高的价值。这种基于利益共同体的利益最大化机制，改变了传统的价值分配制度下价值创造与价值分配之间分裂失衡的局面，使得价值创造与价值分享紧密联系，实现各方价值创造最大化。

（3）员工自营事业。海尔认为，只有让员工经营真正属于自己的事业，才能最大限度地激活员工活力和创造力。以小微为基本运作单元的平台型组织，将企业与员工的传统劳动雇用关系，转变为市场化的资源对赌关系。员工主动在市场上发现机会，创造创业项目，而不是取决于企业的决定。为建立小微公司，员工可以根据自身需求，在全球范围内吸引整合相关资源，参与资源竞争。成立项目公司后，小微主与海尔签订对赌协议，海尔对小微进行投资，提供对赌酬，只要小微的业绩达到协议标准，小微就能获得相应的薪酬。从一定意义上讲，海尔的"对赌酬"使员工把工作当成自己的事业，也就是所谓的"自己的店，自己最上心"。

海尔独特的战略制度和薪酬管理模式催生出许多成功案例，比如有住网。有住网是海尔平台互联网家装领域的小微，小微主原是海尔家居业务的一名普通营销人员，他抓住一个家装行业的用户痛点——糟糕的家装体验。于是他在创业平台上提出了一套可行的差异化解决方案，成立了"有住网"。"有住网"完全独立于海尔集团，独立运营。团队组建初期缺少互联网技术团队，但是凭借开放的全球平台和股份跟投的创业者激励机制，吸引了外部的一流技术团队。为了获得更大的发展空间，"有住网"创业团队实施了对赌股权激励，让团队核心成员与小微主风险共担，收益共享。2017年5月25日，有住网宣布获得1亿元B轮融资，成为互联网装修优质品牌。

海尔的薪酬制度可以看作是员工持股计划和利润分享计划的变形，前者给予员工部分企业所有权，将企业的长期收益分配给员工；后者与员工约定利润分享比例，按经营收益状况进行共享。海尔的薪酬制度体现了风险共担、共享收益的理念，强调员工主动性、参与性和构建利益共同体的心理契约。

资料来源：

[1] 余毅锟，石伟. 基于薪酬管理的阿米巴经营结构构建：以海尔集团为例 [J]. 福建论坛（人文社会科学版），2016（06）：204-208.

[2] 周云杰. 互联网时代创业者资源（ER）平台构建：海尔推进互联网时代人力资源的创新探索 [J]. 中国人力资源开发，2017（10）：110-120.

[3] 云鹏，彭剑锋. 海尔"三环四阶"对赌激励系统 [J]. 企业管理，2016（04）：6-9.

讨论题

1. 海尔的薪酬管理体现了薪酬管理的哪些原则？
2. 海尔的薪酬管理对国内其他企业的薪酬管理制度的建设有何借鉴价值？
3. 你认为海尔的薪酬管理制度有无值得改进的方面？

第7章　员工发展与培训管理

【本章导读】

- ☑ 员工发展管理
- ☑ 人才盘点——重构组织能力
- ☑ 培训管理
- ☑ 培训管理体系设计
- ☑ 培训管理中的法律问题

AMO 框架　　　　员工发展与培训管理

在人力资源新常态下，企业的员工呈现出多样性、高流动性等特点。员工的发展与培训管理也成为现代化企业人力资源管理过程中非常重要的内容。如何实现员工发展和企业发展的双赢、发挥员工发展管理体系对企业战略发展的推动作用，也是企业人力资源管理的核心。有效的员工发展与培训管理对于帮助实现企业经营战略目标至关重要，企业若要充分发挥员工的能力和力量来提升企业竞争优势，应关注有效的员工发展与培训管理体系。

图 7-1 描述了企业获得竞争优势的员工发展与培训管理体系设计过程。有效的员工发展与培训通过提升员工胜任资格、保持现有员工能力水平和快速提升新员工的能力水平来激发员工在企业的动力，进而形成员工与企业的同步发展，提升企业的竞争优势。

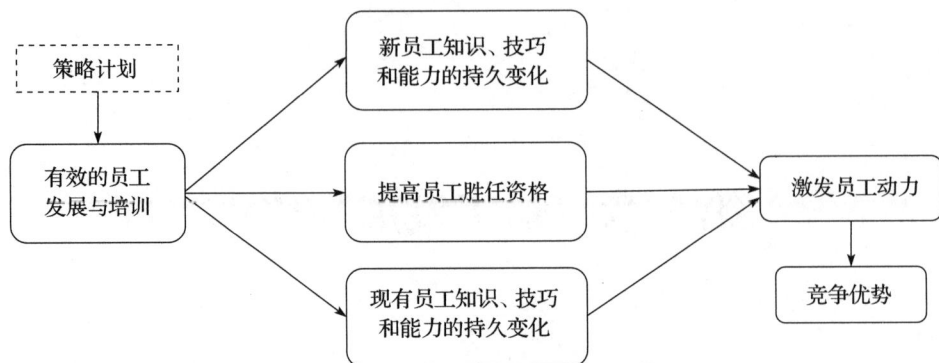

图 7-1   获得竞争优势的员工发展与培训管理设计过程

🔲 引例   三星：横纵交织的人才发展战略

　　三星集团（SAMSUNG）的成功与其前瞻性的人才战略有着密切关系。三星始终坚持"人才发展第一"原则，从不吝于人才投资。三星对人才培养的资金投入甚至远高于美国和西欧大中企业的平均水平。为了给员工提供更好的培训体验和发展前景，保障员工的全面发展，三星专门设立了地域性专家培养制度和三星人力开发院等，不断打造成熟的人才培养体系。

　　新员工培训和日常培训对三星员工的发展至关重要。三星集团为新员工提供为期 4 周的入职培训以帮助员工理解三星文化。新员工每天都需要晨练、上课、参观工厂、撰写感想等，培训时间从早上 5 点到晚上 9 点，培训期间不设置休息日。三星新员工培训的第一课是企业文化，包括三星发展史、文化制度以及反腐教育等。大多数新员工在培训后都深深地打上了三星人的烙印，这既有利于促进新员工适应三星的工作氛围，也极大地提高了员工忠诚度。此外，三星集团要求公司所有员工每年接受至少两周的培训，以更新知识和技能，满足工作发展和企业发展需求。为此，三星为员工提供了多种培训形式，如在内部设置三大职能教育机构及各类分院；邀请国内外专家开办讲座；提供海外进修的机会和设立海外高校联合培养项目，以提高员工的海外工作能力。

　　为满足全球化战略和培养全方位人才的需求，三星集团还特别设立了"地域性专家培养制度"，将国内学习和国外实践有机结合起来。在该制度下，三星选取优秀员工并将他们外派至世界各地进行考察和学习，从而提高他们对海外市场事务的认知和处理能力。该制度帮助三星培养了大批地域专家，在三星本地化战略中起着重要作用，有利于三星不断开拓全球市场的同时维持良好的管理水平。

　　三星人力开发院是三星集团日常培养人才的重要基地之一。该院由 5 个研修院组成，分别负责领导人才培训、管理技能培训、海外人才培训、外语能力培训以及高新技术培训等。在三星人力开发院，如果一名员工参与培训课程，并且评估结果达到集团要求，那么集团将会提供 10%～15% 的涨薪幅度，以提高和改善员工参与培训的积极性和效果。此外，三星还创办总裁学校，该校培训项目通常持续 6 个月。管理者前三个月在当地接受培训，后三个月前往海外进修。进修内容包括外语提高和对当地三星业务市场的深入调研等。通过总裁学校培训，高层管理者的综合能力得到极大提升，这成了三星在国际市场竞争中的制胜法宝。

总体而言，三星整体的培训项目具有横纵交错的特点，这可以保证不同级别、不同职能的员工都能接受相应的培训。横向培训项目是指根据各平行职能部门的业务和战略发展需求在部门内部设计和主持相应的培训项目。纵向培训项目是指根据不同的职位或层级的需要设置相应的培训项目，这些课程有利于帮助员工转变角色，尽快适应新职位和新工作的要求，提高职位－能力匹配度，如总裁学校培训和地域专家培训等。横纵结合的培训项目设置有助于打造系统化、标准化和成熟化的培训体系，满足员工多元化的发展需求，促进三星集团的健康有序发展。

资料来源：金贤洙，彭剑锋. 三星人才经营的演变［J］. 中国人力资源开发，2016（2）：82-92.

7.1 员工发展管理

在中国经济新常态背景下，我国人力资源也出现了新的变化，这些变化无疑将对企业内部人才管理产生重要的影响。在人力资源新常态下，企业的员工呈现出多样性、高流动性等特点。企业要想在新的变化中立于不败之地，发展员工是关键。如何实现员工发展和企业发展的双赢，如何深入挖掘并发展高潜力的员工、发挥企业员工发展管理体系对企业战略发展的推动作用，是本章要探讨的重要话题。

7.1.1 员工发展概述

1. 员工发展与企业发展的结合

企业的发展和员工个人成长是相辅相成的，也是相互依存的。没有企业的发展，企业就不会给员工提供好的发展环境。员工的个人发展与企业的发展之间是一个平衡制约的关系，员工个人发展的目标、需求与企业的发展任务、目标一致时，两者能够互相协调，健康发展并稳步前进。

员工个人发展目标与组织发展目标相匹配时，员工可以借助组织的平台和资源帮助自身的发展。一方面，员工可以使自己的发展符合组织需求，从而在组织内谋求职位、薪水等方面的提升。另一方面，员工也可以将自身发展目标与组织发展目标相结合，找到更加有效地提升自己竞争能力的手段。而组织把员工个人的发展纳入组织整体发展体系中，可以合理地规划和配备人力资源，进行统筹安排，使组织内的资源得到更加有效的开发和合理的利用。因此，当员工发展目标与组织发展目标一致时，这种平衡关系可以推动员工与组织的双向发展。当员工个人发展与组织发展不匹配时有两种情况：①员工个人发展跟不上组织发展速度。员工必须尽快想办法达到组织的基本要求，尽快跟上组织的发展步伐以免在竞争中被淘汰。②组织的发展速度无法满足员工个人发展的需要。组织无力为员工提供发展所需的条件和资源的话，员工可能离开组织寻求更好的发展。

⊙ HR 实例

索尼公司的"双赢"发展

日本索尼是全球知名的综合型跨国企业集团，索尼全球化的发展离不开员工的发展。索尼强调员工的发展与企业的发展是相辅相成、互相促进的。索尼坚信，企业和员工就像"人"字的一撇一捺，只有二者平衡发展，即企业取得战略发展的同时满足员工的发展需求，企业自身才能实现进一步的发展。因此，索尼致力于打造完善的员工培训发展机制。索尼希望通过培训提高员工－岗位匹配度，从而帮助每位员工在自己的岗位上充分发挥自身的价值。比如，为了提高员工对新业务的适应度，索尼会对外派员工进行培训，提高他们的责任感和业务水平；在员工获得晋升时，索尼会向他们提供职位的专项培训指导，全面提高员工在新职级所应具备的各种素质。这种"保姆式"的全面培训模式不仅为即将任职的员工提供了良好的发展条件，而且促进了公司业务的顺利开展。

索尼公司成熟的员工培训体系不仅加强了各地业务的经验交流，而且为员工在不同城市间的变动和不同岗位的轮换提供了可能。同时，索尼内部优秀的工作经验的不断推广，既有利于提高员工的工作效率与能力，为员工实现自我价值奠定良好的基础，同时也有利于满足企业的发展战略的需求，为索尼公司赢得竞争优势。

资料来源：郑芳. 资深 HR 手把手教你做：员工培训管理［M］. 天津：天津科学技术出版社，2017.

2. 员工发展管理的内容

（1）员工职业发展。社会学的相关观点指出，人的社会地位流动分为水平流动和垂直流动两种。垂直流动包括职业阶层的晋升或下降，水平流动则是同等地位职业的变换，这种职业流动就是个人职业发展道路。

个人的职业发展道路分为纵向的组织等级维度、平行的组织职能或技术维度和水平的向心（趋向组织轴心）维度三个方面。员工在组织中的工作地位、角色变动就是在这个三维空间中的位移。从纵向维度看，组织要对员工进行"晋升道路"的规划，通过选拔、培训和岗位锻炼实现。从横向维度看，组织对员工的工作安排会有"同级别，不同职业"的变动。从向心维度看，组织对任何岗位的员工都要进行各种教育和培训。向心维度蕴含着人们未来职业生涯的发展，蕴含着组织对个人职业生涯的规划。

（2）员工知识技能开发。员工发展离不开知识技能等方面的开发和提升。想要在企业发展的趋势中站稳脚跟，员工必须不断地提升自身的知识技能。知识技能包括专业知识储备和员工的通用技能。只有不断地学习，拓宽自身的知识储备和知识技能，才能随着企业的发展实现自我的提升。

（3）领导力发展。领导力是凭借人格魅力、风格、心理品质等个人的内外在素质的综合作用，在一定条件下对特定个人或组织产生的感化影响的能力。领导力主要包括五个能力：领导前瞻力、领导感召力、领导决断力、领导驾驭力、领导行动力。前瞻力是一种着眼未来、预测未来和把握未来的能力；感召力是领导内部产生的刺激与鼓励领导者提高领导资源配置与利用效率的力量；决断力是针对战略实施中的各种问题和突发事件而进行快速和有效决策的能力；驾驭力是有效控制组织的发展方向和战略实施过程，使各个环节、因素围绕一定目标而行动的能力；行动力是被影响感化者的行动合于影响感召者所期望的行动。

⊙ HR 实例

GE 领导力发展体系

美国通用电气公司（GE）是世界上最大的提供技术和服务业务的跨国公司。作为最成功的世界级企业之一，GE 始终坚持人才第一的发展战略。GE 在员工培训与发展方面的探索与实践，值得我国企业的借鉴学习，尤其是其独具特色的领导力发展体系。

GE 领导力发展中心旨在为 GE 的全球业务发展培养专业优秀的领导者。GE 的领导力发展具有全球化的特点，GE 通过公司领导力发展系统（CLD）将知识和经验传递到全球网络中，进而满足 GE 全球员工领导力发展的需求。GE 的领导者培养主要分为五个阶段：第一阶段是新员工领导力发展，该项目主要为新员工讲述 GE 的战略和价值观以及如何在全球市场赢得成功。第二阶段是新任经理发展项目，GE 会组织新任经理到克劳顿村进行培训，并为他们制订具有针对性的领导力提升计划，教授他们如何在 GE 从事管理和领导。第三阶段是高级职能项目，该项目着重帮助高级职能经理突破各自职能领域的困境和提升领导力。第四阶段是高级经理项目，这个阶段整合了户外领导力挑战体验项目、顾问团队项目和 CEO 项目。第五阶段是执行层研讨会，CEO 经常积极参与此阶段活动，会议主要研讨公司面临的新难题。完善的领导力发展体系为 GE 的全球化战略发展提供了人才保障。

资料来源：贺清君. HR 员工培训：从助理到总监［M］. 北京：中国法制出版社，2018.

3. 员工发展计划

员工发展计划（individual development plan，IDP）是指结合员工岗位需要及个人发展意向，双方经沟通达成的促使员工自身素质、技能提高的发展计划。它主要包括参加培训、特别指导、指派特别项目、岗位轮换等。从员工培训到内部学习，再到员工发展，人才发展的价值在组织中的地位已日益突出。

员工发展计划主要包括三个部分：职能评鉴结果、部门专业学习蓝图以及绩效评核结果。第一，针对公司核心价值及文化部分，企业通过职能评鉴确定员工有待提升的地方；第二，人力资源部门根据工作说明书及部门蓝图，依据员工个人的专业程度及学习的优先级来由上级指派应学习的项目；第三，各部门人员配合组织或部门所进行的个人年度绩效评核结果，让员工有针对性地补充学习、改善不足。

7.1.2 人才盘点概述

近年来，人才发展逐渐成为现代化企业管理的关注热点。当企业的战略创新模式已经确定时，决定企业成败和竞争力差异的往往不是物质资源，而是企业的人才资源。因此，人才盘点作为企业人力资源管理的重要项目，已逐步成为企业规模化、高效化发展的关键点和提升企业人才管理质量的基础。

1. 人才盘点的概念和内容

人才盘点（talent review）这一概念最早是由美国通用电气公司（GE）提出的。人才盘点是指对企业中人力资源状况进行摸底调查，通过绩效管理及能力评估，盘点出员工的总体绩效状况、优势及待提高的方面。人才盘点的核心是帮助企业建立一个人才账本，把企业员工的能力数据化、结构化，帮助组织制定组织发展规划和关键岗位的招聘继任计划。人才盘点是一项诊断性的工作，能为企业的人才管理提供诊断依据。

⊙ HR 实例

联想的人才盘点

从 2006 年开始，联想不断开展系统性的人才盘点工作。一开始联想的人才盘点工作主要是针对经理人员，后将盘点范围拓展至普通员工。在人才盘点时，联想将员工的发展划分为三种类型，即实践经验发展、接受辅导反馈以及传统培训教育等，占比分别约是 70%、20%、10%。通过公司内网，上级可以查看下级的个人发展计划，并通过与下级沟通进而评估下级的发展潜力。

人才盘点是一项系统的工程，需要完备的流程、工具和团队。联想采用组织结构人力资源计划（organization and human resource planning，OHRP）作为人才盘点工具。通过 OHRP，联想希望实现以下五个目标：分析组织结构和人员信息；评估管理者的能力；审核和规划直接下属的继任计划；识别高潜力人员并纳入人才库；拟定组织发展的改进计划。人才盘点可以帮助公司充分关注关键岗位以及人才的匹配和供给情况。

资料来源：胡劲松. 名企人力资源最佳管理案例：老胡说标杆 [M]. 北京：中国法制出版社，2017.

2. 人才盘点的实施

人才盘点的实施包括三个重要步骤，见图 7-2。

（1）人才盘点的准备工作。人才盘点准备工作的关键是明确盘点目标，达成共识。人才盘点的目标通常由高管基于公司发展战略而设定，但在盘点之前，HR 作为人才盘点工作的主要推动者有责任和义务协助高管及相关责任人就人才盘点工作达成共识，确定阶段战略目标。其次是制定人才盘点的流程，为盘点的实施环节奠定基础。核心流程包括确定标准、人才评估、人才校准和结果输出。最后是盘点工作的分工，盘点项目的顺利开展离不开各责任人之间的通力合作和科学分工。各责任人在盘点工作的实施过程中应做好分工安排，充分发挥每一个角色的重要性并共同推动人才盘点项目的落实。表 7-1 为各关键角色的分工。

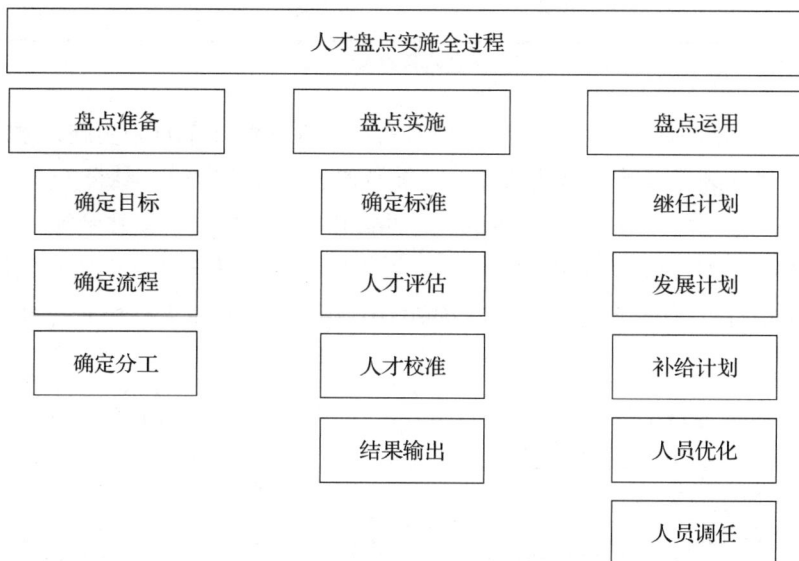

图 7-2　人才盘点实施全过程

资料来源：许峰. 人才供应链［M］. 天津：天津人民出版社，2019.

表 7-1　内外部关键角色分工

环节	内外部关键角色			
	高管	关键业务责任人	HR	外部专家
确定标准	参与制定通用人才标准	参与制定责任范围的人才标准	收集人才要求并系统化输出	收集人才要求并系统化输出
人才评估	/	在 HR 或专家的协助下评估部门员工现状	提供方法、工具、流程等，负责评估的赋能	提供评价，实施人员评估
人才校准	参与高级别员工的人才校准会	参与直属下属的人才校准会	组织和主持人才校准会	参与人才校准会
结果输出	根据盘点结果，推动下一步决策	参与关键结果反馈	组织成果汇报，跟进成果运用	评估成果汇报

资料来源：许峰. 人才供应链［M］. 天津：天津人民出版社，2019.

（2）人才盘点的实施工作，具体如下。

1）确定标准。要做好人才盘点工作，首先需要确定人才标准。人才标准的确定是人才账本体系化、结构化的前提。人才标准的确定要保障有效性和共识性，有效性即人才标准要具备科学性、稳定性；共识性即人才标准的落实需要各个角色对人才盘点工作的部署和内容达成共识。表 7-2 呈现了不同类型的人才标准。

表 7-2   人才标准的类型

人才标准类型	内容涵盖	迭代难度	易用性	适用场景
任职资格标准	标准化程度高，含显性因素、行为因素、部分底层因素	迭代较难	适用面广，但不易传播	选拔、晋升、发展
岗位画像	含显性因素、行为因素、底层因素，包含定制化内容	迭代灵活	描述形象，定制化程度高	选拔、晋升
能力模型	行为因素及部分底层因素	迭代灵活	易于传播，定制化程度高	选拔、发展

资料来源：许峰. 人才供应链［M］. 天津：天津人民出版社，2019.

2）人才评估。在实施人才评估时需结合人才测评工具来实施人才质量的评估。全面评估人才需要考虑能力素质、发展意愿、业绩贡献以及结合人才测评工具的全面评估。常用的评估技术有心理测评、360 度评估反馈、访谈技术等。

3）人才校准。人才校准是人才盘点实施中的必要流程，通过人才校准对人才评估结果进行校正能避免人事决策上的失误。图 7-3 呈现了人才校准会的流程图。

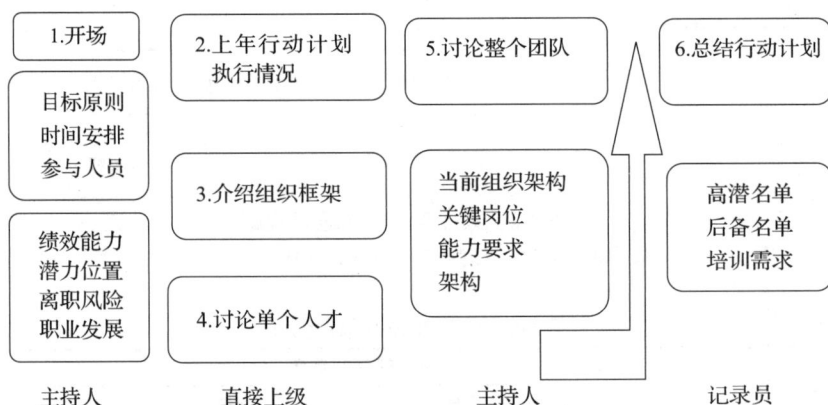

图 7-3   人才校准会流程图

资料来源：杨伟国，房晟陶. 人才盘点完全应用手册［M］. 北京：机械工业出版社，2019.

4）结果输出。结果输出是针对人才评估的结果进行整理。在人才盘点中最常用的是测评矩阵、人才九宫格和继任计划表。其中九宫格是人才盘点项目中最重要的一种工具。最常见的人才九宫格见图 7-4 展示的九宫格，由能力水平和绩效结果两个维度构成。根据能力和绩效的高、中、低将被评估对象归入九个格子中，每个格子对应的人才画像和管理策略各不相同。

九宫格的本质是一个数学矩阵，如管理学中的波士顿矩阵（BCG matrix）和SWOT 矩阵都是矩阵思维。九宫格在划分上是灵活多变的，不少企业在实践过程中为更好地展现企业人才的整体分布状况，将九宫格调整为四宫格或十六宫格。九宫格以区分人才为出发点、落实与人才相匹配的策略为最终目标。

（3）人才盘点的结果运用。人才盘点的结果可以应用到人才发展的各个方面，最终促进企业人才战略与企业发展战略的实现。同时，针对人才盘点的结果，企业能够更好地掌握人与岗位的匹配度，进一步将胜任人才进行合适的匹配，并且对后进及待优化的员工进行培训和相应的优化。

图 7-4　人才盘点的经典九宫格

⊙ HR 实例

联想的人才盘点（续）

联想的人才盘点会议主要包括：①上一次人才盘点行动计划完成情况；②当下的组织架构以及调整计划，包括关键岗位职责、组织效率、人员空缺、管理幅度和跨度是否符合公司发展需要；③重点岗位的人才盘点，包括业绩、能力、潜力的综合排序，以及这些人员的个人计划（通常用九宫格表示）；④重点关键岗位的接任者计划；⑤高潜力员工的盘点，包括员工的个人发展计划；⑥预计未来新增的关键岗位需求；⑦未来组织和人员调整计划。

在人才盘点九宫格中，联想主要依据人员的绩效与潜力评估员工绩效。绩效结果分为高、中、低三个层次，分别对应超出绩效要求、符合绩效要求、低于绩效要求。潜力主要指能承担更多的职责、从事更具挑战性的工作以及获得晋升机会。潜力主要由可提升的职位层级数量来衡量，同样分为高、中、低三个层次，对应的标准分别是可以提升两个或以上的职位层级、可以提升一个职位层级、继续在原岗位上成长或需淘汰。

在人才盘点会议之后，联想会根据实际情况对组织进行调整并对不同位置的人员采取不同的措施（如晋升、轮岗、外派等）。例如，联想会为具有发展潜力的干部提供轮岗、项目锻炼、新岗位等机会。轮岗是一种有效的干部培养方式，联想通过人才经验地图总结了各个经验类型岗位的特点，以更好地提升轮岗的效果。

联想的人才盘点每年举行一次，由各个业务单元独立开展。在高级副总裁的带领下，每个业务单元的副总裁向 CEO 汇报业务单元组织和人才发展的相关情况。CEO 围绕团队的组织结构合理性、人才队伍建设情况等问题与副总裁对话。在对话之后，CEO、HR 和负责该业务单元的高级副总裁将逐个讨论各副总裁的发展潜力和未来的工作规划。通过各业务单元的人才盘点，联想形成了一套组织和人才计划，为组织和人才的发展提供指引。

资料来源：胡劲松. 名企人力资源最佳管理案例：老胡说标杆 [M]. 北京：中国法制出版社，2017.

3. 人才盘点后的组织措施

在人才盘点工作结束后，若发现一部分岗位人才能力不足或者有重大的能力缺失项，企业可以启动定向的招聘计划，快速补充能力。

（1）构建人才池。业务处于快速扩张或转型变化期的企业往往希望发现人才、快速发展人才。但人才盘点无法创造人才，只能让内部各种角色对人才、人才标准和培养的方向达成共识。人才池的价值体现为让人才加速发展。建立人才池应注意：

- **类型**：构建哪些类型的人才池。
- **数量**：每个人才池预计储备多少人员。
- **标准**：储备人员未来需要达到的标准。

1）人才池类型。①管理梯队储备池：通常聚焦于具体的领导素质和管理技能，当企业的业务处于快速扩张或者转型时期时，需要对管理者提出更高的要求。②高潜人才池：业务的快速变化对可迁移能力的要求更高，横向协作和纵向汇报并行，迫切需要复合能力极好的高潜员工出任极具挑战性的职位。高潜人才池聚焦于成长速度快于公司正常发展速度的特殊群体。③高潜岗位储备池：与高潜人才储备注重未来潜力和不同职位的适应性不同，关键岗位的后备人才储备强调的是对同一职位上的人才进行批量、有针对性的培养、激励和保留，适用于工作职责比较复合的专项人才，如连锁店的店长、互联网行业的产品经理等。

2）人才池的运营。盘点结果中的高潜人员通常只能算作长名单中的一员，真正成为"高潜人才"还需进一步筛选。企业建立了人才池之后，需要合理地运营，让人才池在企业发展中发挥最大作用。人才池的运营有两种比较常见的机制：人才池结项制、人才池循环机制。人才池结项制的优势是比较容易批量制订培训计划和考察的标准，但是对于时间点和周期的选择不太好控制。人才池循环机制是一种动态循环，需要管理者敢用人、敢舍弃，不停地淘汰和补充。

（2）接班人计划。接班人计划一般是为企业的特定岗位储备继任者。例如，因人员退休、离职等无法避免核心岗位的人员变动，企业需要采取一些措施来减少人员异动对业务正常开展的影响。尤其一些重要岗位或对企业经营有重大影响的岗位，甚至需要考虑设置紧急接班人，留出寻找正式接班人的时间。

（3）其他举措：①外部招聘和储备。在盘点之后若发现有人才流动的风险，可以考虑从外部寻找同行高管，长期联系，以备未来岗位空缺时能够进行快速补充。②对人才晋升后的帮扶。公司的高管、培养发展和盘点项目的负责人，都会对这些项目寄予厚望。

⊙ HR 视野
接班人计划应该怎么做

人才盘点后，公司会根据人才盘点的情况，储备优秀人才并将他们作为重点培养对象，继而形成接班人计划。在确认接班人计划时，人力资源管理者应当与员工本人进行沟通。在与员工达成一致后，人力资源管理者应帮助他们形成个人发展计划，明确个人优点、目标和相关发展项目等，以指导员工实现职业目标。

接班人的培养需要一定的时间，这往往会产生人才规划不到位的问题，即该岗位可能需要人才补充然而培养工作还没有完成，因此可能会带来较大的用人风险。根据人才盘点的结果和个人发展计划，人力资源管理者可以制订关键岗位的接班人计划。为了避免关键岗位无人接任的情况，一般情况下每个岗位应多设置一个具备即刻接任能力的人选。确定关键岗位接班人计划后，必须建立接班人的个人培训与开发档案，加强管理沟通和监控反馈，通过培训项目、轮岗计划等帮助接班人在对应时间收获相应的专业技能，成长为公司需要的人才。

资料来源：任康磊. 人力资源量化管理与数据分析 [M]. 北京：人民邮电出版社，2019.

7.1.3　任职资格体系的建构

1. 职位体系梳理

职位体系梳理是在岗位设置的基础上，将所有岗位按业务性质横向分为若干族群，按责任大小、工作难度、所需技术高低等纵向分为若干等级，并匹配专业级别的任职资格标准。职位体系梳理的目的是了解各部门职责的现状，使部门职能清晰化和具体化，为员工的发展提供清晰的路径指引。职位体系梳理包括三个部分：核心流程的梳理与优化、部门职能的完善与优化、岗位职责的梳理与完善。

2. 员工通道职业发展设计

员工的职业发展通道是指员工在组织中发展的路线，是员工达成目标、实现人生价值的重要路径。设计员工发展通道时应该选择贴合组织特征和员工需求的通道模式，并通过通道建立、通道设置、通道内部层级划分和路径管理来实现对员工的引导和对员工发展过程的控制。

⊙ HR 实例

腾讯的职业发展通道体系

在腾讯初创职业发展体系时，腾讯只有近千名员工，随着公司的发展和人员规模的不断扩大，其职业发展通道不断完善，目前已建立包括员工职业发展体系与干部领导力体系的双通道职业发展体系。为做好职业发展通道的管理工作，腾讯在人力资源委员会下设立了4个专业职业发展委员会以协助管理这些发展通道。腾讯成熟的人才发展体系为员工提供了明确清晰的发展方向和完善的发展条件，有利于吸引并留住优秀人才，提高公司竞争力。

员工职业发展通道主要分成六大级，每个大级里面又分三小等，如1.1、1.2、1.3、2.1、2.2、2.3、3.1 等，以此类推。六大级分别对应初做者、有经验者、高级（骨干）、专家、资深专家、权威，三小等又分别对应基础、普通、职业。领导力职业发展通道则分为监督者、管理者、高级管理者、领导者四大级。职业发展通道有不同的职位族，主要是四大类别，见表7-3。

表 7-3　职位族或类列表

职位族	序列	子通道
技术族	T 序列	软件研发、设计、技术支持、质量管理
市场族	M 序列	产品、销售、客服、销售支持、内容
专业族	S 序列	战略、企管、财务、人力资源、法务、公共关系、行政、采购
管理族	L 序列	领导者、高级管理者、管理者、监督者

　　腾讯员工的职级主要由两部分构成：通道名称＋职级，如 M6.3，代表市场通道－权威－职业等。内部通道一般每年会进行 1～2 次例行评估，评估合格的员工就会晋升一个子等，累计晋升三个子等后再晋升就是升级。评估结果依据员工的工作年限、绩效情况等晋升标准确定，其中高级别评估还需要答辩。

　　资料来源：MBA 智库. 腾讯员工职业发展体系管理者手册［EB/OL］. https://doc.mbalib.com/view/9252e89a8 75e069dd760b3497444bd1b.html.

3. 任职资格评价体系

　　任职资格是指员工从事特定工作所需具备的履行职责的能力证明。任职资格评价体系指的是从员工履行工作职责需要具备的基本胜任能力的角度出发，梳理出能够创造关键绩效的行为导向或者结果导向的各项职责或者可衡量的工作标准、考核标准的系统。具体而言，设计任职资格评价体系首先需要将职位类别、职级划分与岗位进行归类；其次需要进行核心任职资格标准框架设计；再次根据核心任职资格标准框架设计核心行为标准；最后对关键的知识、技能要求进行设计，形成一套详细可行、自上而下的评价标准。

4. 任职资格认证结果的应用

　　根据任职资格的认证结果，组织可以建设与任职资格相匹配的分层分类的培训体系来确保培训的针对性、强化培训效果。根据任职资格标准的知识点和技能点，企业形成以员工职业化为目标的任职资格标准体系，包括五个步骤。

　　（1）培训需求分析：先通过能力评价与行为评价结果进行综合评定，找到员工知识与能力差距，再根据员工申请任职资格等级确定培训需求。

　　（2）课程开发：根据任职资格标准中提出的知识点和技能点，归纳若干课程类别及每个级别的课程科目，开发分层分类的课程体系，一般由人力资源部牵头组织，任职资格评价小组来进行课程培训。

　　（3）学分配置：根据课程难度和重要性定学分，通过考核可获得相应学分。

　　（4）培训资源配置：为每门课程配备相应的师资并组织开发配套的教材与讲义等培训资源。

　　（5）知识考核：必备知识考核的考题由培训部门组织该课程的培训师或专业人员拟定，逐渐形成企业试题库。

培训职能的划分见图 7-5。

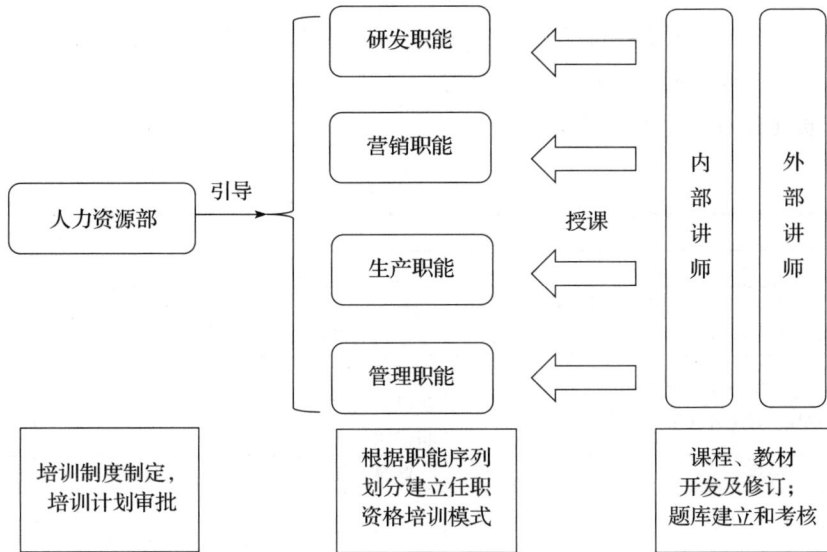

图 7-5　培训职能的划分

资料来源：任康磊. 培训管理实操［M］. 北京：人民邮电出版社，2019.

7.1.4　培训与开发

1. 战略性培训

（1）培训概述。培训是企业为了开展业务需要、提高整体绩效、实现企业目标而对员工的知识、态度、行为和技能等方面实施的有目的、有计划、有针对性的培养和训练活动，能最大限度地帮助员工实现能力与预期职能的匹配，助力企业发展。培训主要作用在于通过改变员工的行为提高企业绩效。培训能够让企业文化和价值观在企业内有效地传递和延续，能够满足企业长期的战略发展需要；培训还能够将企业的年度计划传递至各岗位，解决某类难以处理的问题；培训也能改变员工的观念和态度，让员工达到岗位需要的素质和技能要求。

（2）培训的外包处理。培训的外包也是在企业战略指导下的一种培训形式。培训外包是指企业与外部服务公司签订合同，由外部公司代为掌管一些培训与开发项目或接管全部或大部分的公司培训。培训外包可以节省时间和成本，以便企业集中精力研究经营战略；培训外包还可以提升培训的准确度，根据学习需求发现企业能力的欠缺之处。

2. 培训与开发的关系

员工培训是以发掘、培养、发展和利用员工技能及能力为主要内容的一系列有计划、有组织的活动和过程；开发是为员工未来发展而开展的正规教育、在职实践、人际互动以及个性和能力的测评等一系列活动。具体而言，培训是一种具有短期目标的行为，目的是使员工掌握当前工作中所需技能；开发是一种具有长期目标规划的行为，目的是挖掘和激励员工潜在的能力和素质，使员工掌握将来工作可能需要的知识和技能。虽然两者的关注点不同，但最终目的都是通过把培训内容与所期望的工作目标联系起来，促进个人与组织的双赢。

员工培训与开发比较见表 7-4。

表 7-4　员工培训与开发比较

比较因素	传统的		现代的	
	培训	开发	培训	开发
侧重点	当前。着眼于近期目标，即提高员工当前绩效，从而开发员工的技术、技巧	未来。着眼于培养提高管理人员的有关素质	当前与未来	当前与未来
达到的目标	为当前服务，使员工掌握基本的工作知识、方法及步骤	为适应未来变化服务，帮助员工为企业的其他职位做准备	当前与未来变化	当前与未来变化
参与性	强制性	自愿	自愿	自愿
培训对象	员工与技术人员	管理人员	员工、技术及管理人员	员工、技术及管理人员

资料来源：唐静，程云. 人力资源培训与开发［M］. 北京：电子工业出版社，2010.

7.1.5　人才评估

人才评估即评估人才是否适合岗位、企业，是人才管理闭环的最后环节。人才评估包括两个要素：一是要建立怎样的人才衡量标准，要找怎样的人才；二是用什么手法进行人才衡量。高质量的人才评估决策方案应注意四个方面。

（1）建立与绩效相关的岗位能力模型。企业在建立岗位能力模型时应建立以创造高绩效为导向的职能预测模型，将企业人才评估的标准与人才的绩效表现结合。

（2）运用多元化与多角度的人才评估模式。建立一套多元化与多角度的人才评估机制能够以多角度的评估来分散单一考评的风险，保障人才评估的科学性和客观性。

（3）透过行为评估的手法反映真实特质。越来越多的企业除了应用传统的面谈与心理测试进行人才评估外，也通过行为评估的手法了解受测者的真实特质。通常通过行为评估的模式比较能够在受测者没有戒备的心理下较为真实地反映出其容易隐瞒的特性。

（4）审慎选择人才评估的工具。在人才评估的过程中必不可少需要专业工具的协助，如何选择与挑选适合的评估工具非常重要。每一个人才评估工具均有其特性与适用范围，企业应先就本身的需求与工具的特性进行了解与评估后再进行选择。

7.2　培训管理的流程

企业的竞争已经不只是资金的竞争、规模的竞争或者客户的竞争，更是人才素质和能力的竞争。拥有一支高素质员工队伍的企业必然在市场竞争中占据优势，而提升企业人才竞争力最有效的途径是进行员工培训。培训管理是一项系统性的工程，基本流程包括五个方面，见图 7-6。

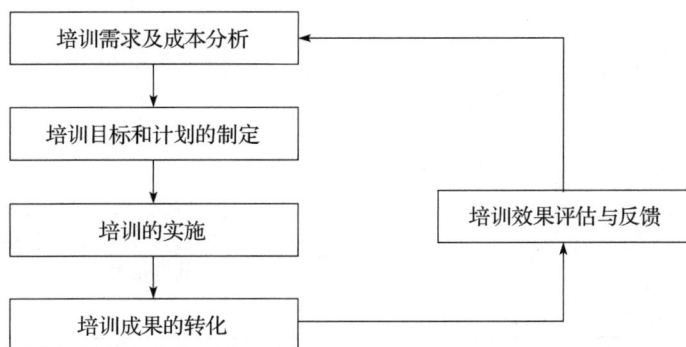

图 7-6　培训管理的基本流程

7.2.1　培训需求及成本分析

1. 培训需求分析

培训需求分析是培训工作开展的第一步。企业能准确地把握当前真正的培训需求，才能改变企业的整体绩效和实现组织战略目标。在进行培训需求分析之前，应对企业现状进行分析。老员工当前业务能力水平与应当补充的能力之间会存在一定的差距，需通过培训或是各种途径提升员工能力来达到岗位要求。

企业进行培训需求分析包括四个层面：战略目标层、组织发展层、工作任务层、员工素质层。战略目标层面的分析就是要站在企业的最高点看待培训工作在企业实现战略目标中的重要性，需考虑企业各种可能改变组织发展的因素。组织发展层面的分析是指在公司经营战略条件下，从企业战略目标出发分析企业当前人力资源、环境等因素，准确找出企业存在的不足以满足组织发展的潜在需求，确定企业的培训需求决定相应的培训项目内容，保证企业培训的内容符合企业的整体目标和战略要求。工作任务层面的需求分析是通过确定核心任务以及完成任务需具备的知识、技能、综合素质等进行分析，以帮助员工胜任岗位工作任务为目的。员工素质层面的分析是将企业员工在现实中的工作能力水平与需达到业绩标准的素质要求进行比较，找出二者之间的差距，为培训需求提供依据。

2. 培训成本分析

培训成本分为直接成本和间接成本。直接成本是指企业为员工培训直接付出的各项费用，包括场所使用费用、培训设备、课程费用、讲师津贴和报酬、食宿费用、培训组织费用等；间接成本是指员工由于参加培训没有进行本职工作而企业仍然要付出的薪酬成本（见表 7-5）。

表 7-5　培训成本的分类

成本分类	内部培训成本	外部培训成本
直接成本	1. 培训讲师费 2. 场地租赁费 3. 培训设备、相关培训辅助材料费用 4. 培训课程制作费用、培训教材费、资料费 5. 培训课程制作费用，为参加培训所支出的交通费、餐费、住宿费等	1. 外包项目合同约定费用 2. 培训设备、相关培训辅助材料费用 3. 为参加培训所支出的交通费、餐费、住宿费等 4. 选择培训机构时所发生的费用，包括估价、询价、比价、议价费用、通信联络费用、事务用品费用
间接成本	1. 课程设计所花费的所有费用，包括工资支出、资料费支出及其他费用 2. 培训学员工资福利等 3. 参加培训而减少的日常所在岗位工作造成的机会成本 4. 培训管理人员及办事人员工资、交通费、通信费等 5. 一般培训设备的折旧和保养费用	1. 培训学员、辅助培训人员工资 2. 培训管理、监督费用 3. 其他相关费用

资料来源：刘正君，温辉. 员工培训与开发［M］. 北京：中国人民大学出版社，2018.

7.2.2　培训目标和计划的制定

培训目标是为培训计划提供明确的方向和依据，是培训活动的目的和预期成果。培训目标一般包括两个：一是员工的知识、技能等综合素质通过培训应达到的标准；二是员工的工作态度及工作行为通过培训应转变的程度。

培训计划是保证培训良好实施的一个重要因素。培训计划是根据企业发展战略和企业文化，结合人力资源规划及企业的实际情况，对年度、季度或月度的培训工作进行规划，制定出培训时间、地点、讲师、参与者以及经费预算的一系列工作。

7.2.3　培训的实施

1. 培训对象与内容

（1）新员工定向培训。新员工定向培训是企业最普遍的一种培训类型，新员工在通过招聘录用的各项筛选过程正式进入企业，与企业签订劳动合同后所进行的培训。当员工被放置到一个新的组织文化背景中时，都会发现新的工作不是他们原来设想的那样，通过一个有效的定向培训项目可以帮助新员工减少这种文化的冲击。定向培训阶段是一个让新员工学会成为一个对公司有贡献的成员的阶段，也是新员工的一个社会化阶段。新员工培训的定位决定了每个企业都必须设立新员工培训。

新员工培训的内容可以概括为以下几个方面。

1）企业概况。企业的发展历史、企业的发展战略和目标、企业的行业背景和特点、产品特点、服务理念、企业文化、规章制度、行为规范和共有价值观等。

2）企业制度。企业制度包括企业行政、财务及人力资源管理等各种规章制度及各项规定，如就职规则、薪酬制度、员工福利、劳资关系、保密协议等。

3）业务知识。结合岗位特点，对业务知识和技能及管理实务进行专项培训。

4）员工职业生涯发展规划。使员工明确企业为其设置的职业生涯通道，根据自身的情况和将要从事的岗位，选择适合的发展方向，使员工与企业共同发展。

（2）管理人员培训。企业的内部资源往往可以转化为竞争优势，而人才是具有战略意义的企业内部资源。管理人员培训包括以下方面。

1）在职培训。在职培训是指管理者不离开工作岗位，由更高一级管理者或有经验的管理者对其进行现场指导、讲授和示范，由受训者通过实际操作来完成的一种培训。具有挑战性的工作职责及训练与工作绩效评价及反馈相结合是一种有效的开发手段，也是基本管理能力开发活动的重点。

2）脱产培训（非在职培训）。非在职培训是指在专门的培训现场接受履行职务所必要的知识、技能和态度的培训。这种培训类型主要用来培养组织所紧缺的人员，或为组织未来培养和选拔高层次技术人才、管理人才。

根据管理层次的不同，培训对象可以分为基层管理人员、中层管理人员和高层管理人员。基层管理人员的工作重点主要是在第一线从事具体的管理工作，执行中高层管理人员的指示和决策。因此，为他们设计的培训内容应着重于管理工作的技能、技巧，如怎样组织他人工作、如何安排生产任务、如何为班组成员创造一个良好的工作环境等。中高层管理人员的培训应注重对发现问题、分析问题和解决问题的能力，用人能力，控制和协调能力，经营决策能力，以及组织设计技巧的培养。不同层级管理人员的培训内容比例见图 7-7。

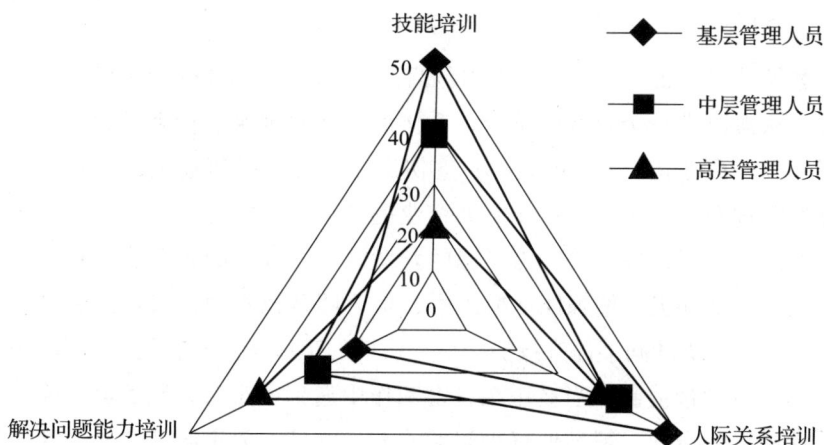

图 7-7　不同层级管理人员的培训内容分析

2. 现代培训技术的应用

（1）教练技术。教练（coach）一词来源于法语，意为协助当事人从当前地点到达目的地的工具。一般来说，教练是具备一定的专业教练能力、素质与职业操守，主要通过对话等方式，并熟练运用特定的技巧、工具和策略，来使被教练者走出生活与工作迷局并取得理想成果的专业工作者。教练的重点在于鼓励和启发当事人自己发现解决问题的方法，而不是直接教授解决问题的办法。这与中国的古语"授人以鱼，不如授之以渔"有异曲同工之处。因此，教练技术的实质就是引导个体向内开发潜能，向外发现可能性，通过改善被教练者的心智模式来提升当事人解决问题的能力。教练不一定比当事人掌握更多的专业知识，其优势在于通过熟练运用教练技术，在改善方案的制订与执行方面发挥协同与促进作用。所以，教练不仅能够帮助被教练者挖掘智慧、发挥潜能和应用所长，而且其本人在教练过程中也会因此而受益并与被教练者共同成长。

教练与相似概念的比较见表7-6。

表7-6　教练与相似概念的比较

概念	目的	关键点	实现方式	实施者
教练	开发员工的智慧和潜能	引导个体自己发现问题和找到解决方法	启发、引导、鼓励	管理者或领导者
导师	培养员工，促进员工的职业生涯发展	教会个体某些具体的知识和技能	传、帮、带	管理者或领导者
辅导	针对特定技能给予个体一定的教导	解决问题和纠偏	教授	专家
顾问	提供某方面专业知识、建议或方法	针对某方面问题提出具体解决方案	给出解决方案	一般是行业或领域专家
培训	向特定人员传递知识或技能	知识和技巧的转移	讲授、体验	具备一定专业知识的组织内外部人员
心理治疗	舒缓个体情绪和解决心理问题	针对偏差行为和情绪进行辅导	心理指导	具备一定心理治疗专业知识和技能的专家

资料来源：王雁飞，张静茹，林星驰，等. 教练型领导行为研究现状与展望［J］. 外国经济与管理，2016（5）：44-57.

教练技术在企业中的主要作用包括：①协助企业 CEO、COO 等提升企业的整体表现，从而改进整个企业的绩效；②协助企业完成某个商业项目（如项目融资、新项目开发、商务拓展等）的目标；③协助企业提升销售业绩，开发市场机会，实现及超额实现企业销售目标；④协助企业提升其执行的能力；⑤协助企业挖掘其人力资源的潜在价值，提升其人力资源的开发效率；⑥协助企业建立有效率及合作的团队，化解团队冲突，增强团队凝聚力，提升团队执行力，实现团队目标；⑦培养企业内部教练，协助同事提升技能，培育积极的工作态度和有效的工作技巧。

（2）以师带徒制。当员工在日常工作中遇到困难时，能够最快速、高效、最有针对性地给他指导、帮助他解决问题的人，不是人力资源部的培训管理者，也不是部门的高级管理者，而是能够直接辅导员工的师傅。师徒制不是对新型企业管理模式或培训模式的否定，而是一种培养人才非常高效的手段。师徒制对于人力资源管理具有巨大意义：

- 能让员工更快融入企业；
- 能让老员工的技能得到稳步的提升；
- 能够促进企业人才梯队建设中的人才培养；
- 能够提升企业员工的稳定感和满足感。

⊙ HR 实例

宝洁公司全方位、全过程的培训机制

宝洁公司的人才培养机制备受业界赞许。在培训方式方面，宝洁采用混合式培训，包括在职培训、课堂式培训、远程培训、网上培训等。在职培训是宝洁培训机制中最核心的部分，包括直接经理制、导师制等。

直接经理制即由明确指定的直接经理对下属进行一对一的引导、培养与帮助。宝洁会给每一位新员工安排一位直接经理进行工作指导，开展一对一的商业培训，培训的内容除了一般商业内容，还包括其他任何与工作有关的细节。

导师制则是采取以师带徒的形式，学员与导师通过双向选择确定师徒关系。导师会将自己的实战经验传授给学员，并且告知公司文化以及工作流程等，同时还为学员的工作和生活提供指导和建议。

资料来源：赵曙明，赵宜萱. 人员培训与开发：理论、方法、工具、实务（微课版）［M］. 2 版. 北京：人民邮电出版社，2019.

（3）行动学习。行动学习（action learning）是英国学术教授雷金纳德·雷文斯（Reginald Revans）于 1982 年开创的一种解决实际问题的方法。由于行动学习已被证明在培养一些个人领导力和团队解决问题的能力方面非常有效，因此它被广泛用作企业和组织领导力发展计划的一个组成部分。

行动学习在一个专门以学习为目标的背景环境中开展，以组织面临的重要问题为载体，引导学员对实际工作中的问题、任务、项目等进行处理，从而达到开发人力资源和发展组织的目的。行动学习对于企业管理者的基本概念就是：经理人获得管理经验的最好方法是通过实际的团队项目操作而非通过传统的课堂教学。行动学习总结起来有如下特点：以实践活动为重点；以学习团队为单位；以真实项目为对象；以角色分工为手段；以团队决断为要求。

行动学习框架见图 7-8。

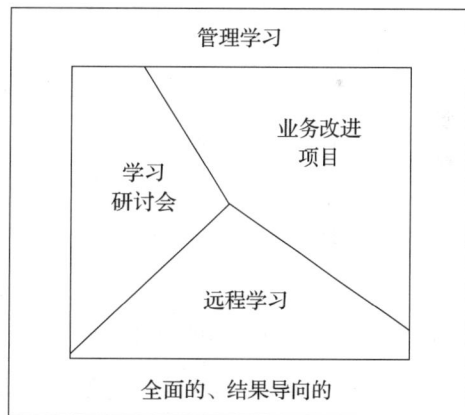

图 7-8　行动学习框架

⊙ HR 实例

GE 的 LIG 行动学习项目

21 世纪伊始，美国通用电气公司（GE）的经营环境发生巨大改变，GE 的新任 CEO 杰夫·伊梅尔特意识到，未来市场将趋向全球化，创新将成为业绩增长的重要驱动力，因此 GE 必

须改革以适应新的市场环境，实现自我持续增长的目标。伊梅尔特认为 GE 应当扩大现有业务并推动新业务以促进公司的发展。为此，GE 高层管理者经过研究和讨论后共同设计了"领导力、创新、增长"项目，即 LIG 行动学习项目，以满足业务发展的需要。

LIG 项目紧紧围绕 GE 各个事业部的业务来开展，每期 LIG 项目 GE 都会安排部分事业部参加，并且要求该事业部所有管理团队必须全程参加。每期 LIG 项目内容包括课前准备、上课及研讨和课后行动三部分。

（1）课前准备。在专家的帮助下，每个团队在 LIG 项目开始之前必须完成三项任务：制定"增长计划书"；接受 360 度绩效评估并分析团队的成长特质；评估团队营造创新环境的成败。

（2）上课及研讨。学员需要参加四天的学习和研讨。授课形式主要包括外部专家授课、内部高层经理人演讲和内部案例分享等。该项目利用大概 20 小时开展每门课程的分组研讨，主要由学员分享上课心得体会（包括对所属事业部和个人的启发等）。课程和研讨的最后，每个团队需要向伊梅尔特汇报团队研讨成果，包括所属事业部的增长愿景、未来的变革计划等。

（3）课后行动。项目结束后，团队成员必须进行回顾，以书面的形式（"承诺书"）将学习和研讨情况向伊梅尔特汇报，并按照承诺推进变革计划。一年后，事业部团队成员需再次向伊梅尔特进行专题汇报。

通过实施 LIG 项目，参与人员在实践中学习与成长，改进了领导方式，优化了事业部的结构、流程和资源配置等，从而帮助 GE 克服了难关，实现了既定增长目标。

资料来源：石鑫. 行动学习实战指南［M］. 北京：清华大学出版社，2019.

（4）碎片化学习。通过对学习内容进行分割，使学员对学习内容进行碎片化的学习，这样的学习方式称为碎片化学习。在企业内，它可以以正式或非正式学习的方式推送给学员。碎片化学习在当今快节奏生活时代发挥着举足轻重的作用，具有以下几个特点：①灵活度高，即在分割学习内容后，每个碎片的学习时间变得更可控，提高了学员掌握学习时间的灵活度；②针对性高，即在分割学习内容后，学员可重点学习对自己更有帮助或启发的那部分内容；③吸收率高，即在分割学习内容后，由于单个碎片内容的学习时间较短，保障了学习兴趣，在学习成效上对于知识的吸收率会有所提升。

7.2.4　培训成果的转化

评价成果的转化是整个培训管理流程中最重要的步骤，也是许多培训项目忽视的步骤。培训成果的转化是指将在培训中所学到的知识、技能和行为应用到实际工作中的过程。它就是把培训的成果转移到工作实践中去。工作效率的提高和培训目标息息相关，因此，正确评价成果的转化是最终衡量一次培训是否有效果的关键。评价成果的转化要注意以下几点：

- 要取得其他职能部门的支持。
- 评价工具要有效性高。
- 评价内容要具有可测量性，如销量、产品合格率、出勤率等。

- 要有时间性，有的培训成果立竿见影，有的培训成果要在一段时间后才能见效，有的培训成果过了一段时间后会失效。
- 要真实，即使有的培训成果无转化也要真实反映，这样才能吸取教训，以利于以后改进。

如图 7-9 所示，培训成果的转化受转化气氛、管理者的支持、同事的支持、运用所学技能的机会、技术支持以及自我管理能力等因素的影响。

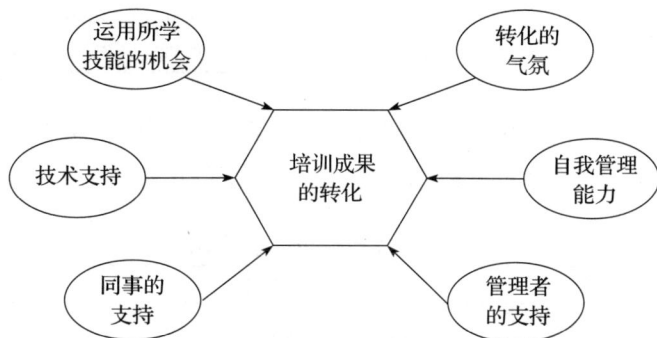

图 7-9　培训成果转化模型图

7.2.5　培训效果评估与反馈

1.培训效果评估

培训评估是所有培训工作的难点。培训能否获得成功，需要在培训结束后，对培训进行评估。培训评估是对整个培训工作的评价，目的是形成较为公正和客观的人事决策，为人力资源规划提供依据，并指导晋升、岗位轮换及解聘等决策。它不仅能让员工了解到培训的效果，还能让组织对所制订的计划及时调整和完善，推广和普及一些好的培训方法。培训效果评估一般包括两个方面：一是对培训对象在培训前和培训后的评估，二是对培训本身的评估。

美国著名学者柯克帕特里克（D. L. Kirkpatrick）教授提出了四层次框架体系，并认为培训效果测定可分为四个层次。

第一层次是评价受训者对培训项目的反应。了解受训者是否感到培训项目有好处，包括受训者对培训科目、培训教师和自己收获的感觉。若受训者对所学内容不感兴趣就不会认真学习，培训效果也不会好。

第二层次是评价受训者对所学内容的掌握程度。若受训者未掌握培训内容，则培训无法发挥作用。

第三层次是评价受训者在参加培训后，与工作相关的行为发生了哪些变化。如果受训者把学到的知识运用于工作中，提出更多的合理化建议，改革了工作方法且工作效率明显提高，说明培训是有效的。

第四层次是评价有多少与成本有关的行为后果。通过评价组织绩效提高程度，测评培训的影响力。其中，对反应和学习效果的评价主要来自受训者的主观感受，所以称为内部标准；而对行为和培训后果的评价则主要依赖客观结果，所以称为外部标准。柯克帕特里克提出了四层次评价标准，见表7-7。

表7-7　柯克帕特里克的四层次评价标准框架

层次	标准	评价重点
1	反应	受训者的满意程度
2	学习	知识、技能、态度、行为方式方面的收获
3	行为	工作中行为的改进
4	结果	受训者获得的经营业绩

在柯氏评估模型中，四个层次的培训评估在侧重点、评估方法、评估时间和评估责任人等方面皆有不同。培训评估层次与方法的比较，见表7-8。

表7-8　培训效果评估方法

层次	评估侧重点	评估方法	评估时间	评估负责人
反应评估	衡量学员对具体培训课程、讲师与培训组织的满意度	问卷调查、面谈观察、综合座谈	课程结束时	培训单位
学习评估	衡量学员对培训内容、技巧、概念的吸收与掌握程度	提问法、笔试法、口试法、模拟练习与演示、角色扮演、演讲、心得报告与文章发表	课程进行时课程结束时	培训单位
行为评估	衡量学员在培训后的行为改变是否因培训所致	问卷调查、行为观察、访谈法、绩效评估、管理能力评鉴、任务项目法、360度评估	三个月或半年后	直接主管
结果评估	衡量培训给公司的业绩带来的影响	个人与组织绩效指标、生产率、缺勤率、离职率、成本－收益分析、组织气候；客户与市场调查；360度满意度调查	半年、一年后	单位主管

资料来源：任康磊. 培训管理实操 [M]. 北京：人民邮电出版社，2019.

⊙ HR 实例

麦当劳的员工培训：四个层次的评估

麦当劳的培训效果评估主要有四个层次：反应、知识、行为和绩效。第一，"反应"是指在上课结束后，大家对于课程的反馈是什么。评估表是收集反应的一种评估工具，可以通过大家的反应来合理调整课程以满足学员的需求。第二，在"知识"方面，麦当劳在培训课程之前会设置入学考试，培训期间也会设置相应的测试，目的是检验学员的知识保留程度，了解培训的内容是否符合组织要求和学员需求。除此之外，麦当劳非常重视学员的课程参与，并将学员的参与度量化为一个评估标准。这是因为当学员和大家互动分享时，培训师可以了解学员的知识程度和潜在需求，相应地调整课程内容以改善培训效果。第三，在"行为"方面，麦当劳希望学员能够利用培训课程中的知识改变工作行为以达到更好的绩效。在培训课程之前，培训学院和学员的直属主管会对学员的职位表现进行评估，经过三个月的培训后再做一次评估，通过比较职能行为前后的改变来衡量培训的效果。第四，在"绩效"方面，课后行动计划的执行成果和绩效存在关联。每次课后，培训学院要求学生必须设定行动计划并严格执行，由直属主管评估员工的执行结果，以确保培训与绩效相结合。

资料来源：HR 案例网. 麦当劳独特和强大的培训体系［EB/OL］.（2016-11-22）［2021-01-15］. http://www.hrsee.com/?id=291.

2. 培训评估方法

培训效果测评量化是一项十分复杂的工作。投资回报率是一个重要的培训成果量化指标。成本 – 收益分析是常用的方法，即通过财务会计方法决定培训项目的经济收益。确定培训的经济收益就是要确定培训的成本和收益。

（1）确定成本。培训成本包括直接成本与间接成本。

（2）确定收益。有许多方法可以确定收益：运用技术、研究及实践证实与特定培训计划有关的收益；在公司大规模投入资源前，通过实验性培训评价一部分受训者所获得的收益；通过对成功的工作者的观察，确定其与不成功工作者绩效的差别。

除了成本 – 收益分析外还有其他方法，如效用分析法，即根据受训者与未受培训者之间的工作绩效差异、受训者人数、培训项目对绩效影响的时间段，以及未受培训者绩效的变化来确定培训的价值。

3. 培训效果反馈

培训效果反馈也是培训管理流程中必不可少的一部分，通过受训者填写反馈问卷，可以了解到受训者在整个培训过程中的感受，帮助培训师通过意见反馈及时更新和优化培训方式以及培训内容。同时培训效果反馈也是一种事后控制，通过培训结果产生的效果反馈能直观地看出培训的实际效果，也能根据培训的结果总结培训中存在的各种问题，帮助企业取长补短，提高培训效果。

7.3　培训管理体系的设计

7.3.1　培训管理概述

培训管理是企业为了更有效地实施培训而对培训活动开展的规划、组织、实施、评估、改进等一系列管理活动。培训管理是人力资源管理体系中非常重要的一环，培训管理的质量直接影响到培训实施的效果。企业的培训管理工作应当遵循"为什么做""怎么做""做什么"这样从核心出发向外延伸的思维，并且以此作为培训管理的工作逻辑和原则。培训管理工作的原则，见图 7-10。

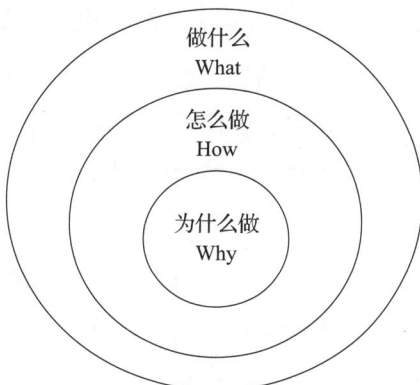

图 7-10　企业培训管理工作的原则

为保障企业培训工作的顺利开展，需要建立完善的培训管理体系，培训管理体系建设的总目标是以培训工作为依托促进企业的可持续发展。

7.3.2 培训管理体系设计的原则

一个良好的培训管理体系需要具备整体协调性、简单性等特点，要能够被企业内部通俗化地理解和接受。培训管理体系不仅仅是单纯追求宏大的目标，更是要追求资源配置的效率和均衡性，做到可落地、有效果。搭建完善的培训管理体系需要遵循以下几个原则。

1. 战略性原则

完善的培训管理体系是服务于组织战略发展的，需要拥有长期的目标和系统的规划，并形成持续运转的体系和制度。在培训管理中，除解决组织目前经营中需要解决的问题之外，更要有战略意识。

2. 针对性原则

培训管理体系中的培训要做到有目的性、有针对性，培训的内容要与组织的实际情况相结合。

3. 计划性原则

在开展培训工作之前，需要根据培训需求制订培训计划，保障培训工作的顺利有序开展。在制订培训计划时，要注意避免盲目性，根据培训的目的以及想要达到的培训效果形成具体的培训规划与方案，保障培训管理工作的循序渐进。

4. 有效性原则

培训管理工作不是走过场，而是解决实际问题、保障企业和员工快速发展，因此必须保障培训结果的有效性。在培训结束之后及时做盘点总结，对培训效果进行评估，以保障培训落到实处并为下一阶段的培训工作提供经验。

7.3.3 培训管理体系设计的四大平台

培训管理体系设计的内容依托于四大平台，见图 7-11，它们分别包括基础平台建设、管控平台建设、支撑平台建设、学习平台建设。四大平台共同组成了培训管理体系建设的总体格局。

1. 基础平台

基础平台是培训管理体系设计的根基，也是培训工作遵循的标准。培训工作的开展是在基础平台健全的基础上完成的。基础平台包括对相关岗位的分析，根据岗位职能、市场认知等情况规范岗位，并按照能力与职责相近的原则划分岗位。根据工作分析确定企业岗位基本技能要求，再进一步确定规范的行为标准。

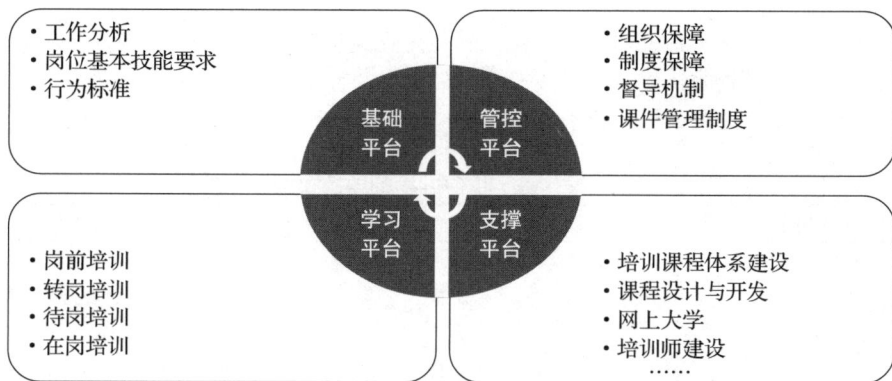

图 7-11　培训管理体系的四大平台

（1）工作分析。工作分析是指系统、全面地确认工作整体，以便为管理活动提供各种有关工作方面的信息所进行的一系列的工作信息收集、分析和综合的过程。职位说明书是对企业岗位的任职条件、岗位目的、指挥关系、沟通关系、职责范围、负责程度和考核评价内容给予的定义性说明。职位说明书主要包括两个部分：一是职位描述，包括职位设置的目的、基本职责、组织图、业绩标准、工作权限等内容；二是职位的任职资格要求，包括该职位的行为标准，胜任职位所需的知识、技能、能力、个性特征，以及对人员的培训需求等内容。

（2）能力素质模型。通常，能力素质模型包括三类能力：通用能力、可转移的能力、独特的能力。通用能力是指适用于公司全体员工的工作胜任能力，它是公司企业文化的表现，是公司内对员工行为的要求，体现公司公认的行为方式；可转移的能力是指在企业内多个角色都需要的技巧和能力，但重要程度和精通程度有所不同；独特的能力指某个特定角色和工作所需要的特殊的技能，通常情况下，独特的能力大多是针对岗位来设定的。

麦克利兰把能力素质划分为五个层次：知识（knowledge）、技能（skill）、自我概念（self-concept）、特质（traits）、动机（motives）。麦克利兰认为，可以把人的能力素质形象地描述为漂浮在海面上的冰山（冰山理论）。知识和技能属于海平面以上的浅层次的部分，而自我概念、特质、动机属于潜伏在海平面以下的深层次的部分。研究表明，真正能够把优秀人员与一般人员区分开的是深层次的部分。因此，麦克利兰把不能区分优秀者与一般者的知识与技能部分称为基准性素质（threshold competencies），也就是从事某项工作起码应该具备的素质；而把能区分优秀者与一般者的自我概念、特质、动机称为鉴别性素质。

⊙ HR 实例

阿里巴巴：独具特色的职能说明

在互联网企业中，阿里巴巴的能力素质模型独具特色，该模型不仅体现为能力维度，而且体现为职责的维度，即能力的产出，并精选独特的角色类型以诠释各个不同的职责类型。为了体现不同职责类型的价值创造，阿里巴巴设计了8种不同的武侠风角色组合，这些角色之间互相分工、互相协作，共同筑就阿里巴巴的能力素质模型（见表7-9）。

表7-9　基于价值创造的角色模型

工作角色	武侠角色	职责内容
顾问	谋士	熟悉业务、富有经验、足智多谋
教练	太傅	乐于解惑、传道授业、善于指导
规划者	将军	描绘愿景、制定目标、寻找方案
团队建设者	吏书	知人善用、构建团队、敢于担当
信息分析者	机要	抓取信息、善于推理、产出分析
协调者	使者	了解客户、发挥影响、构建关系
执行者	勇士	制订计划、产出方案、创造结果
团队贡献者	学士	自我驱动、善于沟通、注重协作

工作的完成一般需要多个角色的相互协作，因此每个角色的层级都要有所区分，以体现能力的进阶。阿里巴巴将每个角色的能力进阶分为初、中、高三级并进行了描述（见表7-10）。

表7-10　角色能力进阶表

角色	角色层级的关键描述		
	初级	中级	高级
顾问（谋士）	逻辑清晰、善于明辨、依赖经验	抓住本质、选择最优、提出见解	诊断业务、追求创新、解决难题
规划者（将军）	制定目标、分配资源、寻找途径	预见风险、善于把控、做出决策	取舍有道、善抓机遇、把控全局
信息分析者（机要）	情报搜索、善于推导、重视细节	逻辑缜密、明辨关系、信息多源	去伪存真、挖掘情报、归纳总结
执行者（勇士）	高效执行、保质保量、谋求改进	随机应变、勤于调整、质量监控	严格要求、规定任务、最优途径
教练（太傅）	解惑	授业	传道
团队建设者（吏书）	表里如一、富有担当、公平分配	公允正直、识人用人、化解冲突	建立梯队、勇于担当、乐于授权
协调者（使者）	理解客户、识别情感、建立关系	换位思考、服务周到、收获支持	挖掘需求、拓展人脉、建立信任
团队贡献者（学士）	文思敏捷、欣赏他人、追求完善	乐于助人、倾听诉求、宽以待人	深度沟通、倡导多元、超越自我

资料来源：胡劲松. HR人力资源实战整体解决方案：精彩案例全复盘［M］. 北京：中国法制出版社，2018.

2. 管控平台

管控平台是培训管理体系建设的保障，通过组织、制度和对培训师的管理等方面的管控，保障培训管理体系的有效性和可依据性。

（1）制度保障。为了对企业培训工作进行有效的管理，必须先从制度和法律两个方面规范企业的培训管理。从管理角度，对企业培训管理制定相应的制度和实施办法，使企业培训工作有制度可依、有制度保障。培训制度主要包括：培训服务制度、培训的考核制度和培训的激励制度。

（2）培训师管理。企业培训师包括内部培训师和外部培训师。内部培训师的职业发展路线见图 7-12。

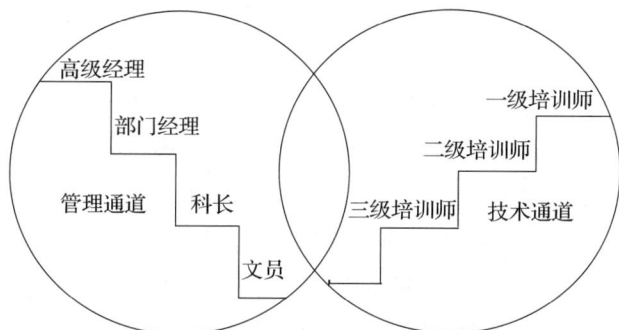

图 7-12 内部培训师职业发展路线

由于企业在某方面的信息或能力可能存在欠缺，因此需要外部培训师补足。选拔外部培训师要注意如下几点。

1）外部培训师需要具备培训课程的开发能力、培训项目开发及授课的经验。同时，企业还要看培训师擅长的培训主题、内容、风格是否适合自己的企业。

2）在引进外部培训师之前，培训管理者应当试听一下课程。同时，企业应当让外部培训师提供曾经服务过的客户的反馈信息。

3）在外部培训师提供资料后，培训管理者还应考察了解培训师的背景和口碑以保障培训师的质量。

⊙ **HR 实例**

美的集团内部讲师管理制度

美的集团拥有成熟的培训体系和培训讲师制度。美的人力资源部是内部讲师的归口管理部门，负责讲师的评聘及相关管理工作。美的对讲师的工作职责具有明确的规定，如根据事业部人力资源部的安排，开展相关内训课程；参与事业部年度培训效果工作总结，对培训方法、课程内容等提出改进建议；协助事业部培训主管完善事业部培训体系等。美的培训讲师分为储备讲师和正式讲师两类，讲师除可以获得授课薪酬之外，还能获得"讲师培训"（委外或外派）机会。正式讲师等级资格证由人力资源部审核颁发，最终交由总经理审批。讲师评选的条件也是有明确规定的，如必须在某一岗位专业技能上有丰富的理论知识和实际工作经验等。

美的内部讲师评聘程序具有公开透明的特点，美的讲师必须经过层层选拔才能获得聘用资格。讲师的年终考核由人力资源部综合评定。对于考核结果不合格或受到学员两次以上重大投诉的讲师，事业部将取消其讲师资格。讲师由于正常工作或个人原因，不能按原定计划授课时，应及时通知培训组织部门。每年事业部都会根据考核结果评选优秀讲师，并给予物质奖励和精神奖励。

资料来源：《美的集团员工培训管理制度》。

3. 支撑平台

支撑平台是培训管理体系建设的支柱，是企业内部为培训策略和制度能有效实施所提供的可调配或可以使用的资源。支撑平台包括培训课程体系建设、培训师建设、知识库（知识体系）建设等。

（1）课程体系建设。培训课程是承接培训讲师的观念、知识、技能等信息的载体。当企业有了开发出来的培训课程作为积累之后，就可以形成企业的培训课程体系。培训课程体系是企业战略目标和能力体系的课程化表现。企业可以在培训需求调查的基础上，以企业战略、经营目标为指引，根据各个岗位族群、序列、角色、职级以及各个岗位的能力素质模型，结合业务流程，有效建立培训课程体系。

（2）培训师建设。培训讲师是最稀缺、最核心的培训资源，是培训管理体系中最重要的资源。讲师资源的质量决定整个培训管理体系中资源层面的质量。

（3）知识库（知识体系）建设。培训管理中的资料库是宏观的、与培训相关的所有资料的存放处。在知识管理做得好的企业中，资料库是能够与企业的知识管理体系结合在一起的。所有在企业日常运营中或者在培训管理过程中产生的对企业经营管理的流程、方法起作用的管理思路的雏形或者资料完善之后的形态，都可以保存在培训资料库中。

培训管理者持续了解企业的变化情况并持续进行资料库管理后，资料库将演化成企业的知识库。升级为知识库的培训资料库是能够为企业的绩效提供较大支持的，因为在知识库中可能存在大量影响员工能力或者绩效的重要信息。但是知识库并不是每个企业都能做到或者都需要做到的，培训管理知识库的建设需要一定的管理成本。

◎ HR 视野
基于能力模型的培训课程体系规划

首先，培训部门通过工作分析，合并工作职责相近的岗位，划定职位类型，降低课程库的冗余性以及培训课程体系规划的复杂度。在划分职业类型后，培训部门需要统计各职位类型的岗位数以及相应编制，同时根据岗位说明等，确定企业培训投入的重点。

其次，培训部门需要基于能力建模，通过行为事件访谈等方法尝试建立能力模型以规划培训课程体系。所建立的能力模型应尽量选取那些可被衡量或可通过员工工作绩效、行为予以观察的，为培训效果评估做好充足准备。所识别出的能力划分为专业技能类与管理类。此外，由于同一职位族间不同职级的岗位所要求的能力等级不同，因此又将能力划分为高级、中级以及初级三个级别。

再次，培训部门完成建模任务后，可以开展课程设计工作。设计工作包括课程获取、课程分类以及课程分级三个步骤。课程获取包括内部开发和外部渠道购买等，课程形式包括面授课程、在线学习课程和内部研讨等。课程获取后，应基于能力模型对课程进行分类与分级，形成专业技能类课程以及管理培训类课程。

最后，培训部门应建立较为系统的培训课程体系，包含不同类别、不同等级的学习课程，为后期培训活动和课程体系的不断完善提供良好的基础。

资料来源：白睿. 培训管理全流程实战方案［M］. 北京：中国法制出版社，2019.

4. 学习平台

学习平台是培训管理体系建设的最终实践，也是培训管理体系建设真正落实到企业员工发展和企业战略发展实处的一大平台。在学习平台，员工可以真正投入到培训过程中，组织也能通过学习平台帮助企业员工的发展成长并助力企业的长远发展。

（1）企业大学。近几十年来，为建立以人为核心的企业竞争力，成立企业大学成为企业应对全球经济变革的重要手段。企业大学作为应对全球经济变革挑战的新兴产物，已经在全球范围内获得发展，成为一种不可逆转的趋势，受到越来越多的关注和重视。企业大学又称公司大学，是指由企业出资，以企业高级管理人员、一流的商学院教授及专业培训师为师资，通过实战模拟、案例研讨、互动教学等实效性教育手段，以培养企业内部中高级管理人才和企业供销合作者为目的，满足人们终身学习需要的一种新型教育、培训体系。

企业大学可以分为内向型企业大学和开放型企业大学。内向型企业大学主要是为构筑企业全员培训体系而设计的，它的学员主要由企业全体员工构成，并不对外开放，如麦当劳大学、GE 克劳顿学院。开放型企业大学的培训对象不仅包括企业内部的员工和经理，还包括公司外部的利益相关者，如供应商和客户等，甚至还面向整个社会，以提升企业形象或实现经济效益，如爱立信学院、惠普商学院等。

企业大学中的师资通常有两个来源：一是内部来源，包括企业高层管理者及一线经理人、内部专家和业务骨干等。这些人一般都在企业任职多年，并在长期的工作实践中积累了丰富的业务经验和个人管理心得，在授课过程中，他们可以第一时间将这些宝贵的经验、个案与学员直接交流，使学员获得传统高等学校鲜有的"第一手"资料与"实战"借鉴。二是外部来源，主要是由高校的著名教师、行业专家和社会技能能手等组成的师资团队。

⊙ HR 实例

华为大学如何成为培养将军的摇篮

华为大学以推动华为的战略实施为根本使命，帮助中国企业共同提升管理能力，成为国际先进管理理念和实践的交流平台。华为的培训体系包括新员工培训以及各种职能的专业培训。华为要求每一位员工根据岗位职责需要接受相应的培训课程，获得相应的资格认证。但这些培训活动并非都由华为大学实施，华为的各大业务单元都有专属培训部门，负责各自领域的专业培训和业务认证。目前华为大学的业务重点聚焦在三方面：传承公司文化、提升业务能力和进行知识管理。围绕这三个业务重点，华为大学基于传承核心价值观的原则培养人才的管理能力、专业能力和项目管理能力。专业能力要求员工具备相应的谈判技巧、沟通能力等，而项目管理能力则要求员工在自我发展、业务管理能力以及人际技能这三方面不断提升。

总体而言，华为大学具备五大特点。第一，华为大学实行选拔制而非培养制。华为大学的培训学员由各业务部门选拔，这对于员工而言是肯定和奖誉。第二，华为大学坚持邀请最优秀的员工担任兼职讲师，以期"最优秀培养更优秀"的效果。第三，华为大学坚持培训与实战经验相结合，学员除了完成课程任务还需要参加相应的项目实践，以提高培训的效果。第四，华为大学坚持建设网络培训平台，保证培训教育覆盖华为的全球网络，使得本地员工、客户以及海外的每一个办事处或办公地的员工都有机会实时上网学习，而不受限于地点因素。第五，华为大学坚持有偿服务、收支平衡。华为大学最大的特点是自负盈亏，它是一个服务业务组（service business group，SBG），与业务部门形成培训的供应与需求关系。公司对华为大学的评价与对业务的要求是一致的，即培训业务收入是否增长、业务部门是否愿意花钱将员工送往华为大学培养等。公司旨在通过无依赖的压力传递来激活华为大学，提高和优化培训质量及效果。

资料来源：胡劲松. 名企人力资源最佳管理案例：老胡说标杆 [M]. 北京：中国法制出版社，2017.

（2）学习型组织。1990 年，麻省理工学院教授彼得·圣吉在《第五项修炼：学习型组织的艺术和实务》一书中将学习型组织这个概念引入商业世界后，掀起了创建学习型组织的热潮。它提供了一套使传统企业转变成学习型企业的方法，使企业通过学习提升整体运作"群体智力"和持续的创新能力，成为不断创造未来的组织。

彼得·圣吉提出了建设学习型组织的五项修炼：建立愿景、团队学习、改变心智、自我超越、系统思考。企业如果能够顺利导入学习型组织，变个体学习为团队学习，甚至组织学习，这样的培训不仅能达至更高的组织绩效，更能带动组织的生命力。

学习型组织的关键特征见表 7-11。

表 7-11　学习型组织的关键特征

特征	具体描述
持续学习	员工共享学习成果并把工作作为知识应用和创造的基础
知识创造与共享	开发创造、获取和共享知识的系统
严格的系统化思维	鼓励员工用新的方式思考，找出联系和反馈渠道，并验证假设
学习文化	公司的管理人员和公司有明确的目标对学习进行奖励、促进和支持
鼓励灵活性和实践性	员工可以自由承担风险，不断革新，开创新思路，尝试新过程，并开发新产品和服务
珍视员工的价值	系统和环境注重对每一位员工的培训开发和福利

资料来源：诺伊，等. 雇员培训和开发 [M]. 北京：中国人民大学出版社，2007.

⊙ HR 实例

海底捞：学习型组织的创建

技术含量低、劳动密集型的火锅餐饮业竞争愈加激烈，而海底捞火锅店不仅在趋于饱和的餐饮市场中突出重围，还成了哈佛商学院的经典分析案例。"以人为本"的战略人力资源管理和"变态"的差异化服务让海底捞在趋于标准化和均一化服务的快餐化潮流中特立独行，而这种堪称"变态"的差异化服务则是其企业内部学习型组织不断学习和总结的结果。海底捞通过全方位、高水平的人力资源管理措施，保障了其内部的学习型组织的建立和高效运转。同时，学习型组织的高效运行促成了海底捞一系列差异化服务，具体表现如下。

（1）通过完善晋升机制、设立奖励为主惩罚为辅的奖惩机制激励员工努力提升自我价值、建立个人愿景，并把员工个人愿景整合成组织的共同愿景，打造良好的企业文化。

（2）高福利、公平、自主的从业环境，改变了员工的心智模式，使得员工从原有的自卑心理中解放出来，扩展了员工的思维模式，重新激发了员工的学习兴趣，让他们认识到自身的潜质，渴望实现自我超越。

（3）在团队学习方面，为解决学习过程中容易产生的冲突和习惯性防卫，海底捞会向员工重点强调以下三方面：对复杂问题要有深入的思考和明晰的理解；需要树立创新意识并协调合作；团队成员能够对其他团队起作用。

（4）实行"师徒制"的特殊培训机制。海底捞会为每位新员工指定一位师傅对其进行培训，在这种"师徒制"模式下，员工能够在真实环境中感受和体会到海底捞的工作氛围和企业文化，学会自主学习，学会主动服务。

（5）鼓励创新的氛围，促使基层员工运用自己的智慧，针对不同的客人提供差异化的个性服务，并在企业内部分享个人的想法，进而提升企业竞争力。

（6）企业提供良好的物质、精神条件，提高了员工的忠诚度，企业内部的离职率低于行业平均水平。员工时刻把企业的良好发展当作自己的一份责任和义务，个人也在学习型组织中通过学习和交流实现了自我提升，从而创造了海底捞独树一帜的"变态"差异性服务，使海底捞在趋于标准化服务的潮流中逆流而上，成为行业内最具有竞争力企业。

资料来源：张诗文，张双. 论学习型组织理论在企业管理中的运用：以海底捞为例 [J]. 西部皮革，2018，40（12）：30.

（3）员工发展中心。为保障员工在企业中的成长与发展，不少企业开设了员工发展中心，旨在帮助企业员工更好地学习、提升、发展，促进企业的战略发展与员工自身能力、素质发展的双赢，也有不少企业的举措很具有代表性和学习价值。

⊙ HR 实例

CVTE 的"黄埔军校"

广州视源电子科技股份有限公司（CVTE）在快速扩张阶段曾面临一系列人才问题：在业务层面上，人才成长无法跟上业务发展的需要，导致部分员工能力与业务需求的脱节；在管理层面上，当时的管理型人才无法高效地聚合人才并发挥最大效能；在人才建设层面上，新入职和在职员工培养体系尚未系统化，导致已有的经验难以进行高效传承。因此，人才培养成为阻碍企业转型发展的战略性问题。为解决企业发展过程中的人才问题，CVTE 成立了企业培训中心，并于2016 年全面升级成为人才发展中心。

人才发展中心对于 CVTE 的多业务发展至关重要。CVTE 的人才培养面向公司全员，涵盖了新人和业务骨干等各个群体，成为他们储备知识和经验、实现自我发展的"加速器"，进而为扩张发展中的 CVTE 输送了大量的优秀人才。因此，业界将人才发展中心称为 CVTE 企业内部的"黄埔军校"。CVTE 的人才发展中心不仅输出培训知识和经验，而且还通过平台运营和平台特色项目，围绕组织发展、领导力、职业技能这三部分，让员工在企业中实现自我价值提升。CVTE的人才发展中心培训项目主要有六个特点：培训差异化、内容综合化、成长路径化、课程设计精细化、教学分享化以及评估数据化。

CVTE 人才发展中心为员工提供多样化的培训形式、明确的晋升通道和施展能力的平台空间等，让员工能有机会、有资源、有动力地进行自身的提升，使员工由被动学习转向主动学习，促进了企业人才的全面良性增长。在竞争日益激烈的商业环境中，CVTE 人才发展中心营造一种积极向上、乐于分享的企业氛围，为 CVTE 和员工的不断发展提供持续动力。

资料来源：走进 CVTE（视源股份）人才发展中心，揭秘人才培养体系［EB/OL］.（2017-04-18）[2021-01-15].
https://news.qudong.com/article/405785.shtml.

7.4　培训管理中的法律风险

企业为了提高自身效益，增强市场竞争能力，往往对员工进行各类技术、技能培训，使其符合岗位要求。对员工进行培训，既是管理问题，也隐藏着不少法律问题，如培训的范围包括哪些，培训费用包括哪些，培训费用与服务期限有何种关联性，脱产培训期间员工的工资福利如何约定，员工在什么情况下解除服务协议需要支付违约金，违约金如何计算等。培训管理中的法律风险值得额外关注。

7.4.1　企业员工培训中的风险

1. 企业培训的风险

（1）内在风险。在培训过程中，主要存在三类成本：直接成本、机会成本和沉没成本。如果培训没有达到预期效果，那么企业至少遭受三方面的损失。同时，企业在实施员工培训的过程中，若缺乏对培训进行科学规划和有效的管理，也会导致培训跟企业的生产经营脱节，没有达到理想的预期目的。

（2）外在风险。一是企业人才流失的风险。员工在接受培训后，自身能力得以提高，随之对个人价值的追求也逐渐提升，因此产生更换工作环境、提高工作待遇的念头。二是企业专有技术外泄的风险。企业在生产经营过程中，都会产生并拥有自己的专有技术甚至是专利技术，这是企业在市场中生存并得以发展壮大的基本条件和根本保证。

2. 培训风险的防范应对策略

（1）转变培训理念，强化风险意识。转变培训理念，要正视员工培训投资所产生的风险，认识到其客观存在，并充分认识到有效的员工培训与开发会极大地增加企业的人力资源价值，提高企业的经济效益和市场竞争力。同时，培训具有不可确定性和不可控性，企业管理者要树立正确的风险投资意识和明确清晰的培训理念，大可不必因噎废食。

（2）规范培训流程，进行培训需求分析。科学合理的培训需求分析是培训有效性的基础，需求分析不准确或者不到位会严重影响培训效果。需要选择合适的人对需要培训的组织开展培训需求分析并选择科学的培训需求分析方法，力求做到需求分析结果的客观和准确。同时，企业要根据发展战略和培训需求制订培训计划，根据培训目标和计划，按照轻重缓急配以相应的人财物等资源，保证培训计划的贯彻落实。最后，企业还应做好培训计划实施过程的管理。

（3）合理利用法律手段。培训员工流失风险的存在，要求企业在培训中能够运用法律手段保护企业的权益，降低培训风险。

7.4.2 培训管理中的法律风险规避

企业要想规避员工培训管理所带来的风险，需要注意两点：一是需要掌握两个金刚钻；二是依法签订培训协议。

1. 两个金刚钻

（1）设定服务期。设定服务期要注意企业和员工一定是建立在劳动关系的基础上的。如果不存在劳动关系，无论提供了何种培训，都不能设定服务期。合同期是只要签订了劳动合同就必须设定合同期，而培训服务期则是需要满足一定的法律规定的情形后方可设定服务期。《劳动合同法》第二十二条规定，"用人单位为劳动者提供专项培训费用，对其进行专业技术培训的，可以与该劳动者订立协议，约定服务期"，只有提供了专项培训才可约定服务期。

培训服务期的期限，主要通过企业和员工双方的协商来设定，通常是按培训结束后开始计算的。为了防止员工在培训结束前提出离职，应该在培训期限的约定（培训协议的条款）中注明"如果出现培训结束前员工提出离职等变故，员工需要承担相应的违约责任"。

（2）违约金。可以计入违约赔偿范围的包括：培训费、差旅费，以及其他与培训直接有关的费用，如食宿费。不可以计入违约赔偿范围的包括：培训期间的工资、社保费用、培训补贴等。违约金的数额，按照可以计入违约赔偿范围内容的费用总和来设定，不能超过这个总和。违约金支付的情形：服务期内员工提出离职或企业因员工的过错提出解除劳动合同。无须支付违约金的情形：用人单位有违法行为；员工处于试用期间的；遇到劳动合同变更时，用人单位降低工资的；用人单位单方放弃服务期，不需要员工继续执行服务期的。

2. 依法签订培训协议

签订培训协议之前，HR 应该抱以"招聘"的态度选好人，也就是选好合适的人为其提供培训。选好人的工具就是"冰山模型"，不只要考察其外在的显性特征，更要考察评价员工内在的隐性特征，然后内外综合起来才能称之为员工的素质特征。

关于培训协议的内容方面，需要注意的是，即便是从网上下载的其他企业培训协议的模板，也需要根据企业的实际情况进行修改后使用。修改时主要从如下几方面入手：

- 对于培训的情况要进行介绍，包括培训的目的、要求、内容、时间、地点等。
- 培训费用的标准要明确。
- 服务期的设定要明确。
- 培训期间的待遇要明确。
- 培训期间企业和员工双方的权利义务要明确，如：要求员工定期书面汇报培训情况，并且培训后回到岗位进行转培训，以此提高培训的价值。
- 违约责任要明确。在培训协议的签订过程中，遵循《劳动合同法》的相关规定，禁止以各种名义要求员工提供担保。

7.4.3　解除劳动合同时的培训费用处理

根据《关于贯彻执行〈中华人民共和国劳动法〉若干问题的意见》和《企业职工培训规定》，职工培训问题作为劳动权利义务关系中的一项重要内容，应在劳动合同中予以约定并明确有关培训事宜及违约赔偿责任。劳动合同和培训合同的这些约定是处理有关培训争议的重要依据，但约定规定劳动者违约时应负担的培训费用和赔偿金的标准，不得违反有关政策法规的规定。根据上述规定及其他相关政策法规，对培训费赔偿问题具体应按以下原则处理。

（1）如果企业确实对职工出资培训并能提供相应的支付凭证，则可以要求职工赔偿培训费用。

（2）只有职工单方面提出与企业解除劳动关系时，企业才可以要求职工赔偿培训费。职工因违纪等重大过错而被企业要求解除劳动关系的，企业则有权要求其赔偿有关培训费用。

（3）劳动者在符合有关规定或劳动合同约定的情况下解除劳动关系时，企业不得要求其赔偿培训费。除非职工违反规定或约定解除劳动合同，并对用人单位造成损失的，用人单位可以要求劳动者赔偿培训费。在试用期内职工提出解除劳动关系，用人单位不得要求劳动者支付培训费用；在合同期内职工提出解除劳动关系，用人单位可以要求劳动者支付培训费用。

（4）关于具体如何赔偿的问题，可按培训合同执行；未签订培训合同的按劳动合同执行。但培训合同与劳动合同中对劳动者违约赔偿的约定，不得违反有关政策法规的约定，否则无效。因培训费赔偿问题而发生争议的，可由有关劳动争议处理机构进行处理。

（5）劳动者赔偿培训费的具体支付办法是：约定服务期的，按服务期等分出资金额，以职工已履行的服务期限递减支付；未约定服务期的，按劳动合同期等分出资金额，以职工已履行的服务期限递减支付。

⊙ **HR 实例**

岗前培训后违约，劳动者是否应赔偿培训费损失

张某是 A 航空技术服务公司（下称"A 公司"）的新员工，入职时，张某确认并签字《培训确认单》和 A 公司的规章制度。该确认单标明"作为湾流北京支付培训学员培训费的对价，培训学员须承诺自培训结束当天起为公司履行相应的服务年限，具体服务期限以及违约金支付应根据培训合同相关规定执行"。同时，A 公司的规章制度也对服务期及培训费赔偿做出了明确规定。但是张某和 A 公司未签订专门培训协议约定服务期及培训费赔偿。在这种情况下，张某参加 A 公司的岗前培训后违约离职，A 公司能否依照《培训确认单》的内容以及规章制度中关于服务期、培训费的规定要求张某赔偿培训费损失？对此纠纷，法院进行了裁决，具体内容如下。

根据《劳动合同法》第二十二条的规定，用人单位为劳动者提供专项的培训费用，并对其进行专业技术培训的，可与该劳动者签订协议，约定服务期。若劳动者违反服务期约定，应当按照约定向用人单位支付违约金。违约金数额不得超过用人单位提供的培训费用。同时用人单位要求劳动者支付的违约金不得超过服务期尚未履行部分所应分摊的培训费用。结合本案，A 公司为张某提供了专业技术培训，但双方未按照劳动合同的约定签订专门的培训协议，张某也正是以此为由主张双方不存在服务期及培训费赔偿的约定。但事实上，张某签字的《培训确认单》和 A 公司的规章制度中都对服务期及培训费赔偿做出了明确规定，故张某对参加培训后应履行相应的服务期是知情的。虽然双方未签订专门的培训协议，但 A 公司已然对服务期及培训费赔偿做出明确规定，而且张某也签字同意了，此时双方对服务期已达成一致意见，对违反服务期的后果有相应的预期。因此，基于诚实信用原则和公平原则，张某应当为其提前离职的行为承担赔偿责任。基于在实践中用人单位与劳动者约定服务期限的形式具有多样性特点，不应仅局限于《劳动合同法》第二十二条中所体现的"协议"形式，即使双方未签订相应的协议，若能证明劳动者对服务期限已知情，依据诚实信用原则，可以确认双方存在服务期限的约定。具体培训费用的损失，可以结合双方约定、劳动者的受益、用人单位支出等因素，依据公平原则做出认定。

资料来源：张锐. 劳动者服务期未满离职应赔偿培训费用 [J]. 法制与社会，2019（22）：51-52.

本章小结

企业的发展和员工发展是相辅相成的，也是相互依存的。员工发展与培训管理是实现企业与员工共同进步、共同成就的过程。

员工培训管理是企业的一项系统性的工程，包括培训需求及成本分析、培训目标和计划的制定、培训的实施、培训成果的转化，以及培训效果评估与反馈等流程。其中培训需求分析包括战略目标层面、组织发展层面、工作任务层面、员工素质层面等的分析。培训效果评估与反馈具有重要的作用。通过对培训效果的具体测定与量化，企业可以了解员工培训所产生的收益，从而对培训有更高的积极性与投入。

复习思考题

1. 人才盘点实施的步骤有哪些？
2. 培训管理体系设计的原则有哪些？
3. 如何对员工培训的需求进行评估？
4. 员工培训的方法有哪些？
5. 员工培训效果评估标准有哪些？
6. 新员工定向培训的方法有哪些？

普华永道的培训计划

普华永道会计师事务所（简称 PwC）是世界上顶级的会计师事务所之一，主要提供审计、税务及咨询服务。人才是 PwC 的核心。迄今为止，PwC 的员工人数超过 25 万人，遍布 100 多个国家和地区。PwC 的员工规模大且具有跨国性的特点，因此，人才的管理难度和培养成本较高。那么 PwC 如何培养众多高素质专业人才呢？PwC 主要通过公司专业培训中心发展专业人才。近年来，随着公司业务的发展，PwC 专业培训中心的规模日益扩大、环境不断改善、培训课程和形式逐渐多样化，这为人才培训提供了良好的条件。数据显示，PwC 每位新员工每年接受培训的时间不少于 120 个小时，公司内部员工总培训时间不少于 110 万个小时。PwC 致力于通过培训专业人才为客户提供最好的服务。

PwC 的员工主要分为两大类，一类是专业员工，另一类是后勤保障型员工。其中专业类员工又可以细分为审计部、咨询部和税务部。以审计部为例，员工的职级通道如下：审计员—高级审计员—经理—高级经理—总监—合伙人。这里以审计部门为例介绍 PwC 的培训体系。

（1）新员工培训：为帮助员工尽快进入工作角色，适应工作内容和工作环境，PwC 会向新员工提供入职培训。新员工培训的内容主要包括：介绍公司的基本概况，包含发展历史、宗旨、愿景、规章制度等；介绍公司架构、职位体系及员工职业生涯发展通道；提供专业技能培训，如审计准则、审计知识、审计工具和审计流程等。通过新员工培训，PwC 向员工传达组织的期望、价值观和规范，引导员工明确工作职责、程序和标准，从而培养符合公司发展需求的人才。

（2）经理级别以下的员工培训：PwC 会向员工提供职业技能相关的培训，以帮助员工从初级向高级职位晋升。如高级审计工具课程主要讲授通用审计软件相关知识，为后续员工学习更为复杂的课程内容打下基础，有利于员工稳步发展。同时，PwC 会邀请英国 BPP 大学的讲师为员工培训和辅导 ACA 考试，此外还会承担 ACA 证书的考试费、培训费以及路费，甚至还设置了考试假期，以帮助员工通过考试，更好地实现自我发展。此外，公司也为初级员工提供可选择的以业务为导向的课程计划，鼓励员工根据自我发展需求选择培训课程，提高培训的质量和效果。

（3）经理级别的员工培训：PwC 着重为经理级别的员工提供软能力培训，如领导能力、沟通能力、团队合作能力、社交礼仪等。

（4）合伙人培训：PwC 为合伙人提供公司规划战略、企业文化、职业道德和法规法则等相关培训。

除了专业技能培训，PwC 还为员工提供相关心理培训，如逻辑推导课程。该课程主要运用特定的方法帮助学员发现工作中的错误推理、逻辑谬误等状况。此外，PwC 还为员工提供业务写作课程，此课程主要针对审计报告及审计委员会建议等书面材料的常见写作问题，如写作风格、写作程序和写作格式问题。

传统的培训计划为 PwC 的人才培养、员工的职业发展和企业的战略发展提供了坚实后盾。然而，从 2016 年到 2018 年，PwC 的全球业务收入并不理想，业务收入的增速在四大会计师事务所中处于一般水平，这促使 PwC 不断加速转型，而人才培养便是关键一环。为了满足业务的需求，PwC 会适时提出特定的培训计划，给予员工 360 度的立体成长空间，引导员工根据时代的要求以及企业发展战略的需要培养相应的能力，开拓职业道路，实现自我价值和企业价值的双重增长。

随着全球数字化进程的加快，数字经济正在崛起，然而对口人才却严重缺乏，这一问题亟须组织、政府、教育工作者和公民共同解决。PwC 的目标是帮助全世界数百万人提高和丰富他们对数字世界的理解、技能和知识。同时，客户对有效利用技术创造更大的价值的需求愈加强烈，这也对 PwC 员工数字化工作能力提出了新的挑战。因此，PwC 正式开启了数字化转型之旅，并提出以业务为导向的创新：实现数据分析、人工智能和机器人过程自动化等；开发并发展工具和数字资产，以谋求服务的标准化、简化和自动化以及开拓新服务。据此，PwC 拟定了一系列员工提升方案：数字学院，提供为期两天的机器人、自动化和动态可视化能力课程；数字中心，一个集合了 27 个以上的数字主题和 350 多个学习资产的地方；播客，涵盖一系列数字化学习的主题；数字健身应用，PwC 的全球在线学习工具；个人培训师，将专家与有培训需求的员工进行匹配。PwC 运用云解决方案支持实时数据可用性和决策高效性，从而提高整体服务质量。

为了培养员工的数字化思维和能力，为未来数字化时代做好准备，2019 年 PwC 宣布将启动一项为期四年的培训项目——"New World. New Skill."。该项目投入金额为 30 亿美元，旨在帮助员工提升数字化技能。资料显示，在中国该项目将帮助超过 1.7 万名员工实现系统性的数字化工作能力提升，内容主要侧重于五大块：

- 提供数字化方面的课堂策划和线上培训；
- 推出 Digital Fitness Assessment（DFA）的手机应用程序；
- 建设公司内部电子学习平台以供世界各地的员工自学；
- 在中央储存库和技术协作平台上实现内容共享；
- 增加和调配具备高级数字技能的员工（称为 Digital Accelerators）。

面向全球 27.6 万名员工，PwC 为不同的目标人群提供相应的数字化内容培训和建议。通过与时俱进的员工培训和人才发展计划，PwC 帮助员工跟上时代的步伐，提高他们的技能和价值，从而在社会发展中获得竞争力。

人才是 PwC 最宝贵的资源，PwC 不仅提供新员工培训、专业技能培训和心理培训，还结合时代发展的需要不断提出新型的培训内容和计划。PwC 为员工培训投入大量的精力、人力、财力和物力，为员工个人的成长提供了良好的基础。随着培训、福利保障等各类员工关怀项目的推进，9 年间，中国区员工对普华永道的满意度有了显著的提升。2011 年，仅 47% 的员工认为普华永道是理想的工作场所，2019 年该数据已上升至 75%，并且有 80% 的员工认为在普华永道工作是件令人骄傲的事情。PwC 全面且有特色的培训体系不断吸引优秀人才，凝聚人心，为企业的战略发展提供坚实稳固的基础。

资料来源：根据普华永道中国官方网站资料整理而成。

讨论题

1. 既然培训成本巨大，普华永道为什么仍然坚持开展培训并不断增加投入？
2. 普华永道是否有必要实施"New World. New Skill."培训项目？为什么？
3. 根据当前经济发展形势，普华永道应当重点培养员工哪些方面的能力？

第 8 章　职业生涯管理

【本章导读】

☑ 职业生涯的概念、相关理论和新趋势
☑ 员工个人职业生涯规划的内容和方法
☑ 组织职业生涯管理的内容
☑ 组织职业生涯的阶段管理

AMO 框架　　　　　　职业生涯管理

组织通过职业生涯管理，能够帮助成员实施职业发展计划，满足其职业发展愿望，进而实现组织发展目标与个人发展目标的协调与相互适应，最终促进组织与员工的共同成长、共同受益。职业生涯管理能够给企业带来持续的竞争优势（见图8-1），因为在组织提供的有效职业管理中，员工能够通过职业计划帮助自己确立并采取行动实现职业目标，迈向卓越，将自己的聪明才智奉献给组织。职业计划可使与组织目标方向一致的员工脱颖而出，激发出员工强烈的为企业服务的精神力量，进而形成企业发展的巨大推动力，更好地实现企业组织目标。

此外，组织通过一系列的培训、工作设计、晋升等职业管理活动，以实现组织发展目标和个人发展目标的有机结合。职业管理涉及对员工职业生涯各个阶段的管理，从员工初次走上职业岗位开始，到中年碰到种种职业生涯问题，再到退休之前，职业管理都从一个特别的角度，提高了企业的劳动生产率和员工职业生活质量，从而提高了企业的经济效益。

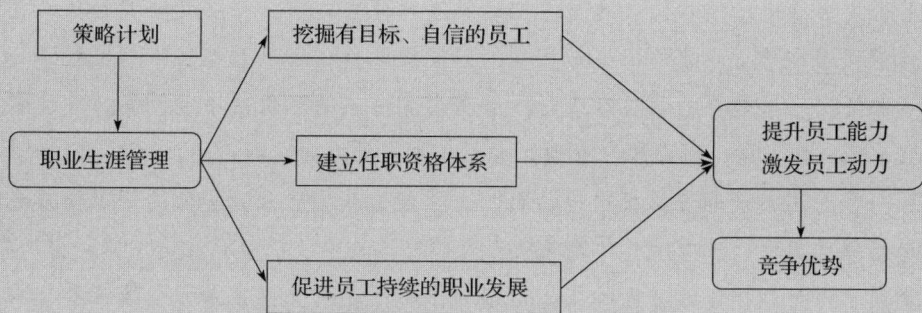

图 8-1　职业生涯管理与企业竞争优势的关系

最后，组织通过职业生涯管理，建立组织内任职资格体系。如果企业能建立有效的任职资格体系，进行有效的推广和应用，那么员工将非常清楚自己的个人特质与工作行为特点，并选择与之相匹配的职业发展通道，以便充分挖掘和发展自己的潜能，实现其目标。通过任职资格体系建设，企业还可以促使员工努力开发有助于提高企业整体绩效的关键技能及行为来提升和发展核心竞争力，实现员工个人发展目标和组织经营战略的和谐一致，使员工和企业真正做到共同成长。

引例　华为：以员工发展促进企业的可持续发展

华为技术有限公司创办至今 30 余载，业务遍及 170 多个国家和地区，拥有近 20 万名员工。在风起云涌的高科技战场上，公司必须不断创新、锐意进取，才能占领技术的制高点。公司的发展离不开员工的点滴进步，帮助员工合理规划职业发展是华为发展壮大的重要基础。2020 年全球杰出雇主年度榜单上，华为被授予西欧杰出雇主荣誉，体现了华为在人才策略、人力规划、学习与发展、职业发展、绩效管理等诸多方面的有效举措。

华为的职业发展规划将所有岗位分成六大类：管理类、营销类、通用类、研发类、生产类和技术类。管理类岗位指华为公司总部具有行政管理职责的各级岗位，这包括总裁、总裁助理、总经理、副总经理等；营销类岗位包含市场部的营销代表和服务代表岗位；通用类岗位包括公司的人力资源、财务、业务发展等部门的普通员工岗位；研发类岗位指研究所的研究人员岗位；生产类岗位指生产部门的生产人员岗位；技术类岗位则指品管部门、原料部门和市场部的技术人员岗位。

技术和管理属于两个不同的领域，因此，华为设计了任职资格双向晋升通道，为不同类型的专业人才提供发展方向。华为任职资格管理体系包括技术任职资格、营销任职资格、专业任职资格和管理任职资格，每种任职资格分为六级，每级又分为四等，即职业等、普通等、基础等和预备等，形成了详细的任职资格体系。华为的每一位新员工先从基础层做起，逐步上升为骨干。员工可以根据自己的喜好选择管理发展通道或技术发展通道。在达到高级职称之前，基层管理者和核心骨干、中层管理者和核心专家的工资是相同的，同级职位还可以互相转换。但到了高级管理者和资深专家这样的职位等级时，管理者和专家的职位便不能改变，管理者往职业经理人方向发展，而资深专家则往专业技术人员方向发展。

华为通过任职资格标准评估员工是否能够获得晋升。华为的任职资格标准主要包括基本条件、核心标准和参考项三大部分。其中，核心标准是主体，由必备知识、素质、行为和技能四方面构成，而每一个标准又包含诸多单元、要素和标准项。华为对不同职类的任职资格标准做出明确规定，相同职类的工作人员按照统一的标准进行程序公正的认证，以确保认证结果的客观性，从而真实反映员工持续贡献的任职能力。华为的任职资格认证一般需要经历自评、审核申请（个人或领导推荐）、测试、评议、评审和颁证等环节，确保认证程序的公正透明。华为的任职资格结果是评估员工岗位胜任程度的重要观察因素之一，但不直接决定员工职位晋升或薪酬上涨。上级主管必须根据员工任职资格认证的结果，指导员工建立改进计划和参与培训课程，合理分配工作任务，有针对性地辅导员工。此外，华为公司还为每位员工准备了分阶段培养项目，针对不同职类、不同部门的员工采取定制化培养方案，结合多种教学方式，帮助员工攻破工作中可能面临的业务场景、产品知识、专业技能等难题。

华为建立了以责任、员工能力、贡献为核心的任职资格标准及相应的评价手段和价值分配机制，将公司的目标与员工的个人需求和利益牢牢捆绑在一起，从而将公司的目标内化为员工个人的使命和责任。通过明确清晰的任职资格体系，员工可以更好地总结或借鉴经验，明确职业发展道路，形成职业化的素养和行为。总而言之，华为的任职资格管理体系促使价值创造、价值评价和价值分配形成链接和良性循环，实现了合理"分赃"和利益均衡，提高了员工的工作自主性和积极性，最终推动公司自身的发展。

资料来源：《华为公司员工职业发展手册》。

8.1　职业生涯管理概述

8.1.1　职业生涯与职业生涯管理

职业是指不同时间、不同组织中工作性质类似的职务的总和，是人们在社会生活中所从事的以获得物质报酬作为自己的主要生活来源并能满足自己精神需要的、在社会分工中具有专门技能的工作。职业是社会与个人或组织与个体的结合点。从个人的角度看，职业活动几乎贯穿人的一生。从组织角度看，不同的工作岗位需要具有不同能力、素质的人。把合适的人放在合适的位置上，是人力资源管理的重要职责。

对于职业生涯的含义，传统的观点是将职业生涯理解为一种职业或一个组织的有结构的属性。例如，在律师事务所中可以认为职业生涯是典型的从业者所具有的一系列职位：从实习律师，到执业律师再到合伙人。职业生涯也可以被认为是在一个组织中升迁的路径，比如销售员的升迁路径可以是销售代表、产品经理、区域市场经理、地区市场经理、市场副总经理。另一种传统的观点是将职业生涯看成是一种个人的而不是一个职位或一个组织的特性。而广义的职业生涯是指一个人一生中的所有与工作相联系的行为与活动，相关的态度、价值观、愿望等连续性经历的过程。这种过程是从出生开始到丧失劳动能力为止。

职业生涯管理可以从个人和组织两个不同的角度来看。从个人的角度讲，职业生涯管理就是一个人对所要从事的职业、为之工作的组织、在职业发展上要达到的高度等做出规划和设计，并为实现自己的职业目标而积累知识、开发技能的过程。它一般通过职业、组织、岗位的选择，技能的提高，职位的晋升等来实现。从组织的角度讲，组织的存在和发展依赖于个人的职业规划与发展。对员工的职业生涯进行管理，集中表现为帮助员工制定职业生涯规划，建立各种适合员工发展的职业通道，针对员工职业发展的需求进行适时的培训，给予员工必要的职业指导，等等。

8.1.2　职业生涯管理的意义

1. 职业生涯管理对组织的意义

首先，组织职业生涯管理使员工与组织同步发展，以适应组织发展和变革的需要。任何成功的企业，其成功的根本原因是拥有高质量的人才。人才的来源除了外部招聘，更主要的是组织内部培养。面对世界竞争加剧、环境不断变化的大背景，职业生涯管理可以有效地实现员工和组织的共同发展。员工知识、技能的更新和创造力的提高，可以帮助企业在激烈的竞争中立于不败之地。

其次，组织职业生涯管理可以优化组织人力资源配置结构，提高组织人力资源配置效率。职业生涯管理能帮助企业在出现人才空缺时快速在内部寻找到替代者。这种方式既节约了时间成本，又为员工提供了发展的舞台。

最后，组织的职业生涯管理可以提高员工满意度，降低员工流动率。职业生涯管理可以帮助员工提高在各个需要层次的满足水平，尤其是归属、尊重和自我实现这些高层次的需要。良好的职业生涯管理可以让组织了解员工在个人发展过程中的需求，帮助其实现职业生涯目标，从而有效提高员工对组织的归属感，降低流动率。

2. 职业生涯管理对个人的意义

首先，职业生涯管理能帮助员工更好地认识自己，为发挥自己的潜力奠定基础。通过职业生涯管理，组织可以帮助员工了解自己的优势，制定切实可行的发展目标，并通过努力实现这些发展目标。

其次，职业生涯管理可以提高员工的竞争力。组织适当地对员工进行职业生涯指导并协助他们进行职业生涯自我管理，可以增强其对工作环境和工作困难的控制能力，同时又可以使员工合理计划、分配时间和精力，提高他们的外部竞争力。

再次，职业生涯管理能满足个人的归属需要、尊重需要和自我实现的需要，进而增加个人的满意度。职业生涯管理可以通过对职业目标的多次提炼使工作目的超越财富和地位，让人们享受到追求更高层次自我价值实现所带来的成功。

最后，职业生涯管理有利于员工处理好工作生活和非工作生活的关系。良好的职业生涯管理帮助个人从不同的角度看待工作中的问题和选择，使工作更加富有成效，员工得以更充分地考虑职业生活同个人追求、家庭目标等其他生活目标的平衡。

8.1.3　职业生涯管理的基本理论

1. 职业生涯认知理论

美国著名学者萨帕（Donald E. Super）对人的"自我概念（或意识）"与职业行为之间的关系进行了大量的研究。他认为自我意识产生于人们根据外界对自己的看法来认识自己与外界环境之间关系的过程。而人的职业发展是人们的"自我"概念或意识的建立和发展过程。

萨帕指出，职业的自我认识是指一个持续发展的实体，在根据经验发现需要变化来适应现实时，就会在生活中做出转变。自我认识的转变会导致个体的职业行为及意识的变化，引导人们做出不同的职业选择，即"自我 – 职业"。同时，职业的客观存在可以对自我产生影响，迫使个人重新认识自己，树立新的自我认识，即"职业 – 自我"。

2. 职业生涯发展理论

职业生涯发展理论由金兹伯格（Eli Ginzberg）提出，由萨帕完善和发展。该理论的思路是将人的职业生涯甚至整个人生按一定标准划分为若干阶段，并针对这些阶段的特点来指引个人和组织做出职业生涯规划相关的决策。

金兹伯格认为职业决策是一种基于人们选择观念的发展过程。职业选择是结合个人意识与外界条件的结果。他提出现实因素、教育因素、情感人格因素以及价值观会影响人们的职业决策，并根据职业成熟程度将青年的职业生涯划分成三个阶段：以模仿行为为主的空想期、依据主观判断对待职业选择的尝试期和结合主客观条件进行职业选择的现实期。

萨帕将金兹伯格的理论扩展到整个人生。他认为，人们的特性与各种职业相匹配和适应，个人特性在人生不同阶段的改变会影响个人对职业的选择。这一过程是可塑的，即人生每个阶段的职业发展都可以通过指导加以改善。

在划分个人生涯阶段的基础上，萨帕提出了职业生涯阶段理论。该理论将人生划分为成长（0 ～ 14 岁）、探索（15 ～ 24 岁）、确立（25 ～ 44 岁）、维持（45 ～ 64

岁）和衰退（65 岁后）五个阶段，概括了个体从发展自我概念到退出劳动领域的全过程。这一划分为差异化的个人职业生涯管理和组织职业生涯管理提供了依据。

3. 职业匹配理论

（1）人格特性 – 职业因素匹配理论。人格特性 – 职业因素匹配理论指的是依据人格特性及能力特点等条件，寻找具有与之对应岗位的理论。该理论是由职业指导的创始人、美国波士顿大学教授帕森斯创立的。

这一理论认为，每个人都有自己独特的人格特性与能力模式，这种特性和模式与社会某种职业的实际工作内容及其对人的要求之间有较大的相关度。个人进行职业选择时，以及社会对个人职业选择进行指导时，应尽量做到人格特性与职业因素的接近和吻合。这种匹配过程包括特性评价、因素分析和匹配三个步骤。

（2）人格类型 – 职业类型匹配理论。人格类型 – 职业类型匹配理论，是将人格与职业均划分为不同的大的类型（例如将人格划分为内向或外向），当属于某一类型的人选择了相应类型的职业时，即达到了匹配。良好的职业生涯管理需要达到人格类型与职业类型的匹配。

人格类型与职业类型的匹配可以从多方面进行，比如气质与职业匹配、职业性向与职业匹配、兴趣与职业匹配、价值观与职业匹配等。

（3）霍兰德的人 – 职匹配论。美国职业指导专家霍兰德（Holland）提出了职业活动意义上的人格分类，并根据六种不同类型的人格将社会职业也划分为六种类型：

- 现实型。这种类型的人会去从事那些需要一定的技巧、力量和协调性才能承担的职业。
- 调研型。这种类型的人会去从事包含着较多认知活动（思考、组织、理解等）的职业，而不是主要以感知活动（感觉、人际沟通以及情感等）为主要内容的职业，如生物学家、大学教授等。
- 艺术型。这种类型的人会去从事那些包含大量自我表现、艺术创造、情感表达以及个性化活动的职业，如艺术家、广告制作者等。
- 社会型。这种类型的人会去从事那些包含着大量人际交往内容的职业，如诊所的心理医生、外交工作者以及社会工作者等。
- 企业型。这种类型的人会去从事那些包含着大量以影响他人为目的的评议活动的职业，如管理人员、律师以及公共关系管理者等。
- 常规型。这种类型的人会去从事那些包含着大量结构性的且规则较为固定的职业，在这些职业中，雇员个人的需要往往要服从于组织的需要。

霍兰德的人 – 职匹配理论，实质是劳动者的职业性向与职业类型的相互适应。霍兰德认为，同一类型的劳动者与同一类型的职业互相结合，便达到适应状态，这样劳动者找到了适合自己的职业岗位，其才能与积极性才得以发挥。

4. 职业锚理论

这一理论是由美国管理学家施恩（Schein）提出的。职业锚是指人们在有了相当丰富的工作阅历以后，真正乐于从事某种职业的思想原因。在经过长期的职业实践后，人们寻找到了职业方面的"自我"与适合自我的职业，形成人们终身所认定的、在职业选择之中最不肯舍弃的东西，即"职业锚"。

施恩和巴林等人根据对一批毕业生的访谈和研究提出五种职业锚：

- *技术/功能型*。这种人对工作的技术内容感兴趣，对管理本身不感兴趣，但他们愿意接受在自己既定的技术或功能领域内的管理职责。
- *管理能力型*。实施管理职责是这类人的目标，他们有成为管理人员的强烈动机。
- *安全/稳定型*。这类人极为重视长期的职业稳定和工作的保障性。
- *创造型*。这类人的职业生涯核心是创造性的努力，他们时常感觉到建立新事物的需要。
- *自主/独立型*。这类人希望摆脱组织束缚，更愿意按照自己的意愿工作和生活。他们最可能离开常规的公司，但也与工商企业活动保持一定联系。他们的职业可以是咨询师、作家、私人店铺经营者等。

鉴于社会职业的广泛性，施恩还提出了不同于名牌大学管理系毕业生的其他从业人员可能具有的职业锚，包括以下方面。

（1）基本认同。这类人期望用一个单位的好声望替换自己不理想的职业岗位与身份。例如，低级公务员会说自己为联邦政府工作；大学的工友或传达室人员会说他们是哈佛大学或麻省理工学院的工作人员。

（2）服务。这类人认为进行服务和协助是留下来的理由，多见于社会福利部门、某些医疗部门、教育部门以及行政部门。

（3）权力欲及扩展。人们有追求权力的需要和运用权力的才干，但其存在状态是复杂的。政治家、教师、医生和部长中，常见控制和左右他人的职业锚。

（4）多样化。这类人的基本需要和价值观是寻求多样化，而非在一个较短的时期内深入地发挥受到更多限制的才干。通过调研教授、技工、商人、顾问、经理和检修工，我们发现，吸引他们和使他们安于本职工作的东西，是他们遇到了层出不穷的挑战。

8.1.4 职业生涯管理的发展趋势

1. 新时代职业生涯管理的特点

在"互联网+"时代，组织的结构和生产方式产生了巨大的变化。首先，组织结构逐渐向扁平化、网络化转型；其次，得益于互联网社会协同组织平台的搭建，生产方式向分布式、微化、创客化转变。这些改变对员工的职业生涯发展产生了重要影响。易变性职业生涯、无边界职业生涯和"斜杠"职业生涯三种职业生涯就产生在这一背景下。

（1）易变性职业生涯。易变性职业生涯是指由于个人的兴趣、能力、价值观与工作环境的变化而经常发生改变的职业生涯。它的主要特点是：员工要对职业生涯管理负主要责任；心理成就感在更大程度上由员工自己控制；更强调连续性学习，激发人的潜能和创造力，给员工的工作赋予意义。

传统职业生涯与易变性职业生涯的对比见表 8-1。

表 8-1　传统职业生涯与易变性职业生涯的对比

比较项目	传统的职业生涯	易变性职业生涯
目标	晋升、加薪	心理成就感
心理契约	工作安全感	灵活的受聘能力
管理责任	公司承担	员工承担
运动	垂直运动	水平、垂直、多样化运动
方式	直线性、专家型	短暂性、螺旋型
发展	很大程度依赖于正式培训	更依赖人际互助、在职体验和自我管理
专业知识	知道怎么做	学习怎么做

（2）无边界职业生涯。进入 21 世纪后，信息化工作方式迅速发展。考虑到组织再造和心理契约的变化，研究者们开始考察跨越多个公司和边界的职业生涯问题。对传统职业生涯挑战和发展的无边界生涯应运而生，标志着员工的生涯发展规划从企业内部发展到超越企业的边界；员工的流动跨越了组织、职业、部门的界限，个人职业生涯发展具有了更大的灵活性。

传统职业生涯与无边界职业生涯的对比见表 8-2。

表 8-2　传统职业生涯与无边界职业生涯的对比

比较项目	传统的职业生涯	无边界职业生涯
雇用关系	工作安全性换取忠诚	灵活性换取工作绩效
环境边界	一两个公司	多个公司
能力	由公司确定	可转移的
如何衡量成功	报酬、提升、地位	心理上有意义的工作
职业管理的责任	组织	个人
培训	正式的培训计划	在岗的学习和培训
里程碑	与年龄相关	与学习相关

（3）"斜杠"职业生涯。"斜杠"职业生涯指的是不再满足"专一职业"的生活方式，而选择拥有多重职业和身份的多元生涯。这种职业生涯的出现基于新时代价值观的变化：不拘泥于传统的职业形势，愿意尝试新的机会。一般来说，选择这种职业生涯的人，他们的"斜杠"身份与主业常常相辅相成，甚至可以辅助自己的主业提升。

2. 个人职业生涯管理面临的挑战及应对策略

随着企业稳定性下降，职业生涯管理的主体逐渐由组织变成员工自身。出于对企业是否能长期提供工作岗位的忧虑，员工必须筹划自己的职业发展。另外，企业的组织结构、经营环境和资讯系统飞速变化，需要员工随时做好接受变革、适应工作不确定性变化的准备。最后，在能力至上的现代化组织中，员工也需要持续地加强和更新技能来适应组织的快速变化。这些都向员工的职业生涯管理提出了挑战。

面对这些挑战，员工需要做好积极的应对准备。

第一，对自己的职业生涯负责。员工无论在什么样的企业，都必须采取几种职业生涯管理活动，来对自身的职业生涯进行规划。比如主动获取自身优势及不足的信息反馈，主动获取公司内外部工作机会的信息，建立自己的人际关系网络等。

第二，增强职业敏感性。职业敏感性包括职业弹性、职业洞察力和职业认同感几个方面。员工掌握的技能和工作轮换的次数越多，其职业弹性就越强，适应能力也越强；具有较强职业洞察力的员工能够及时收集组织的各种信息，及时做好职业变化的应对准备；而职业认同感强的员工能够尽快完成组织社会化过程，能够尽快适应新的工作环境。

第三，提高学习能力，防止技能老化。员工要不断接受新观念、新事物，要不断掌握新技能、接纳新思想。员工可以建立自己的知识网络，与同事或专家共享信息；也可以扩大现有的工作内容，寻找更多的有挑战性的工作机会，如争取工作轮换、加入新的工作团队或新的工作项目组等。

⊙ HR 视野
杰出员工个人职业策略

美国著名管理学家凯利（Kelley）和他的同事在对贝尔实验室、3M 等诸多闻名世界的企业的杰出员工进行了一次历时 10 年的深入调研之后，总结了杰出员工采取的八个职业策略。

第一，积极主动策略。杰出员工在工作中积极主动，这是他与"一般"员工的最大差别。积极主动策略主要表现为杰出员工能够主动承担自己分内工作之外的责任；能够自觉坚持在实际工作中和实践中不断学习与创新，以不断增长知识、专长、技能和经验等，从而提高自身的核心竞争力。

第二，知识网络策略。杰出员工深刻意识到在知识经济时代，人人都需要有一个专家网络体系以帮助其完成任务。因此杰出员工常常能够预先储备"有用"人脉，并努力与之建立密切的个人关系，以建立个人和组织的知识网络；想方设法成为这个知识网络中独具价值的网点；有意识地拓展自己的知识网络，注意发现那些知道如何找到专家的人，让他们为自己提供专家的线索等。

第三，自我管理策略。杰出员工往往采用以下方法管理自己：了解公司文化价值观念，以此引导自己的思维和行为；坚持实践和学习，不断变革创新，持续反思和改进自己的工作绩效；用心观察同事的日常工作，认真学习和赶超先进，虚心接受同事提供的对自己有价值的工作方法与建议；按轻重缓急的原则安排自己的工作计划等。

第四，扩大视野策略。杰出员工常常坚持从"5C"角度看问题：从同事角度（colleague perspective）看问题，从客户的角度（customer perspective）看问题，从竞争者的角度（competitor perspective）看问题，从公司的角度（company perspective）看问题，从创新的角度（creative perspective）看问题。

第五，当好下属的策略。杰出员工往往能够为领导决策提供真实可靠的信息，通过正规渠道表达工作中的不满，宣传公司的核心价值观和愿景以及团结同事共同支持各级领导的工作等。

第六，当好"小领导"策略。"小领导"是为满足某种工作的需要而设立的，没有监控权力，也无权决定队员的晋升和薪酬。杰出员工往往具备专业的知识、技能、经验和对问题的正确判断能力；维护队员的正当权益；善于组织协调与沟通，能够带领团队实现绩效目标。

第七，组织协调策略。杰出员工了解组织中的权威人士和专家，并与他们建立良好的关系；了解公司的愿景、价值观与经营特点，更有效率地完成工作，贡献自己的价值。

第八，说服表述策略。杰出员工了解听众或读者所关注的知识与信息并巧妙地组织运用这些知识与信息，同时掌握写作或演讲技巧。

资料来源：龙君伟. 杰出员工的职业策略［J］. 中国人力资源开发，2001（11）：32-34.

3. 组织职业生涯管理面临的挑战及应对策略

在经济迅速发展、科技水平不断更新的现代社会，企业竞争日趋激烈。许多企业难以适应新的经济和技术发展形势，处于停滞不前的状态，使企业员工提升的梦想破灭；同时，基于以往相对稳定的外部环境的组织职业生涯管理模式也需要做出调整。另外，由于组织趋向于扁平化，对管理者、员工提供的晋升职位减少，也使得组织的职业规划变得与过去不同。再者，互联网的出现改变了组织的生产模式，也改变了员工的工作场所和沟通方式，需要组织采取灵活多变的生涯管理方式，来应对外部环境的改变。

组织环境的急剧变化对企业的职业生涯管理活动提出了全新挑战，因此很多企业对以往的职业生涯开发活动进行了较大的改进。具体措施包括：工作重新设计；弹性工作时间安排；针对双职工生涯家庭的职业生涯开发；变换的职业发展模式等。

工作重新设计：用工作轮换、工作内容扩大化和工作丰富化等方式，使得员工的能力得到更快的提升。

工作轮换可以消除员工对长时间固定一个岗位或工种所产生的厌烦情绪；工作内容扩大化可以让员工从更多的新的工作中获得满足感；工作丰富化不仅指增加员工的工作内容，还包括扩大员工的责任范围，让员工参与他们所从事工作的目标制定、规划、组织和控制。

弹性工作时间安排：一种以核心工作时间为中心而设计的弹性日工作时间计划。它是指在完成规定的工作任务或固定的工作时间长度的前提下，员工可以自己先行选择每天/每周/每月开始工作的时间以及结束工作的时间，以代替统一固定的上下班时间的制度。这可以让员工把效率最高的时间留给工作。

针对双职工家庭的职业生涯开发：员工及其配偶同时从事工作时，他们的职业及雇用前景也必须在职业决策时考虑到。由于配偶原因，许多员工不太愿意接受雇主调动工作的安排。因此越来越多的组织在进行必要的地区间人事调动时也更加注意到员工配偶的职业需要，也更乐意同时雇用夫妇二人。关心员工配偶的职业问题已成为企业挽留有价值的专业人才的好办法。

变换的职业发展模式：企业减少了管理层次，使组织更为扁平化、反应更迅速、更贴近顾客。为了适应变动中的劳动力需要，重组后的企业雇用短期的工人或把工作转包给更小的机构与兼职顾问，此外，企业还大量雇用低成本、更灵活的兼职工人。

传统的职业模式中，新员工进入组织的基层缓慢地、按部就班地升迁，然后从组织中一个相对较高层的岗位上退休。当今组织结构变革的趋势使得按等级序列升迁的竞争激烈，如图 8-2 所示的一些替代办法出现。一些员工进入组织并很快离开，其他的遵循螺旋形的职业化道路，其中有一部分是在职能区间横向移动。组织还可以采用专业等级升迁制的做法：鼓励员工在某一专门技术领域内增长专业知识，而不必转到管理部门。组织的报酬与工作结构也正在发生变化以适应这些新的职业活动形式。

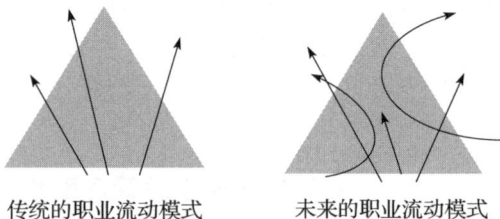

传统的职业流动模式　　　未来的职业流动模式

图 8-2　传统和未来的职业流动模式

资料来源：周文霞. 职业生涯管理［M］. 上海：复旦大学出版社，2019.

⊙ HR 实例

晋升困境的应对策略

在芝加哥的大陆银行里，由于员工获得职级晋升的机会较少，所以银行鼓励员工进行同职务水平的跨行业部门职业调动。例如，系统研究和发展方向的员工可以调去从事国际银行业务，审计员可以调去接受商业训练。为此，人事政策也随之不断调整。大陆银行还采取另一种策略，即同时设立管理职务和技术职务两个上行阶梯。新的管理人员职称和"技术主管人员"职称在职务等级和工资待遇方面相同。比如，该银行已设立的信贷、会计和系统专家等方面的高级技术职称和这些部门的高级管理职称在职务等级和工资待遇上是相同的。在通用电气公司，那些处于"停滞状态"的员工（有时是组织上的原因，即缺乏足够的提升空间；有时是员工自身的问题，即或是缺乏能力，或是对升迁不感兴趣）会被安排到任务小组去就业或被派去学习。虽然这些员工在技术方面没有得到提升，但是他们至少获得了体验一项新职业的机会，开阔了眼界。

普鲁登歇尔人寿保险公司也通过轮换职务的方式提高经理人员的职业水平，此外，该公司还采用任务小组的方法为经理人员"再度充电"。通过这种方式，即使这些经理人员升迁的速度不如他们所期望的那样快，他们也不会对自己感到失望。

资料来源：百度文库. 员工处于"停滞状态"时组织所采取的相应对策［EB/OL］. https://wenku.baidu.com/view/ff7ac804a6c30c2259019e6e.html.

8.2 个人职业生涯规划设计与管理

8.2.1 个人职业生涯规划的含义

个人职业生涯规划是指个人根据对自身的主观因素和客观环境的分析，确立自己的职业发展目标，选择实现这一目标的职业，以及制订相应的工作、培训和教育计划，并按照一定的时间安排，采取必要的行动实施职业生涯目标的过程。个人职业生涯规划一般包括自我分析、目标设定、目标实现策略、反馈与修正四个方面的内容。

- 自我剖析是指全面、深入、客观地分析和了解自己。
- 目标设定是在自我分析与定位的基础上设立明确的职业目标。
- 目标实现策略是通过各种积极的具体行动与措施去争取职业目标的实现。
- 反馈与修正是指在实现职业生涯目标的过程中，根据实际情况总结经验与教训，修正自我的认知和对最终职业目标的界定。

8.2.2 个人制定职业生涯规划的程序

员工制定职业规划的程序如下：第一，自我评估；第二，确定职业目标；第三，选择职业策略；第四，实施行动计划；第五，职业计划反馈与修正（见图 8-3）。

1. 自我评估

这是职业规划过程的第一步，是做出明智的职业选择的基础。自我评估的主要内容是与个人相关的所有因素，包括兴趣、个性、能力、职业锚、身体状况、学识水平、思维方式、价值观、情商以及潜能等。通常可以借用一些量表来进行，如兴趣量表、人格量表等。

（1）职业性向与职业生涯。霍兰德根据劳动者的心理素质和择业倾向，将劳动者划分为实际型、调研型、艺术型、社会型、企业型、常规型六种基本的类型。同一类型的劳动者与同一类型的职业互相结合，便达到适应状态，这样劳动者找到了适合自己的职业岗位，其才能与积极性才得以发挥。

图 8-3 制定职业生涯规划的程序

（2）员工能力与职业生涯。对企业的员工而言，其能力是指劳动的能力，也就是运用各种资源从事生产、研究、经营活动的能力。它包括生理素质、心理素质、智能三个方面。生理素质表现为对劳动负荷的承受能力和劳动后消除疲劳的能力；心理素质表现为对压力、挫折、困难等的承受力；智能包含智力、知识和技能。体能、心理素质、智力、知识和技能构成了一个人的全面的综合能力，它是员工职业发展的基础，与员工个体发展水平成正比（见表 8-3）。

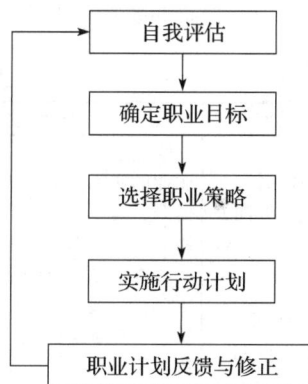

表 8-3 能力倾向特征与工作范例对应表

能力倾向	描述	工作范例
语言理解	运用语言文字进行表达、交流和思考的能力	客户代表：向客户介绍公司的产品
数量关系	对事物间的数量关系做出分析、理解和判断的能力，对数字的敏感性	会计：公司收入、支出、成本等计算
逻辑推理	根据已有的信息发现和理解事物之间的关系，做出分析和判断的能力	市场总监：对本公司与竞争对手营销方案的分析与判断
知觉速度	对各种视觉符号（包括数字、特殊符号、字母和文字等）的快速而准确的觉察、比较、转换、加工的能力	校对员：文字校对
空间知觉	理解事物的空间关系，当空间位置变化时能想象出物体的形状	室内设计师：办公区的设计和规划
综合分析	对各种形式的信息进行准确理解和综合分析与加工的能力	办公室主任：综合各部门上交的文件，撰写成报告交给领导
动作协调	使用眼和手协调完成任务的能力	司机：驾驶汽车
手指灵巧性	使用手完成精细动作的能力	生产线上的工人：焊接精密的电路板

资料来源：张德，吴志明. 组织行为学 ［M］. 大连：东北财经大学出版社，2016.

（3）职业系留点与职业生涯。施恩指出，一个人的职业系留点是在不断发展变化的，只有不得不做出重大抉择时，才可能清楚自己的职业系留点到底是什么。一个人过去所有的经历、兴趣、资质等才集合成职业价值观，它告诉你，对你来说什么是最重要的、不能舍弃的东西。

职业系留点与职业特征对应表见表 8-4。

表 8-4 职业系留点与职业特征对应表

类型	典型特征	成功标准	主要职业领域	典型职业通路
技术性（技术取向）	职业生涯选择时，主要注意力是职业的实际技术或智能内容。即使提升，也不愿到全面管理的位置，而只愿在技术职能区提升	在本技术职能区达到最高管理位置，保持自己的技术优势	工程技术、财务分析、营销、计划、系统分析等	财务分析员—主管会计—财务部主任—公司财务副总裁
管理型（管理取向）	能在信息不全的情况下，分析解决问题，善于影响、监督、率领、操纵、控制组织成员，能为感情危机所激发动力，而不是被拖垮，善于使用权力	管理越来越多的下级，承担的责任越来越大，独立性越来越大	政府机构、企业组织及其各部门的主要负责人	工人—生产组组长—生产线经理—部门经理—行政经理总裁—总裁（总经理）
稳定型（安全与稳定取向）	依赖组织，怕被解雇，倾向于根据组织要求行事，高度的感情安全，没有太大的抱负，考虑退休金	一种稳定、安全、整合良好合理的家庭、职业环境	教师、医生、幕僚、研究人员、勤杂人员等	助教—讲师—副教授—教授等
创造型（创新取向）	要求有自主权，能施展自己的特殊才能，喜好冒险，力求新的东西，经常转换职业	建立或创造某种东西，它们完全属于自己的杰作	发明家、冒险性投资者、产品开发人员、企业家等	无典型职业通路，极易变换职业或干脆单挑
自主型（自由与独立取向）	随心所欲，制定自己的步调、时间表、生活方式与习惯，组织生活是不自由的、侵犯个人的	在职业中得到自由与欢愉，活得舒服	学者、职业研究人员、手工业者、工商个体户	在自己的领域中发展自己的事业

2. 确定职业目标

制定个人职业生涯规划的最终目的就是实现自己的职业目标，因此，目标抉择是职业生涯规划的核心。目标确立的方法通常是先结合自身条件和现实环境选择终极目标和长期目标，然后通过目标分解，形成符合阶段目标要求的中期、短期目标。

3. 选择职业策略

行动计划由长期和短期两部分组成，长期计划的实现有众多不确定的因素，因此要根据自身实际情况和社会发展趋势，不断地设定新的可操作的短期目标。通过对组织环境的分析，评估组织内有哪些短期的发展机会，选择有效的职业策略往往能够促进员工获取职业成功。

4. 实施行动计划

行动计划是员工为了达到长短期职业生涯目标所采取的措施。它包括参加培训课程和研讨会，开展信息交流和申请公司内的空缺职位。

在申请空缺职位的过程中，投递简历和面试是每个人的必经之路。一份好的行动计划应该包括制作简历与面试的技巧及注意事项。

制作出色的简历的第一条原则是要有重点。招聘者希望看到候选人对即将从事的事业采取认真负责的态度。因此，把自己描述成一个适合于所有岗位的求职者可能无法在任何求职竞争中胜出。第二条原则是把简历看作一份广告，推销自己。成功的广告是简短而富有感召力的。简历应该限制在一页之内，并尽量用动作性短语使工作介绍更加鲜活；在简历上端写一段总结性语言，陈述自己在事业上最大的优势，然后将这些优势以工作经历和业绩的形式加以叙述。第三条原则是陈述有利信息。招聘者对理想的候选人有一些关键的要求：教育背景、工作经历、技术水平等。重点阐述自己符合这些关键条件，避免其他无关信息。

面试对候选人也是不小的挑战，需要准备充足，掌控面试的过程，面试结束后继续努力。面试前的准备可以从以下几方面入手：

（1）信息资料的准备。候选人要收集用人单位的信息，在面试前尽可能多地了解招聘单位的基本情况。招聘单位的性质、背景、业务范围、企业文化、发展情况等要了然于心，体现自己渴望加入的诚意。候选人还应清楚自己应聘的职位在招聘单位组织中的位置及该单位的一般起薪，这样在谈及薪酬这个敏感话题时可以张弛有度。另外，候选人应该尽量了解主考官，学会针对不同的主考官采用不同的回答问题方式。还有，候选人应该根据应征的职位选择合适的资料：除求职信、履历表、文凭之外，技能证书、作品和成果也有必要。候选人还应该注意面试前的一些细节，比如提前了解出行方式，考虑到可能的意外情况，提前出发甚至提前一天去熟悉环境等。

（2）训练的准备。即"模拟面试"，请他人对自己的表现进行评估。这样候选人可以提前体验面试氛围，大致熟悉面试流程，还可以找出缺点和不足加以完善。模拟训练会增强自信心，减弱紧张感。

（3）心理的准备。比如通过积极自我暗示缓解焦虑，保持充足睡眠和休息来调整情绪，保持平常的习惯，以平常心对待面试等。

（4）形象的准备。第一印象在面试成功中起着 5% ～ 15% 的作用。穿着整洁大方、符合职业形象会给第一印象加分。而得体的举止是面试官判断候选人能力的重要参考。

掌握和控制面试的每个过程也是候选人应该具备的素质。首先，设计一个好的开头至关重要。要在有限的时间里用最好的方式把个人特点、优势推销出去。其次，倾听是一个重要的技巧。给面试官足够的时间表达需求，才可以尽可能地站在对方的立场上理解他想表达的内容。再次，应聘者应该保持得体大方的举止：态度诚恳，说话谦和，与每个人进行目光交流，避免无意识但令人生厌的小动作。最后，把握好结束时间。一般面试在 30 ~ 45 分钟，要根据这个时间和谈话内容把握好最佳离场时间。出现闲聊和重复话题往往是面试结束的预兆。一般地，面试的结束会由面试官提出。当然应聘者也可以主动告辞，不盲目拖延时间。

面试之后到接到正式录用通知前，候选人的努力应该继续。首先是答谢礼仪。这是一个必要的礼节性回馈，求职者应该在面试结束后两三天内向给予自己机会的面试官表达诚挚的谢意。目前，表达感谢的方式有电话、电子邮件等。致谢内容应该包括：告知对方面试使自己加深了对应聘岗位的了解和兴趣，强调自己的目标和资质，重申或澄清面试中忽略或没讲明的问题，感谢对方给自己面试的机会。最好在面试结束后 24 小时内发出感谢信，简明扼要即可。其次是面试结果的询问。面试结束现场和感谢信中都不宜询问结果。如果在面试结束两周后或面试官许诺的时间到来时还未收到回复，可以主动询问。

5. 职业计划反馈与修正

为使职业生涯规划行之有效，需要结合实际情况不断地对职业生涯规划的内容进行评估与修正。反馈与修正的主要内容包括：职业方向的重新选择、各阶段目标的修正、实施措施与计划的变更等。

⊙ HR 实例

职业生涯规划表

姓名		性别		年龄		政治面貌	
现工作部门			现任职务			到职年限	
个人因素分析结果							
环境因素分析结果							
职业选择							
生涯路线选择							
职业生涯目标		短期目标			完成时间		
		中期目标			完成时间		
		长期目标			完成时间		
完成短期目标计划与措施							
完成中期目标计划与措施							
完成长期目标计划与措施							
所在部门主管审核意见							
人力资源部门审核意见							

8.2.3 差异化的个人职业生涯管理

1. 早期员工的职业生涯管理

职业生涯早期阶段，员工正值青年时期，这一阶段无论从个体的生物周期、家庭生命周期还是从职业生涯周期来看，其任务都较为单纯、简单，主要任务如下：

- 进入组织，学会工作；
- 学会独立，并寻找职业锚；
- 向成年人过渡。

（1）员工的特征。这一时期，突出的员工心理特征是：进取心强，具有积极向上、争强好胜的心态；职业竞争力不断增强，具有做出一番轰轰烈烈的事业的心理准备；开始组建家庭，逐步学习调试家庭关系的能力，承担家庭责任。

在职业生涯早期阶段，个人尚是职业新手，一切还在学习、探索之中。而这一阶段个人的心智特征将对其职业生涯发展产生重要影响。

（2）个人组织化。所谓个人组织化是指应聘者接受雇用并进入组织后，由一个自由人向组织转化所经历的一个不断发展的进程。个人组织化的途径是组织创造条件和氛围，使新员工学会在该组织中如何工作，如何与他人相处，如何充当好个人在组织中的角色，接受组织文化，并逐渐融入组织。在这一阶段，新员工和组织都有各自的任务和容易产生的一些问题，都必须相互接纳。

相互接纳使新员工与组织之间的关系清晰化、确定化。相互接纳是一种心理契约。新员工与组织之间没有书面的接纳证明，只是在思想认识上、情感上及工作行为上互相承认、认同和接受。新员工努力工作及安心于组织，便是他向组织发出的认同信号。组织给新员工增薪、晋升等，则象征组织对新员工的接受。个人在这个过程中要积极主动，表现出组织所期望的行为，促使组织尽早接纳自己。

2. 中期员工的职业生涯管理

个人职业生涯在经过了职业生涯早期阶段，完成了新员工与组织的相互接纳后，必然步入职业生涯中期阶段。

（1）职业生涯中期阶段的个人特征。职业生涯中期的开始，有两种表现形态：得到晋升，进入更高一层的领导或技术职位；薪资福利增加，在选定的职业岗位上成为稳定的贡献者。

（2）职业生涯中期阶段个人面临的管理任务。职业生涯中期阶段是一个时间周期长（年龄跨度一般是从 25 ～ 50 岁，长达 20 多年）、富于变化，既有可能获得职业生涯成功（甚至达到顶峰），又有可能出现职业生涯危机的职业生涯阶段。作为人生最漫长、最重要的时期，个人特殊的生理、心理和家庭特征也使其职业生涯发展面临着特定的问题与管理任务：保持积极进取的精神和乐观的心态；零星的职业与职业角色选择决策；成为一名良师，担当起言传身教的责任；维护职业工作、家庭生活和自我发展三者之间的均衡。

3. 后期员工的职业生涯管理

从年龄来看，职业生涯后期阶段的员工一般处在 50 岁至退休年龄之间。由于职业性质及个体特征不同，个人职业生涯后期阶段开始与结束的时间也会有明显的差别。

这一阶段，员工面临的个人任务是：承认竞争力和进取心的下降，学会接受和发展新角色；学会接受权利、责任和中心地位的下降；回顾自己的整个职业生涯，着手做好退休准备。

⊙ HR 实例

小杨的职业生涯

小杨出生于湖南一个普通的农村家庭，父母务农。他自幼爱好音乐，高中毕业后，考入当地一所普通本科院校，主修音乐学专业。大学期间，活泼开朗的小杨参加了很多学生会工作，锻炼了他的人际交往能力。2012 年夏天，小杨以应届生身份被武汉邮政录取。

初进邮政，小杨被分配到武汉邮区中心局实习。小杨在轮岗的过程中积极完成各生产单位领导分配的任务，还踊跃参加工会活动。实习期结束，他被调到综合办公室，负责新闻宣传工作。他工作成效显著，中心局的新闻宣传工作名列全国七大中心局前两名。3 个月后，他被调入市邮政局团委，一年后，又被借调到省公司新闻中心锻炼。由于工作原因，他接触到《中国邮政报》的徐老师，得到徐老师在专业知识方面的帮助。很快，小杨的新闻写作能力得到了显著提升。在此期间，小杨不仅积极参加团委组织的志愿者活动，还主动组织单位与中建三局单身青年的联谊活动，被同事们戏称为"职业红娘"。

2014 年小杨带病出色完成工作任务，并放弃了到北京邮政系统学习新闻写作的宝贵机会。单位肯定小杨的付出与忠诚，承诺未来将优先考虑小杨的晋升机会。2016 年春节后，小杨发觉，虽然他对目前的工作已经轻车熟路，但对基层业务并不了解，写出的稿件缺少灵魂。同时，他认为金融是邮政的盈利增长点，更能为公司创造价值。经过一番激烈的思想斗争，他决定去基层锻炼。同年四月，小杨如愿被"下派"到 HS 区分公司 LX 支局从事邮政柜员工作。由于出色的工作表现，2017 年夏天小杨被调到 HS 区分公司渠道平台部担任电商经理，负责邮储开卡与农产品买卖分销等多项业务。面对全新的岗位，小杨充满干劲，他自学市场知识，积极向同事请教，跑业务冲在第一线。几个月下来，HS 区电商的销售额就从原先全市第四的水平跃居第一。

在领导的建议下，小杨开始挑战金融业务。公司先将他调入一家金融网点跟班学习网点经营 4 个月，熟悉金融业务后，便让他全面主持 HS 区 WX 邮政所的工作。WX 邮政所网点的业绩一直不佳，小杨担任网点经理后，便开始思考如何改善经营。小杨想起李局长曾经提到的"窝边行"理念，即以邮政网点为"窝"，走进社区拓展业务。于是他利用自己的主持、唱歌、钢琴等特长，免费给社区居民上音乐课，还主持国庆节、中秋节等社区晚会。小杨还与琴行、健身房、药店等商户开展异业联盟，共同走进社区，实现了网点与商户间的双向引流与合作共赢。不到两年时间，WX 网点的综合资产就从全区排名倒数上升到第二名，余额规模也突破 2 亿元。小杨的心态渐渐发生了变化，他的目标不再是追求晋升，而是全力以赴做好本职工作。

资料来源：施丹，唐春齐，黄雨倩，等. 我的人生我做主：大学生员工的国企成长之路 [D/OL]. 中国管理案例共享中心，（2010-10-05）[2021-01-15]. http://www.cmcc-dut.cn.

8.3　组织职业生涯管理

8.3.1　组织职业生涯管理的含义

组织职业生涯管理，就是从组织的角度出发，通过帮助成员设计职业发展计划，并从组织上给予这种计划实现的保证，达到满足其成员的职业发展愿望、满足组织对成员不断提升的质量要求，进而实现组织发展目标与个人发展目标的协调与相互适应，实现组织与员工的共同成长、共同受益。

满足个人与组织的需要和利益，协调组织发展目标与个人发展目标，是实现有效的职业生涯管理的基础。因此，组织职业生涯管理的基本思想是树立人力资源开发思想，了解员工多样化的需求，使组织与员工形成利益共同体。组织职业生涯管理的流程图，见图 8-4。

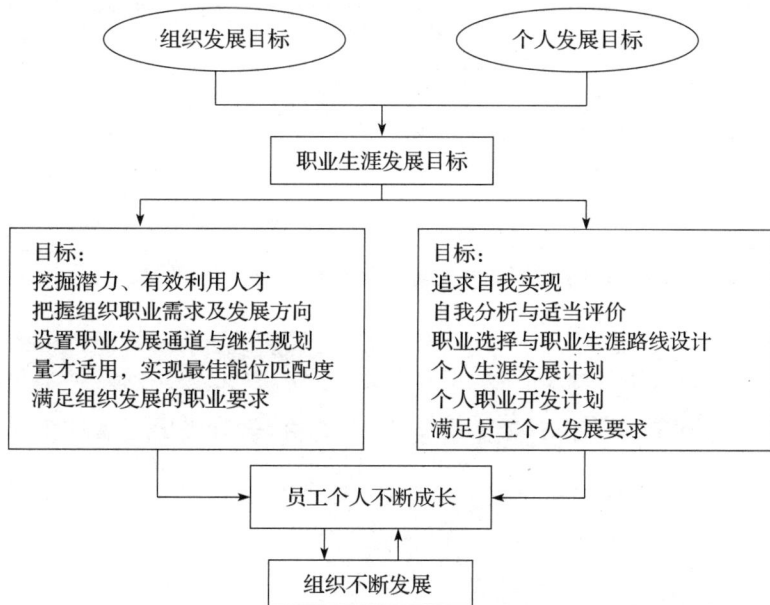

图 8-4　组织职业生涯管理的流程

8.3.2　个人发展目标与组织发展目标的统一

职业生涯管理是一个人与所在组织共同制定职业目标，确定实现目标的手段的过程。职业生涯管理的焦点应放在个人目标与组织现有可得机会的配合上。施恩认为：协调个人发展目标与组织发展目标，关键是使个人职业计划与组织职业开发计划相匹配。个人职业生涯管理旨在帮助员工对自己的技能、兴趣和价值观进行评估，在个人和岗位之间建立良性的匹配。组织的职业生涯管理旨在帮助员工发现并追求使工作更加丰富且有意义的机会，促进员工不断成长和发展。

组织职业开发与个人职业计划相匹配的过程见图 8-5。

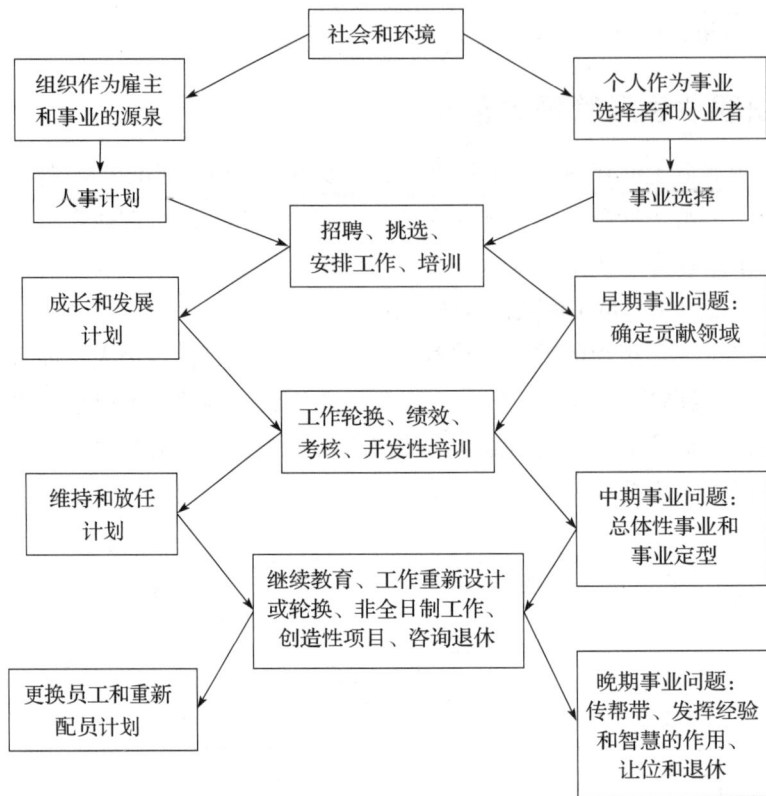

图 8-5　组织职业开发与个人职业计划相匹配的过程

⊙ HR 实例

休利特－帕卡德公司帮助员工进行自我职业管理

休利特－帕卡德公司的科罗拉多动力分厂为员工开设了为期三个月的课程讲座，主要讲授自我职业管理。该讲座分两个过程进行：第一部分是员工自我评价；第二部分是根据自我评价的结果引导员工的职业管理。

休利特－帕卡德公司采用了六种方法以帮助员工自我评价，具体包括：①要求参与者撰写自传；②要求参与者填写问卷并分析；③要求参与者从不同的事物中选出45项自己认为最有价值的事物，并以此研究参加者在理论、经济、审美、社会、政治和宗教信仰方面的价值观；④要求参与者将他们在一个职业日中的活动和一个非职业日中的活动都记录下来；⑤要求参与者邀请一位自己的朋友、配偶或同事等，谈一谈对自己的看法并录音；⑥要求参加者向人们描述自己的生活方式。

这个自我职业管理讲座最大的特点之一是采用了归纳推理法。参与者从他们自己所提供的大量信息资料中逐渐认识到自己的一般形象，并通过研究这些信息资料全面认识和评价自己。继自我评价之后，各部门的经理人员会与他们的下属谈话，了解他们的职业目标。经理人员记录下属的职业目标，并填写员工当前的职业情况和职务。通过这种方法，高层管理人员可以利用这些信息全盘完善人力资源计划、制定职业要求以及为升迁的时间安排做准备。同时，各部门的经理人员将监督员工的职业发展情况作为职业检查的一部分，并负责向员工们提供各种帮助。当公司的未来需要与员工的职业目标大体一致时，部门经理们就能为员工的职业发展提供帮助。公司将每个员工的职业发展目标整合到企业目标中，这有利于职业评价鉴定。

　　为什么企业要帮助员工进行自我职业管理呢？这是因为职业管理不仅关乎员工个人的发展，更关系到公司的竞争力。只有那些愿意为员工提供满意的职业机会的公司，才能吸引忠实可靠、勤奋努力的员工。只有培养奋斗目标明确、自信心强的员工，才能增强公司的实力和稳定性。

　　资料来源：林泽炎、陈红. 职业生涯设计与管理技术［EB/OL］.（2019-02-17）［2021-01-15］. https://wenku. baidu.com/view/a215b4817dd184254b35eefdc8d376eeaeaa17c3.html.

8.3.3　组织职业生涯通道管理的流程

1. 管理和规划职业发展通道

　　建立职业发展通道体系，对企业和员工个人都具有十分重要的意义，对企业来讲，企业必须充分发挥对员工职业发展的主导作用，使员工朝着有利于企业战略目标的方向不断发展；对员工个人来讲，员工希望通过职业发展的引导，实现个人的职业生涯目标。

　　（1）职业生涯通道模式。职业生涯通道是组织中职业晋升和职业发展的路线，是员工实现职业理想和获得满意工作，达到职业生涯目标的路径。

　　职业生涯通道是个体在一个组织中所经历的一系列结构化的职位。通过指明组织内员工可能的发展方向及发展机会，组织内的每一个员工可能沿着本组织的发展通道变换工作岗位。职业生涯通道不仅可以帮助员工了解自我，也可以使组组织掌握员工职业需要以帮助员工满足需要。此外，职业通道有助于员工胜任工作，确立组织内晋升的不同条件和程序，对员工职业发展施加影响，使员工的职业目标和计划有利于满足组织的需要。一般来说，组织有四种职业生涯通道模式。

　　1）传统职业通道。传统职业通道是员工在组织中从一个特定的职位到下一个职位纵向向上发展的一条路径，是一种基于过去组织内员工的实际发展道路而制定出的一种发展模式。这种模式将员工的发展限制于一个职能部门内或一个单位内，通常是由员工在组织中的工作年限来决定员工的职业地位。

　　传统职业通道的最大优点是清晰明确、直线向前，员工知道自己发展必须掌握的特定要求。缺陷是它是基于组织过去对成员的需求而设计的，但随着组织的发展，外部环境的变迁、企业战略的改变等都会影响企业的组织流动和组织结构，进而影响对人力资源的需求，原有职业需求可能无法适应企业的发展要求。例如，某组织的销售部门的职业阶梯是从下而上设计为销售小组、社区销售、地区销售、全国销售及全球销售五个等级。一个销售人员可在 5 年后成为销售组长，10 年后成为社区销售主管，15 年后成为地区销售主管，25 年后成为跨国公司在某一国家的销售主管，30 年后成为某一国家的销售总监。

　　2）行为职业通道。行为职业通道是一种建立在对各个工作岗位上的行为需求分析基础上的职业发展通道设计。除传统职业通道之外，员工还可以在族内进行职业流动。行为职业通道打破了部门对员工职业发展的限制。行为职业通道示例见图 8-6。

　　3）多重职业通道。传统的职业发展意味沿着组织内部的管理职位阶梯一步一步地向高层提升，但是对许多人来说，单一的管理职位通道是与他们的职业自我观和兴趣不相称的。"职业锚"理论告诉我们，员工都有自己的职业定位，而管理型只是 5 种职业锚中的一种，因此以管理层级设计为基础的职业通道显然是过于片面的，不能满足拥有不同职业锚的员工的职业发展需要。

　　受到双重职业通道模式的启发，一个解决办法是以职业锚的类型划分为依据，对组织内部的员工的工作类型进行分类，设计适合本组织的多重职业通道，不同职业通道的层级之间在报酬、地位、称谓等方面具有某种对应关系，这样就可以让每一个员工

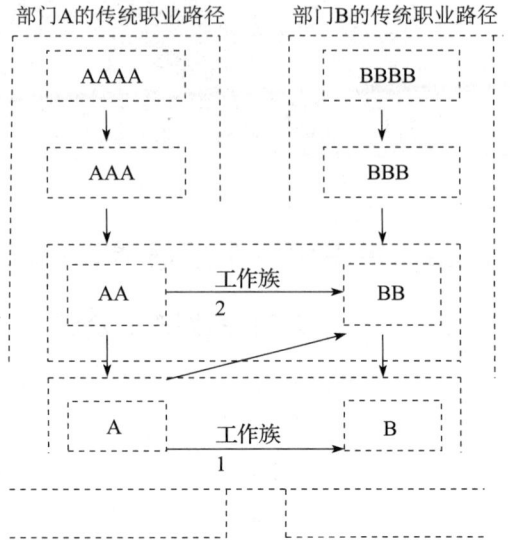

图 8-6　行为职业通道

都能找到适合自己的职业通道，朝着自己的职业里程碑前进。

　　多重职业通道的设计实际上向员工传达了一种非常重要的信息，就是组织非常重视每个员工的个人发展，会为每个员工提供足够的发展空间和晋升机会。这样做的好处是有助于降低员工的离职倾向，尤其是技术类员工将会因此受到极大的鼓舞，因为他们将会有更多的机会得到晋升或获得提薪。

　　职业生涯多通道示例见图 8-7。

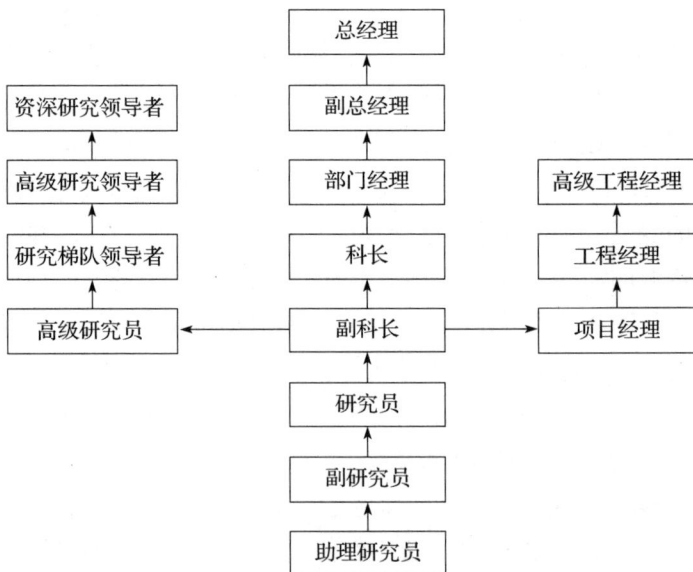

图 8-7　职业生涯多通道示例

⊙ **HR 实例**

海尔的多重职业通道设计

海尔公司在多重职业通道（见表 8-5）设计方面的探索非常值得借鉴。每一位海尔新员工都需要接受个人职业生涯培训。不同类型的员工成功的途径不尽相同，因此，海尔为员工设计了不同的升迁途径，使员工一进厂就能明确职业发展道路。

表 8-5 海尔的多重职业通道设计

员工类别	区分性特征	升迁途径
科研人员	专业型	设计员→设计师→副主任设计师→主任设计师→总设计师（一、二级）（三级）
营销人员	业务型	业务员→营销中心经理→营销分部部长→营销公司经理 业务员→营销中心经理→职能处处长（厂长）→职能部部长
一般管理人员	管理型	科员→科长（车间主任）→处长（分厂厂长）→职能部部长 普通科员→专业科员→主任科员→事业部分部部长→本部部长（一、二级）（三级）
工人	操作型	操作工→质量明星一星→二星→三星→四星 操作工→助理技师→技师→高级技师

资料来源：宋志强，葛玉辉，陈悦明. 扁平化组织结构对员工职业生涯通道的影响及应对策略 [J]. 中国人力资源开发，2012（02）：40-43, 48.

（2）职业通道设置。组织职业生涯系统注重通过组织活动引导个人职业生涯的发展，考虑员工如何在适应组织的同时实现自我价值，突出的是员工个人的竞争力。其主要构成要素是组织的职位层次、晋升通道、职业路径、职位阶梯的结构形式，以及员工个体在其间的流动方式。

一个完整的职业发展通道体系方案，应该主要包括通道的设置、通道内部层级的划分、各层级职数或比例控制、各层级的任职资格标准确定、职业发展路径管理等几个方面的内容。

1）建立职业发展通道。企业要根据自身发展特点、组织结构、薪酬体系和岗位特征，对现有的岗位进行职族、职类的划分，例如将岗位划分为管理职族、营销职族、专业技术职族、生产职族等。每个职族又细分为不同的职类，例如某公司以业绩导向和市场导向为基础，按业务内容相近的原则将营销通道设计的岗位细分为市场职类、客户职类和销售职类三个职类。

某公司营销通道设计的岗位细分见表 8-6。

表 8-6 某公司营销通道设计的岗位细分

职类	备注
市场	主要为网络规划、营销规划、经营分析、收益分析或数据统计、产品设计、业务管理等
客户	从事客户关系管理工作的岗位，包括会员服务、常旅客服务、高端客服、客户关系，以及客户服务中心以客户服务为主要职责的座席代表等
销售	直销业务、座席代表等

2）通道层级的划分。在通道设置基本确定后，就需要考虑另外一个问题，即

单个通道内层级如何划分。通过层级的划分给所有的员工一定的上升空间，以利于员工自身的职业生涯发展通道，同时企业也可以通过员工所在的层级，有效区分关键岗位和骨干员工，为日常的员工管理和制定与员工发展相关的政策制度提供依据。

层级划分的依据是同一职类的从业人员承担责任的大小，所需的知识的深度、广度，技术掌握的熟练程度，素质和行为标准的高低。它强调的是同一职类中从业人员胜任能力的差异性。

如图 8-8 所示，某公司将市场营销职位通道划分为五个层级，每个层级的设计思路如下。①低层级设计思路：营销员层级档级较少，加速晋升速度，起激励作用。②中等级别思路：经历前两次晋级的门槛，已经成为业务中坚，本级容纳更多档，职员在本级停留更久，使得队伍更为稳定；营销师应该处于营销类员工最巅峰的时候（30～35 岁），适当使其团队稳定下来，对创造利润是最有利的。③高层级的级别设置思路：在营销师之上还有级别对营销师是激励，避免其提前进入"养老期"。

依据长期激励的效果、业务的实际情况以及业务的价值贡献量，考虑到不同职种的特点，各职种起止点有所不同。

3）建立不同职类的任职资格标准。目前组织的职业发展通道设置与员工职业生涯规划不匹配的现象很普遍，因此组织的职业生涯规划对人才，特别是高端人才缺乏足够的吸引力。任职资格标准是员工未来能力提升的方向，也是员工实现职业化的标准，是晋升和能力评价的重要依据。每个职类、每个等级都要建立相应的资格标准、素质标准和工作标准，不同等级的标准代表不同的能力等级（见表 8-7）。其中，资格标准是由学历和任职领域相关工作经验年限组成，它是任职资格的门槛之一。能力标准包括此岗位必备的知识、专业技能、核心能力。而行为标准即是此技能在工作岗位上的行为规范，员工根据此工作能取得更好的绩效。

岗级	销售	市场		客户/销售管理
24				
23			高级营销师	
22			高级营销师	
21			高级营销师	
20			高级营销师	
19			资深营销师	资深营销师
18			资深营销师	资深营销师
17			资深营销师	资深营销师
16			资深营销师	资深营销师
15		营销师		营销师
14		营销师		营销师
13		营销师		营销师
12		营销师		营销师
11		营销师		营销师
10		助理营销师		助理营销师
9		助理营销师		助理营销师
8		助理营销师		助理营销师
7		助理营销师		助理营销师
6	营销员	营销员		营销员
5	营销员	营销员		营销员
4	营销员	营销员		营销员
3	初级营销员			初级营销员
2	初级营销员			初级营销员
1	初级营销员			初级营销员

图 8-8　职业层级划分示例

表 8-7　管理人员的能力要求示例

顺位	初级管理人员	中级管理人员	高级管理人员
1	业务知识或技能	领导统御力	领导统御力
2	统御力	企划力	先见性
3	积极性（行动力）	业务知识或技能	谈判力
4	谈判力	谈判力	领导魅力
5	企划力	先见性	企划力
6	指导培养部属能力	判断力	决断力
7	创造力	创造力	创造力
8	理解、判断力	积极性	知识管理能力
9	管理实践能力	对外调整力	组织革新力
10	发掘、解决问题能力	领导魅力	判断力

（3）建立动态的职业生涯管理。组织应通过任职资格等级的认证和评估，并结合员工的性格特征及与岗位要求的匹配度，为员工选择合适的职业生涯发展通道，并设置职业发展的起点。组织也应对员工进行系统、长期、动态的管理。例如，通过绩效评估、与员工面谈等方式及时关注员工与岗位的匹配度，共同探讨，及时修正不匹配的现象，发展员工在某个职业通道中的潜能。组织还应通过培训达到任职资格评定中必备知识考核的要求，通过任职资格牵引培养员工的自主学习、终生学习的意识，从而提高员工的职业发展能力。此外，组织还要建立与薪酬挂钩或与人才的选拔、任用相联系的职业发展激励机制，增强职业发展通道对员工的吸引力。

HR 视野

企业如何帮助员工实现职业计划

1. 提供现实的职业发展机会

企业在招聘人员时不仅要强调职业方面的要求，还要重视应聘者自身的愿望和需求，尤其是要了解应聘者的职业兴趣和职业发展计划，这是企业正确地任用和培训人才的基本条件。此外，在招聘时，企业应真实地向应聘者介绍企业当前的情况以及未来潜在的发展机会，否则可能会使应聘者对企业产生某些方面的误解并影响其对企业的忠诚，最终提高其离职的可能性。

2. 做好工作扩展和工作轮换工作，使工作丰富化

职业生涯的发展并不局限于直线发展，特别是在组织机构趋于扁平化的今天，员工晋升的机会越来越少。为了使员工对组织内的工作保持新鲜感和挑战感，扩展职位的工作内容或工作轮换是常用的方法。工作扩展和工作轮换是员工向水平或向内发展的模式。工作扩展是指对员工的现有工作提出挑战并赋予其新的责任，包括执行某些特殊任务、在团队内角色轮换或寻找为顾客服务的新方法。

3. 提供多样化的员工培训

培训与员工职业发展的关系最为直接。职业发展的基本条件是员工素质得到提高，而且这种素质不一定与目前的工作相关，因此需要持续不断地培训。企业应建立起完善的培训体系，使员工在每次变更职务时都能得到相应的培训，同时也应该鼓励员工积极参加企业内外的各种培训。

波音公司鼓励职工参加职业计划的入门教育，并为他们提供3小时的业余"概况"学习班。新员工的岗位教育内容主要包括对职业计划的介绍。公司通过对管理层的开发培训以支持职业计划的实施，并由一线部门负责执行。这一计划的终极目标是使波音公司的每一位员工都可以接触到丰富的职业生涯开发资源。

4. 进行以职业发展为导向的考核

考核一般会被认为是用来评价员工的绩效、态度和能力，为资源分配和晋升提供依据的一种工具。然而，考核的真正目的应是保证组织目标的实现、激励员工进取以及促进人力资源的开发。考核不能止于评估员工的过往表现，更要帮助员工制订改进计划。以职业发展为导向的考核应当着眼于员工的发展问题和不足，帮助员工明确努力方向和改进方法，促使员工成长和进步。

5. 改进晋升与调动管理

晋升与调动是员工职业发展的主要途径。组织在人力资源管理过程中，应认清员工职业生涯的发展阶段，帮助他们在各个阶段获得发展的机会。

由于员工职业发展的成败对其价值观、组织认同感和职业满足程度有重要影响，因此越来越多的企业开始重视职业生涯的管理。组织的职业开发和管理应考虑企业的发展战略和业务需求；注意将员工的需求与组织的需求相结合；将各项职业开发工作整合起来，并考虑与其他人力资源系统的关系；通过各种工具和方法建立一套富有特色的职业开发系统；保证一线经理参加职业管理并负起直接责任，不断对职业管理工作进行评价和改进，促进上下级之间的有效沟通。

资料来源：赵晶. 对企业员工职业管理的探讨[J]. 中外企业家，2016（19）：177，213.

2. 任职资格体系建构

任职资格体系包括职位序列划分、任职资格等级划分和任职资格标准开发三部分内容。

（1）对企业所有的职位名称、职责进行梳理，明确职位设置规则和职位划分的基本原则，为职位按业务流程分类打好基础。

（2）按照企业战略对未来核心能力的要求，划分岗位序列。岗位序列是具有相同工作性质或相似能力要求的不同岗位构成的一个集合，遵循一定的原则对岗位横向划分出族群、序列，接着在横向划分的基础上，将每一个序列纵向划分为若干任职资格等级。比如采购和供应链族群（序列）下面横向划分为三个岗位：物流工程师、采购工程师和供应链管理工程师；纵向划分出来，每个岗位都对应实习工程师—助理工程师—高级工程师—资深工程师四个任职资格等级。

（3）任职资格标准包括基本条件、知识技能、基本素质、行为标准四个部分的内容。基本条件是指诸如学历、专业、专业经验、行业经验、资质证书、培训、业绩、发表的论文等硬性要求；知识技能指专业知识、专业技能等因岗位而异的必需技能；基本素质指能力、态度等与工作内容和性质符合的个人素质；行为标准指需要遵守的行为规则，比如操作规程等。

3. 职业素质测评

（1）能力倾向测验。我们一般将能力看成一种现有的水平，而能力倾向是一种介乎智力（一般能力）与知识之间的心理特征，是一种未来的发展潜能。在国内，著名的能力倾向测验有国家人力资源和社会保障部编制并运用于公务员录用考试中的《行政职业能力倾向测验》；在国外，比较著名的能力倾向测验有美国大学生入学考试用的 SAT、研究生入学考试用的 GRE、美国就业服务中心编制的《一般能力倾向测验》（GATB）等。常用的智力测验工具为韦克斯勒成人智力量表。该量表适合 16 岁以上的人，由言语和操作两个分量表组成。

（2）人格测验。由于人格具有多维度、多层面的特点，因此人格的测试方法也是多种多样的。实际的人力资源测评工作中所用的方法有测评量表、投射测验、情境测验等。常用的是卡特尔 16PF 个性测验和艾森克人格问卷（EPQ）。卡特尔 16PF 个性测验主要测定人的 16 种人格特质，包括乐群性、聪慧性、稳定性、兴奋性、敏感性、忧虑性、世故性、独立性等。EPQ 反映的是决定人格的三个基本因素：内外倾性、情绪性和精神质，后来又加入了测试被试掩饰或隐蔽程度的因素。

（3）职业适应性测验。职业适应性测验主要从个体的需求、动机、兴趣等方面考查人与岗位工作之间的匹配度。

1）动机测评。动机是行为的内在原因，由需求产生并且为行为提供能量，具有目标指向性。使用动机测评工具可揭示个体的动机模式特征，评估动机与职业的匹配度，有助于个人了解自我，做出适当的自我设计和调整。而对组织来说，该测验有助于预测员工的行为表现，为有效地控制管理人员和选拔合格应聘者提供重要的信息。

2）需求测试。需求是动机的基本来源。需求测试是测查应试者的生理需求、安全需求、归属和爱的需求、自尊的需求、自我实现的需求等。通过测试自尊的需求和自我实现的需求等各大类生活需求的程度，可全面了解个体的需求状况和需求的主次形态，并可定性、定量分析员工总体需求分布模式以及各种需求的强弱程度。

3）职业兴趣测评。兴趣是个体认识某种事物或从事某种活动的心理倾向，表现为个体对某种事物、某项活动的选择性态度或积极的情绪反应。职业兴趣反映了工作活动特点和个体特点之间的匹配关系。职业兴趣测验用于了解这两方面特点之间的匹配关系，从而为实现"恰当的人从事恰当的工作"提供可靠的科学依据。

常用的测验量表包括坎贝尔兴趣技能调查表、库德职业兴趣调查表。这里只介绍第一种。

坎贝尔兴趣技能调查表有定向量表、基础量表和职业量表三部分。定向量表包括七个量表，分别评测被测者的影响力、创造性、分析能力、生产能力和冒险性等七种职业取向；基础量表描述了一个职业类型的概况；职业量表用来将职业取向与特定的职业匹配。

8.3.4　差异化的组织职业生涯管理

1. 不同时期的职业生涯管理

（1）组织职业生涯初期管理。当新员工进入一个新的组织时，会经过三个阶段来完成社会化的过程，即前期社会化、碰撞、改变与习得阶段。

在前期社会化阶段，最有可能的压力就是对新员工而言一切都不是太清楚，因此取得准确的信息尤为重要。双方在此时有努力达成一致目标的心理是必要的。

在碰撞阶段，在前期的社会化中形成的期望可能会与所看到的组织现实相矛盾，从而产生现实冲突。现实冲突的程度取决于在前期社会化中形成的期望值有多大。如果这些期望是不切实际或是不可能被满足的，现实的冲突可能会成为一个问题。

在改变与习得阶段，新员工开始掌握了工作要求，新员工应该具备一些方法来应付工作上的要求。总体来看，在职业探索阶段中，员工在探索性地选择自己的职业，试图通过不同的工作或工作单位而选定自己喜欢、适合自己并将长期从事的职业。这个时期员工希望经常调换不同工作的愿望十分强烈。

从组织的角度来说，可以采取的策略一般包括以下几种。

1）在这个阶段的主要任务是帮助新员工准确地认识自己，制定初步的职业生涯发展规划。

2）为新入职的员工提供职业咨询和帮助。目前很多管理理念进步的企业都在实施"顾问计划"，实质是为员工安排一个工作导师。这些人或是组织中资历经验比较丰富的老员工，或是新员工的直接上司。

3）帮助员工寻找早期职业困境产生的原因及解决办法。新员工所期望的工作方式是：既能够充分利用自己在大学所受过的训练，同时又能够得到组织的认可并获得发展的机会。但是通常，理想与现实的不匹配使新入职员工对他们最初的职业选择感到失望，容易陷入早期职业困境。

（2）组织职业生涯中期管理。这个阶段的特点是：时间长、变化多，既有事业成功，又可能引发职业危机。一般而言，这一阶段的员工自我发展的需要仍很强烈，同时意识到职业机会随着年龄增长越来越有限，产生职业危机感。这个时期出现的困惑主要是职业高原现象。员工在职业中期可能会面临职业通道越来越窄，发展机会越来越少的困境。处于职业中期的员工往往是对组织贡献巨大的中坚阶层，因此，组织有必要帮助他们保持对工作的热情或重新找回对工作的兴趣。

- 组织可以用满足员工心理成就感的方式来代替晋升实现激励效果。
- 组织还可以安排一定范围内的职位轮换，使工作变得丰富多彩，来提高员工对工作的兴趣。
- 扩大现有工作内容也是解决职业高原现象的一种有效方法。

⊙ **HR 实例**

应对职业生涯高原的策略

当职业生涯停止时，一般会出现三个标志：同时入职的同职级同事已经晋升或跳槽到更好的工作岗位；在工作岗位上停留了相当于别人处于同岗位两倍长的时间；清楚地知道自己每天要做些什么。为了改变这种状况，像雪佛龙－德士古公司、通用汽车公司等都鼓励员工在同职级跨部门流动，以解决扁平化的组织难以为员工提供垂直晋升的问题。

此外，公司还会通过向工作绩效高的员工支付更多的报酬以弥补晋升机会的匮乏。依赖创造性人才（诸如科学家、工程师、作家、艺术家）实现成长的公司甚至为专业人才特别设置了专门的职业通道。

资料来源：卡肖. 人力资源管理［M］. 北京：机械工业出版社，2013.

（3）组织职业生涯后期管理。这是职业生涯的最后阶段，大多数人对成就和发展的期望减弱，而希望维持或保留自己目前的地位和成就。当然，也有一部分人依然保持向上的发展势头，特别是一些专家级的人士。对于前一类大多数员工，组织要注重帮助他们做好退休前的各项心理和工作方面的准备，让他们愉快地结束自己的职业生涯，帮助他们顺利地实现向退休生活的过渡。

通过退休计划为员工提供生活、心理、健康、财务和投资等方面的咨询帮助，使他们能够在不从事全日制工作的情况下维护一种自我成就感和回归大自然的心理状态，完满地画上其职业生涯的句号；同时，重新进行组织结构和工作设计及再造，清理和评定企业人力资本存量及职业管理信息系统，准备开始下一个职业管理周期。

当然，如同并不是所有的老年员工都能被套入传统的模式中一样，也不是所有的老年员工都是楷模员工。那么，对人力资源管理来说，这些在不断增长着的、身体仍然很健康的老年人口到底意味着什么？

首先，我们能大致估计到未来的劳动力市场会出现的情景：老年劳动力的供应和需求都将继续增长。为了更好地利用这一趋势，一个较好的方法是重新录用那些即将退休的员工，使职业比退休更具有吸引力，以此来保留那些即将退休的员工。另外一个方法是对老年员工的需求进行调查，只要有可能，就应调整我们的人事管理方法和政策，尽量满足老年员工的需求。

职业生涯周期的问题和应对措施见表 8-8。

表 8-8 职业生涯周期的问题和应对措施

阶段	所关心的问题	应开发的工作
职业生涯早期	1. 第一位是要得到工作 2. 学会如何处理和调整日常工作中所遇到的各种麻烦 3. 要为成功完成任务而承担责任 4. 要做出改变职业和调换单位的决定	1. 了解和评价职业和工作单位的信息 2. 了解工作和职位的任务、职责 3. 了解如何与上级、同事和其他人的协调工作方面的关系 4. 开发某一方面或更多方面的专门知识

（续）

阶段	所关心的问题	应开发的工作
职业生涯中期	1. 选择专业和决定承担义务的程度 2. 确定从事的专业，并落实到工作单位 3. 确定生涯发展的行程和目标等 4. 在几种可供选择的生涯方案中做出选择（如技术还是管理职位）	1. 开辟更宽的职业出路 2. 了解如何自我评价的信息（如工作的成绩效果） 3. 了解如何正确解决工作、家庭和其他利益之间的矛盾
职业生涯后期	1. 取得更大的责任或缩减在某一点上所承担的责任 2. 培养关键性的下属和接班人 3. 退休	1. 扩大个人对工作的兴趣，扩大所掌握技术的广度 2. 了解工作和单位的其他综合性成果 3. 了解"合理安排生活"之道，避免完全被工作所控制

⊙ HR 实例

日本企业的职业生涯发展计划

日本的职业技术教育发展迅猛。近年来，为防止知识老化，在"全员培训"的基础上，日本推行了"职业生涯发展计划"，力求通过教育培训的连续性，因人制宜地培养一专多能、适应科学技术发展需要的人才。

推行这种计划时，企业一般把职业生涯分为四个阶段：第一阶段从个体参加工作开始到28岁左右，此时由于个体刚进入社会，因此求知欲望很强；第二阶段是30岁左右，个体能积极应用学到的技术；第三阶段是从35岁到40岁，此时个体已经进入成熟期，能够充分发挥所累积的实力，领导若干下属；第四阶段是45岁以上，此时个体作为企业的管理者，活跃在企业的各个部门。

针对四个不同阶段的不同对象，各企业采用了不同的教育方法。日本东洋工程技术公司对处于第一阶段的员工采用准备教育、现场实习和集体教育等多种方法，促使他们掌握多方面的知识。对进入第二阶段的员工，东洋公司则以情报整理法为中心进行教育，实行"骨干阶层普遍继续提高的进修"制度。东洋公司为第三阶段的员工提供新任管理职务的进修课程、函授教育以及MDP（管理、发展、计划）教育，为员工进入第四阶段创造条件。在管理人员达到45岁左右时，东洋公司会评估他们的适应性，以确定后期的发展路径。对于适合担任经理的员工，东洋公司会为他们提供"骨干经理进修"和"高级经理进修"学习课程；对于专业人员，东洋公司则会选择部分员工并将他们送往大学进修或到研究所从事专题研究。

日本东洋工程技术公司四阶段的"职业生涯发展计划"，把"全员培训"同"继续教育"相结合，使之制度化、规范化；把员工的当前工作同终生发展相结合，有利于提高员工的积极性，增强企业的凝聚力；把员工个人的发展同企业的发展相结合，保证了企业持续开拓前进的"后劲"。

资料来源：RGF HR Agent. 日企职业发展规划 给你介绍日企职业发展规划的要点［EB/OL］. https://www.rgf-hragent.com.cn/article/zygh-rqzyghzd/66.html.

2. 不同职类的职业生涯管理

企业对员工进行职业生涯规划与管理的目的就是把人才的个人需要与组织的需要统一起来，做到人尽其才，并最大限度地调动人才的积极性。在分工细化、人才需求多元化的组织内部，单一的生涯管理模式满足不了不同职能人员的职业发展需要，因此有必要针对不同职类的特点进行职业生涯管理（见表8-9）。

表 8-9　不同职类人员的职业生涯管理

职能类型	工作特点	组织内职业发展路径	
		内部晋升	内部调整
技术	工作时间不固定；注重对问题的预防；团队协作能力强	1. 技术通道晋升：在自己擅长的技术领域深耕，从技术员逐步提升能力到高级技师 2. 管理通道晋升：积累了一定技术能力和经验之后，转向技术部门的管理岗位	
生产	具备多种职业技能；强调标准和规则	积累了一定技术能力和经验之后，转向生产部门的管理岗位	在不同车间调整岗位，或根据专长转岗成技术人员
财务	工作烦琐，责任重大；工作接触范围广	积累了一定能力和经验之后，转向财务部门的管理岗位	根据专长，转岗成运营或投资人员
营销	专业技术要求低；工作压力大；流动性强，稳定性差	专业岗位晋升：去更高一级公司带领更大的团队	去细分市场开辟新业务，为晋升管理岗打基础
研发	较高的科学文化素质；自主性强；人际交往范围小	1. 技术通道晋升：在自己擅长的领域深耕，成为研发专家 2. 管理通道晋升：积累了一定能力和经验之后，转向研发部门的管理岗位	转岗：技术支持或技术/质量管理部门经理
采购	有一定的专业知识；紧跟市场变化；职业道德要求高	积累了一定技术能力和经验之后，转向采购部门的管理岗位	根据专长转岗为运营方面的供应商管理、投资方面的市场分析、营销方面的品牌推广等岗位
客服	直接与客户接触；轮班制；心理压力大		结合所在行业的特征和所掌握的专业知识实现转岗（例如从银行柜员到理财规划师）

资料来源：孙宗虎. 职业生涯规划管理实务手册［M］. 3 版. 北京：人民邮电出版社，2018.

8.3.5　职业生涯管理的实施

1. 让员工了解企业文化和管理制度

明确的规章制度可以让员工更加顺利地对接到新岗位，共同的价值理念能为员工传递企业未来发展的目标和路径。组织可以有意识地引导员工认同企业文化，并将员工自己的个人规划与组织的未来发展相结合，从而在职业发展初期顺利完成社会化。

2. 为员工提供内部职业信息

关于职业的知识，往往是处于探索期的员工所需要的。尽管这些员工进入了职业领域，但对于是否适合从事该领域、是否愿意终生在该领域奉献、有没有更合适的职业岗位等，还有认识的必要。为此，需要为这些员工提供相应的资料，让他们能在需要的时候获得必要的信息。一般来说，组织职业生涯咨询管理中提供的信息主要包括两个方面，一方面是职位空缺信息，另一方面是如何获得人力资源来填补这些职位空缺的信息，即组织的人力资源政策是什么？个人通过何种途径能够获得职业晋升与发展等。

组织职业生涯系统为员工职业发展提供的信息主要包括以下五个方面：

- 职缺公告：公布内部空缺职位信息，优先考虑满足公司内部合适人选。
- 职业路径规划：确定一系列的工作或岗位序列，以实现某种职业生涯目标。
- 提供职位说明书，帮助员工了解工作特点、内容及任职资格信息。
- 组织职业生涯管理手册，以帮助员工开展职业生涯管理。
- 建立职业生涯管理信息系统、员工档案系统、职业生涯管理资源中心。

3. 职业生涯咨询与服务

组织开展的职业生涯咨询项目以组织为实施主体，员工为实施对象，通过专业人员为雇员提供诊断、评估、培训、专业指导，帮助员工解决自身职业发展中出现的心理和行为问题，从而不断提高员工在组织中的职业发展机会和工作绩效，同时改善组织氛围，实现员工保留。

根据为员工提供职业生涯咨询的侧重点不同，组织提供的职业生涯咨询服务主要包括以下几个方面：

- 上级为员工提供职业生涯管理方面的指导。
- 人力资源部门为员工提供职业生涯管理方面的指导。
- 聘请外部专家为员工提供职业生涯管理方面的指导。
- 上级与员工一起制定个人职业生涯规划书面稿，指导员工规划前景。
- 为员工提供职业生涯管理手册，以帮助员工开展职业生涯管理。
- 组织开展职业生涯管理论坛或研讨会。
- 提供自评工具，帮助员工了解自身兴趣、性格的职业特征。
- 建立职业生涯管理信息系统，如员工档案系统、职业生涯管理资源中心。
- 对管理人员提供如何指导员工进行职业生涯管理的培训。
- 成立职业发展评价中心。

⊙ HR 实例

西门子的"爱发谈话"

西门子认为，每一位员工的成长和发展与整个企业的发展战略相互协调、相互促进。因此，西门子开展了一项名为"爱发谈话"（EFA）的活动，以帮助员工更好地实现自我发展。"EFA"是德语"开发、促进、承认"三个词的缩写，谈话的原则是：坦诚、透明、信任。爱发谈话强调：员工要将职业生涯掌握在自己手中，制订开发计划，增长知识才干，企业则需加以帮助指导。

爱发谈话由职员、上司和主持人三方参加。职员，即 26 000 名高级管理者；上司，即谈话对象的直接主管；主持人通常是人事顾问。谈话以谈心方式进行，上司是主角，在谈话中处于主动地位，但是他不是以上司的身份而是以教练的角色参与其中，努力拉近与员工的心理距离，构建伙伴关系，设身处地地帮助员工分析优劣势，帮助员工更好地实现个人设想。员工在谈话中的任务是：客观分析自己的现状，找出自己的强项和弱项，提出培训进修的方向，根据自己的兴趣、潜力以及目前所处的位置设计或调整职业生涯规划，最终达到关心自我、拓展职能、确立目标的效果。主持人的任务是：协调谈话各方、咨询有关问题以及提供市场信息。

资料来源：李啸尘. 西门子不变"爱发谈话"不变 [J]. 科技智囊，2003（03）：70-71.

本章小结

职业生涯是指一个人在其一生中遵循一定道路（或途径）所从事工作的历程，包括与工作相关的活动、行为、价值、愿望等。

职业生涯管理具体包括职业生涯设计、规划、开发、评估、反馈和修正等一系列综合性的活动与过程。职业生涯管理包括员工的职业生涯自我管理和组织协助员工规划其生涯发展，并为员工提供必要的教育、训练、轮岗等发展的机会，促进员工职业生涯目标的实现。

个人职业生涯规划设计与管理应考虑的因素和步骤：确定志向、自我评估、职业生涯机会评估、职业的选择、职业生涯路线的选择、制订行动计划与措施、评估与调整。

职业生涯发展的人-职匹配理论，包括人格特性与职业因素匹配理论，人格类型与职业类型匹配理论。人格特性分为现实型、调研型、艺术型、社会型、企业型、传统型等六种基本类型。

职业锚是个人工作过程中依循个人需要、动机和价值观，经过不断探索所确定的长期职业贡献和职业定位。它可以分为：技术/功能型职业锚、管理能力型职业锚、创造型职业锚、安全/稳定型职业锚、自主/独立型职业锚五种类型。

职业生涯是现代组织管理和现代人力资源管理的重要内容。组织职业生涯规划与个人职业生涯规划应该协调和对应，组织的职位阶梯与个人目标应该衔接，组织发展方向与职工职业生涯方向应一致，个人职业发展道路与组织目标应兼容，以寻求组织目标与人力资源要素全面整合。

组织内员工职业生涯发展的途径可分为纵向、横向、网状和多阶梯发展四种类型，重点掌握多阶梯职业途径的内容和操作方法。组织通道设置主要构成要素是组织的职位层次、晋升通道、职业路径、职位阶梯的结构形式，以及员工个体在其间的流动方式。

组织职业生涯管理阶段管理包括：职业生涯早期管理、职业生涯中期管理和职业生涯后期管理。

复习思考题

1. 职业生涯管理的特征有哪些？其作用是什么？
2. 试分析职业生涯管理的基本内容。
3. 个人职业生涯规划一般要经过哪几个步骤？
4. 职业锚有几种类型？每种类型的特点是什么？
5. 联系实际，你认为应如何利用职业锚理论来指导自己的职业生涯发展？
6. 职业通道设置的步骤和内容有哪些？
7. 联系实际，谈谈职业生涯中期面临的问题和如何克服职业生涯中期危机。

应用案例

奇虎360的人才发展策略

北京奇虎科技有限公司（简称奇虎360）于2005年成立，是中国领先的互联网安全软件与互联网服务公司。奇虎360开发了全球规模最大和技术最先进的云安全体系，颠覆了业内原有的商业发展模式，并凭借巨大的流量和用户数促进中国互联网自我革新，进而推动整个互联网走向开放。凭借强有力的人才"精兵"策略，奇虎360实现了快速发展。

奇虎360为员工不同的职业生涯发展阶段提供不同的系统性培训项目。奇虎360"关键人才"的培养之路主要分为五个阶段：第一阶段是针对初级者的"飞扬计划"，第二阶段是针对经验者的"专业培训项目或项目锻炼"，第三阶段是针对业务骨干或监督者的"雏鹰训练营"，第四阶段是针对专家或管理者的"飞鹰训练营"，第五阶段是针对资深专家或领导者的"综合性培养项目"。通过这五个项目，奇虎360为公司员工的职业生涯发展提供了全面的规划和支持。这里将对这五阶段的项目进行概述。

第一阶段：针对初级者的"飞扬计划"

飞扬计划主要针对校园招聘的应届毕业生。该计划致力于向新员工灌输奇虎360公司文化，希望新员工能够以奇虎360人的行为标准来规范自己的行为，发挥更大潜力、具备更高的忠诚度。奇虎360学院为这些新员工设计并开发了为期一年的培训课程，以帮助员工更快速地进入工作角色和适应工作要求。该计划的讲师主要包括企业内部高管，如总裁、副总裁、企业各部门总监以及优秀员工代表等。在该计划开始前，奇虎360学院会收集学员名单，发出培训通知，确认参训学员最终名单，同时设计课程方案，邀请并确认讲师；准备物料道具及用餐，布置培训现场等。在该计划实施时，奇虎360学院会进行课程实施管理，对学员进行观察记录，引导学员反思总结等。最后，奇虎360学院会对学员进行考评、评优，总结并宣传该项目。

飞扬计划主要通过三大板块实现对新人的培训：集训、实习和实战项目。这三大培训板块可以有效帮助员工掌握提高技能和职业化能力的方法，更好地从学生角色向职场角色转变。集训板块为期2～4周，主要包括技术类培训、企业文化培训与团建和职业化培训。该板块培训以课堂授课为主、户外拓展为辅。集训以小组的形式进行，每个小组都有特定的任务，如公司品牌宣传、飞扬训练营宣传、教务支持、对外赛事的沟通组织和毕业典礼筹备等。实习板块为期2个月，主要包括代码作业、小项目课题、模拟训练、导师一对一和职业化辅导支持等。该板块旨在培训员工的实际操作技能，锻炼员工在实操过程中的沟通、合作能力以及克服困难的韧性。实战项目为期半年以上，主要是对员工的工作及时给予文化、思想和职业化的引导。该计划的衡量指标主要有集训理论考试成绩、集训小组任务得分、优秀学员评比、实训得分、训后工作表现评估、项目经理评语，综合各项分数得出最终评估总分。

第二阶段：针对经验者的"专业项目培训或项目锻炼"

在该培训阶段，奇虎360学院会邀请业界和公司的技术专家及高手进行技术与实践方面的分享和交流，帮助初有经验的员工快速成长。学院会定期举办内部分享论坛及专业技术大赛，比如组织公司的技术人员参加行业间的峰会、技术论坛，邀请外部专家对公司员工进行特定专题的培训，组织内部技术专家进行技术的分享和探讨，以期帮助学员更快地学习并掌握成为技术或产品高手的技能。

通过该专业项目的培训，奇虎360储备并培养了一大批优秀人才。奇虎360会定期对公司人才库进行评估，锁定关键人才，并制订一对一的培训计划，以激发人才潜力，为公司的发展储备后续力量。

第三阶段：针对业务骨干或监督者的"雏鹰训练营"

第三阶段的培养对象主要是公司的核心骨干人员或监督者。该阶段旨在提高核心骨干人员自我管理能力和团队管理能力，致力于以全新的混合式学习方法切实解决实际工作中面临的实际问题。第三阶段也叫"雏鹰计划"，这体现了奇虎360希望核心骨干人员如同雏鹰一般拥有高远、拼搏、执着和突破自我的精神。

第四阶段：针对专家或管理者的"飞鹰训练营"

经历"雏鹰训练营"磨炼的核心骨干人员可能会面临两种职业发展选择——技术发展通道和管理发展通道。

对于选择技术发展通道的员工，奇虎360学院会定期外派核心技术人员去学习。这些技术人员可能会接触国际国内最新的技术高峰论坛，参加国内外最新的技术培训，并且在学院内部分享培训的相关内容。此外，奇虎360学院也会组织行业峰会，邀请行业专家参加，从而为技术人员的发展创造机会，储备掌握高端技术的人才。

对于选择管理发展通道的员工，奇虎360学院会用半年的系统性培训项目帮助这些员工进行转型，使他们具备基础的管理技能。奇虎360学院会先让这些员工从新人导师做起，新人导师在辅导他人、帮助他人的过程中，为其成为技术性的管理者打下基础。同时，学院也会给这些员工分配更高阶的管理导师，训练他们的管理技能，并提供不同阶段的培养计划，以期促进他们的全方位发展。

奇虎360还提出"火炬手计划"，这些关键人才经过培训之后，也要作为内训师与其他员工分享经验和知识，从而在学院内营造一种"技而优则师，业而精则讲"的良好氛围。

第五阶段：针对资深专家或领导者的"综合性培养项目"

第五阶段也称为"精鹰训练营"。该训练营主要结合公司文化和业务进行全方位的领导力开发训练，选拔和培养高级管理人员。

"精鹰训练营"主要培训高级管理者的战略、创新、思维、产品、营销、项目管理以及领导力、沟通、心理等方面的能力。该训练营全程采用"课程培训＋实战项目辅导"的方式，促使学员将理论应用于实践。同时，学院还设置了分组比赛制，以激发员工的参与热情，培养和选拔符合奇虎360战略发展需要的高级管理人才。

奇虎360学院打造的"关键人才"培训体系既具备灵活的选拔机制，又提供系统的培养和实践机制，为员工的职业发展提供了明确的方向以及切实的体系和制度保障，这也是奇虎360吸引优秀人才并不断取得发展的重要基础。

资料来源：中国人力资源公会. 走进奇虎360：互联网人力资源精英之谈 [EB/OL]. （2015-04-16）[2021-01-15]. http://www.hrunion.org/news/168.html.

讨论题

1. 奇虎360学院为什么要根据员工不同职业生涯发展阶段提供不同的培训项目？
2. 奇虎360学院是如何帮助员工进行职业生涯管理的？
3. 请根据以上案例谈谈如何制定个人职业生涯规划。

第9章 员工关系管理

【本章导读】

☑ 员工关系概述
☑ 员工关系管理实践
☑ 劳动关系与劳动法规

AMO 框架　　　　　　员工关系管理

员工关系管理包括员工参与管理、纪律管理、沟通管理、关怀管理和劳动关系管理，在近几年越来越受企业管理者青睐。实施有效的员工管理，一方面能通过促进员工参与和心声表达来提高其满意度，另一方面能避免和化解劳资冲突，从而构建和谐劳动关系，最终，让企业获得竞争优势（见图 9-1）。

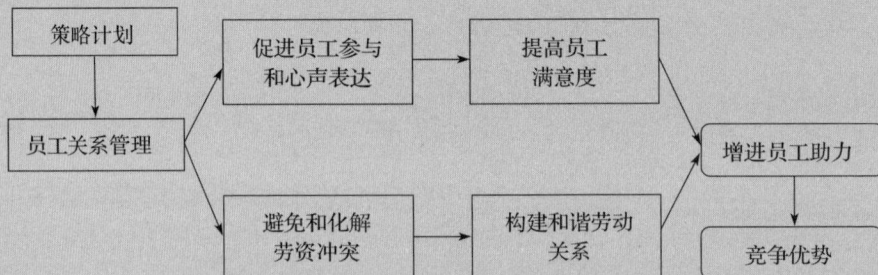

图 9-1　员工关系管理与企业竞争优势的关系

引例　　　　　　　　海底捞的家庭导向员工关系管理

组织实践：把员工当成家里人

海底捞的很多员工都是背井离乡、在农村长大、家境不好、读书不多、见识不广，如何让这些受人歧视、心理自卑的服务员主动为客人服务？

海底捞董事长张勇说："要想让员工干好这份低技能的工作，关键点不应该放在如何培训员工怎么做这份工作上，而是要放在如何让员工愿意干这份工作上。只要员工愿意干，用心干，你就赢了！我觉得人心都是肉长的，你对人家好，人家也就对你好；只要想办法让员工把公司当成家，员工就会把心放在顾客身上。"

怎么才能让员工把海底捞当成家？

答案其实很简单——把员工当成家里人。海底捞创新性地提出了"员工比顾客重要"的管理方式。很多在北京餐馆工作的服务员住在通风不好又闷又热又潮的地下室，老板住在楼上。试想，如果这些服务员是你的兄弟姐妹，他们来北京给你打工，你会让他们住到大家都不愿意住的地下室吗？当然不会，你会不忍心！

所以，与其他餐饮企业租地下室给员工当宿舍不同，海底捞租的是城里人住的正规住宅，有空调和暖气，四人一间，每人的居住面积不小于 6 平方米，有免费的无线网络，全天热水供应。不仅如此，海底捞还要求租的宿舍必须步行 20 分钟之内可到工作地点。为什么？因为这些还都是大孩子的服务员需要充足的睡眠，海底捞不想他们把时间浪费在北京的交通上。由于海底捞租房如此挑剔，可选择的只有离店较近的城里较好的小区居民楼。

除此之外，海底捞还请专人给员工宿舍打扫卫生、换洗被单；宿舍里可以免费上网，电视电话一应俱有。海底捞员工笑称他们的宿舍拥有"星级"酒店的服务！

海底捞从生活的小细节着手让员工切实体会到"家"的感觉。海底捞会在北京没来暖气的时候，给员工配发暖水袋，帮他们暖好被窝。有的分店，晚上还有专人把热水灌进去！是不是只有妈妈才这样做？

如果你的兄弟姐妹从乡村来北京打工，你一定担心他们不会认路，不懂城里人的规矩，会遭受别人的白眼。于是，海底捞的培训就不仅仅是工作的内容，还包括怎么看地图，怎么用冲水马桶，怎么坐地铁，怎么使用银行卡，等等。

在访谈时，海底捞员工骄傲地说："我们的工装是 100 多元一套的好衣服，鞋子也是名牌运动鞋。"因为服务员的工作表面看起来轻松，但实际很繁重，特别是站的时候居多，很累脚。

你的兄弟姐妹千里迢迢来打工，无法顾及孩子的教育，这个问题怎么办？海底捞就在四川简阳建了一所寄宿学校，海底捞员工的孩子可以在那里就读。

海底捞不仅照顾员工的子女，也关心员工的父母。海底捞领班以上干部的父母，每月会直接收到公司发的几百元补助。父母都想让孩子有出息，但衣锦还乡可不容易做到。然而每月公司寄的零花钱，却让父母的脸上放了光彩。中国人含蓄，中国的农民更含蓄，心里骄傲也不会直说，却说："这孩子有福气，找到一家老板把他们当成兄弟的好公司！"

如果你的弟弟妹妹结婚了，你能让年轻的夫妇分居吗？于是海底捞推出了鼓励夫妻在同一家公司工作的人事政策，甚至还给夫妻提供由公司补贴的夫妻房，这又是让人力资源专家大跌眼镜的操作。

春节对中国人来说是最重要的节日，对农民工来说更是难得的团聚日子。他们在外漂泊了一年，忍受辛酸、劳苦和春运的疲劳，可是中国春节法定的带薪年假只有3天。如果这些农民工是你的家人，你忍心只给他们3天假吗？海底捞就决定，员工过年期间给予带薪休假12天并报销回家往返火车票！

员工回馈：海底捞是我的第二个家

农民工对家的感情往往更深厚，朴实的他们一旦真把公司当成了家，"原子弹"就会爆发。

一位来自云南的40多岁的阿姨，经历了背叛、婚变和许多不幸事件。半年前，单身的她经亲戚介绍来到海底捞北京四店做保洁。她说在这里感到了久违的温暖，同事之间很客气，都管她叫"阿姨"或"大姐"。让她最难忘的是那天早上，"我正在3楼拖地，同事们突然唱起了生日歌，接着大堂经理谢张华端着果盘出现了，我当时就哭了。她抱着我，祝我生日快乐，还管我叫'妈妈'。此时，我真切地感到家的存在。我爱你，我的家海底捞，我爱你，我的女儿，小谢。"

另一位员工则哽咽地回忆道："汶川地震时，有人捐给店里5 000元钱。店里考虑再三，决定把钱捐给家乡受灾家庭最困难、工作最优秀的员工，最后选定了我。当钱送到我手里时，我真不知道该说什么。我现在快50岁了，我总在想怎么报答海底捞。在我有生之年，我要每天拼命端锅、扫地、拖地……只要我能干动的我都干，我没有半点怨言，因为这是我的第二个家。"

我们给自己的家干活，当然不会偷懒，也不会计较报酬，还会想方设法干好。企业给员工带去的种种温暖，最终会反映到为顾客的服务上，这也是海底捞的员工能如此热情地对待顾客，服务质量能远远超过其他餐馆的重要原因。

资料来源：宋子晔，张雪冰."海底捞"经营模式对餐饮业服务营销的启示［J］. 中小企业管理与科技（下旬刊），2018（02）：5-6.

从以上案例可知，海底捞与员工之间不仅仅是传统的雇主－雇员关系，而是更多地从员工的角度来定义双方关系。海底捞舍弃了控制导向的管理方式，替换成参与、关怀和沟通导向的员工关系管理实践，能够有效促进员工的忠诚感、敬业度和工作积极性，奠定了企业竞争优势的内部管理基础。

9.1　员工关系管理概述

9.1.1　员工关系的内涵

1. 员工关系的概念

"员工关系"（employee relation）一词来源于西方人力资源管理体系，在概念上有广义和狭义之分。在广义上，根据程延园（2008）的定义，员工关系是指管理方与员工及团体之间产生的，由双方利益引起的表现为合作、冲突、力量和权利关系的总和，并受到社会中经济、技术、政策、法律制度和社会文化背景的一定影响。在狭义上，按照刘昕和张兰兰（2013）的观点，员工关系不包括企业与工会之间的关系，它是企业与本企业所雇用员工之间的一种组织内部关系，既不涉及工会，也不涉及政府，是企业和员工在一定的法律框架内形成的经济契约和心理契约的总和。

无论是广义还是狭义的概念，员工关系都包含两种关系：一是管理方和员工之间因为签订雇用合同而产生的法律上的权利义务关系，二是双方彼此间的人际、情感和道德规范等不成文的伦理关系。通常来说，对于员工关系的研究，劳动关系管理领域的学者更多采用广义的概念，而人力资源管理领域的学者则更多采用狭义的概念。

2. 员工关系、劳资关系和劳动关系辨析

（1）员工关系与劳资关系。劳资关系（industrial relations，IR）相对于出资人与劳动者而言，是资方与劳方关系的统称。广义的劳资关系涵盖与雇用关系相关的所有方面，包括人力资源管理、员工关系以及工会与资方之间的关系。而狭义的劳资关系仅指工会与资方之间的关系，包括劳资谈判、集体协商等方面的内容。在实践中，通常采用劳资关系的狭义概念，也并未涉及员工个人与企业之间的关系，强调劳资双方处于对立和对抗的状态。

布雷顿和特恩布尔（Blyton 和 Turnbull，1994）指出，劳资关系具有两个特征：一是劳资关系与工会、集体谈判和工业生产活动密切相关；二是劳资关系以制造业中的强体力劳动为核心，尤其是制造业中的全日制男性工人的劳动。员工关系的概念之所以产生，是因为越来越多的劳动者以个人而非集体的名义来处理他们与企业之间的雇用关系，而传统的劳资关系所凭借的是工会的力量。与劳资关系相比，员工关系不仅适用于工会会员，还适用于非工会会员，且涵盖了劳务派遣、兼职和临时工等非典型雇用形式，而女性恰恰是非典型雇用的主力军。

综上所述，员工关系与劳资关系的区别可归纳为以下三个方面。

第一，适用范围不同。劳资关系通常适用于工会会员与企业之间的雇用关系，而员工关系的适用范围更广，既包括工会会员与非工会会员，又包括典型的全日制雇用形式与非典型的劳务派遣、兼职和临时工等雇用形式。

第二，研究视角不同。劳资关系主要基于政治视角，来研究劳资冲突、劳资谈判等命题；而员工关系主要基于管理视角，特别是人力资源管理视角，来研究员工

个人与企业之间的微观层面互动。

第三，内涵本质不同。劳资关系本质上是劳动者与企业之间的法律关系，即双方之间因为签订雇用合同而产生的法律上的权利义务关系；而员工关系本质上是双方的法律关系与伦理关系的总和，既包括了与劳资关系一致的法律关系，还包括了社会层面双方彼此间的人际、情感甚至道德规范等关系，即双方权利义务不成文的传统、习惯及默契等伦理关系。

（2）员工关系与劳动关系。目前，我国使用的与劳资关系相近的概念是劳动关系（labor relations，LR），在我国，劳动关系通常定义为劳动者运用劳动能力进行劳动的过程中与用人单位形成的一种社会经济关系。与欧美国家使用的劳资关系不同，中国、日本都使用劳动关系的概念，不过日本称其为劳使关系。根据我国政治经济学的观点，资本主义的基本矛盾之一就是由于雇用关系所带来的劳资矛盾，即西方的劳资关系反映的正是这种剥削与被剥削的关系。由于社会主义国家不应该存在这种剥削与被剥削的关系，所以在讨论国内的劳动问题以及企业和员工之间的关系时，通常使用"劳动关系"的概念，而不是"劳资关系"。我国《劳动法》规定，建立劳动关系须签订书面劳动合同。这意味着劳动关系实际上是劳动者个人和企业之间的法律关系以及体现在劳动合同中的经济关系。

我国劳动关系的概念在一定程度上体现了劳资关系所强调的企业与工会的关系，也从法律的角度界定了企业与劳动者之间的经济契约关系。所以，劳动关系是劳资关系的扩充与完善，两者有很大的相似性。于是，与劳资关系相似，劳动关系和员工关系在适用范围、研究视角和内涵本质上有所区别。但是，与劳资关系不同的是，劳动关系和员工关系有着密切的联系，但又有着明显的区别。

第一，劳动关系是员工关系的基础，员工关系是劳动关系的延伸。在我国，员工关系的概念是建立在劳动关系的基础之上的，因为遵守法律要求是管理员工关系的一个最基本要求，这里的法律要求就是《劳动法》所规定的劳动关系。在劳动关系的基础上，企业就可以重点通过一系列的人力资源管理政策和实践来管理好员工关系。

第二，员工关系与劳动关系所关注的重点不同。劳动关系关注的是企业与工会之间的关系，以及企业与劳动者之间的经济契约关系，而员工关系关注的则是企业与员工个人之间的隐性心理契约。所以，员工关系更为强调企业与员工之间的人际、情感甚至道德规范关系。

9.1.2　员工关系管理的内涵

1. 员工关系管理的概念

员工关系管理（employee relations management）是人力资源管理的一个重要内容，也是制度化的人力资源管理的人性化补充，从企业把员工招进来的第一天起，直到员工离职，员工关系管理始终贯穿其中。员工关系管理就是企业对员工 – 组织关系所进行的管理，即企业在遵守国家法律法规的基础上，为了实现自身目标以及确保对员工的公平对待，在调节企业与员工之间的关系方面所依据的基本理念和实施的具体规章制度、政策以及管理实践的总称。与劳资关系管理、劳动关系管理相比，员工关系管理的特点是同时注重员工与组织之间的雇用契约和心理契约，是现代企业以人为本的进步。

2. 员工关系管理的内容

员工关系管理与人力资源管理最大的区别是，前者注重沟通，而后者则注重规章制度的实施。在这一区别下，尽管员工关系管理贯穿人力资源管理的方方面面，但它也拥有其独特的五个主要内容：

- 员工参与管理，即通过工会、集体谈判和职工代表大会等制度来让员工参与企业的决策过程，让员工有机会向企业争取自身的利益。
- 员工纪律管理，即制定雇用行为规范的体系、准则、程序和奖惩措施，引导员工遵守企业的各项规章制度，提高员工的组织纪律性。
- 组织沟通管理，主要体现在组织沟通上，即确保沟通渠道的畅通，制定上下级之间的双向沟通渠道，完善企业内部建言机制和反馈机制；引导平级之间的沟通，降低信息不确定性，促进知识分享。
- 员工关怀管理，即了解并识别员工心理问题的可能来源，在员工面临困境时实施员工帮助计划。
- 劳动关系管理，即识别劳动法规所要求的权利和义务，规范劳动双方的劳动合同，并妥善处理劳动争议。

9.1.3 当前员工关系管理的新挑战

1. 多元雇用下的员工关系管理

（1）传统非典型雇用模式与员工关系管理。多元雇用是相对于传统的单一雇用而言的，往往指雇用形式的多元化，是一种同时存在多种雇用形式的混合雇用方式。卡佩里等人（Cappelli 等，2012）列出了企业经济活动中最常见的雇用形式（见图 9-2），而多元雇用就是将这些雇用形式同时使用于一家企业之中。对于这些雇用形式，直接合同形式是传统的典型雇用，而其他形式都被学者统称为非典型雇用。

非典型雇用虽然早就存在，但是一直以来规模不大，只是典型雇用的补充而已。但是，随着多元雇用越来越广泛地使用，不少企业通过设立临时性的岗位专门招聘非典型员工、在同一岗位上同时招聘典型雇用员工和非典型雇用员工等方式不断扩大非典型雇用员工的规模。然而，由此带来的变化就是员工关系的改变。典型雇用强调双方的长期关系，这也导致了"铁饭碗"一词的产生。非典型雇用则意味着企业希望与员工保持简单且短期的弹性关系，这使得企业对非典型员工的工作安全投

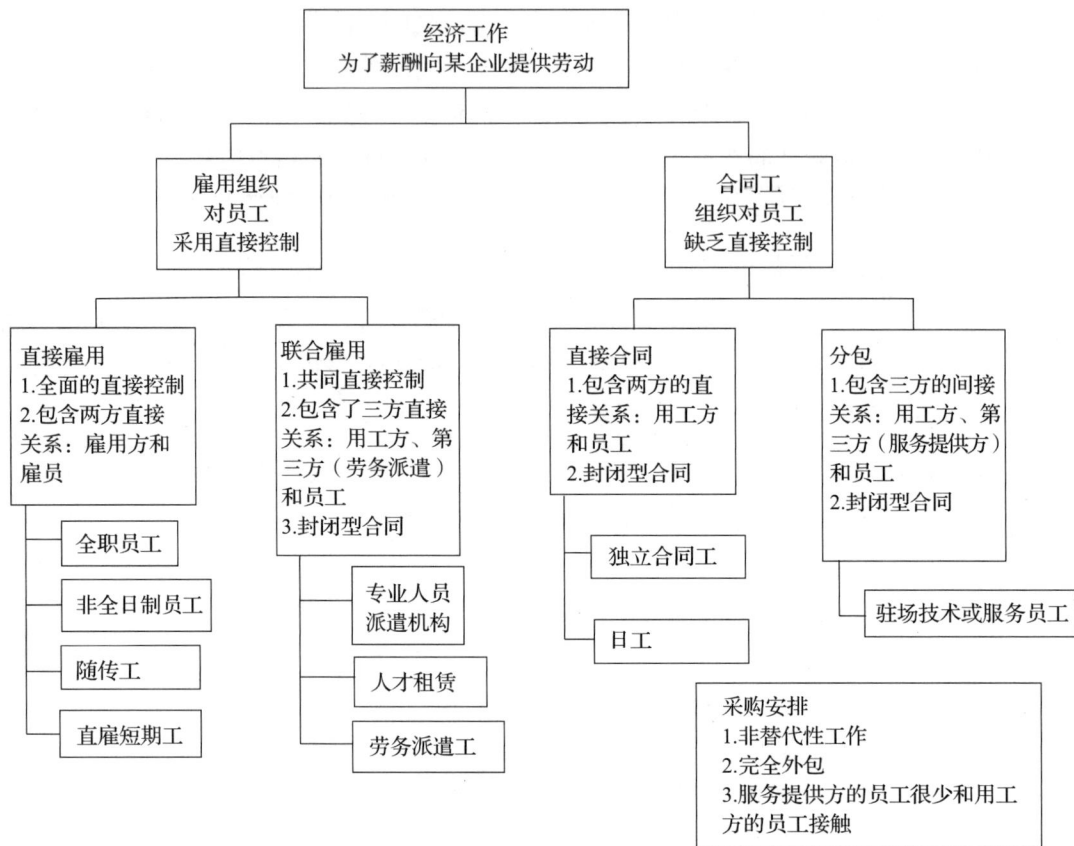

图 9-2 企业经济活动中的常见雇用形式

资料来源：Cappelli，Keller（2012）。

入不足，而员工对工作的积极性和责任感也普遍不强。总的来说，多元雇用为员工关系管理带来了以下挑战。

挑战一：多元雇用容易导致同工不同酬的问题。由于业务的增长和劳动力成本的上升，很多企业都会招聘非典型员工来扩充员工队伍，其中以劳务派遣最为常用。新进的非典型员工通常会与企业原来的正式员工一起工作，两者的工作内容和工作量基本一致，但正式员工的薪酬和福利水平通常大大高于非典型员工。这种同工不同酬的现象在很多国企中存在，导致的结果包括非典型员工的心理契约破裂、工作积极性降低，甚至会引发劳动纠纷或冲突。

挑战二：多元雇用会削弱企业内部的凝聚力。多元雇用催生了企业内部的身份制度，即正式工、临时工、劳务工等不同身份。除了薪酬和福利的差异外，有着天然优越感的正式工可能还会歧视或排斥其他身份员工，使得企业内部分裂成不同阵营，大大削弱了员工整体的凝聚力。

挑战三：多元雇用会阻碍创新。知识分享是创新的重要基础，而绝大部分处于业务一线的非典型员工手中掌握着大量的业务经验和改进方法。正式工的阵营和其他身份员工的阵营通常处于对立状态，双方难以无私地交流。此外，由于管理层对其他身份员工不重视，所以其他身份员工难以获得建言的机会，这大大阻碍了知识的分享和创新的涌现。

⊙ HR 实例

劳务派遣乱象频发

"三性"要求形同虚设

深圳大学劳动法和社会保障法研究所所长翟玉娟说："实践中，很多派遣公司与用工单位都没有遵守'三性'要求。""三性"要求，指的是《劳动合同法》第六十六条规定："劳务派遣一般在临时性、辅助性或替代性的工作岗位上实施。"

劳务派遣泛滥是中国当前劳务派遣的现状。一家劳动密集型企业，可能近千名一线员工中，劳务派遣工就占到近八成。此外，劳务派遣也遍及各个行业，一位知情人士向记者透露，学校、媒体、医院等都会使用劳务派遣工。"长三角地区某知名大学的新闻与传播学院同一家派遣公司达成协议，派遣工以人才派遣的方式为学院工作，学校将钱放到派遣公司，由派遣公司给付薪酬。一般劳务派遣工从事的是培训部门的岗位，有行政、教务助理、图书管理员等。工资收入比较灵活，有高有低。"

同工不同酬，福利待遇低

"每个月工资就两三千元，连房租都交不起。"曾在某沿海城市电视台做编导的小孙（化名）说。小孙是在上海读的大学，研究生毕业后，他以派遣工的身份进入一家电视台工作，可不到 5 个月小孙就辞去了工作。问及为什么辞职，他说："什么都做，但得到的很少。电视台里的派遣工工资一般都比较低，至于低多少我不清楚，但据我所知，一些栏目的在编编导挣到的钱是我的数倍，甚至更多。"

除了同工不同酬，正式工与派遣工的差异还可能体现在福利待遇上，企业通过使用劳务派遣工来节省福利成本。中国劳动关系学院法学系主任姜颖说："平时察觉不出劳务派遣工跟正式工人有多大区别，可一到逢年过节就能区分出来。"一位曾在华北某市运输部门工作过的派遣工说："平时不少干活，工资也不少领，可到中秋节发月饼的时候总是比别人（正式员工）档次低，发苹果、鸭梨时比别人的青涩、个小。其实差的不是这几个苹果、梨，而是感觉低了别人一等。"

相关阅读：劳务派遣暂行规定

《劳务派遣暂行规定》已于 2013 年 12 月 20 日经人力资源和社会保障部第 21 次部务会审议通过，现予公布，自 2014 年 3 月 1 日起施行。此规定旨在规范劳务派遣，维护劳动者的合法权益，促进劳动关系和谐稳定，其中有几条规定很值得关注。

第三条第一款：用工单位只能在临时性、辅助性或替代性的工作岗位上使用被派遣劳动者。

第四条第一款：用工单位应当严格控制劳务派遣用工数量，使用的被派遣劳动者数量不得超过其用工总量的 10%。

第五条：劳务派遣单位应当依法与被派遣劳动者订立 2 年以上的固定期限书面劳动合同。

第九条：用工单位应当按照《劳动合同法》第六十二条规定，向被派遣劳动者提供与工作岗位相关的福利待遇，不得歧视被派遣劳动者。

资料来源：改编自《中国青年报》，http://news.sohu.com/20120717/n348314074.shtml，2017-07-17。

（2）共享经济下的非典型雇用模式与员工关系管理。与传统经济相比，共享经济给工作带来了两种显著变化：一是劳动控制平台化，由于信息技术的突破，传统的上级对下级的劳动控制已经可以转变为线上平台对工作者的算法控制，并能精确规定工作任务的数量、质量和过程，例如网约车平台对司机行驶路线的规划；二是生产资料共享化，传统雇用关系要求生产资料由雇主完全拥有，而共享经济下的工作关系则允许工作者自带生产资料，例如部分网约车司机使用自己的汽车来接送乘客，自由设计师使用自己的电脑来完成从网络平台承接的设计任务。这两种变化使共享经济主要催生出两种以平台为载体的非典型雇用模式。

1）人力型众包。共享经济催生了新型劳动力交易的在线平台，如58到家、货拉拉等，并吸引了大量闲散劳动力来从事结构化任务，就业比重越来越大。相关报告显示，新达达物流在2016年"双11"期间投入250万众包运力[一]；截至2020年2月，在58到家平台注册的家政阿姨达到了3 000万位[二]。

2）创意型众包。创意型平台包括猪八戒网、土巴兔装修网等，工作者在平台上承接并完成非结构化任务。这类工作要求工作者是创意或创新类人才，而这类人才通常拥有正式工作，在闲暇时间承包平台上的创意型任务。但是，目前国内的创意型平台主要是价格导向，即对于每项任务大多是"价低者得"，以致出现高水平工作者被迫退出平台，而低水平工作者则在平台上如鱼得水的现象。

这些非典型雇用模式虽然能够有效解决闲散劳动力的就业问题，但也产生了不少新问题，并为员工关系带来了新挑战。

挑战一：雇用关系的模糊性容易引发权责不明和劳动纠纷问题。共享经济下利益相关方在多边关系中存在利益分配不均和责任承担不明的问题，安全事故的发生应由平台或平台司机承担责任，当前并没有统一的标准。在美国，对于Uber是不是雇主以及是否应当承担雇主义务，立法和司法部门并没有给出明确的界定。在中国，北京、广州、深圳、西安相继有网约车平台司机举行"集体罢工"，以此来表达维护自身权利的诉求。

挑战二：线上平台低价竞争导致"柠檬市场"效应。依托线上平台而建立起的众包工作模式中，委托方与工作方之间信息不对称问题难以消除。当大量的劳动力或组织涌入该领域时，低价格竞争便不可避免地带来"柠檬市场"：好的服务遭到淘汰，而劣质服务则逐渐占领市场，最终导致市场充斥着劣质服务。对创意型众包而言，"柠檬市场"效应给整个行业所带来的负面影响尤其严重，同时也让委托企业陷入一种"低投入、低创新"困境。

挑战三：重复劳动使工作者难以技能再造。在共享经济背景下，工作任务的分解性、扩散性和脱离性越发加剧，这使得技能区隔：某项技能只适用于某种工作任务。在技术快速更新迭代的共享经济时代，自由工作者面临着所掌握的技能容易

[一]《中国分享经济风潮全景解读》，腾讯研究院，2016。

[二]《不惧疫情，我们与3 000万家政阿姨在一起！》，搜狐新闻，2020年2月6日。

过时、人力资本贬值速度加快的噩运，却没有组织来承担他们技能开发或升级的责任。

2. 新生代员工关系管理

（1）"90 后"新生代员工关系管理。所谓新生代员工，特指 80 年代和 90 年代出生的员工，调查显示，新生代员工在企业员工队伍中的比例已经超过 30%，在企业内部的年龄构成中占据相当大的比重。从素质上看，新生代员工思维敏捷，具有高学历，善于创新，在当今不断变革的时代中是企业的重要资源。在新生代员工中，"80 后"普遍已经步入成熟的职业发展路径，大多已成家立业。相对来说，"90 后"员工显得较为"难以管理"，例如《2012 年度中国薪酬白皮书》显示，我国"90 后"新生代员工离职率高达 30.6%，远高于企业员工的平均离职率。总的来说，"90 后"新生代员工呈现出以下特点。

特点一：知识水平高，学习能力强。随着我国义务教育的实施与推广，大部分"90 后"新生代员工都接受过良好的教育，知识水平较高，同时学习能力也较强。在企业内部的员工培训中，他们能很容易地接受和理解新知识，并且做到举一反三。

特点二：思想开放，创新能力强。"90 后"新生代正是受网络文化影响最深的一代人，他们从小就能从网络中获取大量信息，地域壁垒对他们来说已不存在。这导致他们更容易接受新鲜事物，在追赶潮流的同时又追求个性化甚至非主流。广阔的知识面和天马行空的思维使得"90 后"新生代员工更加富有创新能力。

特点三：自我意识强烈，集体观念淡薄。"90 后"新生代多为独生子女，父母往往将其视为掌上明珠对其宠爱有加，导致他们易于沉浸在自我世界里，凡事先考虑自己，容易忽视他人感受。由于从小缺少兄弟姐妹的相互影响，集体观念相对淡薄，不太擅长处理人际关系，有一些人甚至由于长期沉浸在网络世界而成了"宅男""宅女"。在工作中，他们更加关心个人利益和目标的实现，对于组织目标的实现与否则常抱着无所谓的态度。

特点四：追求快乐，但难以承受挫折。对"90 后"新生代员工而言，他们追求的是工作所带来的快乐。在他们的价值观中，金钱对于他们也很重要，但是更重要的是"快乐地赚钱"。如果在工作中不开心，即使工资再高，他们也可能会离职去寻找一个更为舒心的工作环境。此外，"90 后"新生代被形容为"温室内长大的一代"或"草莓族"，虽然外表光鲜，但就像草莓一样不太能承受压力，在职场中一旦受到批评就可能失去工作热情，甚至产生逆反心理。

对于"90 后"新生代员工的员工关系管理，面临着以下挑战。

挑战一："90 后"新生代员工的离职率特别高。《2012 年度中国薪酬白皮书》显示，2011 年我国"90 后"新生代员工离职率高达 30.6%，远高于企业员工的平均离职率。他们的组织忠诚度和组织承诺普遍不高，跳槽对他们来说没有太多的心理负担。同时，他们也很容易从网络中得知同行业的薪酬水平，调查表明，薪酬缺乏外部竞争力是员工离职的首要原因。

挑战二："90后"新生代员工对晋升的期望特别高。"90后"新生代员工自尊心很强，会不断与同龄人进行对比，而这种对比会直接体现在名片的职务级别上。他们当中有不少人对企业晋升机制所看重的年功与资历嗤之以鼻，觉得凭自己的学历水平和能力就应当快速晋升。

挑战三："90后"新生代员工善于利用网络媒体来应付劳动纠纷。"90后"员工对网络非常熟悉，懂得怎么通过网络媒体曝光来维护自身权益。但是，这往往成为他们在产生劳动纠纷时威胁用人单位的一把利器，让用人单位丧失主动权。因为网络传播的特点是，只要标题有吸引力、内容轰动，就能够广泛流传，而不管事件本身的真假，这对用人单位的名誉将是很大的打击。

⊙ HR 实例

"90后"员工 = "闪辞族"？

调研数据显示，中国"90后"员工离职率整体偏高，作为职场新生代，2017年，"90后"员工离职率达30.6%。一位人力资源专家透露，"90后"的离职率在现实中只会更高。

难以忍受见习期当"保安"

一向谨小慎微的卢小飞在经过多次考虑后向公司提交了辞职报告，而这距离他入职不到两个月。卢小飞尚在见习期的见习岗位是"岗亭保安"，月薪3 000元左右。卢小飞说道："不是我不能吃苦，是真忍受不下去了！"岗亭保安的职位让他对公司非常失望。

卢小飞透露，当时公司到学校做校园招聘时说的是招聘岗位A的人才，类似于区域销售代理，就业协议上也这样写着，但是，入职签约时，却告知他要重新定岗。另外，他还从公司的老员工那里听说，公司正在裁撤A岗位的人，根本不需要新人。最让卢小飞崩溃的是，公司给的实际待遇与校招时承诺的差距很大。

在入职后，他下过流水线，洗过车间地板，拔过杂草，最后竟被正式通知要担任保安！"我觉得刚出来，熟悉一下整个公司的岗位、业务完全没有问题，但最后正式定岗是让我当保安，我真接受不了。"卢小飞说道。

在轮岗见习期间，该公司招聘进来的100多名大学生陆续有40多人离职，在离职潮的带动下，心理本就很不是滋味的卢小飞也加入了离职大队中。

闪辞进京为找更大平台

2016年大学毕业的湖北姑娘吴小芳是不折不扣的"闪辞族"中的一员。吴小芳毕业于财会专业，她一开始找了一家在武汉的私企的财务工作。不过，不到五个月，她毅然决定辞职，到北京做一名"北漂"。

谈及辞职的原因，吴小芳表示，武汉的工资不高，职业前景受限不是自己"闪辞"的主要原因，她不指望一毕业就成为高级白领，拿着高薪水。离职的主要原因是工作平台不理想，她希望找一个大点的平台，做一份能有更多可能性，能让自己改变的工作。北京，成为她的首选。

吴小芳先是通过朋友介绍顺利应聘了一家互联网公司的财务科，负责进出账目核算。但工作四个月后，因为公司业务扩展，加班逐渐变多，加班工资却很少。她和老板谈及能否提高基本工资，但得到的回答是再等一年。吴小芳思虑了两天，向公司提交了辞职报告。一个月后，吴小芳又通过社会招聘进入了北京东城区的一家地产公司，岗位还是财务。这是她一年内的第三份工作，工资比武汉高了很多，但北京的生活成本高，算下来剩余的工资和在武汉的基本持平。不过，让她很满意的是，这家地产公司平台好，也是在北京。吴小芳表示，她能看到自己在五年之内的上升空间，所以不后悔之前辞职的决定，也不后悔当"北漂"。

资料来源：新华网 http://education.news.cn/2016-08/15/c_129231166.htm，2016-08-15。

（2）"00 后"新世代员工关系管理。2018 年，第一批"00 后"已年满 18 岁，达到步入职场的法定年限，这一批新世代员工正逐步崭露头角。"00 后"成长于新世纪，受成长环境、社会发展、国际形势等因素的影响，与"90 后"相比既有相似性，也具有独特的气质和特点。

与"90 后"相比，"00 后"新世代员工独有的特点主要体现为以下几方面。

第一，开阔的国际视野。"00 后"新世代员工从幼儿园就开始学习标准的英语，部分在中小学就有游学欧美等发达国家的经历，或者跟随父母出境游玩。此外，互联网的发展更是让国际新闻事件、异域风俗文化随处可及。国际化的学习经历培养了他们开阔的国际视野，能够更为充分地理解中外差异，多角度、多文化地分析和解决问题，对新事物的接受能力更强，对异域文化更具包容性和开放性，是真正"国际化"的一代。

第二，随性的处事方式。随着我国改革开放的不断深入，财富不断积累，人民生活水平日渐提高。绝大部分"00 后"自出生起便享受着丰富的物质生活条件、良好的教育环境。因此，新世代的员工往往不会为了蝇头小利而斤斤计较，也不会因为薪水报酬而苦苦忍受自己不喜欢的东西。他们为人处世、待人接物更多是随性随心，看不惯的便不看了，不喜欢的就少接触。

第三，自主化的学习方式。"00 后"的父母受教育程度普遍较高，他们对子女的教育不再是棍棒教育，更多是身体力行的陪伴教育和情感教育，亲子关系平等开放。这种家庭教育环境下成长起来的"00 后"，学习的自主意愿更为强烈，学习的内容也不仅仅拘泥于课本知识，实践能力、动手能力的培养也是学习内容的另一着重点。此外，学习方式也发生较大的变化，除了在学校学习，辅导班、兴趣班、网课等也是他们获得知识的来源，游戏化的学习方式最受他们青睐。

第四，网络化的娱乐生活。"00 后"被称为"数媒土著"，从出生起便被浸泡在数字时代中，学习工作、娱乐交友都与互联网密不可分。B 站、QQ 空间、网络手游、动漫等都是"00 后"喜欢且聚集的地方。他们更多通过网络与朋友互动、尝试新鲜事物、娱乐休闲。

对于"00 后"新世代员工的员工关系管理，面临着以下挑战。

挑战一：如何平衡通用管理准则与员工个性。企业的发展有着自己独有的管理准则，"00 后"往往不喜欢自己的行为举止被约束，个性更为张扬。若沿用传统的"命令式"管理思维，"00 后"易产生不被尊重的感觉，对上级管理人员产生抵触和不满情绪。如何让"00后"的自我意识与企业的发展目标相协调统一，是摆在企业面前亟待解决的问题。

挑战二：如何协调组织发展需要与员工需求。"00后"新世代员工不为纯粹挣钱而加班，更看重工作与生活的平衡，特别注重工作感觉与个人体验。若组织因为发展需要强制长期加班，工作影响了生活品质，"00后"可能会选择直接拒绝甚至离职，"用脚投票"。

挑战三：如何创新激励模式留住人才。受传统激励模式的影响企业依旧采取单一的物质奖励方式来激发员工动力，但"00后"新世代员工在工作中不再把挣钱当作唯一指标，更重视精神的满足与自身价值的实现。如果只通过较多的工资来留住人才，难免过于片面，造成人员的流失。

⊙ HR 实例

借力智慧福利，东方航空重塑"员工关怀"

福利发放一直是困扰企业管理者的"老大难"问题，传统的油粮米面的发放已无法满足新一代员工的心理预期，无论是福利品的构成还是发放方式，都在考验着管理者的创新智慧。

忙得团团转，员工却不满意

东方航空四川分公司传统的福利发放形式，通常是由采购人员通过货比三家后确定最终商品清单。下单后由服务商将货物运至分公司，再由分公司下发至个人。这种福利管理模式对规模小、员工少的小微企业来说尚可接受，但对经营网络分散、员工规模庞大的大中型集团化的企业来说，统一批量采购和发放的过程将费时费力。有一次，东方航空四川分公司福利管理部门的下属单位采购了一批春节福利，福利商品预订和供应商筛选环节不断调换，前前后后变动就达到十余次，下单后又出现预订商品停产无法供货需要换品等问题，种种突发情况导致整个流程拖延了半个月之久，整个福利管理部门都觉得力不从心。

无奈的是，费心费力做事，但员工对福利品的满意度难以保障，认可程度褒贬不一，常有一种花了钱打水漂的感觉。东方航空四川分公司福利管理负责人常感慨："唉，忙得团团转，员工却不满意。"

创新模式，重塑员工关怀

东方航空公司意识到，"互联网+"时代已不适用传统的福利管理模式。随着京东企业购正式发布企业智慧福利平台京东京喜，东方航空公司决定此次四川分公司的职工福利依托京东京喜平台进行发放。

东方航空公司的采购中心通过京东京喜平台创建福利活动二维码和链接，在平台提供包括3C、家电、消费品等上百种可供选择的商品，公司福利管理人员通过三级分类、价格区间、关键词搜索为员工选定商品池，并录入员工识别信息。员工可在活动期内进行自主选择，自定义配送，管理人员在活动结束后统一结算统一开票。

东方航空四川分公司的乘务员小佟掏出手机扫码后，很快弹出了福利领取页面。以前公司都是统一发放福利，但这次不仅有众多福利品可以自由选择和组合，还可以任意填写送货地址，送给自己或是远方的亲友。小佟表示，"我一开始还以为会和以前一样，让我们将一堆米面油搬回家，没想到这一次的福利品种类这么丰富。我就挑了一条围巾，送给爱美的老妈"。

东方航空四川分公司福利管理负责人表示，这种灵活的福利发放模式不仅优化了员工的福利发放体验，口碑大幅提升，员工满意度达到 95% 以上，也大大降低了福利管理者的工作量，一改往昔"费力不讨好"的局面，还实现了员工福利管理"轻运营"。

资料来源：改编自鲁佳妮. 借力智慧福利 东方航空重塑"员工关怀"[J]. 人力资源，2018（6）：36-37.

3. 企业危机下的员工关系管理

企业在经营过程中不可能总是一帆风顺，一定会遇上一些危机，如果不进行妥善处理，就会给企业带来重大损失。企业危机实质上是企业发展过程中由于若干方面的矛盾激化而导致的一种非常规状态，主要包括两类：第一类是企业自身的危机，如企业丑闻、资金链断裂、行政处罚等；第二类是全行业甚至全社会共同面临的公共危机，例如自然灾害、战争动乱、金融危机、疫情危机等。无论是哪一类危机，都会给企业的声誉、资金和生存带来不同程度的消极影响。同时，企业危机还会带来员工关系危机，若处理不慎，很容易导致军心大乱、破坏生产行为和优秀员工流失，从而加剧企业危机的消极影响。总的来说，企业危机下的员工关系管理有以下四个方面策略。

（1）预防策略。在正常经营时期进行企业文化建设，灌输忠诚、敬业和利他等价值观。很多企业管理者都有一个误区，他们会认为每个员工对企业都有感情，会像他们一样甘愿为企业做出牺牲，然而事实往往"打脸"。实际上，经济交换关系是员工与企业之间最基础的关系——一方出钱，另一方出力。当企业出不起员工应得的报酬时，员工就会做出消极行为，例如怠工、破坏生产和离职。员工对企业的忠诚感并不会凭空产生，也不会因为遭遇企业危机就突然出现，这需要企业在正常经营时期通过企业文化建设来进行灌输和强化，这样有助于未来遭遇危机时企业上下同心，一起渡过难关。

（2）保帅策略。稳住核心员工，设法避免他们流失，以备危机过后东山再起。在遭遇危机时，企业最常用的自救方式就是减薪和裁员，从节约经营成本的角度来看，这的确是十分有效的做法。然而，有些企业采取一视同仁的策略，自上而下全体减薪，这对三类员工有不同的影响后果：第一类是中高层管理者，他们除了收入以外还有很多利益都已经与企业捆绑在一起，因此会甘愿减薪，以发挥以身作则的作用；第二类是平庸员工，他们在劳动力市场的价值很低，如果贸然辞职可能就找不到新工作，因此会默默接受减薪；第三类是核心员工或优秀员工，他们能够随意在劳动力市场寻找满足他们薪资要求的新工作，因此往往会选择反对减薪或跳槽。这反映了企业减薪下的"劣币驱逐良币"现象：逼走了优秀员工，留下来平庸员工。因此，减薪或裁员切忌一视同仁，应该尽量保持核心员工的原有待遇，而向非核心岗位和平庸员工开刀。若必须全员减薪，也应该首先与核心员工沟通并商讨一个他们能接受的方案，以获得其理解与支持。此外，这样做还有助于借助企业危机的契机来对员工重新盘点和筛选，淘汰掉那些绩效差的员工。

（3）互动公平策略。在危机应对措施上应尤其注重互动公平，做到公开透明和尊重员工。格林伯格（Greenberg）把互动公平分为两种：一种是信息公平，指给当事人传达了应有信息，即向员工解释为什么企业要采取这些程序以及程序的规则如何；另一种是人际公平，指企业在执行程序过程中是否对当事人给予应有的尊重。互动公平在减薪和裁员过程中尤其重要，能够有效减少员工的消极情绪。

（4）关怀策略。这种策略是指通过员工帮助计划来对员工进行个性化关怀，并组建员工互助小组来进行人际关怀。面对企业危机时，企业经营状况的不确定性导致员工对自身职业生涯和收入来源感到焦虑，从而引发来自家庭和社会的压力，而在公共危机时还会存在对人身安全的担忧。企业应该实施员工帮助计划（EAP，在本章9.2.4中会详细介绍），识别存在潜在心理问题的员工并及时进行干预，对不同员工进行个性化关怀。同时，组建员工互助小组来让有余力的员工帮助有困难的员工，让公司上下共同渡过难关。

⊙ HR 实例

哈尔斯公司在疫情后的复工关怀实践

领导班子亲上阵抓疫情防控

在疫情发展肆虐之际，哈尔斯公司第一时间做出应对，于1月23日成立以郭峻峰总裁为组长的疫情防控应急小组，通过线上会议、文件等形式指导公司内部疫情防控工作安排。而在企业复工复产逐步开展时，郭峻峰总裁提出五点具体措施，稳抓疫情防控，保障员工安全，针对性开展"精准复工"。具体措施如下：

- 提前运筹安排，提交复工申请书；
- 主要负责人提前抵达现场，现场指挥；
- 精准开工的灵魂是人员精准；
- 防疫物资的确保和供应商保证；
- 保持最快速、动态和灵活的反应。

防控措施齐全保员工安全

1月27日开始，哈尔斯对近4 000名员工进行日跟踪打卡，关注每位员工的身体状况与出行情况。在企业环境方面，哈尔斯提前对办公场地、生产车间及设施，以及园区道路、宿舍、食堂等进行消毒防疫，并就员工生产安全防护、严格执行测量体温登记、食堂分批就餐秩序等系列防控措施制定规范。在物资准备方面，哈尔斯努力采购防疫物资，口罩19 600个、手套36 000双、测温枪13把、消毒液250千克，将第一批返岗员工所需的防疫物资准备齐全。

此外，为防止人群聚集引起大规模交叉感染，哈尔斯公司安排车辆接送员工返岗，并将企业内部的职工宿舍设置为居家隔离点，或在企业附近寻找宾馆合作，总体包租下来，对从外省和省内外县市返岗的员工进行集中管理防控，做好14天的隔离观察。

但哈尔斯也面临一个难题，即公司内部的员工宿舍设置成为居家隔离点后，将无法满足其他大量正常返岗员工的集中居住和统一管理。

模式创新村企共建

为解决复工期间员工集中居住难、集中管理难的问题，哈尔斯积极探索解决方案，创新性地推出村企共建保复工"哈尔斯模式"十条细则。

村企共建保复工"哈尔斯模式"十条细则

（1）企业结合往年外来员工暂住实际，就近选择一～三个相对固定村，安排外来返岗员工统一住宿、统一管理。

（2）企业担负外来返岗员工疫情防控的主体责任，相对固定村做好协调协助。

（3）企业根据相对固定村的实际管理需要，在村内宿舍配备有关消防安全、疫情防控物资。

（4）相对固定村对住村里的外来返岗员工实施同质化管理，以"村民"待遇落实疫情防控相关工作。

（5）企业成立管理小组，确定专门管理人员，负责相对固定村"进出村"日常管理。

（6）企业按照"一人一卡"制，为外来返岗员工统一制作"员工进村出入证"，派专人到卡点接送员工上下班。

（7）如外来员工不服从相对固定村的日常管理，经教育无效，由企业统一带回。

（8）湖北、温州、台州、杭州、宁波等重点地区人员一律不得回永康回企业回村。

（9）因特殊工作需要，经批准允许提前返永康的非重点地区人员，一律由企业负责，安排在企业内执行居家隔离 14 天。

（10）如发生疫情防控风险，统一由企业负责，按我市、开发区有关规定进行应急处置，相对固定村做好配合。

根据细则要求，哈尔斯公司在就近的荆顶村和雅应村租用卫生条件好、各单间均有独立卫生间、符合集中居住要求的民房作为员工宿舍，做好疫情期间公司的统一管理。疫情防控期间，公司担负起已返岗员工的疫情防控主体责任，与员工居住所在村做好协调协助。此外，公司为方便住村员工上班出入和管控，制作了"一人一卡"员工进村出入证，并派专人负责在卡点接送员工上下班，做到村企共建管控的"无缝对接"。

为未返工人留岗位

"你先安心在家，等疫情过去了，再回来上班，公司会为你保留工作岗位的，不用担心。"哈尔斯公司的五金模具部经理陈涛给湖北地区的员工甘章发打电话说道。

甘章发的老家在湖北钟祥，因疫情防控需要，他一直"滞留"老家。春节以来，陈涛始终与甘章发保持联系，了解其境况，安抚其情绪，让他吃下"定心丸"。甘章发哽咽道："在老家这么长时间，人都快憋坏了，幸亏陈经理隔三岔五跟我联系，告诉我保留工作岗位的好消息，让我在家的日子不至于那么焦虑。等回到工作岗位了，我一定加油干，把原先落下的工作都补上。"

资料来源：浙江新闻（https://zj.zjol.com.cn/news.html?id=1385354），2020-02-11；浙江新闻（https://zj.zjol.com.cn/news.html?id=1419968），2020-03-27。

9.2　员工关系管理实践

9.2.1　员工参与管理

1. 工会组织与集体谈判

工会（labor union），是指采取集体行为来为成员争取工资和工作条件的改进的员工组织。[一]本质上，工会的作用是保护劳方（工人）免受资方剥削。因此，工会是

[一]　伊万切维奇，科诺帕斯克，赵曙明，等. 人力资源管理（原书第 12 版）[M]. 北京：机械工业出版社，2015.

劳资关系的产物。所谓劳资关系，指的是一组确定的劳方与资方之间所建立的持续关系，这种关系包括对报酬、工时和其他劳动条件的协议，以及对协议有效期内所涵盖内容的解释。工会的介入，是为了让劳资关系朝有利于员工的方向改变，其中最常用的手段是集体谈判和罢工。

（1）工会组织的发展历程。工业革命以后，生产力得到了迅速提升，工人群体也随之日益壮大，并逐渐形成在社会中举足轻重的工人阶级。首先完成工业革命的英国，自然成为工会的发源地。在资本家的压榨下，英国工人开始进行不同程度的反抗与斗争。由于1799年英国政府颁布《反结社法》，因此工人们只能以联谊会的合法名义来成立工人组织（例如翻砂工人联谊会）——这也是工会组织的雏形。随着此起彼伏的集会和罢工，英国政府被迫在1824年废除《反结社法》，工人终于获得结社权和罢工权。此后，各行各业的工会纷纷建立，并于1829年诞生了第一个全国性工会组织——联合王国工厂纺纱总工会。受到英国工会运动的鼓舞，法国也进行了大规模的工人运动，并迫使政府于1864年颁布《奥利维尔法》来承认工人的结社权和罢工权。德国工人也纷纷成立五金工人、木工、装订工人、矿工等行业工会组织，截至1877年年底共建立了26个全国性工会组织。在同一时期，美国也相继诞生了劳工骑士工会（1869年）、美国劳工联合会（1886年）和产业组织议会（1935年）等工会组织（后两者于1955年合并为"美国劳工联合会－产业组织议会（AFL-CIO）"）。至此，世界上主要的资本主义国家都成立了受法律承认的行业乃至全国工会，使得工会组织成为劳资关系中的必要组成部分。通过工会的不懈努力，在劳动立法与工人权益方面，工人获得了结社、罢工和选举等权利，并争取到8小时工作制、提高工资和改善劳动环境等工人利益。

集体谈判。工会在初期主要以罢工的方式来为工人争取权益，随着各国工会制度的完善，工会逐渐成为工人与管理层之间的桥梁，于是集体谈判（collective bargaining）成为工会的核心功能。集体谈判是指工人代表与组织代表为了争取各自群体的利益而进行的交涉和谈判，谈判方式包括讨论、争论、哄骗和威胁。

根据谈判的目的，普鲁特（Pruitt）于1993年区分出两类谈判：零和式谈判和共赢式谈判。零和式谈判假定双方是非输即赢的关系，不论雇主向工会做出何种妥协，都是雇主损失、工人获利，反之亦然。因此，零和式谈判双方都设法将自身获利最大化，对每个条款细节都锱铢必较、针锋相对，以致谈判过程十分痛苦且缓慢。在西方国家，这种零和式谈判是最常见的集体谈判方式。而共赢式谈判致力于在现有合同生效期间改善彼此的关系。因此，续签合同的过程就不会被视为在某一地点、某一时间谈判双方互相对抗的过程。相反，在合同期满后，谈判双方会试图找出常见的问题，并提出双方均可接受的解决办法。尽管实际情况并不总是绝对的零和或共赢，但相比共赢式谈判，零和式谈判的特征更符合劳资双方的关系。⊖

⊖　马金斯基. 心理学与工作：工业与组织心理学导论（原书第10版）［M］. 姚翔，等译. 北京：机械工业出版社，2014.

根据谈判的过程，可以把集体谈判划分为分配型谈判、整合型谈判和让步型谈判三类。分配型谈判（distributive bargaining）发生在劳资双方就某一问题发生冲突的情况下，而结果就是你输我赢的结局。整合型谈判（integrative bargaining）发生在双方面临共同的问题的情况下，双方共同解决问题并寻求双赢的结果。让步型谈判（concession bargaining）是指以妥协、让步为手段，希望避免冲突，为此随时准备以牺牲己方利益换取协议与合作的谈判方法。

（2）中国的工会实践。《中国工会章程》由中华全国总工会制定，于 1988 年 10 月 28 日中国工会第 11 次全国人民代表大会修正通过。2018 年 10 月 26 日，中国工会第十七次全国代表大会通过了《关于〈中国工会章程（修正案）〉的决议》。该章程规定，"凡在中国境内的企业、事业单位、机关和其他社会组织中，以工资收入为主要生活来源或与用人单位建立劳动关系的体力劳动者和脑力劳动者，不分民族、种族、性别、职业、宗教信仰、教育程度，承认工会章程，都可以加入工会为会员"（第一章第一条）。这一不歧视原则，本来是欧美工会经过多年抗争才获取的结果，在《中国工会章程》的第一条就予以保护。此外，工会会员还拥有入会和退会的自由（第一章第二条和第六条）。

工会会员享有以下权利：权利一，选举权、被选举权和表决权。权利二，对工会工作进行监督，提出意见和建议，要求撤换或罢免不称职的工会工作人员。权利三，对国家和社会生活问题及本单位工作提出批评与建议，要求工会组织向有关方面如实反映。权利四，在合法权益受到侵犯时，要求工会给予保护。权利五，工会提供的文化、教育、体育、旅游、医疗休养、互助保障、生活救助、法律服务、就业服务等优惠待遇；工会给予的各种奖励。权力六，在工会会议和工会媒体上，参加关于工会工作和职工关心问题的讨论。

同时，工会会员需履行以下义务：①认真学习贯彻习近平新时代中国特色社会主义思想，学习政治、经济、文化、法律、科学、技术和工会基本知识等。②积极参加民主管理，努力完成生产和工作任务，立足本职岗位建功立业。③遵守宪法和法律，践行社会主义核心价值观，弘扬中华民族传统美德，恪守社会公德、职业道德、家庭美德、个人品德，遵守劳动纪律。④正确处理国家、集体、个人三者利益关系，向危害国家、社会利益的行为作斗争。⑤维护中国工人阶级和工会组织的团结统一，发扬阶级友爱，搞好互助互济。⑥遵守工会章程，执行工会决议，参加工会活动，按月交纳会费。

中国的工会组织既拥有传统工会的集体谈判职能，又承担了员工关系管理中关于员工参与和员工关怀方面的任务，充分体现了中国工会组织制度的优越性。根据《中国工会章程》第五章第二十八条，工会基层委员会的基本任务如下。

1）执行会员大会或会员代表大会的决议和上级工会的决定，主持基层工会的日常工作。

2）代表和组织职工依照法律规定，通过职工代表大会、厂务公开和其他形式，参加本单位民主管理和民主监督，在公司制企业落实职工董事、职工监事制度。企业、事业单位工会委员会是职工代表大会工作机构，负责职工代表大会的日常工作，检查、督促职工代表大会决议的执行。

3）参与协调劳动关系和调解劳动争议，与企业、事业单位行政方面建立协商制度，协商解决涉及职工切身利益问题。帮助和指导职工与企业、事业单位行政方面签订和履行劳动合同，代表职工与企业、事业单位行政方面签订集体合同或其他专项协议，并监督执行。

4）组织职工开展劳动和技能竞赛、合理化建议、技能培训、技术革新和技术协作等活动，培育工匠人才，总结推广先进经验。做好劳动模范和先进生产（工作）者的评选、表彰、培养和管理服务工作。

5）加强对职工的政治引领和思想教育，开展法治宣传教育，重视人文关怀和心理疏导，鼓励支持职工学习文化科学技术和管理知识，开展健康的文化体育活动。推进企业文化、职工文化建设，办好工会文化、教育、体育事业。

6）监督有关法律、法规的贯彻执行。协助和督促行政方面做好工资、安全生产、职业病防治和社会保险等方面的工作，推动落实职工福利待遇。办好职工集体福利事业，改善职工生活，对困难职工开展帮扶。依法参与生产安全事故和职业病危害事故的调查处理。

7）维护女职工的特殊利益，同歧视、虐待、摧残、迫害女职工的现象作斗争。

8）搞好工会组织建设，健全民主制度和民主生活。建立和发展工会积极分子队伍。做好会员的发展、接收、教育和会籍管理工作。加强职工之家建设。

9）收好、管好、用好工会经费，管理好工会资产和工会的企业、事业。

2. 中国的集体协商与集体谈判制度

集体谈判制度在中国尚处于起步阶段，目前依然以集体协商制度为主。虽然两者的协商或谈判过程很相似，也是以签订集体合同为目的，但根据普鲁特（Pruitt，1993）的分类，集体谈判倾向于零和式谈判，而集体协商则倾向于共赢式谈判。中国的集体协商制度遵循劳动和社会保障部[⊖]于2004年发布的《集体合同规定》，同时基于《劳动法》《中华人民共和国工会法》的相关规定来实施。

《集体合同规定》限定了集体协商的内容和范围，包括劳动报酬、工作时间、休假休息、劳动安全与卫生、补充保险和福利、女职工和未成年工特殊保护、职业技能培训、劳动合同管理、奖惩、裁员、集体合同期限、变更或解除集体合同的程序、履行集体合同发生争议时的协商处理办法、违反集体合同的责任以及双方认为应当协商的其他内容。

同时，该规定也对集体协商代表和职责进行了明确。集体协商双方的代表人数应当对等，每方至少3人，并各确定1名首席代表。其中，职工一方的协商代表由本单

⊖　现为人力资源和社会保障部。

位工会选派或由本单位职工民主推荐，而首席代表则由工会主席或其委托的工会成员担任。用人单位一方的协商代表，由用人单位法定代表人指派，首席代表由单位法定代表人担任或由其书面委托的其他管理人员担任。对于双方的协商代表，应履行以下职责：①参加集体协商；②接受本方人员质询，及时向本方人员公布协商情况并征求意见；③提供与集体协商有关的情况和资料；④代表本方参加集体协商争议的处理；⑤监督集体合同或专项集体合同的履行；⑥法律、法规和规章规定的其他职责。

目前，中国的集体协商制度正在向集体谈判制度转型，并在个别城市进行试点，以期与国际的劳动关系规范接轨。例如，2008 年在深圳市实施的《深圳市实施〈中华人民共和国工会法〉办法》（2019 年进行了修订），是我国内地首部将"集体谈判"一词纳入相关条款中的法律法规，对于促进工会发挥维权作用具有突破性意义。其中，该办法明确指出基层工会组织的工作职责之一是"代表会员和职工与用人单位进行集体谈判，签订集体合同，并监督集体合同履行"。同时，该办法还严厉规定"工会或者企业、事业单位以及其他经济组织，除因不可抗力外，不得拒绝或者拖延进行集体谈判"。此外，该办法还确定了对用人单位的"无正当理由拖延集体谈判"和"侵害职工一方集体谈判代表合法权益"等行为的公开谴责制度。

9.2.2　员工纪律管理

1. 员工纪律管理过程

图 9-3 是员工纪律管理过程的模型。企业根据组织目标建立规章制度，然后向全体员工公布规章制度并详细讲解，随后对员工的行为进行评估：对于符合规章制度的良好行为，予以鼓励；而对于违反规章制度的行为，责令员工改正，并对改正后的行为进行再评估，直至符合企业的规章制度。

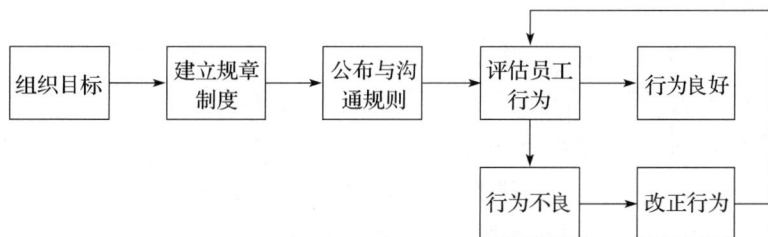

图 9-3　员工纪律管理过程模型

（1）建立规章制度。根据组织目标，对员工的在岗行为建立规章制度，分为两类：对于与工作直接相关的行为，建立上下班时间、安全生产和服从命令等方面的规则；对于与工作间接相关的行为，建立着装、交谈和对待公物等方面的规则。一般而言，这些规章制度都以禁止某些反面行为的方式来制定。

（2）公布与沟通规则。这一步骤的目的在于使员工清楚这些规章制度，并了解员工的接受程度。管理层需要向员工征询意见，把不合理之处进行修正。由于组织环境在不断变化，企业需要不断评估现有规则，不断完善。

（3）评估员工行为。以上述规章制度为准则，建立行为评估机制，对于符合规章制度的行为需要鼓励和褒奖，而对于违反规章制度的行为则需要责令其改正，并对改正后的行为进行重新评估。对于屡教不改者，企业要有相应的纪律处分措施。

2.纪律处分方式

若被评估为不良的行为并没有得到员工改正，组织需要根据规章制度来进行纪律处分。消极的做法是对不良行为加重惩罚，而积极的做法则强调对不良行为的预防。

（1）"热炉"式处分。"热炉规则"是纪律处分中常用的观点，也被称为"热炉效应"，即把处分过程形象地比喻为人触摸热炉时的情形：一旦员工触犯组织的规章制度而做出不良行为，就会受到严厉处分，犹如被热炉灼伤。"热炉规则"假设存在一个不含个人感情的热炉在守护着组织的规则制度，惩处一切敢于触犯的人，主要包括四个子原则：

- 警告性原则。在任何行为出现之前，一个好的主管会告诉员工不良行为会产生什么后果。
- 即时性原则。只要触碰纪律红线，"热炉"就立刻灼烧，要求组织对违规行为的惩罚要迅速，不能让违规者有机会逃脱惩罚。
- 公平性原则。处分机制不受个人感情所左右，不管谁违反纪律，都会被处分。在组织规章制度面前，人人平等，对事不对人。
- 一致性原则。处分方式和结果对任何人都是一致的，不管是谁，只要做出不良行为，都会得到相应的惩罚。

（2）渐进式处分。为了给予员工改正错误的机会，有的公司会采取渐进式的纪律处分方式。该方式包含了一系列处分措施，其中后一种处分会比前一种严重一些。换言之，惩罚内容随着员工犯错的次数和严重性而加重。对于初犯，组织会给予非正式口头警告；若员工再犯，会给予书面警告；对于屡劝不改的员工，会实施严重处分，甚至停职。渐进式处分程序对于初犯者比较宽容，旨在给予对方改过的机会，而对于惯犯者，则采取比"热炉"式处分更为严重的惩罚。

（3）积极式纪律管理。"热炉"式处分和渐进式处分都强调对不良行为的结果进行惩罚，以取得"恐吓"效果，但会伴随着一种消极影响：损害员工对组织的归属感和感情。与之相对比，积极式纪律管理则提倡纪律管理应该指向未来，旨在帮助员工解决问题，从而不让问题再次发生。

在一项关于积极式纪律管理的有效性调查中，学者发现大多数人力资源经理都赞成这一方式，认为能够从根源上解决不良行为。⊖积极式纪律管理对犯错的员工

⊖　伊万切维奇，科诺斯帕克，赵曙明，等. 人力资源管理（原书第12版）［M］. 北京：机械工业出版社，2015.

是容忍的，认为对待犯错应该对事不对人，主张从根源上了解不良行为的产生原因，并帮助员工解决它。

9.2.3 员工沟通管理

1. 组织中的员工沟通

（1）沟通的概念和原理。"沟通"（communication）一词源于拉丁文 communis，意为"共同化"，《大英百科全书》把沟通定义为："用各种方式来彼此交换信息。"国内的《心理学大辞典》把沟通界定为："人与人之间或团体与团体之间传递和交流信息的过程。"可见，沟通是一个信息传递的过程，并涉及三个要素：信息、信息发送者以及信息接收者。实际上，沟通是一个囊括信息、信息发送者、信息接收者、媒介、噪声和反馈等要素的复杂过程，详见申农（C. E. Shannon）和韦弗（Weaver）所提出的沟通模型（见图 9-4）。

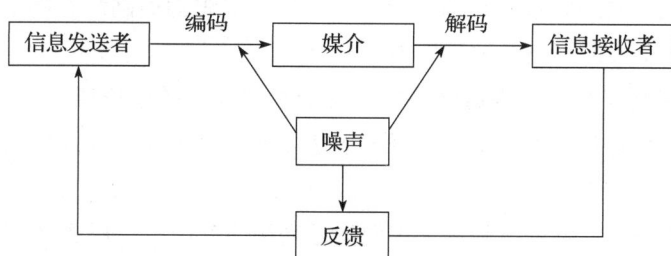

图 9-4 沟通模型

在这个过程中，信息发送者是沟通的起点，也被称为信息源。首先，信息发送者对把原始信息进行编码，并传递给特定媒介。然后，信息接收者从媒介接收信息后立即进行解码，设法把原始信息进行还原，以便理解。最后，为了确保接收者所理解的信息就是原始信息，两者还需要进行反馈，以排除误解。然而，现实中的沟通过程往往存在噪声，使得接收者所接收的信息有偏差。这些噪声主要包括三种：外部噪声，即外部环境的噪声，例如其他人的吵架声或汽车驶过的声音；内部噪声，体现为接收者的解码能力不足，例如演讲者进行全英讲话，收听者由于无法完全理解而造成信息失真；语义噪声，是由于语义分歧所造成的解码偏差，通常由文化差异造成。

（2）组织中沟通的类型。根据沟通渠道或媒介、信息传递方向和是否存在反馈，能够把组织沟通划分成不同类型。

根据沟通渠道或媒介，组织沟通可分为正式沟通和非正式沟通。正式沟通，指按照组织的正式结构或层次系统进行的信息传递，主要包括会议、上级指令下达、公函往来等。非正式沟通，指通过正式系统以外的途径来传递信息，包括同事间的闲聊和不明出处的"小道消息"。

根据信息传递方向，组织沟通可分为下行沟通、上行沟通、平行沟通和斜向沟通。下行沟通，指组织中地位较高的成员主动向地位较低的成员传递信息，沟通内容包括工作指示、工作评价、组织政策等。上行沟通，指组织中地位较低的成员主动向地位较高的成员传递信息，主要包括工作反馈和建言。平行沟通，指组织中地位和身份相仿者之间的信息交流，包括工作信息的分享和协作。斜向沟通，指跨部门或组织所进行的不同地位者之间的沟通，例如生产部的普通员工向财务部经理发工作邮件，或者人力资源部经理直接向市场部普通员工传达工作指示。

根据是否存在反馈，组织沟通可分为单向沟通和双向沟通。单向沟通，指在整个沟通过程中信息发送者和接收者的角色不产生变化，一方只发送信息，另一方只接收信息。换言之，单向沟通不存在反馈。双向沟通，指在信息沟通过程中，由于信息接收者需要向发送者做出反馈，导致发送者和接收者的角色不断交替变换。

（3）组织沟通网络。组织的下行、上行、平行和斜向沟通组成了组织沟通网络，是组织各成员之间联系的结构化形式。常见的组织沟通网络有链型网络、Y型网络、轮型网络和全渠道网络四种，见图9-5。

链型网络。在链型沟通网络中，每个组织成员的地位层级十分清楚，并按照事先设定的方式进行上传（上行沟通）下达（下行沟通）。沟通双方是单线联系，沟通范围很狭窄。

Y型网络。Y型网络是一个纵向沟通网络，其中第二层成员（秘书）同时与两个上级成员单线联系，然后把工作指示传达给下级。Y型网络又被称为秘书中心控制型网络，主要存在于大中型官僚组织之中。

轮型网络。在轮型沟通网络中，所有信息的流出起点和流入终点都是同一个组织成员（主管），其余成员必须通过与他进行沟通来完成组织目标。轮型网络又被称为主管中心控制型网络，主要存在于小型的高度集权组织之中。

全渠道网络。在全渠道沟通网络中，组织成员可以自由地、直接地进行相互沟通，均处于平等地位，组织领导者或主管在该网络中的作用并不明显。全渠道网络的信息传递速度最快，十分高效，主要存在于中小型扁平化组织之中。

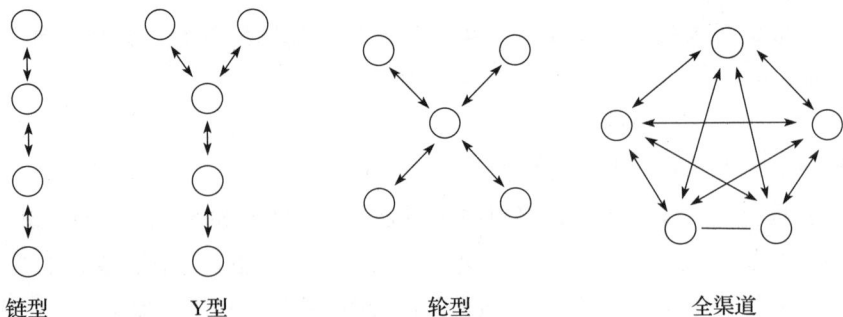

链型　　　　　Y型　　　　　轮型　　　　　全渠道

图9-5　四种组织沟通网络

2. 有效的员工沟通管理策略

有效的组织沟通策略包括以下三个方面：确保正式沟通渠道通畅；把单向沟通变为双向沟通；上级要学会倾听和保持开放心态。

（1）确保正式沟通渠道通畅。组织需要建立发布指令、例会、建言和申诉等制度。组织指令按照重要性和接收者权限能够划分成不同类型，组织须明确不同类型指令的发布渠道，例如重要通知通过内部官网或邮箱发布，而普通通知则直接通过微信群发布，让下行沟通准确且高效。对于组织或部门的例会，组织须设立固定时间、参会者和会议程序。从制度上鼓励建言，保护建言者的隐私和安全，并设置多种建言渠道，例如公开组织领导者的个人电子邮箱、设立厂长信箱等。把申诉渠道制度化，设立完善的申诉机制，避免上行沟通的堵塞。

（2）把单向沟通变为双向沟通。单向沟通与双向沟通的区别在于是否允许信息接收者进行反馈，这种反馈主要包括三类：第一类是确认式反馈，即信息接收者确认已经收到并理解信息。这类反馈很常见，例如组织发布通知时要求员工确认是否已经阅读该通知。第二类是讨论式反馈，即信息接收者向发送者表达看法，而后者随即也给予回应。这类双向沟通使得信息接收者和发送者的角色不断更替，对于组织而言是有建设性的，并有利于创新。第三类是申诉式反馈，即信息内容让接收者感到不公平，从而向上级申诉。这类反馈对组织而言十分必要，可以弥补程序上的漏洞，让员工有机会表达异议。

（3）上级要学会倾听和保持开放心态。影响组织沟通有效性的不只是信息发送过程，还包括信息接收过程，因此信息接收者的倾听能力十分重要，尤其是在上行沟通的时候。首先，上级需要把全部信息耐心听完，以防遗留某些关键信息。在这个过程中，需要做到少说多听，不轻易打断下级的汇报。然后，对于不理解之处，上级需要摈弃自矜心态，虚心求教。最后，上级要保持开放心态来接纳不同类型的信息，包括下级的观点、建言和反馈，哪怕这些信息并不合理或损害自身利益。

HR 视野
员工关系专员

随着企业管理者对员工关系管理愈发重视，越来越多企业开始设立员工关系专员这一岗位。员工关系专员，是指企业中协调员工与组织关系的人员，他们主要负责组织人力资源活动，目的是促进员工关系融洽，提高员工满意度，为企业创造高绩效，妥善处理突发的员工关系问题。

员工关系专员不仅需要了解员工的思想动态，还要为员工营造舒适、安心的工作与生活环境，激发员工的潜能，创造更多的价值，其主要的工作内容如下。

（1）协助人力资源部经理建立和完善企业的员工关系管理体系，处理有关劳动争议的事件。

（2）负责全面推动企业文化系统的建设工作，策划各类企业文化活动，丰富员工生活，尽可能提升员工的满意度和敬业度。

（3）根据企业的规章制度，对员工的行为进行评估，并对良好和不良行为实施奖惩措施。

（4）组织相关培训和活动，促进员工之间的沟通交流，让人际关系氛围更加和谐。

（5）诊断并识别可能出现心理问题的员工，有针对性地进行员工帮助计划。

员工关系专员的任职要求比较高，因为他们的工作内容很大一部分是处理各种类型的劳资纠纷，因此需要掌握各类劳动法及本地区相关法律规章制度的知识，还要熟悉本企业的企业文化及规章制度。同时，员工关系专员一般还需要具有管理心理学背景，了解组织中常见心理问题的来源和成因，掌握常见问题的处理手段，擅长实施员工帮助计划。

9.2.4　员工关怀管理

1.员工心理问题的来源

（1）工作压力。工作压力的定义在学术界并未达成一致意见。本书采用罗宾斯的观点，认为工作压力是指在工作情景中由于与工作相关的因素而使个人感到需要未获得满足或受到威胁而产生的生理或心理反应。工作压力已成为现代职场中的普遍现象，2017年汇博网针对重庆职场白领开展了一次大规模网上调查，调查结果显示，有96.07%的受访白领觉得工作中有压力，而不同年龄段的比较结果显示，"80后"的工作压力最大。工作压力影响着企业员工的身心健康，压力过大易使员工患忧郁症、社交冷漠症等心理疾病，更有甚者导致"过劳死"。此外，美国压力协会通过调查发现，美国工作组织中由于压力问题造成的员工缺勤、离职、旷工、劳动生产率下降、高血压、心脏病的医疗和经济索赔，以及人员替换等方面的影响产生的费用年均2 000亿～3 000亿美元，导致了巨额经济损失。

（2）工作家庭冲突。工作家庭冲突（work family conflict，WFC）是指来自工作和家庭领域的压力在某些方面不可调和时产生的一种角色压力（Greenhaus，1985），包括工作－家庭冲突（工作角色对家庭角色的影响）和家庭－工作冲突（家庭角色对工作角色的影响）两个维度。随着社会的进步和经济的发展，更多的女性走出家庭参加工作，使得原本由男性和女性分别承担的工作和家庭任务变成双方共同承担，工作家庭冲突愈发明显。工作家庭冲突被认为是工作压力的重要来源之一，成为人力资源管理中的热点问题。现有的研究结果显示，工作家庭冲突会影响员工工作绩效、员工创造力和员工工作投入等。此外，工作家庭冲突程度存在性别差异，女性面临的工作家庭冲突高于男性；工作家庭冲突维度上也存在性别差异，男性在工作对家庭的冲突上高于女性，女性在家庭对工作的冲突上高于男性。

（3）职场歧视。职场歧视指没有法律上的合法目的和原因而基于种族、肤色、宗教、政治见解、民族、社会出身、性别、户籍、残障或身体健康状况、年龄、身高、语言等原因，采取区别对待、排斥或给予优惠等任何违反平等权的措施侵害劳动者劳动权利的行为。常见的职场歧视有性别歧视、年龄歧视和身高歧视。2017 年前程无忧旗下精英职业发展平台——无忧精英网针对职场歧视现象展开了调研采访，调查结果显示，69.32% 的受访者本人或是亲朋好友都曾遭遇过职场歧视。而针对不同歧视的担忧程度的调查显示，女性对性别歧视的担忧占比达 50.54%，稳居前列；男性则对年龄歧视更为担心，占比达 34.21%。职场歧视已不再是单个企业的偶发事件，这种现象已在企业中悄悄蔓延开来。

（4）职场无礼行为。职场无礼行为是一种低强度的、意图模糊的和违背组织尊重规范的人际越轨行为。职场无礼行为会带来许多消极结果：一是对接收者产生"直球效应"，增加接收者的压力水平，引起其消极的情感及不良的应变行为，不仅损害了接收者的心理健康，还会导致工作态度的降低从而影响工作绩效；二是对实施者产生"螺旋上升效应"，受到行为"回弹"，即接收者在受到骚扰行为后，会在报复心理驱动下，对实施者报以相应的无礼行为，实施者又成为接收者，从而陷入恶性循环。职场无礼行为中最常见的是性骚扰，调研结果显示，近三成的中国女性受访者曾遭遇过性骚扰或性侵，其中，20 ～ 29 岁的年轻女性占比最高。

（5）职场暴力。职场暴力（workplace violence）是指在职场中超越正当业务范围，给他人精神、肉体带去痛苦的行为，包括：暴力性身体攻击，言语谩骂、侮辱等精神攻击，无视或排斥，交付不可能完成的工作任务，不安排工作或安排与个人经验能力不相符的工作以及过度干涉个人隐私等六大类内容。2007 年美国的 WBI-Zogby 的统计数据显示，49% 的美国劳工曾遭受过或目睹过同事遭到职场暴力。2010 年美国国家健康访谈调查职业健康补编（National Health Interview Survey Occupational Health Supplement，NHIS-OHS）的调查结果则显示，全美有 8% 的劳工曾在工作上遭到威胁、暴力或骚扰，女性被欺凌的比率高于男性。

2. 员工帮助计划

员工帮助计划（employee assistance program，EAP），又被称为员工心理援助项目、全员心理管理技术。它是企业为员工设置的一套系统的、长期的福利与支持项目。EAP 通过专业人员来对员工及其直系亲属提供专业指导、培训和咨询，旨在帮助解决员工及其家庭成员的各种心理问题。总的来说，EAP 的实施需要注意以下四点：

- 帮助员工解决心理问题，包括压力、裁员、职业生涯发展、家庭、情感等各个方面产生的心理问题。
- 实施过程中需要注意保密性，不能泄露受帮助员工的个人资料以及隐私。
- 定期对员工进行心理评估，提前发现员工的心理隐患。
- 需要内外结合，即内部 EAP 部门负责定期评估员工心理状况，并处理突发性的、常规性的问题；外部 EAP 机构提供专业性的指导，并处理特殊个案，因为员工往往会更加相信外部机构的保密性。

⊙ **HR 实例**

温暖的员工帮助计划（EAP）

行业领头羊中的贫寒员工

M 公司是一家特殊的教育培训机构，主要从事青少年感恩励志教育，客户对象定位于家庭条件优越的"富二代"。由于定位有特色，公司慢慢发展成为行业内的领头羊，这几年生意越来越好，经营效益不错，员工的工资也逐渐上涨。M 公司有一名叫小琴的员工，她勤奋踏实、聪明好学，就是有些拘谨内向，可能是家境贫困形成的这种性格。小琴话不多，很多心事又不愿与人交流，因此她一直是人力资源部经理周沫重点关注的对象。

突然降临的家庭意外

一天下午，小琴红着眼睛走进了周沫的办公室。虽然小琴努力控制着自己的情绪，但眼泪还是不断地掉下来。小琴哭着说，早上刚刚接到的电话，她的父亲去世了，她想请假回家。小琴痛苦隐忍的样子让周沫一直牵挂在心，周沫在心里做了个决定，她拨通了一个电话，简单说了几句，就带小琴走了出去。

员工帮助计划（EAP）的介入

周沫和小琴来到公司三楼的员工活动室，周沫对小琴道："小琴，你还记得去年年底人力资源部牵头在公司推行的一项计划吗？叫员工帮助计划（EAP），现在还在推进中。"小琴有些疑惑地点点头，周沫接着说下去："这项计划的作用就像它的名字一样，援助员工，在他们遇到突发事件、受到打击、感觉难过时，它就可以发挥作用。"周沫话音未落，就有人走了进来。

周沫起身给小琴介绍进来的人："这是公司签约的心理咨询师林舒，你的情况我之前和林舒说了个大概，即便你家里没有出意外，我也觉得你应该和她聊一聊，让自己放松一些。"小琴抬头对上了林舒温柔的眼神，同时看到林舒温暖且亲切的笑容，瞬间感觉放松了许多。她想，确实需要和人聊聊天了，自己积压了太多的情绪。

资料来源：詹婧，孟续铎. 员工关系管理精选案例分析 [M]. 北京：机械工业出版社，2014.

3. 员工满意度调查

员工满意度，是指员工通过对企业的实际感知与他的期望值相比较后所形成的心理状态，是员工对其需要已被满足程度的总体感受，包括工作满意度、组织满意度、人际关系满意度和个人发展满意度。组织通过调查员工满意度，有助于识别具有潜在心理问题的员工，从而及时实施 EAP 干预，也能对 EAP 实施后的效果进行评估，以便组织调整干预措施。此外，通过了解员工满意度降低的原因，组织能够对症下药，提升员工工作绩效。实施员工满意度调查，主要包括以下流程。

（1）制订调查计划。员工满意度调查需要耗费一定的管理成本，需要事先制订精密计划。首先，确定员工满意度调查的目的，通常是员工绩效或积极性在近期突然下降，亟须寻找到背后原因，或是想通过满意度调查来识别某些问题员工。然后，基于前一种调查目的，可以实施临时的员工满意度调查；而对于后一种调查目的，可以有计划地实施定期的满意度调查。随后，确定调查对象，根据具体的研究目的，可以是全员调查，也可以是对特定员工群体进行调查。最后，制定具体调查流程并安排相应的负责人。

（2）设计调查问卷。员工满意度调查问卷需要使用专业量表，以保证问卷的信度（可靠性）和效度（准确性）。一般来说，员工满意度量表有短版和长版两种。短版量表笼统地用少数题项来测量员工的总体满意度，适合临时性调查，包括以下 3 个题项："总的来讲，我对工作满意""总的来讲，我不喜欢我的工作（反向题）""总的来讲，我喜欢在这里工作"[○]。长版量表分维度来测量员工满意度，至少包括工作满意度、组织满意度、人际关系满意度和个人发展满意度。长版量表的题项较多，其测量结果也更准确（完整量表详见"HR 视野"）。在问卷设计过程中，还需要使用利克特量表的形式，例如通过"完全不符合""比较不符合""一般""比较符合""完全符合"选项来表示 1～5 分，常用的有利克特 5 分、6 分和 7 分量表。

（3）进行调查动员。在实施满意度调查之前，需要针对调查对象进行调查动员，阐明调查目的和调查细节，以消除员工的疑惑，争取员工的支持。调查动员可以是大规模的企业动员大会，也可以是针对特定对象群体的小规模动员会，根据调查目的和对象而定。

（4）发放和回收调查问卷。调查动员以后，直接向员工派发满意度调查问卷，可以是纸质版问卷，也可以是网络版问卷。待员工在规定时间内填写好问卷后，把问卷回收并当场检查是否存在作答缺失、故意造假的情况，尽量确保每份问卷的有效性。

（5）向员工反馈调查结果。根据利克特量表计算每个员工的满意度水平，并把结果反馈给员工。需要注意的是，组织可以公布整体的满意度调查结果，但对于每个员工的满意度水平则需要保密，只能一对一反馈给相应的员工。

（6）通过评估调查结果来制定提升员工满意度的措施。本次调查负责人除了计算出每个员工的满意度水平外，还需要结合员工的绩效表现、人口统计特征（如性别、年龄、工龄等）、组织的经营状况等因素来进行统计分析，找出员工满意度变化的背后原因。基于这些统计结果，并结合组织实际来制定提升员工满意度的措施。

◉ HR 视野
员工满意度问卷

填写说明：1= 完全不符合，2= 比较不符合，3= 一般，4= 比较符合，5= 完全符合。请根据您的实际情况，选择相应数字，并打"√"或画"□"。

分量表一：工作满意度

1. 我对现在的工作岗位并不满意。   1　2　3　4　5

2. 日复一日、年复一年地上班工作，做同一件事，实在让人厌烦。   1　2　3　4　5

3. 对每件事都要求高质量，使我感到工作压力很大。   1　2　3　4　5

4. 我现在从事的是一种出力不讨好的工作。   1　2　3　4　5

5. 工作的时候，我常常感到力不从心。   1　2　3　4　5

[○] CAMMANN C, FICHMAN M, JENKINS D, et al. The Michigan Organizational Assessment Questionnaire [Z]. University of Michigan, 1979.

6. 我有明显的工作倦怠感。 　　　　　　　　　　　　　　1 2 3 4 5

7. 我感到缺乏工作安全感。 　　　　　　　　　　　　　　1 2 3 4 5

8. 我想换一换现在的工作岗位。 　　　　　　　　　　　　1 2 3 4 5

分量表二：组织满意度

9. 我觉得，现在的领导只知道要求，而不知道关心下属。 1 2 3 4 5

10. 我对现在的工作管理条例意见很大。 　　　　　　　　1 2 3 4 5

11. 领导应更加关心员工的生活难处。 　　　　　　　　　1 2 3 4 5

12. 我认为现在本单位的奖金制度缺乏激励功能。 　　　　1 2 3 4 5

13. 我认为现在本单位同事的工作热情不高。 　　　　　　1 2 3 4 5

14. 我们单位缺乏集体凝聚力。 　　　　　　　　　　　　1 2 3 4 5

15. 我认为在本单位工作好与差都是一个样。 　　　　　　1 2 3 4 5

16. 我找不到和领导沟通的渠道。 　　　　　　　　　　　1 2 3 4 5

分量表三：人际关系满意度

17. 同事之间表面上互相关心，实际上并不是如此。 　　　1 2 3 4 5

18. 一听到别人议论领导或其他人，我就有一种幸灾乐祸的满足感。 1 2 3 4 5

19. 我不愿和别人交往，因为他们老想占我的便宜。 　　　1 2 3 4 5

20. 现在的同事总爱推卸责任。 　　　　　　　　　　　　1 2 3 4 5

21. 因为有利害冲突，所以我不愿意和本单位的人交往。 　1 2 3 4 5

22. 你越是关心别人，吃亏就越大。 　　　　　　　　　　1 2 3 4 5

23. 我觉得不被别人理解。 　　　　　　　　　　　　　　1 2 3 4 5

24. 要得到别人的承认真的很难。 　　　　　　　　　　　1 2 3 4 5

分量表四：个人发展满意度

25. 我觉得本单位对员工的发展没有一个长远计划。 　　　1 2 3 4 5

26. 在现在的岗位上，我看不出有多大的发展前途。 　　　1 2 3 4 5

27. 现在的领导过分重视学历，而不看实际工作能力。 　　1 2 3 4 5

28. 单位应该提供更多的条件支持和鼓励员工参加学历教育。 1 2 3 4 5

29. 现在大家都争着拿文凭，鲜少人有心工作。 　　　　　1 2 3 4 5

30. 我的挫折感主要来自工作成绩得不到承认。 　　　　　1 2 3 4 5

31. 没有人关心我的工作表现。 　　　　　　　　　　　　1 2 3 4 5

32. 我感觉不到工作的成就感。 　　　　　　　　　　　　1 2 3 4 5

注：本问卷采取反向提问方式，即得分越低，员工满意度越高。

资料来源：王晓钧. 管理心理学 [M]. 2 版. 北京：高等教育出版社，2014.

9.3　劳动关系管理与劳动法规

⊙ HR 实例

事实劳动关系的认定

案情

华昌铝厂于 2016 年 1 月 26 日设立，是一家从事生产铝型材、销售自产产品的有限责任公司。郝大波是该厂的一名员工，自 2014 年 7 月起与华昌铝厂订立劳动合同，合同文本由华昌铝厂保管，其间郝大波从事分料工作。2016 年 7 月 12 日，郝大波向沛县劳动人事争议仲裁委员会申请确认劳动关系，2016 年 7 月 18 日，沛县劳动人事争议仲裁委员会以"未能按照沛劳人仲补字〔2016〕第 27 号补充证据材料"为由，认为郝大波的申请不符合受理条件，决定暂不予以受理，并作出沛劳人仲〔2016〕第 57 号不予受理通知书。郝大波认为该判决不合理，不服该通知书，向江苏省沛县人民法院起诉。郝大波起诉依据为，他虽未能提交书面劳动合同，但他提交的上岗证、饭卡（门禁卡）、工作服、保温杯、雨伞等证据中，均标注有"江苏华昌铝厂有限公司"字样。郝大波向法院申请确认双方之间存在事实劳动关系。但华昌铝厂辩称，上岗证系进门证，是为了郝大波收集废品方便，工作服等物品也是铝厂做广告时发放的。

裁判要旨

若劳动者与用人单位订立了书面合同，双方的劳动关系很明确，但是当双方未订立书面劳动合同或劳动者提供不出劳动合同，劳动者仅能提供"上岗证"、工作服等工作凭证时，双方也可以形成事实上的劳动关系。

裁判

江苏省沛县人民法院经审理认为，华昌铝厂作为依法设立的有限责任公司，郝大波作为自然人，双方具备法律规定的成立劳动关系的主体资格。参照劳动和社会保障部《关于确立劳动关系有关事项的通知》第二条规定，认定双方存在劳动关系时，可以参照用人单位发放的工作证、服务证等能够证明身份的证件。本案中，郝大波提交了上岗证、饭卡、保温杯、雨伞、工作服等证据，上岗证上也写明了部门、姓名、职务、编号等信息，并加盖有华昌铝厂人事处的专用章，饭卡、保温杯、雨伞、工作服等印有华昌铝厂的名称、照片及使用的商标等。这一系列的外在显征足以证实郝大波与华昌铝厂之间存在事实用工关系。一审法院对华昌铝厂为收集废品者办理"上岗证"，向非特定的人发放"工作服"进行广告宣传等抗辩不予采信。一审宣判后，华昌铝厂不服，向江苏省徐州市中级人民法院上诉，二审法院驳回上诉，维持原判。

本案的争议焦点在于双方是否存在劳动关系。根据劳动和社会保障部《关于确立劳动关系有关事项的通知》规定，"用人单位招用劳动者未订立书面劳动合同，但具备下列情形的，劳动关系成立。（一）用人单位和劳动者符合法律、法规规定的主体资格；（二）用人单位依法制定的各项劳动规章制度适用于劳动者，劳动者受用人单位的劳动管理，从事用人单位安排的有报酬的劳动；（三）劳动者提供的劳动是用人单位业务的组成部分。用人单位未与劳动者签订劳动合同，认定双方存在劳动关系时可参照下列凭证：1. 工资支付凭证或记录（职工工资发放花名册）、缴纳各项社会保险费的记录；2. 用人单位向劳动者发放的工作证、服务证等能够证明身份的证件；3. 劳动者填写的用人单位招工招聘登记表、报名表等招用记录；4. 考勤记录；5. 其他劳动者的证言等。其中，1、3、4 项的有关凭证由用人单位负举证责任……"

评析

根据上述规定，劳动关系是指用人单位招用劳动者为其成员，劳动者在用人单位的管理、指挥与监督下提供有报酬的劳动而产生的权利义务关系。事实劳动关系则是指无书面劳动合同但存在劳动关系的一种客观状态，即只要客观上存在劳动关系，就可以认定为事实劳动关系。认定是否存在劳动关系的凭证中，工资支付凭证或记录、缴纳各项社会保险费的记录、用人单位招工招聘"登记表"等招用记录、考勤记录均由用人单位举证，劳动者提供印有用人单位的上岗证、工作服等凭证，足够证实双方当事人之间存在事实上的劳动关系。

资料来源：（2016）苏 0322 民初 4556 号；（2016）苏 03 民终 5815 号。

9.3.1 劳动关系主体的权利和义务

1. 劳动者的权利和义务

（1）劳动者的权利。关于劳动者的权利，我国《劳动法》已有明确规定，劳动者享有以下权利：平等就业和选择职业的权利；取得劳动报酬的权利；休息休假的权利；获得劳动安全卫生保护的权利；接受职业技能培训的权利；享受社会保险和福利的权利；提请劳动争议处理的权利。此外，劳动者还享有法律规定的其他劳动权利，例如劳动者有权依法参加和组织工会，还能依法通过职工代表大会或其他形式参与民主管理，甚至与用人单位进行平等协商。

（2）劳动者的义务。我国《劳动法》规定，劳动者有义务完成劳动任务，提高职业技能，执行劳动安全卫生规程，遵守劳动纪律和职业道德。一般认为，劳动者需要承担以下义务：主动参加劳动；完成劳动任务，做好本职工作；学习专业知识，以提高自身的职业技能；严格按照劳动安全卫生法律、法规规定的程序和条件进行操作，不违章作业，做好安全保护工作；遵守劳动纪律、岗位纪律，服从指挥，协调劳动；遵守行业、职业道德规范，不得损害用人单位的利益；等等。

2. 用人单位的权利和义务

（1）用人单位的权利。尽管《劳动法》中并未对用人单位的权利进行明确规定，但一般认为，用人单位主要享有以下权利：自主招聘员工的权利；组织劳动的权利；分配工资的权利；制定和实施劳动纪律以及规章制度，并决定奖惩的权利；依法解除劳动合同的权利；等等。

（2）用人单位的义务。关于用人单位的义务，《劳动法》做出了简单的规定：用人单位应当依法建立和完善规章制度，保障劳动者享有劳动权利和履行劳动义务。此外，《劳动合同法》中有更为详细的规定：用人单位在制定、修改或决定有关劳动报酬、工作时间、休息休假、劳动安全卫生、保险福利、职工培训、劳动纪律及劳动定额管理等直接涉及劳动者切身利益的规章制度和重大事项决定公示，或者告知劳动者；用人单位招聘劳动者时，应当如实告知劳动者工作内容、工作条件、工作地点、职业危害、安全生产状况、劳动报酬，以及劳动者要求了解的其他情况。

9.3.2 劳动合同管理

企业的劳动合同管理必须遵守《劳动合同法》的规定，以明确劳动合同双方当事人的权利和义务，保护劳动者的合法权益，构建和发展和谐稳定的劳动关系。其中，在劳动合同管理过程中，要注意以下几个方面：劳动合同的形式，劳动合同的内容，劳动合同的期限，劳动合同的解除与终止。

1. 劳动合同的形式

合同有口头和书面两种形式。口头形式的合同是指当事人以直接对话的方式或以通信设备如电话交谈订立合同。口头合同的优点是简便快捷，缺点在于发生纠纷时取证困难。而书面合同则是指以文字为表现形式的合同形式。《劳动合同法》第十条规定："建立劳动关系，应当订立书面劳动合同。已建立劳动关系，未同时订立书面劳动合同的，应当自用工之日起一个月内订立书面劳动合同。"因为劳动合同的内容比较复杂，在一定时间内持续存在，且关系到劳动者和用人单位双方的权益，口头形式的劳动合同缺乏其严肃性，一旦出现劳动纠纷则难以取证，所以并未被《劳动合同法》认可。

订立书面劳动合同，是用人单位的法定义务。《劳动合同法》第八十二条规定："用人单位自用工之日起超过一个月不满一年未与劳动者订立书面劳动合同的，应当向劳动者每月支付二倍的工资。"这一规定意味着，对于与用人单位之间存在事实劳动关系的员工，用人单位有义务与之签订劳动合同，充分保护了劳动者的权益。

2. 劳动合同的内容

对于劳动合同的内容，《劳动合同法》也有严格要求。根据《劳动合同法》第十七条规定，劳动合同应当具备以下条款：

- 用人单位的名称、住所和法定代表人或者主要负责人；
- 劳动者的姓名、住址和居民身份证或者其他有效身份证件号码；
- 劳动合同期限；
- 工作内容和工作地点；
- 工作时间和休息休假；
- 劳动报酬；
- 社会保险；
- 劳动保护、劳动条件和职业危害防护；
- 法律、法规规定应当纳入劳动合同的其他事项。

劳动合同除上述规定的必备条款外，用人单位与劳动者可以约定试用期、培训、保守秘密、补充保险和福利待遇等其他事项。

3. 劳动合同的期限

劳动合同的期限，是指劳动合同的有效时间，也是双方劳动关系具有法律约束力的时间。根据劳动合同的不同期限，劳动合同可分为固定期限劳动合同、无固定期限劳动合同和以完成一定工作任务为期限的劳动合同这三种类型。

（1）固定期限劳动合同。《劳动合同法》第十三条规定："固定期限劳动合同，是指用人单位与劳动者约定合同终止时间的劳动合同。用人单位与劳动者协商一致，可以订立固定期限劳动合同。"

固定期限劳动合同明确规定了劳动合同履行的起始时间和终止时间，期限一旦届满，双方的劳动关系立即终止。如果双方协商一致，还可以续订合同。对于固定期限劳动合同的具体期限,《劳动合同法》并没有限制,既没有最短期限的限制,也没有最长期限的限制,这使得用人单位可以较为灵活地与劳动者签订适当期限的劳动合同。

（2）无固定期限劳动合同。《劳动合同法》第十四条第一款规定:"无固定期限劳动合同,是指用人单位与劳动者约定无确定终止时间的劳动合同。用人单位与劳动者协商一致,可以订立无固定期限劳动合同。"

只要用人单位与劳动者协商一致,双方就可以订立无固定期限劳动合同。有下列情形之一,劳动者提出或同意续订、订立劳动合同的,除劳动者提出订立固定期限劳动合同外,应当订立无固定期限劳动合同:

第一,劳动者在该用人单位连续工作满十年的;

第二,用人单位初次实行劳动合同制度或国有企业改制重新订立劳动合同时,劳动者在该用人单位连续工作满十年且距法定退休年龄不足十年的;

第三,连续订立二次固定期限劳动合同,且劳动者没有《劳动合同法》第三十九条和第四十条第一项、第二项规定的情形,续订劳动合同的。

特别需要注意的是,用人单位自用工之日起满一年不与劳动者订立书面劳动合同的,视为用人单位与劳动者已订立无固定期限劳动合同。

（3）以完成一定工作任务为期限的劳动合同。《劳动合同法》第十五条规定:"以完成一定工作任务为期限的劳动合同,是指用人单位与劳动者约定以某项工作的完成为合同期限的劳动合同。用人单位与劳动者协商一致,可以订立以完成一定工作任务为期限的劳动合同。"

在这类劳动合同中,劳动合同履行的起始时间有明确规定,但终止时间并没有具体日期,而是以工作任务的完成之时作为劳动合同终止条件。以完成一定工作任务为期限的劳动合同和固定期限劳动合同相似,劳动关系双方都约定了一个固定的期限,不过二者对终止时间的表述不同。实践中一般有下列情形之一的,用人单位与劳动者可以签订以完成一定工作任务为期限的劳动合同:

- 用人单位与劳动者协商一致,可以订立以完成一定工作任务为期限的劳动合同;
- 以完成单项工作任务为期限的劳动合同;
- 以项目承包方式完成承包任务的劳动合同;
- 由于季节原因临时用工的劳动合同;
- 其他双方约定的以完成一定工作任务为期限的劳动合同。

4. 劳动合同的解除与终止

根据《劳动合同法》的规定,用人单位与劳动者协商一致,可以解除劳动合同。但劳动者单方解除劳动合同的需要提前三十日以书面形式通知用人单位,若劳动者处于试用期内,提前三日即可。若劳动者或用人单位的行为损害了对方的某些利益,对方有权提出解除劳动合同,结束劳动关系。

对于劳动者,《劳动合同法》第三十八条规定,用人单位有下列情形之一的,劳动者可以解除劳动合同：

- 未按照劳动合同约定提供劳动保护或者劳动条件的；
- 未及时足额支付劳动报酬的；
- 未依法为劳动者缴纳社会保险费的；
- 用人单位的规章制度违反法律、法规的规定，损害劳动者权益的；
- 因本法第二十六条第一款规定的情形致使劳动合同无效的（即劳动合同签订的过程或条款不合法）；
- 法律、行政法规规定劳动者可以解除劳动合同的其他情形。

用人单位以暴力、威胁或非法限制人身自由的手段强迫劳动者劳动的，或者用人单位违章指挥、强令冒险作业危及劳动者人身安全的，劳动者可以立即解除劳动合同，不需事先告知用人单位。

对于用人单位，《劳动合同法》第三十九条规定，劳动者有下列情形之一的，用人单位可以解除劳动合同：

- 在试用期间被证明不符合录用条件的；
- 严重违反用人单位的规章制度的；
- 严重失职，营私舞弊，给用人单位造成重大损害的；
- 劳动者同时与其他用人单位建立劳动关系，对完成本单位的工作任务造成严重影响，或者经用人单位提出，拒不改正的；
- 因本法第二十六条第一款第一项规定的情形致使劳动合同无效的（即劳动合同签订的过程不合法）；
- 被依法追究刑事责任的。

对于劳动合同的终止条件，《劳动合同法》第四十四条有明确规定，有下列情形之一的，劳动合同终止：

- 劳动合同期满的；
- 劳动者开始依法享受基本养老保险待遇的；
- 劳动者死亡，或者被人民法院宣告死亡或者宣告失踪的；
- 用人单位被依法宣告破产的；
- 用人单位被吊销营业执照、责令关闭、撤销或者用人单位决定提前解散的；
- 法律、行政法规规定的其他情形。

9.3.3 劳动争议处理

劳动争议是劳动关系当事人之间因劳动的权利与义务发生分歧而引起的纠纷，又称劳动纠纷。根据争议的性质不同，劳动争议可以划分为个别争议和集体争议两类。根据我国《劳动法》的规定，劳动争议双方需要注意以下几点。

（1）用人单位与劳动者发生劳动争议，当事人可以依法申请调解、仲裁、提起诉讼，也可以协商解决。

（2）劳动争议发生后，当事人可以向本单位劳动争议调解委员会申请调解；调解不成，当事人一方要求仲裁的，可以向劳动争议仲裁委员会申请仲裁。当事人一方也可以直接向劳动争议仲裁委员会申请仲裁。对仲裁裁决不服的，可以向人民法院提起诉讼；《劳动争议调解仲裁法》有特别规定的除外。

（3）在用人单位内，可以设立劳动争议调解委员会。企业劳动争议调解委员会由职工代表和企业代表组成。职工代表由工会成员担任或由全体职工推举产生，企业代表由企业负责人指定。企业劳动争议调解委员会主任由工会成员或双方推举的人员担任。

（4）经调解达成协议的，应当制作调解协议书。调解协议书由双方当事人签名或盖章，经调解员签名并加盖调解组织印章后生效，对双方当事人具有约束力，当事人应当履行。自劳动争议调解组织收到调解申请之日起十五日内未达成调解协议的，当事人可以依法申请仲裁。

（5）因支付拖欠劳动报酬、工伤医疗费、经济补偿或赔偿金事项达成调解协议，用人单位在协议约定期限内不履行的，劳动者可以持调解协议书依法向人民法院申请支付令。人民法院应当依法发出支付令。

（6）发生劳动争议的劳动者和用人单位为劳动争议仲裁案件的双方当事人。劳务派遣单位或用工单位与劳动者发生劳动争议的，劳务派遣单位和用工单位为共同当事人。

本章小结

本章全面介绍了员工关系管理的概念内涵与实践策略。员工关系管理就是企业对员工-组织关系所进行的管理，包括员工参与管理、员工纪律管理、组织沟通管理、员工关怀管理和劳动关系管理五个主要内容。在当今时代，多元雇用、新生代员工和企业危机是员工关系管理面临的新挑战。作为员工关系管理的前身，劳动关系管理依然是员工关系管理的重要内容，其中涉及劳动关系主体的权利和义务、劳动合同管理和劳动争议处理，这也是人力资源实务中比较棘手的工作。

复习思考题

1. 员工关系管理与劳动关系管理的区别是什么？
2. 劳动合同的类型和适用情境是什么？
3. 劳务派遣的应用会对企业人力资源管理带来什么挑战？

应用案例

劳务派遣用工中的风险

我们经常会有这种误解：劳务派遣人员，需要就派过来，不需要则退回去；这种用工模式可以随时满足用工单位的用人需求！

然而，事实上却没那么简单！根据《劳动合同法》及《劳务派遣暂行规定》的有关规定，只有在法定情形下才能退回劳务派遣工，否则属于违法退回，引起的后果原则上将由两个单位承担连带责任。法定的退回情形有两大类，一是双方的劳务派遣合作协议到期终止不合作，二是用人单位可以给出单方解除或终止劳动合同的法定理由。例如，劳务派遣人员严重违纪违规时，可以被退回，但是用工单位应举证证明该劳务派遣人员确实存在严重违纪违规。这个举证存在一定难度，证据不充分，则不能退回，强行退回则构成违法退回。

以下是关于一起劳务派遣人员退回案例的判决书的部分观点。

"本院认为，关于 Y 劳务公司是否应支付陈某解除劳动关系经济补偿金问题。根据《劳动合同法》第三十八条第一款规定：'用人单位有下列情形之一的，劳动者可以解除劳动合同：（二）未及时足额支付劳动报酬的；（三）未依法为劳动者缴纳社会保险费的。'第四十六条第一款规定：'有下列情形之一的，用人单位应当向劳动者支付经济补偿：（一）劳动者依照本法第三十八条规定解除劳动合同的。'在禾木公司将陈某退回 Y 劳务公司后，Y 劳务公司未向陈某支付工资且停止缴纳社会保险。虽 Y 劳务公司未向陈某提出解除劳动关系，但双方之间的劳动关系因陈某到其他单位工作而实际解除。故

Y 劳务公司应向陈某支付解除劳动关系经济补偿金 51 671.84 元（6 458.98 元 / 月 ×8 个月），原审判决并无不当，本院予以维持。"

"关于禾木公司是否应承担连带责任问题。首先，陈某确认其在 2017 年 12 月 1 日发货错误造成'三条线各停线十五分钟'，针对该次违纪行为禾木公司对陈某作出警告处分，并无不当。其次，陈某也确认其在休息时间将公司仓库小料当枕头，该行为确有不妥之处，但禾木公司并没有提供充分有效的证据证明陈某此次使用仓库小料的行为造成其司无法再次使用该小料，导致其司产生严重财产损失。故禾木公司将陈某退回 Y 劳务公司不符合其司《奖惩管理制度》中可以将陈某退回的情形，也不符合《劳动合同法》第三十九条、第四十条、第六十五条用工单位可以将劳动者退回的规定。故禾木公司将陈某退回 Y 劳务公司缺乏事实和法律依据。根据《劳动合同法》第九十二条第二款规定："用工单位给被派遣劳动者造成损害的，劳务派遣单位与用工单位承担连带赔偿责任。"故禾木公司应对 Y 劳务公司向陈某支付的经济补偿金 51 671.84 元承担连带赔偿责任，原审判决并无不当，本院予以维持。"

资料来源：（2018）粤 01 民终 19877 号判决书。

讨论题

1. 有哪些法定情形可以退回劳务派遣人员？
2. 禾木公司劳务派遣人员退回案例对我们有什么启示？

参考文献

［1］ 诺伊，等. 人力资源管理：赢得竞争优势［M］. 刘昕，译. 北京：中国人民大学出版社，2018.

［2］ 尤里奇. 高绩效 HR：未来 HR 转型［M］. 朱翔，吴齐元，游金，译. 北京：机械工业出版社，2020.

［3］ 泰勒. 科学管理原理［M］. 马风才，译. 北京：机械工业出版社，2013.

［4］ 麦考德. 奈飞文化手册［M］. 杭州：浙江教育出版社，2018.

［5］ WRIGHT P M, McMAHAN G C. Theoretical Perspectives for Strategic Human Resource Management［J］. Journal of Management, 1992, 18(2): 295-320.

［6］ LEPAK D P, LIAO H, CHUNG Y, et al. A Conceptual Review of Human Resource Management Systems in Strategic Human Resource Management Research［J］. Research in Personnel and Human Resources Management, 2006, 25(1): 217-271.

［7］ WRIGHT P M, McMAHAN G C. Exploring Human Capital: Putting "Human" Back into Strategic Human Resource Management［J］. Human Resource Management Journal, 2011, 21(2): 93-104.

［8］ COOKE F L, XIAO M, CHEN Y. Still in Search of Strategic Human Resource Management? A Review and Suggestions for Future Research with China as an Example［J］. Human Resource Management, 2020.

［9］ CAPPELLI P. Talent Management for the Twenty-first Century［J］. Harvard Business Review, 2008, 86(3): 74-92.

［10］ SNELL S A, DEAN J W. Integrated Manufacturing and Human Resource Management: A Human Capital Perspective［J］. Academy of Management Journal, 1992, 35(3): 467-504.

［11］ 德鲁克. 创新与企业家精神［M］. 北京：机械工业出版社，2007.

［12］ ARTHUR J B. Effects of Human Resource Systems on Manufacturing Performance and Turnover［J］//SCHULTZ T W. Investment in Human Capital. The American Economic Review, 1961, 50(1): 1-15.

［13］ DELERY J E, DOTY D H. Theoretical Frameworks in Strategic Human Resource Management: Universalistic, Contingency, and Configurational Perspectives［J］. Academy of Management Journal, 1996, 39(4): 802-835.

［14］　李韬. IBM 人力资源管理的三个体系［J］. 企业管理，2012（6）：44-45.

［15］　刘娟涓. 西门子助力唐人神推进全新企业发展战略［J］. 轻工机械，2020，38（164）：103.

［16］　张京心，廖子华，谭劲松. 民营企业创始人的离任权力交接与企业成长：基于美的集团的案例研究［J］. 中国工业经济，2017（10）：174-192.

［17］　吴嘉悦，李贵卿. 亚马逊公司的多元雇用战略研究［J］. 现代管理，2020，10（1）：49-58.

［18］　潘泰萍. 工作分析：基本原理、方法与实践［M］. 2 版. 上海：复旦大学出版社，2018.

［19］　陈俊梁. 工作分析：理论与实务［M］. 北京：中国人民大学出版社，2017.

［20］　德斯勒. 人力资源管理［M］. 刘昕，译. 北京：中国人民大学出版社，2017.

［21］　朱颖俊. 组织设计与工作分析［M］. 北京：北京大学出版社，2018.

［22］　达夫特. 组织理论与设计［M］. 王凤彬，译. 北京：清华大学出版社，2014.

［23］　万希. 工作分析：人力资源管理的基石［M］. 北京：电子工业出版社，2017.

［24］　孙宗虎，郭蓉. 岗位分析评价与职位说明书编写实务手册［M］. 4 版. 北京：人民邮电出版社，2018.

［25］　康丽，赵永乐. 岗位管理与人岗匹配［M］. 2 版. 北京：中国电力出版社，2019.

［26］　杨刚祥，胡光敏. 老 HRD 手把手教你做岗位管理：实操版［M］. 2 版. 北京：中国法制出版社，2019.

［27］　李强. 工作分析：理论、方法与应用［M］. 北京：科学出版社，2014.

［28］　彭剑锋. 战略人力资源管理：理论、实践与前沿［M］. 北京：中国人民大学出版社，2014.

［29］　曹仰锋. 海尔转型：人人都是 CEO［M］. 北京：中信出版社，2017.

［30］　杨国安，李晓红. 变革的基因：移动互联网时代的组织能力创新［M］. 北京：中信出版社，2016.

［31］　唐秋勇. HR 的未来简史［M］. 北京：电子工业出版社，2017.

［32］　罗伯逊. 重新定义管理：合弄制改变世界［M］. 潘千，译. 北京：中信出版社，2015.

［33］　马尔. 人力资源数据分析［M］. 胡明，等译. 北京：机械工业出版社，2019.

［34］　稻盛和夫. 阿米巴经营［M］曹岫云，译. 北京：中国大百科全书出版社，2016.

［35］　云绍辉. 互联网时代职位分析新思路［J］. 企业管理，2016（04）：93-95.

［36］　杨仕元，岳龙华. 战略性工作分析：框架与应用：以某外资商业银行投资项目经理职位分析为例［J］. 浙江金融，2010（01）：56-57.

［37］　李文东，时勘. 工作分析研究的新趋势［J］. 心理科学进展，2006（03）：418-425.

［38］　李海舰，朱芳芳. 重新定义员工：从员工 1.0 到员工 4.0 的演进［J］. 中国工业经济，2017（10）：156-173.

［39］　张驰，王丹. 分享经济下的组织变革和员工角色定位：基于海尔车小微的案例研究［J］. 中国人力资源开发，2016（06）：12-19.

［40］　VIJAY K S, SUBHASREE M. Holacracy—The Future of Organizing? The Case of Zappos［J］. Human Resource Management International Digest, 2018, 26(7).

［41］　武亚军，张莹莹. 迈向"以人为本"的可持续型企业：海底捞模式及其理论启示［J］. 管理案例研究与评论，2015，8（01）：1-19.

［42］　杨学成，涂科. 共享经济背景下的动态价值共创研究：以出行平台为例［J］. 管理评论，2016，28（12）：258-268.

［43］赵曙明. 人力资源战略与规划［M］. 4 版. 北京：中国人民大学出版社，2017.

［44］姚裕群，杨俊青. 人力资源管理［M］. 6 版. 北京：中国人民大学出版社，2018.

［45］王国颖，陈天祥. 人力资源管理［M］. 5 版. 广州：中山大学出版社，2016.

［46］伊万切维奇，赵曙明，程德俊. 人力资源管理（原书第 12 版）［M］. 北京：机械工业出版社，2015.

［47］赵曙明，张正堂，程德俊. 人力资源管理与开发［M］. 2 版. 北京：高等教育出版社，2018.

［48］蒙迪. 人力资源管理（原书第 10 版）［M］. 谢晓非，等译. 北京：人民邮电出版社，2011.

［49］任康磊. 招聘 面试 入职 离职管理实操［M］. 北京：人民邮电出版社，2019.

［50］彭剑锋. 人力资源管理概论［M］. 3 版. 上海：复旦大学出版社，2018.

［51］肖胜方. 劳动合同法下的人力资源管理流程再造［M］. 北京：中国法制出版社，2016.

［52］李宝元，于然，李静. 现代人力资源管理学［M］. 2 版. 北京：北京师范大学出版社，2011.

［53］闻效仪. 人力资源管理的历史演变［M］. 北京：中国社会科学出版社，2010.

［54］贺清君. 招聘管理：从入门到精通［M］. 北京：清华大学出版社，2015.

［55］张小兵. 人力资源管理［M］. 3 版. 北京：机械工业出版社，2017.

［56］孟祥林. 人力资源管理案例分析［M］. 3 版. 北京：经济科学出版社，2016.

［57］侯光明. 人力资源战略与规划［M］. 北京：科学出版社，2018.

［58］李晓莉. 新互联网时代招聘实战［M］. 北京：清华大学出版社，2018.

［59］包季鸣. 人力资源管理：全球化背景下的思考与应用［M］. 上海：复旦大学出版社，2010.

［60］董克用，李超平. 人力资源管理概论［M］. 5 版. 北京：中国人民大学出版社，2019.

［61］德斯勒，陈水华. 人力资源管理（亚洲版·第 2 版）［M］. 赵曙明，高素英，译. 北京：机械工业出版社，2013.

［62］郑晓明. 人力资源管理导论［M］. 北京：机械工业出版社，2011.

［63］克雷曼. 人力资源管理：获取竞争优势的工具（原书第 4 版）［M］. 吴培冠，译. 北京：机械工业出版社，2010.

［64］许玉林，王剑. 人力资源吸引与招聘：基于战略思考与管理流程［M］. 北京：清华大学出版社，2013.

［65］毛静馥. 卫生人力资源管理［M］. 北京：人民卫生出版社，2014.

［66］乔瑞，樊智勇. 人力资源管理［M］. 北京：人民邮电出版社，2010.

［67］张爱卿. 人才测评［M］. 2 版. 北京：中国人民大学出版社，2010.

［68］赵曙明，赵宜萱. 人才测评：理论、方法、工具、实务（微课版）［M］. 2 版. 北京：人民邮电出版社，2019.

［69］赵曙明，赵宜萱. 人才测评：理论、方法、实务［M］. 北京：人民邮电出版社，2018.

［70］薛莲. HR 员工招聘经典管理案例［M］. 北京：中国法制出版社，2020.

［71］闫巩固，高喜乐，张昕. 重新定义人才评价［M］. 北京：机械工业出版社，2019.

［72］宋源. 人力资源管理［M］. 上海：上海社会科学院出版社，2017.

［73］郭朝晖. 人才素质测评技术［M］. 北京：北京大学出版社，2018.

［74］徐世勇，李英武. 人员素质测评［M］. 北京：中国人民大学出版社，2019.

［75］周丽霞. HR 全程法律顾问：企业人力资源管理高效工作指南［M］. 北京：中国法制出版社，2019.

［76］ 李涛，刘思征，孟德明. 丰田全面招聘体系及启示［J］. 中小企业管理与科技（上旬刊），2018（11）：18-19.

［77］ 李育辉，唐子玉，金盼婷，等. 淘汰还是进阶？大数据背景下传统人才测评技术的突破之路［J］. 中国人力资源开发，2019（8）：6-17.

［78］ 黄龙，徐富明，胡笑羽. 眼动轨迹匹配法：一种研究决策过程的新方法［J］. 心理科学进展，2020（08）：1-8.

［79］ 李志，谢思捷，赵小迪. 游戏化测评技术在人才选拔中的应用［J］. 改革，2019（04）：149-159.

［80］ 刘善仕. 极速对焦：高绩效企业的人才策略［M］. 广州：华南理工大学出版社，2019.

［81］ 金玉笑，周禹. GE绩效管理：从通用化到定制化［J］. 企业管理，2018（8）：68-70.

［82］ 张霞. 绩效考核与薪酬管理［M］. 西安：西安电子科技大学出版社，2019.

［83］ 林新奇. 绩效管理［M］. 3版. 大连：东北财经大学出版社，2016.

［84］ 张小锋. 全面认可激励：数字时代的员工激励新模式［M］. 上海：复旦大学出版社，2018.

［85］ 王恬. 基于EVA指标的企业业绩评价［J］. 新经济，2016（06）：120-121.

［86］ 王冠琳. 对在华日资企业的绩效管理优势分析：以佳能（中国）公司为例［J］. 西部皮革，2018，40（03）：130-132.

［87］ 任康磊. 人力资源法律风险防控：从入门到精通［M］. 北京：人民邮电出版社，2019.

［88］ 高霞. 宜家中国员工低离职率现象研究：以宜家家居天津门店为例［J］. 当代经济，2017（07）：60-61.

［89］ 张小锋. 全面认可激励：数字时代的员工激励新模式［M］. 上海：复旦大学出版社，2018.

［90］ 张霞. 绩效考核与薪酬管理［M］. 西安：西安电子科技大学出版社，2019.

［91］ 任康磊. 薪酬管理实操：从入门到精通［M］. 北京：人民邮电出版社，2018.

［92］ 沈亚娟. 汇丰银行的国际人力资源管理：跨文化管理的视角［J］. 当代经理人，2020（01）：15-17.

［93］ 孙晓平. 解密"345"薪酬策略［J］. 人力资源，2017（3）：68-69.

［94］ 松下幸之助：选人的十大标准和70%的用人智慧［J］. 北方牧业，2019（19）：30-31.

［95］ 曹圣伟. 混合型薪酬政策在民办高校的应用研究：基于河南省民办高校的调查［J］. 湖北经济学院学报（人文社会科学版），2019，016（003）：62-65.

［96］ 焦学宁，王强. HR硬实力［M］. 北京：中国法制出版社，2020.

［97］ 邹善童. 薪酬体系设计实操：从新手到高手［M］. 北京：中国铁道出版社，2015.

［98］ 闫轶卿. 薪酬管理：从入门到精通［M］. 北京：清华大学出版社，2015.

［99］ 张宝生，孙华. 薪酬管理［M］. 北京：北京理工大学出版社，2018.

［100］ 万莉. 薪酬管理［M］. 上海：上海财经大学出版社，2014.

［101］ 于彬彬. 薪酬管理整体解决方案：共享价值分配新规则［M］. 北京：中国法制出版社，2018.

［102］ 矫琳怡. 万科集团的薪酬体系现状和分析［J］. 知识经济，2017（5）.

［103］ 韩靖雯. 浅谈宽带薪酬在我国国有企业的应用：以H企业为例［J］. 现代经济信息，2020（01）：16-17+20.

［104］ 姚金沙. 我国上市公司管理层收购对企业绩效的影响［D］. 暨南大学，2018.

［105］ 王好. 美的集团动态化股权激励策略与绩效研究［J］. 会计师，2020（15）：33-34.

［106］ 刘善仕. 2018华南地区最佳人才管理创新获奖案例［M］. 武汉：武汉大学出版社，2018.

［107］李继先. 快乐职场营造策略：以美国西南航空公司为例［J］. 企业研究，2020（01）：24-26.

［108］余毅锟，石伟. 基于薪酬管理的阿米巴经营结构构建：以海尔集团为例［J］. 福建论坛（人文社会科学版），2016（06）：204-208.

［109］周云杰. 互联网时代创业者资源（ER）平台构建：海尔推进互联网时代人力资源的创新探索［J］. 中国人力资源开发，2017（10）：110-120

［110］云鹏，彭剑锋. 海尔"三环四阶"对赌激励系统［J］. 企业管理，2016（04）：6-9.

［111］金贤洙，彭剑锋. 三星人才经营的演变［J］. 中国人力资源开发，2016（2）：82-92.

［112］郑芳. 资深 HR 手把手教你做：员工培训管理［M］. 天津：天津科学技术出版社，2017.

［113］贺清君. HR 员工培训：从助理到总监［M］. 北京：中国法制出版社，2018.

［114］胡劲松. 名企人力资源最佳管理案例：老胡说标杆［M］. 北京：中国法制出版社，2017.

［115］许峰. 人才供应链［M］. 天津：天津人民出版社，2019.

［116］任康磊. 人力资源量化管理与数据分析［M］. 北京：人民邮电出版社，2019.

［117］胡劲松. HR 人力资源实战整体解决方案：精彩案例全复盘［M］. 北京：中国法制出版社，2018.

［118］石鑫. 行动学习实战指南［M］. 北京：清华大学出版社，2019.

［119］白睿. 培训管理全流程实战方案［M］. 北京：中国法制出版社，2019.

［120］诺伊. 雇员培训和开发［M］. 北京：中国人民大学出版社，2007.

［121］张诗文，张双. 论学习型组织理论在企业管理中的运用：以海底捞为例［J］. 西部皮革，2018，40（12）：30.

［122］张锐. 劳动者服务期未满离职应赔偿培训费用［J］. 法制与社会，2019（22）：51-52.

［123］龙君伟. 杰出员工的职业策略［J］. 中国人力资源开发，2001（11）：32-34.

［124］周文霞. 职业生涯管理［M］. 上海：复旦大学出版社，2019.

［125］张德，吴志明. 组织行为学［M］. 大连：东北财经大学出版社，2016.

［126］宋志强，葛玉辉，陈悦明. 扁平化组织结构对员工职业生涯通道的影响及应对策略［J］. 中国人力资源开发，2012（02）：40-43，48.

［127］赵晶. 对企业员工职业管理的探讨［J］. 中外企业家，2016（19）：177，213.

［128］卡肖. 人力资源管理［M］. 刘善仕，等译. 北京：机械工业出版社，2013.

［129］孙宗虎. 职业生涯规划管理实务手册［M］. 3 版. 北京：人民邮电出版社，2018.

［130］李啸尘. 西门子不变"爱发谈话"不变［J］. 科技智囊，2003（03）：70-71.

［131］宋子晔，张雪冰."海底捞"经营模式对餐饮业服务营销的启示［J］. 中小企业管理与科技（下旬刊），2018（02）：5-6.

［132］鲁佳妮. 借力智慧福利 东方航空重塑"员工关怀"［J］. 人力资源，2018（6）：36-37.

［133］马金斯基. 心理学与工作：工业与组织心理学导论（原书第 10 版）［M］. 姚翔，等译. 北京：机械工业出版社，2014.

［134］詹婧，孟续铎. 员工关系管理精选案例分析［M］. 北京：机械工业出版社，2014.

［135］CAMMANN C, FICHMAN M, JENKINS D, et al. The Michigan Organizational Assessment Questionnaire（Unpublished Manuscript）［M］. University of Michigan, Ann Arbor,1979.

［136］王晓钧. 管理心理学［M］. 2 版. 北京：高等教育出版社，2014.